21世纪经济管理新形态教材·金融学系列

金融科技概论

唐 勇　黄志刚　
朱鹏飞　林娟娟　◎ 编　著

清华大学出版社
北京

内 容 简 介

金融科技概论是一门系统性很强的课程,综合了大量的国内外最新资料、理论与实践,系统梳理了金融科技各个金融业态产生、成长、发展和监管过程,内容涵盖金融科技的总体概况、四大金融科技基础技术、金融科技与传统金融业态的融合发展情况以及金融科技的监管现状。同时,本书配备了大量的案例进行剖析与论证,使读者更加深入理解金融科技的本质和属性。

本书可作为高等院校的经济学、金融学等专业高年级本科生和相关专业的研究生教材,也可作为继续教育和社会培训教材,还可作为相关领域研究人员的参考书。

本书封面贴有清华大学出版社防伪标签,无标签者不得销售。
版权所有,侵权必究。举报: 010-62782989, beiqinquan@tup.tsinghua.edu.cn。

图书在版编目(CIP)数据

金融科技概论/唐勇等编著. —北京:清华大学出版社,2022.4(2025.1重印)
21世纪经济管理新形态教材. 金融学系列
ISBN 978-7-302-60265-1

Ⅰ. ①金⋯　Ⅱ. ①唐⋯　Ⅲ. ①金融－科学技术－高等学校－教材　Ⅳ. ①F830

中国版本图书馆 CIP 数据核字(2022)第 034237 号

责任编辑:张　伟
封面设计:汉风唐韵
责任校对:王荣静
责任印制:刘海龙

出版发行:清华大学出版社
网　　址: https://www.tup.com.cn, https://www.wqxuetang.com
地　　址: 北京清华大学学研大厦 A 座　　邮　编: 100084
社 总 机: 010-83470000　　邮　购: 010-62786544
投稿与读者服务: 010-62776969, c-service@tup.tsinghua.edu.cn
质量反馈: 010-62772015, zhiliang@tup.tsinghua.edu.cn
课件下载: https://www.tup.com.cn, 010-83470332
印 装 者: 北京鑫海金澳胶印有限公司
经　　销: 全国新华书店
开　　本: 185mm×260mm　　印　张: 19.5　　字　数: 449千字
版　　次: 2022年4月第1版　　印　次: 2025年1月第5次印刷
定　　价: 55.00元

产品编号: 092745-01

前 言

FinTech（金融科技）是 financial technology 的缩写，可以简单理解成 finance（金融）＋technology（科技），但又不是两者的简单组合，指通过利用各类科技手段创新传统金融行业所提供的产品和服务，提升效率并有效降低运营成本。根据金融稳定理事会（FSB）的定义，金融科技主要是指由大数据、区块链、云计算、人工智能等新兴前沿技术带动，对金融市场以及金融服务业务供给产生重大影响的新兴业务模式、新技术应用、新产品服务等。

随着大数据、人工智能、区块链等新兴技术的兴起，金融业也迎来了全新的发展热潮，科技赋予金融业以新的面貌。金融科技正深刻地改变着金融业的发展形态，成为金融业发展的重要发力点。但是金融科技在为金融业带来发展机遇的同时也暗含风险：一方面，金融科技依然面临着传统金融风险的冲击；另一方面，在新的技术环境下，金融科技还面临着新的风险。要推动金融科技的稳态发展，防范化解金融风险，必须克服现有的监管难题，构建行之有效的监管方式和监管体系。

2017年，中国人民银行成立金融科技委员会，旨在加强金融科技工作的研究规划和统筹协调。金融科技是技术驱动的金融创新，为金融发展注入新的活力，也给金融安全带来了新挑战。中国人民银行将强化监管科技（RegTech）应用实践，积极利用大数据、人工智能、云计算等技术丰富金融监管手段，提升跨行业、跨市场交叉性金融风险的甄别、防范和化解能力。

2019年8月，中国人民银行印发《金融科技（FinTech）发展规划（2019—2021年）》，并提出到2021年，建立健全我国金融科技发展的"四梁八柱"。规划明确了未来三年金融科技工作的指导思想、基本原则、发展目标、重点任务和保障措施。规划提出到2021年，推动我国金融科技发展居于国际领先水平，实现金融科技应用先进可控、金融服务能力稳步增强、金融风控水平明显提高、金融监管效能持续提升、金融科技支撑不断完善、金融科技产业繁荣发展。

随着中国科技水平的不断提升，金融科技已成为我国金融业发展不可或缺的关键推动力。无论是"十三五"规划还是"十四五"规划，都强调了金融科技在我国现代金融业发展中的重要地位。

2020年，国家金融与发展实验室、中国银行业协会、金融科技50人论坛和北京立言金融与发展研究院联合发布了首部《中国金融科技人才培养与发展研究报告》，调查结果显示：大部分机构初步完成了金融科技人才机制建设，对金融科技人才培养与发展问题的重视程度较高，举办金融科技培训学习的积极性也较高。但是机构金融科技人才短缺问题突出，技术相关人员占比普遍较低；金融科技相关培训费用支出较少，金融科技专项资金投入不足；机构招聘及培养金融科技人员过程中存在诸多难点，如人才实践应用能力不足、专业师资队伍组建困难等问题。

这些情况表明金融科技人才培养任重而道远。当然，金融科技也为高校金融人才培养创造了新的机遇，如更加专业化的复合型金融人才需求将更为旺盛。因此，如何在金融科技背景下探索更加科学的人才培养模式，成为当前我国高校金融教育面临的紧迫问题。

相比之下，金融科技理论方面的探索远远落后于实践的发展。迄今为止，系统性介绍金融科技方面的教材还是很匮乏。在此背景下编写这本书，希望能为我国金融科技人才培养尽一点绵薄之力。

本书的特点是：综合了大量的国内外最新资料、理论与实践，系统梳理了金融科技各个金融业态产生、成长、发展和监管过程，体系更加完善。同时本书配备了大量的案例进行剖析与论证，使读者更加深入理解金融科技的本质和属性。

本书共分10章，从内容上可以分为以下四个部分。

第一部分：第1章，主要介绍金融科技的总体概况。其具体包括：金融科技的界定与发展概况、关键技术与应用场景、金融科技公司与传统金融机构融合状态以及金融科技面临的发展挑战。

第二部分：第2章到第5章，主要介绍人工智能、区块链、云计算和大数据四大金融科技基础技术。其具体包括各种技术的基本概念与内涵、发展历程、应用场景、机遇与挑战等。

第三部分：第6章到第9章，主要介绍金融科技与银行、证券、资产管理和保险等传统金融业态的融合发展。其具体包括各种金融业态的融合发展概况、背景、目标、场景应用、功能转换、机遇与挑战等。

第四部分：第10章，介绍金融科技与监管状况。其具体包括金融监管发展历程、监管方式及应用、金融科技时代金融监管面临的挑战等。

在本书完成之际，特别感谢付可颖、林超华、李小慧、谢曼茹、詹元毅、陈丹琳、方晶晶、龚子昂、金双双、林伟华等为本书付出的辛勤努力和工作！

由于编著水平有限，不当之处在所难免，恳请同行专家和读者批评指正，并提出宝贵意见和建议，在此一并表示感谢！

本书得到国家社会科学基金项目（21BJY033）资助。

唐 勇

2021年9月6日于福州大学旗山校区

目 录

第1章　金融科技概述 ·· 1
  1.1　金融科技的界定与发展概况 ··· 1
  1.2　金融科技的关键技术与应用场景 ·· 7
  1.3　金融科技公司概述 ·· 13
  1.4　金融科技公司与传统金融机构的融合 ····································· 23
  1.5　金融科技的前景与挑战 ·· 26
  1.6　案例分析 ··· 29
  复习思考题 ··· 30
  即测即练 ·· 30

第2章　人工智能基础 ··· 31
  2.1　人工智能的概念和发展 ·· 31
  2.2　人工智能在金融行业的应用 ·· 49
  2.3　人工智能在金融领域的挑战 ·· 62
  2.4　案例分析 ··· 65
  复习思考题 ··· 66
  即测即练 ·· 66

第3章　区块链基础 ·· 67
  3.1　区块链概述 ·· 67
  3.2　区块链技术体系 ··· 74
  3.3　区块链技术的应用场景 ·· 88
  3.4　区块链与数字货币协同发展 ·· 97
  3.5　区块链面临的机遇与挑战 ··· 103
  3.6　案例分析 ·· 105
  复习思考题 ·· 106
  即测即练 ··· 106

第4章　云计算基础 ·· 107
  4.1　云计算的发展历程 ·· 107

Ⅲ

4.2 云计算的应用场景 …… 116
4.3 云计算带来的机遇与挑战 …… 131
4.4 案例分析 …… 140
复习思考题 …… 141
即测即练 …… 141

第5章 大数据基础 …… 142

5.1 大数据的内涵与发展 …… 142
5.2 大数据的分析与处理体系 …… 149
5.3 大数据的应用场景 …… 161
5.4 大数据带来的机遇与挑战 …… 166
5.5 案例分析 …… 170
复习思考题 …… 170
即测即练 …… 170

第6章 金融科技与银行业融合发展 …… 171

6.1 金融科技时代商业银行的发展困境与功能演变 …… 171
6.2 商业银行与金融科技融合发展演化进程 …… 175
6.3 金融科技在商业银行转型中的作用 …… 179
6.4 未来展望 …… 197
6.5 案例分析 …… 198
复习思考题 …… 199
即测即练 …… 200

第7章 金融科技与证券业融合发展 …… 201

7.1 金融科技与证券业的融合发展概况 …… 201
7.2 金融科技在证券业的应用场景 …… 207
7.3 证券业金融科技发展的挑战与展望 …… 215
7.4 案例分析 …… 220
复习思考题 …… 221
即测即练 …… 221

第8章 金融科技与资产管理业融合发展 …… 222

8.1 融合发展背景 …… 222
8.2 融合发展目标 …… 228
8.3 融合发展现状与挑战 …… 232
8.4 融合发展展望 …… 239
8.5 案例分析 …… 241

复习思考题 ……………………………………………………………… 242
　　即测即练 ………………………………………………………………… 243

第 9 章　金融科技与保险业融合发展 ……………………………………… 244

　　9.1　保险行业面临的变化与挑战 ……………………………………… 244
　　9.2　金融科技给保险业带来的机遇与挑战 …………………………… 250
　　9.3　保险行业新生态 …………………………………………………… 263
　　9.4　保险业金融科技发展前景展望与建议 …………………………… 271
　　9.5　案例分析 …………………………………………………………… 275
　　复习思考题 ……………………………………………………………… 277
　　即测即练 ………………………………………………………………… 277

第 10 章　金融科技与监管 …………………………………………………… 278

　　10.1　金融监管发展历程 ………………………………………………… 278
　　10.2　金融科技监管方式及具体应用 …………………………………… 284
　　10.3　金融监管面临的机遇与挑战 ……………………………………… 287
　　10.4　我国金融科技监管展望 …………………………………………… 292
　　10.5　案例分析 …………………………………………………………… 301
　　复习思考题 ……………………………………………………………… 302
　　即测即练 ………………………………………………………………… 302

参考文献 ……………………………………………………………………… 303

第 1 章 金融科技概述

本章知识点：

1. 掌握金融科技的含义。
2. 了解全球与我国金融科技的发展演变阶段。
3. 掌握金融科技的关键技术及其特征。
4. 了解金融科技的应用场景。
5. 了解金融科技公司发展历程及发展现状。
6. 掌握金融科技公司类型划分及行业分布。
7. 了解金融科技公司发展面临的挑战与发展趋势。
8. 掌握金融科技公司与传统金融机构的融合方式。
9. 了解金融科技的发展前景与面临的挑战。

近年来，新一轮科技革命和产业变革不断加速。在此背景下，金融科技迎来了新的历史发展机遇，不断催生金融新产品、新模式、新业态，推动金融数字转型向纵深发展，形成了金融科技"千帆竞发、创新者胜"的发展态势。金融科技的快速发展和渗透，对金融行业发展产生了重大的影响。人工智能、区块链、云计算、大数据等已经成为金融行业中不可或缺的基础技术，且科技的赋能融入对金融行业全业务环节的变革和影响也在继续深化中。

1.1 金融科技的界定与发展概况

FinTech，即金融科技的英文，取自"financial technology"。很多人将金融科技直接理解为"金融＋科技"，但实际上金融科技并不仅仅是两者的简单相加，人工智能、区块链、云计算、大数据等新兴技术的飞速发展，使金融科技不断被赋予全新的专业化的含义。

1.1.1 金融科技内涵界定

虽然"金融科技"一词最早出现在 20 世纪 70 年代，但这一概念广受关注且被高频使用则是近年来才出现的趋势。同时，近年来金融科技现实发展的快速态势又赋予这一概念新的含义。中国人民银行在 2019 年 8 月发布的《金融科技（FinTech）发展规划（2019—2021 年）》（以下简称《规划》）中定义金融科技是技术驱动的金融创新。同年，金融稳定理事会提出的金融科技是指"技术带来的金融创新,它能创造新的业务模式、应用、流程或产品,从而对金融市场、金融机构或金融服务的提供方式产生重大影响"。巴塞尔银行监管委员会(BCBS)认为在支付结算类、存贷款与资本筹集类、投资管理类、金融市场基础设施类等四个领域中,金融科技活动最为活跃,创造了数字货币、股权众筹、智能投顾、客户身份认证等多种金融产品和金融服务。

广义的金融科技则将金融服务供给的技术都纳入概念范围,这种观点虽然强调的是技术,但它不是一般意义上的技术在金融中的应用,而是带有颠覆性的新型复杂技术,主要指人工智能(AI)、区块链、云计算、大数据等现代信息技术,这些技术与金融的深度融合才产生出新的特定的"金融科技"的概念。从公司金融角度而言,金融科技属于一种新型的商业模式,核心是使用技术提供新的产品和改善金融服务,是金融创新进化过程的一部分,理论上风险与收益并存。

本书重点关注金融与科技的有效融合,认为金融科技是指通过使用金融科技技术如人工智能、区块链、云计算、大数据等,为商业银行、证券业、资产管理行业、保险业等行业与机构提高效率、优化服务、降低成本、增强风险防控等,并促使传统金融业不断向智能化、便利化发展,推动金融业不断转型和升级。

近年来,金融科技现实发展的快速态势赋予这一概念新的含义,因此,对金融科技的讨论还无法绕开对这一概念的定义和外延进行辨析。目前学界具有普遍共识的是,当今金融科技的发展正处于一个完全不同于以往的阶段。但究竟如何定位和理解这个阶段的金融科技,特别是如何界定其内涵和外延,仍众说纷纭。

1. 金融科技的本质是技术

这是一种较为直观的认识,认为所有可以创造或强化金融服务供给的技术都可以广义地定义为金融科技,使用机器学习算法并按照专利注册情况可以将金融科技方面的技术具体划分为网络安全技术、移动支付技术、数据分析技术、区块链技术、P2P(点对点)网贷技术、智能投顾技术和物联网技术。其他类似的定义还包括金融科技是一系列广泛影响金融支付、融资、贷款、投资、金融服务以及货币运行的技术,是用以描述金融机构所采用的包括数据安全、金融服务交付等众多新型技术的新术语。但也有观点强调金融科技中的技术通常是指那些致力于解决传统金融服务机构中以客户为中心的产品供给方式不足的颠覆性数字技术,是用于向市场提供金融产品和服务的区别于现有技术的复杂技术。可见,这种观点虽然强调的是技术,但它不是一般意义上的技术在金融中的应用,而是带有颠覆性的新型复杂技术,主要指人工智能、区块链、云计算、大数据等现代信息技术。

2. 金融科技是一种技术驱动的金融活动或金融创新

金融科技是一种技术驱动的金融活动或金融创新,或者说,金融科技属于一种新型的商业模式。这种观点认为金融科技描述了与互联网相关的现代技术和金融服务行业(如贷款、支付、货币价值转移和多样化的银行业务等)的连接。认为金融科技的核心是使用技术去提供新的产品和改善金融服务,是金融创新进化过程的一部分。

3. 金融科技可以界定为金融科技公司

这通常是基于简化实证研究的考虑而界定的概念，认为 FinTech 指的是那些使用传统商业模式之外的技术运营金融服务的公司，这些公司致力于使用通信、互联网和自动信息处理等技术寻求改变提供这些服务的方式。除了指代被金融服务机构采用的新技术外，通常还可指代业务范围宽泛的企业或机构中的金融技术部门，这些主体使用信息技术以提升服务质量。

4. 金融科技可以理解为一种系统性的宏观现象

这种观点认为金融系统中长期存在两种行为主体：一是谋求利润最大化的私人行为者，他们把控分配资本的控制权，其行为产生了金融风险；二是代表公众利益的主权主体，承担维持系统性金融稳定的责任。金融科技的出现潜移默化地重塑了两种行为主体在金融体系中的权势、能力和角色方面的平衡格局，使私人行为者得以持续增加其交易性金融资产，并成比例地扩大其交易活动，但同时还破坏了主权主体防范系统性风险的能力根基，潜在地加剧了当前金融市场乃至更宽范围经济中不同行为主体之间的紧张与失衡。金融科技具有的充分发挥破坏稳定机制的潜能，使其对公共政策的制定造成强有力的挑战。

5. 符合某些综合特征的商业模式

这种观点较为综合，甚至未明确区分金融科技实质属性的异质性，仅提出金融科技具有的特征，认为金融科技具有边际利润低、轻资产、可扩展性、创新性和可塑性高五大特征，并将之总结为 LASIC 法则（low marginal profit, assets light, scalability, innovation, creative），同时指出这一法则可用于指导创造具有改善收入和财富不平等社会目标的可持续商业模式，且每一种成功的金融科技商业模式都符合这一法则。

6. 金融科技指能够推动金融创新，形成对金融市场、机构及金融服务具有重大影响的商业模式、技术应用、业务流程和创新产品的技术手段

这是来自金融稳定理事会（FSB，2016）的定义，其界定既包括技术也包括技术驱动的金融创新及其产出成果，因为其较为契合现阶段金融科技发展的多变性特征而被巴塞尔银行监管委员会所采纳。同时，FSB 是一个协调跨国金融监管，制定并执行全球金融标准的国际组织，因而其关于金融科技概念的定义被认为比较权威并被广泛使用。

1.1.2 金融科技的发展概况

随着人工智能、区块链、云计算、大数据等新一代信息技术的发展和应用，科技在提升金融效率、改善金融服务方面的影响越发显著。虽然我国本土金融科技产业正逐步成为世界市场不可或缺的重要部分，但由于起步较晚，与全球金融科技发展仍存在差距。

1. 全球金融科技发展历史演进

从IT(信息技术)技术对金融行业推动变革的角度看,目前可以把它划分为三个阶段。

1) 金融信息化阶段

第一个阶段可以界定为金融信息化阶段,或者说是金融科技1.0版。在这个阶段,金融行业通过传统IT软硬件的应用来实现办公和业务的电子化、自动化,从而提高业务效率。这时候IT公司通常并没有直接参与公司的业务环节,IT系统在金融体系内部是一个很典型的成本部门,现在银行等机构中还经常会讨论中心系统、信贷系统、清算系统等,就是这个阶段的代表。

20世纪上半叶,金融业属于劳动密集型行业,其运作高度依赖于人工作业。第二次世界大战后,全球经济进入大规模快速复苏阶段,金融行业的规模也迅速扩张,当时人工作业的金融体系无法保证较高的运转效率,IT成为提升金融体系运转效率的重要手段。20世纪60年代,电子计算机大规模介入金融行业,可迅速给出准确无误的计算结果,这使得金融从业人员的工作效率大幅提高。20世纪70年代,银行柜台业务量增大,自助银行服务出现,自动柜员机(ATM)能满足人们任何时间的自助存取款业务,因此得以快速普及。20世纪80年代,支付领域开始进行电子化和信息化,如POS机、电子钱包、智能卡等。20世纪90年代,中国开始强调金融电子化和信息化。国务院发布的《国务院关于金融体制改革的决定》提出要加快金融电子化建设,建立现代化的金融管理体系。

2) 互联网金融阶段

第二个阶段可以界定为互联网金融阶段,或者说是金融科技2.0阶段。在这个阶段,主要是金融业搭建在线业务平台,利用互联网或者移动终端的渠道来汇集海量的用户和信息,实现金融业务中的资产端、交易端、支付端、资金端的任意组合的互联互通,本质上是对传统金融渠道的变革,实现信息共享和业务融合,其中最具代表性的包括互联网的基金销售、P2P网络借贷、互联网保险。

互联网技术深入金融服务的各环节,金融业开始开展线上业务平台,传统的金融渠道发生了变革。数据成为金融机构的重要资源,对结构化数据的挖掘和运用能为金融机构带来巨大利益。20世纪90年代,互联网强势崛起,金融行业也乘互联网技术的东风进行了变革。一方面,传统的金融服务借助互联网技术实现了变革,超越时间空间的网上银行开始出现,证券、保险、基金、理财等各项金融业务也开始与互联网融合并大获成功;另一方面,互联网技术与金融服务的碰撞融合衍生出了新的金融服务形式,如P2P、P2B[个人对(非金融机构)企业]、第三方支付、众筹、虚拟货币、征信系统等。

3) 金融科技阶段

第三个阶段是金融科技3.0阶段。在这个阶段,金融业通过人工智能、区块链、云计算、大数据这些新的IT技术来改变传统的金融信息采集来源、风险定价模型、投资决策过程、信用中介角色,因此可以大幅提升传统金融的效率,解决传统金融的痛点,代表技术就是大数据征信、智能投顾、供应链金融。

区块链、云计算、AI、AR(增强现实技术)、物联网、5G(第五代移动通信技术)、大数据等新兴技术与金融融合,进一步推动传统金融转型,极大地提升了金融行业效率。AI在金融领域主要运用于信息采集和安全保护方面,如人脸支付、智能开户签约等。大数据技术在金融领域的运用主要是刻画客户画像和大数据征信。云计算可以在云端储存海量数据,提升数据处理效率。区块链去中心化、信息透明的特点提升了金融服务的安全性、真实性,降低了信息不对称性。

这一阶段金融科技的特点为智能化,新兴技术在金融系统的渗透将推动金融系统构建的转型,与此同时,也对银行等传统金融机构和金融系统的安全健康发展带来了巨大的挑战。国家层面也开始注重对金融科技发展进行规划,强调金融科技要服务实体经济、推进普惠金融发展。图1-1展示了金融科技发展时期概况。

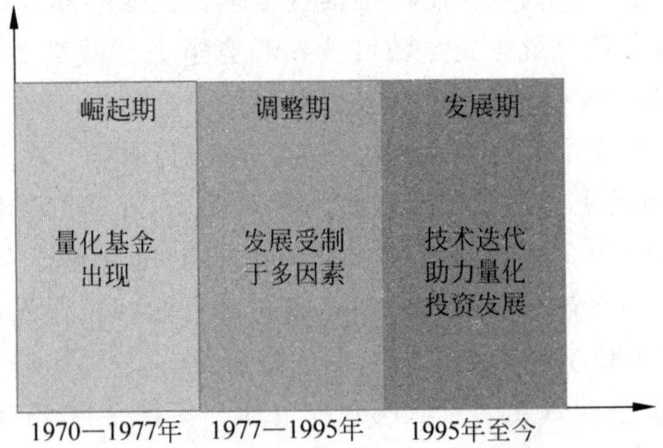

图1-1 金融科技发展时期概况

资料来源:前瞻产业研究院,https://bg.qianzhan.com/。

2. 我国金融科技发展概况

我国在金融科技发展初期较为落后,但目前已处于后来居上的地位。从体量规模来看,中国已经是全球金融科技领域的绝对主导者,中国电子支付规模占全球总体规模的近一半,远远领先于其他国家。

1) 央行指引金融科技发展方向

1993年,《中华人民共和国科学技术进步法》颁布,中国科技金融促进会宣布成立;2001年,科技部、中国人民银行等部门确定16个地区为首批促进科技和金融结合试点地区;2004年,支付业务的出现使金融科技从后台支撑开始走向前端。随着金融科技的快速发展,金融业务的边界逐渐模糊,金融风险的传导也突破了时间和空间的限制,给货币政策、金融稳定、金融监管、金融市场等多个方面带来新的挑战。为推动我国金融业的高质量发展,中国人民银行在《规划》中指出金融科技发展要遵循"守正创新、安全可控、普惠民生、开放共赢"的基本原则。

作为我国第一份指导金融科技发展的蓝图,《规划》可以称为我国金融科技发展进程中的里程碑。首先,《规划》明确了金融科技的定义,即金融科技是技术驱动的金融创新,具有强烈的金融属性,而不是单纯的科技工具,这也是金融科技需纳入监管的重要依据和基础。其次,《规划》确定了金融科技发展的目标,指出到2021年要建立健全我国金融科技发展的"四梁八柱",实现金融与科技的深度融合和协调发展,强化金融业的科技应用能力,使人民群众对数字化、网络化、智能化金融产品和服务的满意度得到明显增强,推动我国金融科技发展达到国际领先水平。最后,《规划》提出了金融科技发展的重点任务,包括加强金融科技战略部署、强化金融科技合理应用、赋能金融服务提质增效、增强金融风险技防能力、加大金融审慎监管力度、夯实金融科技基础支撑六个方面。

2)金融科技行业快速发展

首先,央行成立多家金融科技公司,引领行业风向。中国人民银行于2018—2020年先后在深圳、苏州、北京成立深圳金融科技有限公司、长三角金融科技有限公司及成方金融科技有限公司3家金融科技公司。由于央行在金融科技方面的布局和规划具有风向标作用,国内各大银行业金融机构也纷纷加快推进金融科技战略部署,陆续成立自己的金融科技子公司,注重通过自身力量建立金融科技核心竞争力。截至2020年底,国有五大行及大部分股份制商业银行共计成立了12家金融科技子公司。

其次,互联网金融科技企业更加强调科技能力输出与服务。在金融行业监管趋严、科技能力重要性提升及市场重心转变等多方面因素推动下,互联网属性的金融科技企业更加强调自身科技属性,将为金融机构提供科技能力输出和服务作为发展重点。近年来,360金融、蚂蚁金服、京东金融、百度金融、小米支付等互联网企业先后调整优化业务范围并更改企业名称,明确了技术能力输出的长期战略定位。

最后,传统金融IT企业强化与互联网企业合作。传统金融IT企业与互联网企业在竞争中合作,一方面可发挥传统金融IT服务商在金融垂直领域的产品、运营及生态优势;另一方面则可发挥互联网企业的技术、渠道及平台优势,实现优质资源互换。如宇信科技获得来自百度的约6亿元战略投资,科蓝软件与蚂蚁金融云签订业务合作协议、金证股份与京东数科签署战略合作协议、中科软与灵雀云达成深度战略合作意向等。

3)金融科技应用场景不断丰富

当前金融科技应用快速发展,人工智能、大数据、云计算、区块链等技术逐渐渗透金融行业,已深入各业务条线与产品,驱动金融服务模式不断创新。通过大数据技术,可对客户进行画像并开展精准营销,还可建立数据模型进行风险管控和运营优化。通过云计算技术,可显著降低金融机构运营成本,提高资源利用的弹性灵活度。通过人工智能技术,可提供智能客服、智能理赔、智能风控、智能投顾等多样化的智能服务。通过区块链技术,可构建金融交易中的互信机制,有效提升跨境支付、供应链金融、数字票据等交易的处理效率。金融与科技的深度融合,促使各类新型服务场景层出不穷,既显著提升了客户消费体验,又有效降低了企业运营成本。

以湖南省为例,在银行业方面,农业银行湖南省分行创新推出"惠农惠民平台",提供"足不出村"的金融服务;长沙银行以智能机器人系统为核心,打造"智能客服产品体系";湖南省农村信用社采用云计算等技术,推出面向省联社以及法人农商行的"福祥云平台";娄底市建设"链企银"金融综合服务平台,实现融资模式由"资产抵押"向"数据信用支撑"转变。在证券业方面,方正证券采用人工智能技术建设"知识共享与问题处理平台",实现问题反馈的闭环解决,并采用大数据技术建设"金融大数据平台",实现业务产生数据、数据驱动业务、平台赋能业务。在保险业方面,吉祥人寿采用人工智能技术,打造"智能保险引擎",既为客户提供便捷服务,也为风控管理提供技术支持;中国人寿湖南省分公司采用大数据技术,为投保客户提供"理赔e管家"服务。在非银支付方面,中移电商采用云计算技术,打造快速响应、弹性伸缩的"云平台",为客户及交易规模高速发展提供支撑;长银五八消费金融公司采用大数据风控技术,面向工薪阶层提供安全便捷的"工薪贷"产品。

2017年中国国际科技金融暨第三届中国互联网+金融博览会在北京中国国际展览中心举办,工商银行、华夏银行、招商银行等金融机构以及蚂蚁金服等互金巨头参会。其中,苏宁金融研究院在现场设立独立展区,用22块展板多方位、全景式展示自身对于金融科技的前沿研究成果及落地实践经验。图1-2为苏宁金融研究院展示的中国金融科技简史。

市场活跃度	探索期 (2004—2008)	市场启动期 (2009—2012)	高速发展期 (2013—2015H1)	调整期 (2015H2—2016)	再出发 (2017—)
	2004年 第一批第三方支付企业出现 2007年 网贷平台与银行尝试联合放贷 2008年 中本聪发布比特币白皮书	2009年 比特币诞生 2011年 5月,第三方支付纳入央行监管体系 7月,第一家众筹平台上线 2012年 扫码付试水	2013年 6月,余额宝面世;9月,直销银行探索开启 2014年H1 政府工作报告首提促进互联网金融健康发展 2014年H2 全年新成立P2P平台1633家;互联网金融行业股权融资呈爆发式增长 2015年H1 工行发布e-ICBC,大行启动互联网化转型	2015年H2 6月,民营银行设立常态化 12月,e租宝事件爆发 2016年H2 4月,互联网金融专项整治开启;中国首个区块链联盟成立;全年,多家互联网巨头宣布转型金融科技	2017年H2 1月,人民银行成立数字货币研究所 6月,大银行与互金巨头开启合作潮
	2004	2009	2012	2015	2017 年份

图1-2 中国金融科技简史

资料来源:苏宁金融研究院,https://sif.suning.com/。

1.2 金融科技的关键技术与应用场景

随着云计算、大数据以及区块链等技术的广泛应用,我国金融行业的经营理念、创新能力、服务水平进一步发展,为疏通资金进入、催化产业创新升级、促进资本良性循环提供了新路径。前瞻产业研究院于2018年发布的《中国科技金融服务深度调研与投资战略规划分析报告》显示,我国金融科技行业规模暂时处于世界第一,覆盖了金融众多应用场景。通过金融与关键技术的深度融合,在用户的实际生活中找到需求痛点,并通过场景搭建实现金融服务的无缝对接,是现阶段金融科技发展的趋势。

1.2.1 金融科技的关键技术

金融科技的发展在推动金融普惠、便利金融交易、满足多元化投融资需求、提升金融服务质量、提高资源配置效率方面发挥了积极作用。特别是2019年以来,金融服务与科技进一步深度融合,在数字货币、开放银行等领域取得了令人瞩目的进展。金融科技的关键技术包括互联网、大数据、人工智能、分布式技术(区块链、云计算)等。

1. 互联网

互联网是连接网络的网络,可以是任何分离的实体网络之集合,这些网络以一组通用的协议相连,形成逻辑上的单一网络。这种将计算机网络互相连接在一起的方法称为"网络互联"。移动互联网相对于互联网而言是新鲜的事物,移动互联网的定义有广义和狭义之分。广义的移动互联网是指用户可以使用手机、笔记本等移动终端通过协议接入互联网。狭义的移动互联网则是指用户使用手机终端通过无线通信的方式访问采用 WAP (wireless application protocol,无线应用协议)的网站。

中国人民银行于 2015 年 7 月联合十部委发布的《关于促进互联网金融健康发展的指导意见》(银发〔2015〕221 号)(以下简称《指导意见》)中对互联网金融的定义和具体业态的分类具有较好的科学性,得到了广泛认可。《指导意见》认为,互联网金融是"传统金融机构与互联网企业利用互联网技术和信息通信技术实现资金融通、支付、投资和信息中介服务的新型金融业务模式"。由此可见,互联网金融的本质仍是金融,没有改变金融风险隐蔽性、传染性、广泛性和突发性的特点。《指导意见》将互联网金融具体分为互联网支付、网络借贷、股权众筹融资、互联网基金销售、互联网保险、互联网信托和互联网消费金融等七个具体业态,具体如表 1-1 所示。

表 1-1 《指导意见》对互联网金融业态的分类及定义

分 类	定 义
互联网支付	互联网支付是指通过计算机、手机等设备,依托互联网发起支付指令、转移货币资金的服务
网络借贷	网络借贷包括个体网络借贷(即 P2P 网络借贷)和网络小额贷款。个体网络借贷是指个体和个体之间通过互联网平台实现的直接借贷;网络小额贷款是指互联网企业通过其控制的小额贷款公司,利用互联网向客户提供的小额贷款
股权众筹融资	股权众筹融资是指通过互联网形式进行公开小额股权融资的活动
互联网基金销售	互联网基金销售是指基金销售机构与其他机构通过互联网合作销售基金等理财产品
互联网保险	互联网保险是指保险公司或第三方保险平台以互联网为工具支持保险销售
互联网信托	互联网信托是指通过互联网平台进行的信用委托
互联网消费金融	互联网消费金融是指金融机构、类金融组织和互联网企业等消费信贷提供商通过自建或联合其他平台,向各类消费者提供的以个人消费(不包括购买房屋和汽车)为目的,无担保、无抵押的短期、小额信用类消费贷款服务

2. 大数据

大数据能够提供数据集成、数据存储、数据计算、数据管理和数据分析等功能,具备随着数据规模扩大进行横向扩展的能力。从功能角度,大数据技术主要分为数据接入、数据存储、数据计算、数据分析四层,以及资源管理功能,而金融机构的业务要求大数据平台具有实时计算的能力。目前,金融机构最常使用的大数据应用场景包括智慧营销、实时风控、交易预警和反欺诈等业务。大数据分析平台可以对金融企业已有客户和部分优质潜在客户进行覆盖,对客户进行画像和实时动态监控,用以构建主动、高效、智能的营销。

为切实做到数据驱动,金融企业需要定制化的技术平台。首先,金融企业要进行顶层设计,把技术和业务结合起来,将技术应用在企业价值链的每个场景上。其次,金融企业需要大规模的系统改造。为实现数据的汇聚,需要将原来存储在上百个信息系统的数据整合,重新设计并搭建数据采集、存储、传输的架构;最后,金融大数据具有极高的重要性,需要更加完善的安全保障措施。金融数据的泄露、篡改可能造成系统性金融风险,甚至危及社会稳定。部分数据如用于金融交易的用户鉴别与支付授权信息需要全流程加密。

当下,大数据技术的应用提升了金融行业的资源配置效率,有效促进了金融业务的创新发展。在提升决策效率、强化数据资产管理能力、促进产品创新和服务升级、增强风控管理能力等方面已经展现了其应用价值,并且在客服、风控、反欺诈、营销等业务场景中都已得到广泛应用。

3. 人工智能

人工智能是有关"智能主体(intelligent agent)的研究与设计"的学问,而智能主体是指一个可以观察周遭环境并做出行动以达到目标的系统。人工智能使用机器代替人类实现认知、识别、分析、决策等功能,它在金融领域应用主要包括五个关键技术:机器学习、生物识别、自然语言处理、语音技术以及知识图谱。金融行业沉淀了大量的金融数据,主要涉及金融交易、个人信息、市场行情、风险控制、投资顾问等多个方面,其海量数据能够有效支撑机器学习,不断完善机器的认知能力,尤其在金融交易与风险管理这类复杂数据的处理方面,人工智能的应用将大幅降低人力成本,通过对大数据进行筛选分析,帮助人们更高效率地决策,提升金融风控及业务处理能力。

人工智能在金融科技中的应用进一步提升了金融行业的数据处理能力与效率,推动金融服务模式趋向主动化、个性化、智能化,同时有助于提升金融风险控制效能、助推普惠金融服务发展。目前,人工智能技术在金融领域应用的范围主要集中在智能客服、智能投顾、智能风控、智能投研、智能营销等方面。人工智能+金融行业未来市场格局如图1-3所示。

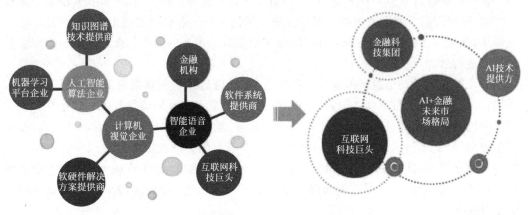

图 1-3　人工智能+金融行业未来市场格局

资料来源:艾瑞咨询研究院,www.iresearch.com。

4. 区块链

2008年,中本聪首次提出区块链的概念并将其作为虚拟货币比特币的底层技术。区块链由无数区块构成,各区块之间按照时间顺序相互链接,并以密码学方式保证每个节点上的数据都具备不可篡改、不可伪造的特性。区块链具备以下优势:安全性高、难以篡改;异构多活、可靠性强;智能合约、自动执行;直接协作机制、公开透明。由于区块链技术不依赖第三方平台及设施,其去中心化的特点支持分布式核算与存储,链上各个节点实现了独立信息的自我储存、验证、传递和管理,这对构建数字化经济结构具有重大意义。

区块链因其特性与金融活动的本质要求十分契合,在金融领域具备天然的优势,发展十分迅猛。区块链金融在增强数据储存、提高金融服务效率、加强数据安全等方面都发挥着十分重要的作用。一方面,区块链自身的技术优势能够帮助金融机构优化金融基础结构、降低银企信息不对称、在提高金融服务效率的基础上降低服务成本。另一方面,区块链上各节点参与上传与维护信息后生成信息区块和数据链,加盖时间戳使得信息可追踪,保障了金融数据的真实性和用户信息的安全性。

随着数字时代的来临,区块链金融的相关技术取得了革命性突破,但同时融合了金融本身的高风险及不确定性,在为金融科技发展增添活力的同时也给互联网金融监管加大了难度。

5. 云计算

美国国家标准与技术研究院(National Institute of Standards and Technology,NIST)定义:云计算是一种按使用量付费的模式,通过云计算,用户可以随时随地按需从可配置的计算资源共享池中获取网络、服务器、存储器、应用程序等资源。这些资源可以被快速供给和释放,将管理的工作量和服务提供者的介入降低至最少。云计算说明计算能力也可以作为一种商品通过互联网进行流通。在对资源的使用过程中,用户不需要了解"云"中各种计算资源的配置细节,也不需要具备专业的计算机网络知识,其核心是希望IT技术的使用能像使用水电煤气那样方便。我们从来不会想到去建电厂,也不关心电厂在哪里,只要插上插头,就能用电,同样,云用户获取云服务的成本低廉且无须对云底层基础设施进行管理维护。

云计算作为推动信息资源实现按需供给、促进信息技术和数据资源充分利用的技术手段,与金融领域进行深度结合,是互联网时代下金融行业可持续发展的必然选择。云计算大大地降低了金融机构的资源获取和应用成本,减小了金融机构的资源配置风险,提高了金融机构的IT运营效率。如图1-4所示。未来中国金融云服务的格局是:大型金融机构自建私有云,并对中小金融机构提供金融行业云服务,进行科技输出;中型金融机构核心系统自建私有云,外围系统采用金融行业云作为补充;小型金融机构逐步完全转向金融行业云。

图 1-4　云计算

资料来源：搜狐网，https://www.sohu.com/a/401157959_120455607。

1.2.2　金融科技的应用场景

金融与科技经过数十年的发展、渗透、融合，尤其是 2000 年之后，VR（虚拟现实）、生物验证、智能机器人、大数据、区块链等更多元的先进科技因素融入金融体系，科技在赋能传统金融业的同时，自身也超越了"工具"的范畴。金融科技不仅仅是一个前瞻的概念，更是可以应用到各个细分应用场景的大趋势，是金融与科技融合发展的必然结果。

1. 商业银行智慧化

我国大型商业银行一直以来对民营企业（特别是小微民营企业）贷款的审批过程繁杂、效率低下、门槛很高。原先各大银行都希望通过内部组织结构扁平化改革以提高运行效率，但是受限于数据处理能力、传递能力等众多原因，一直没有达到预期效果。金融科技的应用与发展开启了商业银行智慧化的道路，一定程度上推进了银行组织结构变革和开拓了新的业务应用场景。现时传统商业银行越来越多的项目集中到了线上，以顺应趋势发展，扩展业务范围。以中国工商银行（以下简称"工行"）为例，2013 年，工行提出了大零售、大资管、大数据信息化三大战略，并于 2015 年 3 月 23 日正式推出了互联网金融品牌"e-ICBC"，包含"融 e 购""融 e 联"和"融 e 行"三大平台，从电商、通信和直销银行三大渠道，将商品流、信息流、资金流相融合，创新营业方式，改良服务、控制风险。在服务小微企业方面，工行凭借大数据的发掘与应用，充分了解客户需求，针对性提供服务简化贷款流程，并通过提供会计理财服务进一步助力实体经济。据时任工行副行长王敬东介绍，截至 2020 年底，工行旗下的"三融"平台总客户规模已超过 4 亿户，数字化转型的规模化效应逐渐凸显。"三融"平台作为数字化转型的重要成果，不仅为工行集聚大量用户群，构建完善的金融服务生态圈，还实现了线下服务向线上转移，满足了互联网时代客户多元化的金融服务需求，带来高效便捷的用户体验。

2. 网络信贷智能化

互联网技术发展，催生出互联网信贷市场。信贷、众筹业务借助互联网平台的开放、共享、便利性优势,解决了资金借贷双方信息不对称难题,打破了时间、空间的限制,极大地促进了资本的流通。此外,信贷业务逐步呈现智能化,令金融服务范围进一步扩展,以达到强化实体经济薄弱环节的目标。

国内的智能投顾市场起步较晚,金融科技公司以及多数智能投顾平台大多诞生在2016年,基本都处于早期阶段,但整体发展速度较快。智能投顾公司通过自身的技术优势为传统金融机构的网络平台提供相关服务。以"大数金融"为例,一方面,它为银行以及其他金融机构提供搜寻客户、调查审查、贷后管理以及风险控制等技术服务;另一方面,它为小微企业、个体工商户提供无担保、利率为18%到24%、额度为10万元至50万元的信用贷款业务。其通过"以评分卡为基石、数据驱动"的风险管理体系智能地对客户进行风险评级、自动审查、智能评分,发放贷款后实时监测并实施差异化催收。目前"大数金融"助贷余额已超百亿元规模,开业的前3年,累计不良率为2.3%,实际不良率为0.6%。

除智能信贷平台之外,新兴的互联网银行在获客能力、风控能力和获利能力方面表现突出。它们能够紧跟市场需求的变化,发展迅速。以"网商银行"为例,它通过网商贷、旺农贷等主要产品,对小微企业、农村用户进行了有效的输血。截至2018年,"网商银行"历史累计服务小微企业和小微经营者客户1 227万户,户均余额2.6万元,为解决我国金融服务弱势群体"长尾效应"困境提供了新路径。

3. 互联网保险科技化

从1997年11月我国成立第一家保险网站——中国信息保险网开始,我国互联网保险业发展迅速。据淘宝理财公布数据显示,互联网保险产品成为2013年"双11"活动的主角之一。当天,寿险产品总销售额超过了6亿元。其中,中国人寿的万能险在10分钟内卖出了1亿元。随着中国保险监督管理委员会(以下简称"保监会")[现为中国银行保险监督管理委员会(下称"银保监会")]于2015年颁布《互联网保险业务监管暂行办法》,互联网保险行业逐渐规范,脱离野蛮生长的趋势。2016年,保监会终止了多家缺乏相关经营能力保险公司的互联网保险业务。目前,宏观上来看,互联网金融的经营主体规模趋于平稳。据零壹财经数据指出,该行业在2015—2018上半年的收入呈下降趋势,由2 234亿元减少至1 835.3亿元;总体规模也不断减小,经营公司数由110家减少至65家;收入占总保费收入比重由9.2%降至5.3%。

金融科技技术创新为现有的互联网保险行业在优化服务、产品营销、信息识别三个层面进一步赋能:以区块链技术为基础的智能合约的引入可以解决实物保险卡的诸多不便;人工智能助力产品定价、精准营销、风险欺诈识别;应用物联网技术可获取更为全面、真实的数据;生物基因技术可以全面了解投保人身体状况及家族病史。互联网保险与金融科技若能在监管之下深度融合,进一步形成合力,发展保险科技,将会赋予整个保险行业新的活力。

4. 数字理财高效化

在20世纪90年代末期,投资者就开始在线上进行投资分析,对收益与风险进行估算。但是由于金融的复杂性,人工投资往往难以把握住短暂的投资机会,效率极低。AI、大数据、云计算等技术的不断创新，为应用马科维茨现代投资组合理论提供了技术支持，极大地提高了数字理财的效率。2016年被我国业内称为"智能理财元年"，多数智能投顾平台都诞生于此年，大部分企业尚处于早期（包括种子期和初创期）阶段。不过发展速度很快，中关村互联网金融研究院院长刘勇在2018年10月指出，从2010年开始，智能理财的融资金额增长率突破100%，到2015年，增幅超过400%。智能理财是金融科技率先落地的典范，科技端与牌照端的牵手合作是智能投顾领域稳健发展的制度保障。

以招商银行推出"摩羯智投"的智能理财产品为例。"摩羯智投"通过相关算法，根据不同的风险偏好与资产规模，为投资者提供最优化的国内基金组合，如图1-5所示。目前，"摩羯智投"的投资标的在国内主要包括证券、基金、ETF（交易型开放式指数基金），并辅以少量美股，本质是一个组合基金，其盈利模式主要为申购赎回费用以及管理服务费用。招商银行2017年半年报指出，前两个季度，平均收益率3.56%，收益区间在1.97%至4.87%之间，其规模为7万多用户，申购规模达45亿元。

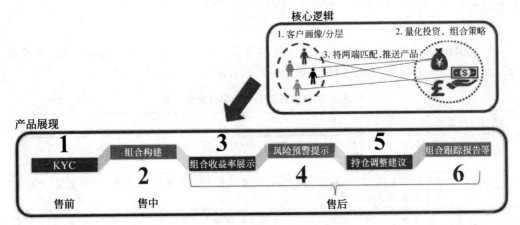

图1-5 "摩羯智投"黑箱策略示意图
资料来源：宜人智库，https://www.iyiou.com/。

1.3 金融科技公司概述

随着人工智能、区块链、云计算、大数据等新兴技术的蓬勃发展，金融科技行业发展迅速，我国已成长出一批具有雄厚实力的金融科技公司。金融科技公司是指以数据和技术为核心驱动力，以更高的工作效率、更低的成本，为客户提供金融相关服务的机构，主要服务对象为未被传统金融体系覆盖到的客户群体。为了满足客户享受普惠金融服务的需求，金融科技巨头正在积极搭建全方位的金融服务平台，通过多种方式完善对客户生活场景的布局。

本节主要介绍金融科技公司类型划分、发展现状与行业分布，并对其发展面临的挑战以及发展趋势展开讨论。

1.3.1 金融科技公司类型划分

我国金融科技产业生态体系主要由金融企业、科技企业、金融监管机构、行业协会和研究机构组成。其中金融企业主要是运用云计算、大数据、人工智能和区块链等先进技术,提供创新金融服务;科技企业主要是为金融企业和金融监管机构在客服、风控、营销、投顾和征信等领域,提供云计算、大数据、人工智能和区块链等技术服务。

根据我国金融科技产业主体的发展特点,可以从"新金融"和"新技术"两个角度将金融科技企业分为两大主要类型:科技金融类企业和金融科技类企业。

1. 科技金融类企业

科技金融类企业主要利用互联网、大数据、云计算、大数据、人工智能和区块链等新兴技术,改变传统金融业务模式,提供创新型金融服务,其可以从原生背景和业务领域两个方面进行深入划分。原生背景是指企业最初的行业属性,业务领域是指企业主要提供的业务类型。

1) 按原生背景划分

科技金融企业的原生背景可分为互联网背景、金融IT背景、传统金融背景、其他传统行业背景和初创背景,因此可将科技金融企业划分为五大类(表1-2)。

表1-2 按原生背景划分的科技金融企业

原生背景	典型企业
互联网	蚂蚁金服、财付通、百度金融、京东金融、新浪金融、网易金融、搜狗金融、Stripe、Adyen
金融IT	联想金融、中兴金融、方正金融、小米金融、用友金融、TCL金融、广联金服、金蝶数据金融、Oscar Health
传统金融	中国民生银行直销银行、江苏银行直销银行、兴业银行直销银行、北京银行直销银行
其他传统行业	国美金融、永辉金融、海尔消费金融、华润金融、苏宁消费金融、顺丰金融、美的金融
创业	本来科技、积木小贷、老虎证券、吉屋小贷、青石证券、富途证券、Oradian、Deposify

资料来源:中国信通院,http://www.caict.ac.cn/。

一是互联网背景的科技金融企业,该类企业具有技术、数据、平台和人才优势,正在迅速成长为国内金融科技的核心力量,典型企业有蚂蚁金服、百度金融、京东金融等。

二是金融IT背景的科技金融企业,该类企业拥有深厚的行业积累和丰富的风控经验,正在积极进行战略转型,开展金融科技服务,典型企业有中兴金融、联想金融、小米金融等。

三是传统金融背景的科技金融企业,该类企业是互联网金融科技环境下的一种新型金融产物,不以实体网点和物理柜台为基础,可以提供比传统金融机构更便捷优惠的服务,如直销银行。

四是其他传统行业背景的科技金融企业,该类企业可以利用自有渠道和用户优势,提供跨界金融科技服务,如国美金融、永辉金融等。

五是初创背景的科技金融企业,即以金融科技为核心业务的初创型企业,该类企业在创立初期就以金融科技领域的技术和商业模式创新为核心竞争力,例如老虎证券、富途证券等。

2)按业务类型划分

科技金融企业主要提供的业务类型分为传统金融业务和互联网金融业务,据此可将科技金融企业分为两类(表1-3)。

表1-3 按业务类型划分的科技金融企业

业务类型		典型企业
传统金融业务	银行	网商银行、北京银行直销银行、中国民生银行直销银行、兴业银行直销银行
	证券	富途证券、老虎证券、本来科技、青石证券、国泰君安证券
	保险	众安保险、安心互联网保险、泰康在线、Reposit、Singlife
	基金	华夏基金、广发基金、天弘基金、嘉实基金、富国基金
互联网金融业务	消费金融	中银消费金融、招联、兴业消费金融股份公司、海尔消费金融、苏宁消费金融、Kabbage
	小额信贷	海尔云贷、美借、平安好贷、积木小贷、保利小贷、Fundbox
	征信	征信中心、信用中国、华道征信、Credit Karma
	第三方支付	支付宝、财付通、拉卡拉、易宝支付、联动优势、Braintree、Klarna、Adyen

资料来源:中国信通院,http://www.caict.ac.cn/。

一是开展传统金融业务的企业,包括提供银行、保险、证券和基金等业务。这一类企业转型需求较为迫切,需借助科技手段来提升自身业务发展能力,发现新需求、优化流程、开辟新业务,完成企业转型升级。

二是提供互联网金融业务的企业,包括开展消费金融、小额信贷、征信、第三方支付等业务。这类科技金融企业利用新兴技术实现金融服务创新,从而促进普惠金融、小微金融和智能金融发展。

2. 金融科技类企业

金融科技类企业主要在客服、风控、营销、投顾和征信等服务领域,为金融机构提供云计算、大数据、人工智能和区块链等新兴技术支撑服务,其可以从技术领域和服务领域进一步划分。技术领域是指支撑服务能力聚焦在云计算、大数据等不同技术领域,服务领域是指支撑服务领域分布在客服、风控等不同服务环节。

1)按技术领域划分

金融科技企业根据所提供支撑服务的技术领域可分为四大类:云计算、大数据、区块链和人工智能等。其中,云计算已成为金融IT架构转型的主流方向,金融云部署较快,该领域的企业发展较为成熟;大数据是金融业创新发展的基础资源,提供金融大数据服务的企业较多,互联网巨头优势明显;区块链是实现金融价值传递的重要支撑技术,然而其在金融活动中的应用仍处于起步阶段,提供区块链技术服务的企业数量相对较少,但发展迅速;人工智能是金融服务迈向智能化的关键,人工智能应用正在成为金融科技应用的热点方向。其具体分类可见表1-4。

表 1-4 按技术领域划分的金融科技企业

技术领域		典型企业
云计算	公有云	阿里云、腾讯云、天翼云、金山云、七牛云存储
	私有云	华为、海云捷迅、EasyStack、浪潮、华云
大数据	数据	明略数据、因果树、TalkingData、聚合数据、Datatang
	平台	华为、东华软件、中软国际、拓尔思
	分析	百分点、东方国信、友盟+、海量数据
区块链	技术平台	ViewFin、网录科技、云象、Asch、北斗链
	应用	物链、布比、唯链
人工智能	平台	百度云、腾讯云、阿里云、华为、科大讯飞、中科曙光
	应用	依图、云从科技、旷视、同盾科技、商汤、量化派

资料来源：中国信通院，http://www.caict.ac.cn/。

2) 按服务领域划分

金融科技企业按照其为金融业所提供服务的领域可分为五大类：客服、风控、营销、投顾和支付等。客服领域企业主要利用大数据和人工智能技术，通过自动化和智能化客服来提升客服的效率和质量，并通过与精准营销有机结合，实现客服从成本中心向营销中心转变；风控领域企业主要运用大数据、机器学习和人工智能等技术，实现智能风控，降低坏账率；营销领域企业主要利用大数据和人工智能进行智能营销，建立顾客沟通服务体系，实现精准营销；投顾领域企业主要基于算法和模型，实现智能投顾，规避市场风险，实现收益最大化；支付领域企业主要基于大数据和人工智能技术，将人脸识别、指纹识别等技术应用于支付领域，实现支付技术的创新发展。其具体分类可见表 1-5。

表 1-5 按服务领域划分的金融科技企业

服务领域	典型企业
客服	网易七鱼、科大讯飞、Live800、易米云通、智齿客服、云问科技、小 i 机器人、捷通华声
风控	明略数据、杉树科技、普林科技、极光、百分点、邦盛科技、誉存科技、极融
营销	个推、芝麻科技、宏原科技、时趣、城外圈
投顾	因果树、理财魔方、阿尔妮塔、鼎复数据、蓝海智投、璇玑智投、文因互联、飞蝉智投
支付	旷视、云从科技、商汤、依图、贝尔赛克、中科奥森

资料来源：中国信通院，http://www.caict.ac.cn/。

1.3.2 金融科技公司发展现状

金融科技公司在金融领域提供信息化服务经历了不同发展阶段，从售卖金融 IT 软硬件服务阶段到提供基于云的整套业务解决方案阶段，再到如今的以金融科技为依托提供跨界金融服务阶段。过去的传统金融 IT 企业帮助金融机构建设 IT 基础设施并提供外包服务，而现在金融科技企业在金融服务领域中表现得更加积极。在科技浪潮下，金融科技公司正处于高速增长态势。

1. 金融科技公司上市热度持续,且融资金额增加

根据《中国金融科技生态白皮书2020》,截至2020年上半年,一共有118家金融科技公司在沪深两市实现IPO(首次公开募股)上市。除了寻求在我国内地交易所上市的金融科技企业外,另有多家金融科技企业成功在美国、我国香港交易所上市,包括已在美国纳斯达克上市的金山云、慧择保险、亿邦通信,以及已登陆香港交易所的移卡科技等。

忽略2020—2021年新冠肺炎疫情对企业上市的特殊影响,2019年国内新增上市金融科技企业融资表现优异。2019年上市的9家金融科技企业在当年的融资金额总共约为9.2亿美元,与上一年同比增长24.6%。这9家金融科技企业中除拉卡拉在深圳证券交易所(以下简称"深交所")上市外,其余8家均在美国上市,详见表1-6。

表1-6 2019年金融科技上市企业融资规模及市值

公司名称	上市时间	交易所	主营业务	融资规模	市值
美美证券	2019/1/8	纳斯达克	互联网证券	720万美元	0.4亿美元
富途控股	2019/3/8	纳斯达克	互联网证券	0.9亿美元	11亿美元
老虎证券	2019/3/20	纳斯达克	互联网证券	1.04亿美元	5.1亿美元
普益财富	2019/3/29	纳斯达克	财富管理	0.26亿美元	3.2亿美元
拉卡拉	2019/4/25	深交所	支付	1.88亿美元	33.3亿美元
嘉银金科	2019/5/10	纳斯达克	网络借贷	0.37亿美元	2.7亿美元
玖富	2019/8/15	纳斯达克	网络借贷	0.64亿美元	18.5亿美元
嘉楠科技	2019/11/21	纳斯达克	矿机生产	0.9亿美元	8.4亿美元
金融壹账通	2019/12/13	纽交所	金融科技输出	3.12亿美元	36.2亿美元

资料来源:中国信通院,http://www.caict.ac.cn/。

2. 零售企业率先转型进入金融科技市场

在传统行业中,以零售企业为代表,这些企业具有多年的To C(面向个人)服务经验,同时拥有大量用户信息和消费行为数据,能够准确了解客户需求,在客户服务方面具有丰富的经验。如今大量传统零售企业借助AI、区块链、大数据等新兴技术,将金融服务与企业原有服务相融合,并通过捆绑式服务,大力发展以企业原有服务为基础的金融服务,同时以消费金融、智能风控、智能营销等应用场景为突破口,转型进入金融科技市场,见表1-7。

表1-7 传统零售行业背景的金融科技企业

企业	云服务	大数据	AI服务	区块链
万达金融	—	用户画像	智能风控、智能营销	电子发票
苏宁金融	—	用户画像、个性金融	智能风控、智能营销、智能投顾	已成立实验室
海尔金融	—	用户画像	智能风控、智能营销	资产证券化、智能合约
永辉金融	—	用户画像、供应链金融	智能风控	—

资料来源:中国信通院,http://www.caict.ac.cn/。

以万达金融为例,万达金融为一家具有传统零售行业背景的金融科技企业,该企业拥有一支由来自消费金融领域领先的传统金融机构及国内知名互联网企业的精英组成的核心团队,在科技研发、产品设计、风险管理等金融领域拥有丰富的业务经验与扎实的专业能力,企业借助大数据、AI等先进技术,智能匹配客户需求,实现智能营销与智能风控,有效满足了小微企业主、自由职业者等人群的借款需求,成功为大众提供了优质便捷的金融服务。

3. 互联网企业在金融科技领域占主导地位

近年来,金融科技发展备受关注,广受互联网企业追捧。互联网巨头利用信息技术等优势打造出了金融科技头部平台。在金融科技领域内,互联网企业已成为金融和科技两侧的重要主体,占据主导地位。例如蚂蚁金服、京东金融、百度金融和腾讯云等互联网巨头旗下的金融科技企业,借助数据和技术上的双重优势,快速成长为科技金融类的独角兽企业,详见表1-8。同时,这些互联网巨头将其经过验证的人工智能、区块链、云计算和大数据等新兴技术,提供给其他金融机构,帮助其提高金融服务效率,在行业中也具有较为突出的发展优势。

表1-8 互联网背景的金融科技企业

企业	云服务	大数据	人工智能	区块链	综合特点
百度金融	私有云	用户画像	智能风控、智能获客	资产证券化	对外输出云、大数据AI解决方案
蚂蚁金服	公有云、私有云	用户画像	客服、智能风控、智能API(应用程序接口)	公益募捐	对外输出云,大数据AI解决方案
腾讯云	公有云、私有云	数据计算分析和展现	开发套件智能API	—	设有金融云解决方案
财付通	—	用户画像	智能风控	黄金红包	支付API开放
京东金融	私有云	数据计算分析和展现	智能风控	资产管理	对外输出云、大数据AI解决方案

资料来源:中国信通院,http://www.caict.ac.cn/。

4. 互联网金融科技企业更加强调科技能力输出与服务

在金融行业监管趋严、科技能力重要性提升及市场重心转变等多方面因素的推动下,互联网属性的金融科技企业更加强调自身科技属性,并将为金融机构提供科技能力输出和服务作为发展重点。以360金融、蚂蚁金服、京东金融、百度金融、小米支付等为代表的互联网企业相继调整、优化业务范围并更名,明确了技术能力输出的长期战略定位。例如,360金融更名为360数科,加大前沿科技领域投入,投身于数字金融新基建;京东金融更名为京东数科,其业务形态由B2C转变为B2B2C,并提供科技输出,详见表1-9。

表 1-9 代表性互联网企业改名前后业务变化

原名称	现名称	业务/战略变革要点
360金融	360数科	加大前沿科技领域投入,投身于数字金融新基建
蚂蚁金服	蚂蚁科技	全面服务社会和经济数字化升级
京东金融	京东数科	提供科技输出,业务形态由 B2C 转变为 B2B2C
百度金融	度小满金融	搭建金融服务平台,构建金融科技生态
小米支付	小米数科	在如何更好地满足用户的金融科技服务需求上发力

资料来源:中国信通院,http://www.caict.ac.cn/。

5. 金融科技主体多元化

截至目前,国有五大行已经全部成立了独立的金融科技子公司。除此之外,监管部门主导推动成立金融科技公司成为产业新风向,如央行体系下,新成立了多个金融科技公司,涉及数字货币、区块链金融等多个方向。同时,大型央企或其他行业龙头,也在基于自身行业优势,布局金融科技市场,如国家电网成立了金融科技集团,顺丰旗下成立了专注于供应链金融科技平台建设的子公司融易链等。

6. 金融科技公司与持牌金融机构展开深度合作

金融科技公司与金融机构之间的竞合关系在不同时期是不同的。在早期,两者是初级别合作关系,如银行和电商平台之间在电子支付、营销等方面合作等;在互联网金融发展阶段,两者更偏向于竞争关系,金融科技公司凭借在互联网领域优势进军金融业,与传统金融机构形成正面竞争,而传统金融机构也开始在金融科技领域布局,开设独立部门进行技术研发;后期随着监管趋严以及金融科技龙头公司发展战略的调整,两者之间的合作又开始占据主导地位,越来越多的金融科技公司强调自身科技定位,主动与持牌金融机构建立长期战略合作伙伴关系。

1.3.3 金融科技公司行业分布

金融科技公司布局于众多领域之中,如征信、借贷、保险、投资管理、支付清算等领域。

1. 征信领域

征信领域主要是依法开展针对个人或企业信用信息的收集、整理、保存并对外提供信用报告、信用评估等活动,其服务可帮助其他机构或个人进行更有效的信用管理,从而控制信用风险,这实际是"数据—信息—知识—智慧"的一个升级过程。征信按照服务对象可分为信贷征信、商业征信、雇佣征信和其他征信。信贷征信主要为金融机构提供支持,运用大数据、云计算、人工智能等技术,进行数据的实时更新和信用评分,进行贷前评估、贷中监控和贷后反馈;商业征信主要为商务活动中的赊销决策进行服务,以降低信用风险;雇佣征信主要为雇主服务,如招聘、家政等活动中对雇主用人可进行相应的指导;其他征信领域则涵盖了市场调查、资产鉴定、债权处理等众多活动。互联网征信机构借助大数据实现了对个人信息的全方位收集,是对传统征信数据的一个补充,解决了交易双方信息不对称的问题,同时也使征信模型的预测值更有说服力。

2. 借贷领域

金融与科技融合的新一代金融发展模式衍生出直接将资金需求方与供给方配对的市场化网络借贷平台,这些平台基于人工智能机器缩短了一般借贷人在金融机构的贷款审核、审批等流程,这在一定程度上缓解了小微企业和个人的融资难问题。股权众筹同样也是借助互联网和人工智能等技术将企业私募股权互联网化,它不仅扩大了企业募股的范围,同时还缩短了企业融资周期。值得注意的是,由于网络借贷和股权众筹的进入壁垒较低,起初的市场竞争较为混乱,出现了不少虚假融资、"卷款跑路"等现象,这与交易双方信息不对称、行业监管力度不够等有直接关系。而征信技术是借贷行业发展的基础,区块链等技术是解决平台信任问题的突破口,行业监管是风险控制的保障,金融科技各个领域的发展是相辅相成的。

3. 保险领域

近年来,金融科技的发展为保险行业带来了变革,互联网保险开始进入人们的生活。作为一种以互联网技术为发展基础的新型保险模式,互联网保险打破了传统保险的市场垄断地位,改变了传统保险行业提供保险产品和服务的方式,同时也为保险行业的发展带来了新的机遇和挑战。互联网保险作为金融科技时代发展的产物,具有信息化、便利化、节约化等特点,不仅缩短了投保、承保等流程的时间,还使保险行业可以随时随地提供保险服务,节约了保险机构的经营成本,也增强了保险机构和客户之间的交互,同时利用保险分解与保险定价等在一定程度上保障了客户的权益。

4. 投资管理领域

金融科技在投资管理领域重在开发智能化的投资顾问和资产管理应用。智能投顾是以大数据和人工智能为基础,综合分析用户的投资偏好、市场趋势、产品功能等数字化信息,从而系统地为客户推荐风险较小的投资组合的一个应用,它可以让用户借助软件来完成投资管理,进而提高系统效率、降低服务成本。智能投顾企业的服务成本较低,可以获取更广泛的用户;同时基于大数据和人工智能的算法比较先进,企业为用户推荐合理的投资组合时可避免人工投顾的非理性因素并通过分散投资降低风险;企业服务链条较短,用户可在移动终端上实现财富的智能管理。虽然金融科技在投资管理领域的渗透和发展仍需一定时间,但未来智能投顾市场庞大,企业具有可观的成长空间。

5. 支付清算领域

支付清算领域包括网络支付、移动支付、数字货币支付、分布式账本技术应用等。网络支付是传统支付手段向互联网虚拟平台的首次跨越;移动支付得益于移动通信技术的发展和智能终端的普及,其使得支付行为更加便利;数字货币是区块链技术成功应用的典型案例,如比特币在一定程度上克服了地域间的金融约束,实现了全球范围内的跨境支付;分布式账本技术为支付清算业务中的数字资产交易、信息存储、身份管理等方式提供了全新思路,通过借助点对点网络、节点之间的分布式公共账本以及加密技术等核心要素,实现信息共享,有效保护客户隐私,降低交易成本,使交易行为更加高效。

1.3.4 金融科技公司发展面临的挑战

虽然大数据、云计算、人工智能、区块链等新兴技术得到广泛应用,金融科技行业迅猛发展,新的商业模式和业务模式不断涌现,然而由于金融科技是一种新兴产业,具有跨界性与隐匿性等特征,在企业经营过程中易带来新兴技术风险,并导致风险外溢,给金融科技公司发展带来一定挑战。

1. 金融科技的发展呈现出一定的风险外溢性

金融科技并不会因为技术进步和创新而使得金融风险消失,它在提供跨行业、跨市场、跨机构金融服务的同时,也会使金融风险传染性更强、波及面更广、传播速度更快。由于金融科技公司提供的服务和经营模式具有较强的同质性、网络性,一旦一家公司爆发风险事件,市场和监管层对该行业中其他参与者的判断就会随之改变,对该行业未来发展也就会产生类似的预期。目前,中国有数千家包括互联网金融从业机构在内的金融科技公司,这些机构之间风险传染比较迅速,波及范围也比较广泛,特别是互联网金融投资者的"羊群效应"特征更加剧了风险的外溢性。如 P2P 网贷行业中网贷平台倒闭和"跑路"以及其他平台受到波及影响就是典型事实。

2. 金融科技广泛应用增加了个人信息安全管控风险

虽然金融科技公司广泛应用金融科技可以进一步提升金融服务数字化水平,但也给个人金融信息安全带来了更加严峻的管控风险。一是金融科技带来金融业务全流程的数据化,个人金融信息数据使用范围扩大、渠道增加,客观上增加了信息泄露的风险。二是金融科技应用衍生创新性金融服务模式,由于监管的滞后性,部分非法机构易利用监管漏洞,非法获取或使用个人金融信息。三是目前大量金融科技应用侧重于获取效益和提升价值,能够直接创收的技术往往被大范围采用和开发,而安全保护属于成本性投入,难以带来明显的经济效益,导致金融科技种的业务发展能力与安全防控能力显著失衡,也间接给危害个人金融信息安全的违法犯罪行为提供了可乘之机。

3. 市场垄断不利于产业生态健康发展

由于大量互联网企业进入金融服务市场,在支付等领域形成类似互联网发展模式的"赢者通吃"局面,排名靠前的互联网企业几乎垄断市场,中小竞争者被市场挤出;同时,这样的垄断往往带来用户入口和数据使用的寡头效应,数据垄断比技术垄断更难突破,容易产生所谓的数字鸿沟问题,形成"信息孤岛",数据整合使用难度增加。从产业链来看,部分金融科技平台依托用户、流量优势形成的市场地位,在与金融机构合作中往往占据优势,抢占了金融服务内容和服务模式的话语权,金融机构的风控机制约束力降低,极易造成金融风险脱离监管视野,带来风险外溢扩张。

4. 金融科技发展带来监管新挑战

金融科技在带来一系列金融服务创新模式的同时,也给金融行业监管带来了新的挑战。一是金融科技具有跨市场、跨行业特性,引领金融科技公司主体多元化发展,传统的以"栅栏方式简单隔离商业银行和网络借贷之间的风险传播途径",面临巨大挑战。二是由于金融科技具有去中心化的发展趋势,金融风险也呈现分散化和蜂窝式分布,目前采取的对现有金融机构自上而下的监管路径,也面临前所未有的挑战。三是金融科技的发展使金融交易规模和交易频度呈几何级数增长,金融监管面临的数据规模性、业务复杂性、风险多样性持续上升,面对日益纷繁复杂的金融交易行为,金融监管能力面临巨大挑战。

5. 金融科技应用场景仍有待丰富

目前,金融科技公司将云计算、大数据、人工智能和区块链新兴技术应用于金融领域成为发展潮流,金融科技公司的发展正吸引着越来越多的关注和投入。然而,从实际应用场景来看,各类技术的应用程度参差不齐,与金融业务的融合应用水平仍有较为明显的不足。一方面,云计算和大数据的技术本身成熟度较高,但在金融领域的应用仍存在覆盖范围不足、应用场景单一和应用效益不高等问题,特别是在金融机构内部管理层面的应用方面,系统云化集中面临的传统信息系统升级压力较大,大数据平台的构建在系统稳定性和实际使用效益方面均面临挑战;另一方面,人工智能和区块链等技术仍处于快速演进中,其对于金融行业的应用价值还没有得到很好的体现。

1.3.5 金融科技公司发展趋势

首先,随着新兴金融科技的广泛应用,金融科技公司将强化金融服务与实体经济的跨界融合应用。一方面,数据的广泛采集和流通促使金融数据来源更加多元化,金融科技公司可以更为方便地获取电信、电商、医疗、出行、教育等其他行业的数据;金融数据和其他行业数据的融合使得企业的营销与风控模型更精准,金融基础能力能够得到更多其他行业资源的补充和支撑。另一方面,跨行业数据融合会催生更多跨行业的应用,金融科技公司得以设计出更多基于场景的金融产品,更加准确地匹配企业和个人的金融服务需求,促进金融服务与实体经济更紧密地融合发展;消费金融、供应链金融等都是以上趋势的直接体现。

其次,人工智能和区块链将引领金融科技公司发展进入新阶段。随着云计算和大数据带来的金融科技基础能力的不断强化,未来金融科技公司将在人工智能和区块链领域出现新的发展浪潮。伴随着深度学习算法、高质量大数据和高性能计算资源的不断成熟,人工智能在金融领域的应用将不断深化,以智能客服、智能投顾、智能投研、智能营销和智能风控等为代表的应用场景将呈现爆发式增长态势。区块链技术公开、不可篡改的属性,能够带来去中心化的信任机制,同时具备改变金融基础架构的潜力,其在金融领域将拥有极为广阔的应用前景,以跨境支付结算、供应链金融、数字票据和征信管理为代表的应用场景将随着技术的发展而不断成熟。

最后,金融科技公司将步入监管元年。一方面,我国金融科技发展迅猛,不可否认,依托大数据优势让金融惠及更多长尾客户;另一方面,由于金融科技主体多元化、跨行业、去中心化,部分互联网金融打着金融创新的旗号,实质进行监管套利,甚至触犯法律,传统监管难以全面管控金融风险。面对金融科技带来的监管挑战,未来的金融科技监管将更加注重在预防风险和鼓励创新之间寻求平衡。"先发展后规范、再集中整治"将转变为"边发展边规范",金融科技监管将采用"风控与发展并重"的方式,形成既鼓励金融创新、又防范和控制金融风险的金融长效监管机制。因此金融科技公司未来将步入监管元年,短期内面临强监管,同时企业金融科技创新必须在审慎监管的框架下进行,充分发挥金融科技对社会和市场效率的支持,保证金融科技发展行稳致远。

1.4 金融科技公司与传统金融机构的融合

随着金融科技公司的快速发展,传统金融机构也抓住机遇并迎接挑战,纷纷寻求数字化转型,加强与金融科技公司合作,提升金融服务的效率和质量。传统金融机构拥有牌照、研发实力、资金和客户优势,但缺乏金融科技创新能力,创新环境相对薄弱;而科技公司具有科技能力和对金融创新的敏锐嗅觉,却缺少金融牌照。在金融科技背景下,双方不再是简单排斥和颠覆,而是存在很大的合作共赢空间,因此"融合"成为双方之间的主旋律,越来越多的金融科技公司与传统金融机构携手合作,以科技的力量拥抱彼此。

1.4.1 传统金融机构转型

传统金融机构的数字化转型是金融机构顺应经济社会发展潮流的客观要求,更是通过自我改革创新提升竞争力的重要举措。当前,金融数字化转型已经覆盖了各类金融机构业态和金融服务的各方面,广大金融消费者可以通过数字终端和通信网络,零距离、实时获得所需要的金融服务。从某种意义上说,中国的金融机构和金融服务已经完全根植于信息技术和通信网络之中,金融业已经彻底摆脱了传统的手工作业模式,脱胎蜕变成为完全信息化、网络化和数字化的现代产业部门。

以建设银行数字化经营实践为例,建设银行早在2010年就拉开了数字化经营实践的序幕,历经了三个主要阶段。第一阶段,建设银行提出了"综合性、多功能、集约化、创新型、智慧型"业务转型战略,通过新一代核心系统的建设,对业务流程进行了企业级再造,打造了建设银行数字化经营的坚实基座;第二阶段,建设银行在"新一代核心系统"的基础上,开启了金融生态建设,推进平台化与场景化建设,将金融能力与数据以服务方式向社会开放;第三阶段,建设银行进一步开启了全面数字化经营探索,按照"建生态、搭场景、扩用户"的数字化经营思路,构建业务、数据和技术三大中台,全面提升数据应用能力、场景运营能力、管理决策能力。

1.4.2 金融科技公司与传统金融机构融合

金融科技公司与传统金融机构是金融科技的两大主要参与主体,在金融科技发展浪潮的推进下,传统金融机构主动拥抱金融科技,加大对新技术的自主研发与应用,金融科技公司利用现代信息技术对传统金融业务进行流程改造、模式创新、服务升级,促进金融领域更深层次的大分工,二者正以不同方式加速融合。

1. 融合方式

全球范围内金融科技公司与传统金融机构融合方式主要有以下三种。

1) 投资、并购或成立股权投资基金

投资、并购或成立股权投资基金适用于颠覆型金融科技公司与传统金融机构之间的融合。传统金融机构通过收购或者股权投资具有较高增长潜力的金融科技公司,间接获取其内部创新产品和技术型人才,而在收购之后金融机构需保持科技公司组织和经营的独立性,为业务发展预留充分空间。

以英国保险公司 Direct Line 为例,它通过参股 Floow 来补足自身创新车载信息服务的短板。Floow 的手机应用能够详细记录行驶里程与所花时间,并手动调整行驶方式(例如有时为坐车而非驾车)。通过对客户行驶数据的分析,Floow 会给每个客户提供一个综合打分,而保险公司可以基于该分数为客户提供精准的车险定价。Direct Line 通过对 Floow 的股权投资,一方面与 Floow 的应用打分深度合作,另一方面也可借此学习并提高其应用开发和数据分析能力。

资产管理巨头黑石收购机器人理财领域的创业公司 FutureAdvisor,黑石押注未来几年自动推荐和理财服务将大受欢迎,为抢占市场先机,快速并购现成的领先对冲技术,实现自动理财模型与传统服务快速整合,获取并购后带来的较高回报。

除此之外,金融机构也可通过成立专业的基金进行投资,实现与金融科技公司的融合。例如,花旗银行旗下的花旗风投(Citi Venture)就专注于金融科技股权投资,其投资标的中最著名的是 Square 公司。Square 是美国的一家移动支付公司,专注于支付过程中的商户服务和综合解决方案,通过一个可外接在手机上的小型读卡器,帮助中小商户极大降低了刷卡交易的硬件门槛,并通过相应的手机软件协助其分析销售数据。除 Square 之外,花旗风投还投资了大量其他的金融科技公司,是全球银行巨头旗下最为活跃的风投基金之一。

2) 战略合作或合资

战略合作或合资主要集中在特定产品、服务或者特定功能层面。传统金融机构与金融科技公司展开深度合作,借助其先进技术进一步推动机构内部流程和技术平台的改造。

以摩根大通和美国网贷平台 OnDeck Score 在 2016 年开展的小额贷款业务合作为例,两家公司通过战略合作,共同建设平台并提供一体化服务。在这个过程中,摩根大通引进了 OnDeck Score 先进的评分引擎,提高了评分系统的灵活性和效率。双方高层表示,"金融科技企业能够帮助银行开展其原来不愿做或不能做的业务"。通过该合作,摩根大通提升了对小微客户的融资服务能力,优化了流程,改善了过去因评分系统不够灵活而难以在当日或次日放款的情况。具体可详见案例 1-3。

3) 建立孵化器或创业加速器

金融机构可以建立抗风险能力强、资本充足的创业孵化机构(如创新实验室),对接创业企业、技术公司和高校,同时通过开源 APIs、黑客马拉松(编程比赛)和其他技术交流活动,参与和培育金融科技创新,并建立相关人才库。

依据金融机构对孵化器的控制程度,可将孵化器分为三种类型。

第一,金融机构拥有完全所有权。金融机构设立内部加速器,独立运营,由内部高级人才对创业企业进行商业指导,并由金融机构独家投资和赞助初创企业。这种模式适合市场经验丰富、具有一定组织能力且有强烈意愿做大笔投资的机构。

第二,混合所有制或合伙人制。金融机构与现有孵化器合作,主要提供商业指导并选择性进行股权投资。这种模式适合市场经验较少,但具有强大组织能力的金融机构,这些机构可以引导孵化器,并积极连接不同的创业企业。

第三,"导师—学徒"关系。这种模式的风险和成本最低,但控制力也较弱。金融机构依赖于现有的孵化器,而孵化器是天使和初创阶段的独家投资人。金融机构扮演"导师"角色,指导初创企业,并赞助创业孵化器。这种模式最适合市场经验很少甚至没有、组织能力较弱,但能获得较强的合作对象的金融机构。

许多金融机构都在采用创新实验室、孵化器等方式参与科技创新。其中,美国的CapitalOne是行业领导者,至少创建了三个数字化创新实验室,在2012年还推出了专门的风投基金。而摩根大通在2012年设立了实验室,专注于研究网点能使用的新技术,并于2014年将实验室研发的数字化信息亭应用于各网点。

综上所述,传统金融机构与金融科技公司正在以股权投资或并购、合作、孵化等多种方式融合,促进科技创新,并取得一定成果。但在融合过程中需充分考虑战略、组织、技术各层面的统筹配合。在战略上,企业需明确战略重点,根据自身发展程度和可投入资源确定目标企业与合作方式,对创新与主业之间的协同与配合有清晰的规划;在组织上,企业高层需给予足够重视,充分动员,确保组织的灵活性,同时建立市场化的激励机制,建立容错文化等;在技术上,企业需明确技术与数据的重要性,推进技术更新与数据应用。企业只有充分了解正确参与方式、改变陈旧思维方式、多方面适应数字化变革,才能经得起数字化冲击的考验,完成蜕变。

2. 融合面临的挑战

尽管传统金融机构与金融科技公司都有强烈的合作意愿,但由于二者存在多方面的差异,实际融合过程中仍然存在问题,在文化与管理、商业模式、系统兼容性、监管等方面面临着一定挑战。

1) 文化与管理

传统金融机构经历了较长的发展阶段,企业文化与管理方式相对固化且深入,而金融科技公司大部分成立时间较短,企业文化与管理方式多处在探索阶段,管理方式也相对灵活,因此,管理方式和企业文化的差异是二者在合作过程中亟待克服和解决的重要问题。

2) 商业模式

网贷、智能投顾、大数据征信等新的业务模式正在进一步深化行业转型、优化收入结构。虽然新模式还需假以时日才能逐渐成熟,但领先的传统金融机构已经设立了合理的组织架构、考核机制、运营体系和协同模式以确保对新业务的持续投入,而部分金融科技公司发展金融业务尚未形成系统性的行为准则与处理机制,存在创新有余而规范不足的问题,内部风险管控体系仍有待改善,因此商业模式发展不一致促使双方合作面临一定挑战。

3）系统兼容性

在信息能力方面,传统金融机构注重信息系统安全,从而维护业务资金隐私,而金融科技公司注重信息技术的应用效率以及快速批量输出的能力,因此信息科技系统的兼容性是传统金融机构与金融科技公司合作的一大挑战。

4）监管

监管的不确定性也是传统金融机构和金融科技公司合作过程中面临的一个问题。监管是一把双刃剑,一方面可作为催化剂,确保一个良好健康的市场环境;另一方面,监管也可能制约创新。互联网金融的发展提高了整个金融体系的运行效率,但网贷平台的违约事件、各类非法集资等不良行为频发使得风险加剧,促使政府不断加强监管整治力度。随着新金融模式的不断发展成熟,政府监管也会逐步改变推进,这种监管环境的变化让金融机构和金融科技公司之间合作的不确定性增加。在新的监管趋势下,如何将金融科技领域所积累的经验和传统金融行业的风控能力相结合将是关键。

1.5 金融科技的前景与挑战

金融科技的发展在推动金融普惠、便利金融交易、满足多元化投融资需求、提升金融服务质量、提高资源配置效率方面发挥了积极作用。特别是 2019 年以来,金融服务与科技进一步深度融合,在数字货币、开放银行等领域取得了令人瞩目的进展,但也暴露出一系列问题,给维护金融业稳健运行带来挑战。

1.5.1 我国金融科技发展的优势

得益于我国社会主义市场经济制度优势、庞大的人口红利、巨大的市场规模、崛起的金融科技企业,我国已经逐渐成为全球金融科技领域不可觑视的力量。具体分析,中国金融科技的发展主要有三方面的优势。

一是从政策层面分析,在国内经济处于结构转型升级阶段,全球经济增长放缓的背景下,基于中国国情和市场结构,为促进金融和科技结合,增强自主创新能力,培育发展战略性新兴产业,支撑和引领社会经济发展方式转变升级,我国政府通过政策引导、完善法制,采取包括资金、人才、税收等集中力量办大事的各种扶持方式,逐渐形成了我国金融科技创新发展的比较优势。如表 1-10 所示,近 10 年,中华人民共和国科技部会同中国人民银行、中国邮储银行、中国证监会、中国银监会、中国保监会、中国知识产权局等多部委出台了 10 项相关指导性文件,为金融科技的发展提供政策指引和规范的可持续发展环境。

表 1-10 我国金融科技发展的相关政策文件（2010—2020 年）

颁布时间	政策文件	主导内容
2010 年	《促进科技和金融结合试点实施方案》	促进科技和金融结合，加快科技成果转化，增强自主创新能力
2011 年	《关于促进科技和金融结合加快实施自主创新战略的若干意见》	促进科技和金融结合，推进自主创新，培育发展战略性新兴产业，支撑和引领经济发展方式转变，加快建设创新型国家
2012 年	《中共中央 国务院关于深化科技体制改革加快国家创新体系建设的意见》	培育和发展服务科技创新的金融组织体系；加快金融服务模式创新；探索符合科技创新特点的保险产品和服务
2014 年	《中国人民银行 科技部 银监会 证监会 保监会 知识产权局关于大力推进体制机制创新 扎实做好科技金融服务的意见》	推动体制机制创新，促进科技和金融的深层次结合
2015 年	《中国人民银行关于推动移动金融技术创新健康发展的指导意见》	推动金融普惠发展、提升信息技术安全可控能力，充分发挥移动金融在服务民生方面的重要作用
2017 年	《中国银监会关于银行业风险防控工作的指导意见》	加强和稳妥推进金融风险控制、治理
2018 年	《中国人民银行 中国银行保险监督管理委员会 中国证券监督管理委员会 国家外汇管理局关于规范金融机构资产管理业务的指导意见》	有效防范和控制金融风险，引导社会资金流向实体经济，更好地支持经济结构调整和转型升级
2019 年	《金融科技（FinTech）发展规划（2019—2021 年）》	建立健全我国金融科技发展的"四梁八柱"。明确了未来三年金融科技工作的指导思想、基本原则、发展目标、重点任务和保障措施
2020 年	《科技部 中国邮政储蓄银行关于加强科技金融合作有关工作的通知》	加快创新驱动发展战略部署的实施，完善科技创新投入和科技金融政策，推动科技和金融深度结合
2021 年	《中小企业发展专项资金管理办法》	支持和鼓励科技型中小企业研究开发具有良好市场前景的前沿核心关键技术

二是从技术层面分析，金融与科技的融合生态促成了越来越多的金融新业态。借助中国人口总量和 40 多年改革开放红利，互联网等新兴科学技术与我国经济社会深度融合，充分运用于每个金融细分领域，为金融科技的发展积累了大量数据和应用场景，奠定了坚实的金融科技创新发展、转型升级的技术基础和效率优势。

三是从发展潜力分析，一方面，中国坚持改革开放，经济充满活力，消费需求旺盛，对待新兴事物一直秉持开明的接纳态度，使得我国金融科技的发展具备了包容、宽松的文化氛围和环境基础；另一方面，中国巨大且持续发展的市场，中央和地方政府强有力的支持，期货和股权市场等刚性条件，为金融发展提供了强劲需求，为科技创新输送了源源动力，构成了中国金融科技发展的核心优势。

1.5.2 金融科技发展的前景

1. 金融科技市场化应用不断加快

据统计，2019 年全球金融科技采纳率达到 60%，其中中国内地的消费者金融科技采纳率高达 87%，位居全球首位。这显示金融科技产品和服务供需显著增加，企业技术研发成果加快转化，金融科技成为市场的主流趋势。未来，全球金融增长点在于金融科技，国际金融中心竞争的焦点也在金融科技。

2. 金融科技聚集效应不断凸显

大型科技公司利用其布局早、信用高、安全可靠等方面的优势，往往能聚集大量用户流量和数据，形成事实性的数据垄断优势，涉足各类金融和科技领域，长期占据市场主导地位。

3. 金融科技跨界融合发展新业态不断涌现

这主要体现在以下两个方面。一方面是科技与金融的跨界融合。越来越多的金融科技公司等非银行机构在发展过程中将银行的服务融入其中，呈现出便利化、网络化、银行化的业务属性和特征，从而倒逼银行进行数字化转型。另一方面是金融与政务民生的跨界融合。金融业发挥金融专长，利用科技优势，与政府部门等共建共治共享数据，构建智慧政务，在不断提升政务服务便利化、信息化、透明化、高效化水平的同时，间接加速了数据的聚集。

4. 数字货币不断开花

根据国际清算银行 2020 年初发布的《即将到来——央行数字货币后续调查报告》，全球参与调查的中央银行约 80% 已开展了 CBDC（central bank digital currencies，中央银行数字货币）相关工作，其中 40% 已从概念研究转向试验阶段，另有 10% 已经开展试点。我国人民银行正在有序推进数字人民币体系（DC/EP）项目的封闭试点测试。除此之外，私人部门发币活跃，其中美国脸书公司计划推出"天秤币"，引发美国、欧洲等金融管理部门的严重关切，指出其可能在网络安全、数据保护等多方面带来新的挑战。

5. 数字银行不断增多

数字银行（也称虚拟银行或直销银行）不设立实体网点，采用纯线上运营模式，通过移动客户端远程开展业务。区别于传统银行以实体网点为主的经营方式，数字银行以互联网科技为支撑，提供与应用场景深度结合的存贷款、支付、转账等金融服务，主要面向传统金融服务不足的群体。在我国内地，百信银行、微众银行、三湘银行、网商银行等陆续开始运营。其他经济体数字银行也不断增多，如新加坡金融管理局于 2020 年 12 月宣布颁发 4 张数字银行牌照，2019 年我国香港金融管理局批准设立了 8 家虚拟银行。

6. 国际化趋势不断显现

一方面，中国关注欧美等发达国家和地区金融科技的发展，吸收应用金融科技发展的最新成果。另一方面，中国金融科技近几年迅速崛起，"中国样本""中国经验"彰显出中国形象和经济发展成果，吸引了世界的目光。中国与世界相互学习、相互融合，这与全球化发展趋势一致，也有利于全球化资源配置。

1.5.3 金融科技发展面临的挑战

1. 金融科技研发的资金投入不足

中小企业的科技研发经费融资困难,导致企业普遍存在短视行为,不重视科学研究所带来的长期效益,急于在短期内见到效果获得利益。未来,我们需要跳出当期经济效益的短期思维,着重考虑技术在远端的社会影响。

2. 金融科技的服务体系亟须完善

金融科技是一个系统工程,目前其配套服务的技术、信息、内容、品质、效率等发展不均衡,导致金融风险加大,而形成风险后的补偿机制和转移机制尚不健全,企业参与金融科技的积极性被降低。

3. 金融科技市场的建立不太完善

不完善的市场使得大量的互联网科技公司,可以在很短的时间通过提供某些金融的替代服务而获取很大的市场份额,不利于金融科技市场长期、健康的发展。

4. 金融科技的关键技术人才缺乏

虽然国家日益强大、经济高速发展,使得我国在人才引进方面具备一定的优势,例如,2018年,国内某知名大学从国外引进人工智能等高端科技人才17名,给予科研经费、研究平台、个人待遇等多项特别政策,力求以事业留住人才,以待遇留住人才,以感情留住人才。但两年之后的综合考核表明,因科研基础、团队力量相对较弱,国内外文化、思维方式、竞争环境的差异,以论文为导向的人才评价方式等机制问题没有得到根本解决,导致人才的市场意识薄弱,创新思维不够活跃,技术转移转化应用的积极性不高。

挑战是一把双刃剑,让我们看到不足的同时,又给了我们弥补不足努力发展的机会。从金融科技发展的 FinTech 1.0、FinTech 2.0 到 FinTech 3.0 初级阶段,15年的时间,金融科技有了长足的进步,为 FinTech 3.0 的全面到来,积累了包括另类数据的海量数据源和丰富的场景图。未来,金融科技的发展空间仍旧十分广阔。

1.6 案例分析

案例 1-1　蚂蚁金服:开创"BASIC"模式,集团生态系统的强力支撑

案例 1-2 券商拥抱互联网——华泰跨境收购 AssetMark

案例 1-3 从 OnDeck 与摩根大通的合作看银行互金合作的未来

案例 1-4 全球金融科技创新实验室一览

复习思考题

1. 结合金融科技的含义与辨析,谈谈金融科技的具体定位。
2. 金融科技的关键技术有哪些?选择具体金融科技公司的案例谈谈相应技术应用的主要特征与优势。
3. 简述金融科技公司发展历程。
4. 请列举一些金融科技公司,简述这些公司的发展现状与金融科技应用。
5. 金融科技公司的风险隐患与监管痛点有哪些?
6. 谈谈金融科技公司与传统金融机构未来融合趋势。
7. 数字银行、数字货币等的发展可能带来哪些风险与挑战?
8. 你认为我国金融科技处于全球金融科技演变的哪一阶段?未来的发展将面临哪些优势与挑战?

即测即练

第 2 章

人工智能基础

本章知识点：

1. 了解人工智能的基本概念与历史脉络。
2. 深入理解人工智能的基础与相关技术。
3. 探究人工智能在金融体系中扮演的角色。
4. 思考如何利用人工智能技术推动金融业发展。

人类迈向人工智能的起源可追溯到我国古代，《列子》中曾提到关于机器人的描述。在 17 世纪的西方，法国物理学家和数学家 Pascal 研制出全球首个具有演算功能的机械加法器并应用到实践中，德国数学家 Leibniz 基于该加法器成功研制出能够进行四则运算的计算器。1934 年，奥地利数学家 Gödel 在研究中引入一般递归函数，使得机械程序概念得到较大完善。1956 年，McCarthy 和 Lochester 在达特茅斯会议中首次就如何通过机器模拟人类智能这一问题进行探讨，并将人工智能称为 AI。在此之后，人工智能逐步发展为一门计算机科学领域中的新兴科学。现如今，人工智能相关研究和应用的不断丰富，推动人工智能技术不断成熟，并给人类经济社会发展带来了极大的影响。

2.1 人工智能的概念和发展

人类在几千年的发展历史，始终致力于探寻人类是如何思考的，是如何去探究、了解、预测和掌握一个远比想象的复杂庞大的世界的？而 AI 这个充满无限可能的领域，不仅能最大限度地理解事物本质并有效解决问题，更试图打造一种能够改变世界的智能实体。

人工智能是科学和工程领域中最新的研究领域之一，第二次世界大战后不久便有迹可循。研究物理学的科学家们可能会觉得所有的好想法、结论都已经被伽利略、牛顿、爱因斯坦和其他人所提出来了。而人工智能作为一个新兴领域，仍然有许多未知知识等待解惑，亟须引进人才推动该领域的高质量发展。人工智能目前包含了各种各样的细分领域，从一般的学习和感知到特定的领域，如下棋、证明数学定理、写诗、在拥挤的街道上开车以及诊断疾病等。

2.1.1 人工智能的概念

人工智能，是指通过模拟人脑思维，由机器或软件所表现出来的具有推理、记忆、理解、学习和计划的类人化行为,它能够思考自己的目标并进行适时调整,甚至拥有足以匹敌人类的智慧和自我意识的能力。AI 作为研究、开发、模拟、延伸和扩展人的智能的理论、方法、技术及应用系统的一门新的技术科学,旨在了解智能的实质,并产生出一种与人类反应相似的智能行为,其研究领域包括机器人、语音识别、图像识别、自然语言处理和专家系统等。这一技术科学将改变甚至颠覆人类现存的生产方式和交往方式,开启一个以新的技术结构支撑新的社会结构的人类新时代。

表 2-1 是关于人工智能不同的研究界定,界定视角包括类人视角和理性视角。从历史上看,研究人工智能的两种视角都曾风靡一时,每一种视角都有不同的学者进行过相应研究。类人主义的方法核心是部分经验科学,包括对人类行为的观察和假设;理性主义的方法包括数学和工程学的结合。各个研究团体既相互贬低又相互借鉴。

表 2-1 关于人工智能不同的研究界定

界定视角	界定标准	定义
类人视角	以机器模拟人类的逼真程度来界定 AI(思维方式和行为方式)	• AI 是机器模仿人类智能行为的能力,尤其是与人类思维相关的"认知"功能,包括解决问题和学习 • AI 是能够展示某些人类智能的机器
理性视角	以机器完成任务的理想化和正确程度来界定 AI,强调 AI 做"正确的事"	• AI 研究是对"智能体"的研究,而"智能体"是能够感知周边环境并采取行动,以所获效用最大化为目标的任何设备 • AI 是能够正确解释外部数据,从这些数据中学习,并通过灵活的适应能力,使用这些知识来实现特定的目标和任务的系统

1. 人类似思考:图灵测试

图灵测试是由 Turing 提出来的,它是一种智能测试操作。比如,当询问者在提出一些书面问题后,机器并不能判断问题的回答是来自人还是来自计算机,那么计算机就通过测试。而要使计算机完成测试功能,计算机必须具备以下功能。

(1) 语言处理:能在计算机上无障碍地使用人类语言。
(2) 知识存储:储存它知道或看到的信息。
(3) 自动回答:能够根据已知的"知识"进行对问题的回答。
(4) 机器学习:适应新的环境并且不断地进行推断和改进。

Turing 设计了一个至今人们依然受用的测试。然而,人工智能的研究人员并不把通过 Turing 测试当作目标,他们认为研究智能的基本原理比复制一个范例更重要。当莱特兄弟停止模仿鸟类,开始使用风洞和学习空气动力学时,对"人工飞行"的探索才取得成功。

2. 人类似行动:认知建模

如果说想要一种特定的程序能够像人类一样"思考",那么必须得有某种方法能够定义人类的思考。人们需要深入了解人类大脑的实际运作方式,通过自省来捕捉人类的想法；通过心理实验，观察人的行动或者通过大脑成像，观察大脑的行动。一旦有了一个足够精确的思维理论，它就有可能将该理论表达为一个计算机程序。如果该程序的输入与输出行为与相应的人类行为相匹配，那么就具备与人类相类似的行为能力。例如，Newell 和 Simon 并不仅仅满足于让他们的程序能够正确地解决问题，他们更关心的是将其推理步骤与解决相同问题时人类如何行动进行比较。

而从了解人类思想运作方式中，衍生出来认知科学这个领域。认知科学的跨学科研究是将人工智能的计算机模型和心理学的实验技术结合在一起，构建精确和可编程的人类思维理论。

3．合理的思考：思维法则

希腊哲学家 Aristotle 是最早试图编纂"正确思维"的人。所谓正确思维，即一种思维缜密的推理过程。他的三段论为论证结构提供了一种新的模式，当给出正确的前提时，总是得出正确的结论。例如，"苏格拉底是男人；所有的男人都是凡人；因此，苏格拉底也是凡人。"这些思维法则被认为对人的思维有着支配作用；他们的研究开创了被称为逻辑的领域。

19 世纪，逻辑学家为陈述世界上各种物体及其之间的关系发展出一种精确的符号表示。到 1965 年，程序在原则上可以解决逻辑符号中描述的任何可解决的问题，人工智能中所运用的逻辑学是希望在这些程序的基础上来创建合理的智能系统。

而这种思维法则有两个主要的障碍。首先，将非正式的知识用逻辑符号所要求的形式术语来表述的操作性不高，特别是当所得到的信息不是 100% 确定时。其次，这种理论与实践解决问题有很大的区别。

4．合理的行动：智能主体

智能主体是指能够实现的最佳结果，或者，当存在不确定性时，它能达到预期的最佳结果的行为物体。它虽然只是采取行动的物体，但相比于普通的计算机程序，智能主体能够做更多：自主操作，感知它们的环境，长时间持续工作，适应变化，创造和追求目标。

2.1.2　人工智能的发展进程

从 20 世纪 40 年代开始，许多科学家、程序员、逻辑学家和理论家帮助并改变了人们对人工智能思想的整体理解。而从人工智能孕育至今，创新和发现不断改变着人们对人工智能领域的基本认知，并且推动着人工智能从一个无法实现的幻想发展到当代及后代切实可以实现的现实。

1．人工智能的孕育（1943—1955 年）

人们普遍认为人工智能是由 McCulloch 和 Pitts 提出的。他们利用了对大脑中神经元的基本生理学和功能的知识，对 Russell 和 Whitehead 提出的命题逻辑的正式分析以及 Turing 的计算理论，提出了一种人工神经元模型，在这个模型中，每个神经元的特征是

"开"或"关",并且有一定数量相邻神经元之间的反应。他们表明,任何可计算的函数都可以由连接的神经元网络计算,所有的逻辑连接词可以通过简单的网络结构来实现。Hebb演示了一个简单的更新规则来修改神经元之间的连接关系。他提出了一种至今仍然具有影响力的模式方法——Hebbian学习。

2. 人工智能的诞生(1956年)

1956年夏天,普林斯顿的McCarthy说服了Minsky、Shannon和Rochester,帮助他将对自动机理论、神经网络和智能研究感兴趣的美国研究人员聚集在一块。他们在达特茅斯组织了一个为期两个月的研讨会。研讨会开幕词如下:

我们建议在1956年夏天在新罕布什尔州汉诺威的达特茅斯学院进行为期2个月、10人的人工智能研究。这项研究是基于人工智能的每一方面,我们将尝试如何让机器使用语言,形成抽象的概念,并为人类解决各种问题,并改进自己。我们认为,如果一群被精心挑选的科学家在一个夏天一起研究,肯定能够在其中的一个或多个问题上取得重大进展。

从达特茅斯研讨会的内容中,我们可以看到为什么人工智能有必要成为一个独立的领域。为什么人工智能的所有工作不能以控制理论、运筹学或决策理论的名义进行。这些理论的目标与人工智能的目标有什么不同,或者为什么人工智能不是数学的一个分支。原因在于,人工智能从一开始就以复制人类能力为目标,比如创造力、自我提高能力和语言使用能力。而其他领域并不是以此为导向的。在这些领域中,人工智能是唯一明显属于计算机科学分支的领域,人工智能也是唯一试图打造一个能够在复杂多变的环境中自动运行的领域。

3. 现实应用中的层层阻碍(1957—1973年)

早期人工智能系统在简单的应用上体现出良好的性能,然而在尝试更广泛和更困难的问题时,均以失败告终,而失败主要是由以下两方面原因造成的。

首先是大多数早期的程序对它们所研究的主题了解程度不高。它们只知道进行简单转换,而不知如何找出满足主题要求的答案。比如在1957年人造卫星发射之后,美国国家研究委员会资助了机器翻译工作,试图加速俄罗斯科学论文的翻译。最初人们认为,基于俄语和英语语法的简单语法转换,以及电子词典中的单词替换,足以保留句子中的确切含义。事实上,准确的翻译需要有背景知识,才能消除歧义,确立句子的内容。因此,在翻译过程中,出现了许多让人难以理解的不通顺语句。

其次是人工智能试图解决的许多问题都很棘手。大多数早期的AI程序都是通过尝试不同的步骤组合来解决问题,直到找到解决方案。这一策略在一开始是有效的,因为早期的人工智能处理问题时所包含的对象很少,因此解决方案序列较短。而在计算问题复杂化之后,人们发现,机器难以应对"组合爆炸"。

4. 人工智能走在科学的道路上(1987年至今)

近年来,人工智能工作的内容和方法都发生了巨大变化。现如今,许多研究人员认为应以现有的理论为基础进行扩展,而不是提出全新的理论;应以严格的定理或严格的实验证据为基础,而不是以直觉为基础;应展示人工智能与现实世界相关的实例,而不是与现实无关的实例。

在方法论上,人工智能站在了科学方法的一边。假设要被接受,必须经过严格的实证实验,结果必须从统计上达到显著水平。例如,在语音识别领域前期中,人们尝试了各种不同的架构和方法。其中许多架构与方法都是具有缺陷的,并且只在几个特别挑选的例子中进行了演示。而近年来,基于隐马尔可夫模型(HMMs)的方法开始在该领域占据主导地位。首先,它们是基于严格的数学理论。这使得语言研究人员可以在其他领域几十年的数学成果的基础上进行研究。其次,它们是在大量真实语音数据的训练过程中产生的。这确保了它们的表现是稳健的,而且在严格的盲测中,它们的分数一直在稳步提高。

5. 大数据的运用(2001年至今)

在计算机科学60多年的发展历程中,一直以算法为研究的重点。但最近在人工智能方面的一些工作表明,对于许多问题,更有意义的是在数据上下功夫,而不是挑剔使用什么算法。因为有越来越多的数据源可以得到较好的运用:例如,数万亿的英语单词和数十亿的网络图片;或者数十亿碱基对的基因组序列。

在大数据应用领域中有一篇颇有影响力的论文是Yarowsky关于消除词义歧义的研究:如果在一个句子中出现"plant"这个单词,它指的是植物还是星球?以前解决这个问题的方法是将人类标记的语句与机器学习算法相结合来进行判断。而现在,在一个没有注解的大量文本的语料库中,填入大量的语句,让计算机通过学习大量的语句,来判断某个单词的具体释义,从而消除在翻译中一词多义这个顽疾。Banko和Brill表明,当可用文本语料库从100万字增加到10亿字时,学习算法反而表现得更好。由此可知,使用更多数据所带来的性能提升超过了算法选择。

6. 人工智能在中国的发展(2013年至今)

在当今中国,人工智能也迎来了迅猛的发展。2016—2017年,工业和信息化部陆续发布《"互联网+"人工智能三年行动实施方案》《新一代人工智能发展规划》《促进新一代人工智能产业发展三年行动计划(2018—2020年)》,国家在《"十三五"国家科技创新规划》《"十三五"国家战略性新兴产业发展规划》《2017年政府工作报告》等中提出鼓励人工智能产业,发展重点内容包括促进人工智能的发展,让中国人工智能产业竞争力进入国际第一方阵;带动我国产业升级和经济转型;培育发展人工智能新兴产业,鼓励智能化创新。而科技部在2020年发表《科技部关于发布科技创新2030——"新一代人工智能"重大项目2020年度项目申报指南的通知》(以下简称"通知")共启动22个研究任务,更是细化了人工智能的发展方向与目标,彰显了国家对发展人工智能产业的决心与意志。其中具体任务见表2-2。

表 2-2 2020 年《通知》规划的任务目标说明

序号	研究方向	2020 年《通知》规划的任务目标
1	认知计算基础理论与方法研究	形成能适应多种智能形态的认知计算框架,构建大规模、共享开放的跨媒体常识、客观规律和时空事件等知识库等
2	以自然语言为核心的语义理解研究	从互联网海量文本中自动获取知识和语义分析能力得到可验证的数量级提高,形成跨模态表达的语言理解基本模型等
3	以中文为核心的多语种自动翻译研究	在即时和近远场翻译场景下,实现多个小语种到汉语之间的双向语音翻译和图片翻译,形成面向多种应用场景的自动翻译系统和验证应用
4	复杂社会信息网络下的风险感知与智能决策研究(公共治理)	具备融合全球 20 个以上语种、10 万家公开信息源的大规模社会信息的获取和融合能力;构建面向社会信息风险与决策的千万级节点、亿级边的知识图谱,研制不少于 100 种社会风险感知与智能决策算法模型;具备在百亿级条边规模的社会复杂网络上进行分析和决策的能力,实现千万级节点规模网络上的分钟级搜索响应和分钟级挖掘与推荐计算能力等
5	亿级节点时序图谱实时智能分析关键技术与系统(金融)	构建面向金融领域的千万级知识图谱,涵盖不少于 5 个领域,实现多个领域知识图谱的关联与融合;时序图谱支持金融风险防范领域常用的时序复杂边,具备单节点 10 万 tps、集群 200 万 tps 关联图构建能力,每笔处理平均延时在 10 毫秒以内;亿级节点量级下实现不低于 4 层时序复杂关系的查询,平均延迟小于 1 秒;支持基于时序关联图的金融实时风控场景高级认知模型研究,具备可解释性
6	拟人化人机交互服务关键技术与系统	研究基于场景知识图谱的上下文语义解析和检索技术、基于对话管理和知识驱动的多轮对话技术、基于用户画像的个性化反馈对话技术,以及基于对话状态监测的自动反馈应答技术等;实现规模为千万级别的大数据用户行为视频理解、情感分析和行为理解准确率超过 90% 等
7	混合增强在线教育关键技术与系统研究	综合多模态人机交互、知识图谱、强化学习等方法,研究面向个性化伴学的智能导学方法,打通学习规划、内容推荐、辅导答疑等环节,构造因材施教、教学相长的虚拟智能助教和导师;实现大规模在线教育混合增强智能环境和平台,在中小学的科学教育、高职技能培训、大学专业教育等领域进行应用等
8	开放环境复杂制造过程智能调度方法及应用	研究基于全类型数据处理和领域知识深度迁移的复杂制造任务自适应感知与调度方法等
9	工业领域知识自动构建与推理决策技术及应用	建立涵盖超过亿级支撑性数据的工业领域本体库及工业领域知识模型;研制工业知识抽取与推理引擎,建立工业产业链知识协同平台,具备知识自动抽取与构建、推理与推荐、智慧决策等服务能力等
10	智能医生助理关键技术及应用研究	构建可灵活拓展的患者信息全景可视化工具,形成多种多源异构知识和多模态临床信息融合分析模型;构建面向多科室、基于临床数据的含因果性知识图谱,并具备持续动态更新和知识推理能力,对临床知识覆盖率大于 90%,推理准确率大于 95%;构建包含覆盖诊前、诊中、诊后全流程的智能医生助手等

2.1.3 人工智能的基础与应用

从人工智能的发展历程来看,20世纪80年代的算法创新研究为人工智能带来了突破性发展,之后大数据、计算力、深度学习等方面的进展促进了人工智能的高速发展。算法、计算力、大数据是人工智能的基础支撑层,再往上是多个技术方向,包括赋予计算机感知和分析能力的计算机视觉技术和语音技术、提供理解和思考能力的自然语言处理技术、提供决策和交互能力的规划决策系统技术。每个技术方向下又有多个具体子技术;最顶层的是行业解决方案,目前比较成熟的包括金融、安防、交通、医疗、游戏等。

要结构化地表述人工智能的话,从下往上依次是基础设施层、算法层、技术层、应用层。如图2-1所示。

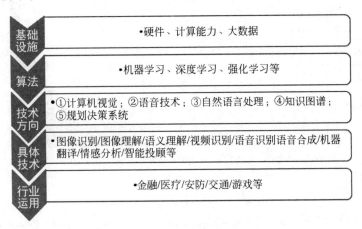

图 2-1 人工智能结构化表达

资料来源:腾讯研究院,中国信息通信研究院互联网法律研究中心,腾讯AI Lab,等. 人工智能[M]. 北京:中国人民大学出版社,2017.

1. 基础层面

1) 硬件

回顾人工智能发展史,每次基础设施的发展都极大推进了算法层和技术层的演进。从20世纪70年代的计算机兴起、80年代的计算机普及,到90年代计算机运算速度和存储量的增加、互联网兴起带来的数据电子化,均产生了较大的推动作用。而到了21世纪,这种推动效果则更为显著,互联网大规模服务集群的出现、搜索和电商业务带来的大数据积累、GPU(图形处理器)和异构低功耗芯片兴起带来的运算力提升,促成了深度学习的诞生,点燃了人工智能的这一波爆发浪潮。

2) 大数据

在这波人工智能风靡全球的浪潮之中,数据的爆发增长功不可没。要知道,海量的训练数据是人工智能发展的重要条件,数据的规模和丰富度对算法训练尤为重要。如果我们把人工智能看成一个刚出生的婴儿,某一领域专业的、海量的、深度的数据就是喂养这个婴儿的奶粉。奶粉的数量决定了婴儿是否能长大,而奶粉的质量则决定了婴儿后续的智力发育水平。2000年以来,得益于互联网、社交媒体、移动设备和传感器的普及,全球产生及存储的数据量剧增。根据IDC(Internet Database Connector)报告显示,2020年全球数据总量超过40ZB(相当于40万亿GB),这一数据量是2011年的22倍(图2-2)。在过去几年,全球的数据量以每年58%的速度增长,在未来这个速度将会更快。与之前相比,现阶段"数据"包含的信息量越来越大、维度越来越多,从简单的文本、图像、声音等数据,到动作、姿态、轨迹等人类行为数据,再到地理位置、天气等环境数据。有了规模更大、类型更丰富的数据,模型效果自然也能得到提升。

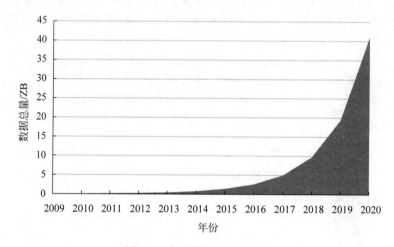

图 2-2 全球数据总量增长图

资料来源:艾瑞咨询,https://www.djyanbao.com/category/10042?channel=BaiduAirui&bd_vid=7795536345724535040。

3) 计算力

计算力的提升对人工智能也起了极大的推进作用。AI芯片的出现显著提高了数据处理速度,尤其在处理海量数据时明显优于传统CPU(中央处理器)。而在处理控制复杂流程但高功耗的CPU的基础之上,诞生了擅长并行计算的GPU(图形处理器),以及拥有良好运行能效比、更适合深度学习模型的FPGA(现场可编程门阵列)和ASIC(专用集成电路)。芯片的功耗比与灵活性都越来越高,甚至有的芯片可以为特定功能的深度学习算法进行定制。

2. 算法层面

说到算法,必须先明确几个概念。所谓"机器学习",是指利用算法使计算机能够像人一样从数据中挖掘出信息;而"深度学习"作为"机器学习"的一个子集,相比其他学习方法,使用了更多的参数,模型也更复杂,从而使得模型对数据的理解更加深入,也更加智能。一方面,传统机器学习是分步骤来进行的,每一步的最优解不一定带来结果的最优解;另一方面,手工选取特征是一种费时费力且需要专业知识的方法,很大程度上依赖经验和运气(图2-3)。而深度学习是从原始特征出发,自动学习高级特征组合,整个过程是端到端的,直接保证最终输出的是最优解。但中间的隐藏层是一个黑箱,我们并不知道机器提取出了什么特征(图 2-4)。

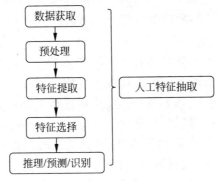

图 2-3 机器学习原理图

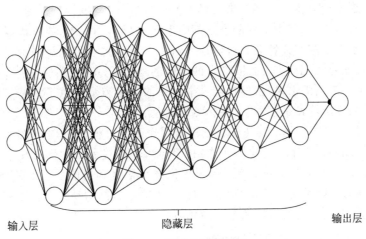

图 2-4 深度学习原理图

由此我们可以大概理解人工智能、机器学习与深度学习之间的关系,如图 2-5 所示。

图 2-5 人工智能、机器学习与深度学习之间的关系

机器学习中会碰到以下几类典型问题。

第一类是无监督学习问题：学习系统完全按照环境提供数据的某些统计规律来调节自身参数或结构（这是一种自组织过程），以表示出外部输入的某种固有特性（如聚类或某种统计上的分布特征），这种类型的学习完全是开环的（图2-6）。

图 2-6　无监督学习框图

比如给定一篮水果，要求机器自动将其中的同类水果归在一起。机器会怎么做呢？首先对篮子里的每个水果都用一个向量来表示，如颜色、味道、形状。然后将相似向量（向量距离比较近）的水果归为一类，红色、甜的、圆形的被划在了一类，黄色、甜的、条形的被划在了另一类。人类跑过来一看，原来第一类里的都是苹果，第二类里的都是香蕉呀。这就是无监督学习，典型的应用场景是用户聚类、新闻聚类等。

第二类是监督学习问题：它是一种反馈规则学习，如图2-7所示。这种学习方式需外界提供一个专家，当输入信号作用于系统后，观察其输出，由专家提供理想的输出信号，利用所产生的误差信号反馈给系统来指导学习。

比如给定一篮水果，其中不同的水果都贴上了水果名的标签，要求机器从中学习，然后对一个新的水果预测其标签名。机器还是对每个水果进行了向量表示，根据水果名的标签，机器通过学习发现红色、甜的、圆形的对应的是苹果，黄色、甜的、条形的对应的是香蕉。于是，对于一个新的水果，机器按照这个水果的向量表示知道了它是苹果还是香蕉。监督学习典型的应用场景是推荐、预测相关的问题。

第三类是强化学习问题：强化学习把学习看作试探过程，其基本模型如图2-8所示。在强化学习中，Agent选择一个动作a作用于环境，环境接受该动作后发生变化，同时产生一个强化信号r反馈给Agent，Agent再根据强化信号和当前状态下的环境再选择下一个动作，选择的原则是使受到正的奖赏的概率增大。选择的动作不仅影响即刻强化值，而且影响环境的下一时刻的状态及最终强化值。

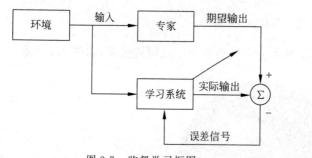

图 2-7　监督学习框图

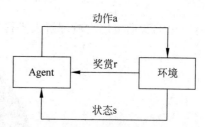

图 2-8　强化学习框图

强化学习的目标是学习一个行为策略，使Agent选择的动作能够获得环境最大的奖赏。但在多数问题中，往往需要考虑Agent行为的长期影响。因此需要定义一个目标函数来表明从长期的观点，确定什么是优的动作。通常以状态的值函数，或状态—动作对的值函数表达此目标函数，函数形式有以下三种。

$$V^{\pi}(S_t) = \sum_{i=0}^{\infty} \gamma r_{t+i} \quad 0 < \gamma \leqslant 1 \tag{2-1}$$

$$V^\pi(S_t) = \sum_{t=0}^{h} r_t \tag{2-2}$$

$$V_\pi(S_t) = \lim_{n\to\infty}\frac{1}{N}\sum_{i=0}^{N} r_{t+i} \tag{2-3}$$

其中,γ 为折扣因子;r_t 是 Agent 从环境状态 s_t 到 s_{t+1} 转移后所接受到的奖赏,其值可以为正、负或零。式(2-1)为无限折扣模型,Agent 考虑未来无限步的奖赏,并以某种形式的折扣累计在值函数中;式(2-2)为有限模型,Agent 只能考虑未来 h 步的奖赏和;式(2-3)为平均奖赏模型,Agent 考虑其长期平均奖赏。显然,如果能确定目标函数,则根据式(2-4)可以确定最优行为策略。

$$\pi^* = \arg\max V^\pi(s), \quad \forall s \in S \tag{2-4}$$

简单来说,就是给定数据,选择动作以最大化长期奖励。它的输入是历史的状态、动作和对应奖励,要求输出的是当前状态下的最佳动作。与前两类问题不同的是,强化学习是一个动态的学习过程,而且没有明确的学习目标,对结果也没有精确的衡量标准。

强化学习作为一个序列决策问题,就是计算机连续选择一些行为,在没有任何维度标签告诉计算机应怎么做的情况下,计算机先尝试做出一些行为,然后得到一个结果,通过判断这个结果是对还是错,来对之前的行为进行反馈。

举个例子来说,假设在午饭时间你要下楼吃饭,附近的餐厅你已经体验过一部分,但不是全部,你可以在已经尝试过的餐馆中选一家最好的(开发,exploitation),也可以尝试一家新的餐馆(探索,exploration),后者可能让你发现新的更好的餐馆,也可能吃到不满意的一餐。而当你已经尝试过的餐厅足够多的时候,你会总结出经验("大众点评"上的高分餐厅一般不会太差;公司楼下近的餐厅没有远的餐厅好吃,等等),这些经验会帮助你更好地发现靠谱的餐馆。许多控制决策类的问题都是强化学习问题,如让机器通过各种参数调整来控制无人机实现稳定飞行,通过各种按键操作在电脑游戏中赢得分数等。

3. 技术层面

1) 计算机视觉

"看"是人类与生俱来的能力。刚出生的婴儿只需要几天的时间就能学会模仿父母的表情,人们能从复杂结构的图片中找到关注重点、在昏暗的环境下认出熟人。随着人工智能的发展,机器也试图在这项能力上匹敌甚至超越人类。

计算机视觉的历史可以追溯到 1966 年,人工智能学家 Minsky 在给学生布置的作业中,要求学生通过编写一个程序让计算机告诉我们它通过摄像头看到了什么,这也被认为是计算机视觉最早的任务描述。到了 20 世纪七八十年代,随着现代电子计算机的出现,计算机视觉技术也开始萌芽。人们开始尝试让计算机回答出它看到了什么东西,于是首先想到的是从人类看东西的方法中获得借鉴。借鉴之一是当时人们普遍认为,人类能看到并理解事物,是因为人类通过两只眼睛可以立体地观察事物。因此要想让计算机理解它所看到的图像,必须先将事物的三维结构从二维的图像中恢复出来,这就是所谓的"三维重构"的方法。借鉴之二是人类已有的先验知识。人们认为人之所以能识别出一个苹果,是因为人们已经知道了苹果的先验知识,比如苹果是红色的、圆的、表面光滑的,如果给机器也建立一个这样的知识库,让机器将看到的图像与库里的储备知识进行匹配,是否可以让机器识别乃至理解它所看到的东西呢?这是所谓的"先验知识库"的方法。这一阶段的计算机视觉的应用主要是一些光学字符识别、工件识别、显微航空图片的识别等。

到了20世纪90年代,计算机视觉技术取得了更大的发展,也开始广泛应用于工业领域。一方面是由于GPU、DSP等图像处理硬件技术有了飞速进步;另一方面是人们也开始尝试不同的算法,包括统计方法和局部特征描述符的引入。在"先验知识库"的方法中,事物的形状、颜色、表面纹理等特征受到视角和观察环境的影响,在不同角度、不同光线、不同遮挡的情况下会产生变化。因此,人们找到了一种方法,通过局部特征的识别来判断事物,通过对事物建立一个局部特征索引,即使视角或观察环境发生变化,也能比较准确地匹配上。

进入21世纪,得益于互联网兴起和数码相机出现带来的海量数据,加之机器学习方法的广泛应用,计算机视觉发展迅速。以往许多基于规则的处理方式,都被机器学习替代,自动从海量数据中总结归纳物体的特征,然后进行识别和判断。这一阶段涌现出了非常多的应用,包括典型的相机人脸检测、安防人脸识别、车牌识别等。数据的积累还诞生了许多评测数据集,如权威的人脸识别和人脸比对识别的平台——FDDB和LFW等,其中最有影响力的是Image Net,包含1 400万张已标注的图片,划分在上万个类别里。

到了2010年以后,借助深度学习的力量,计算机视觉技术得到了突破式增长。由于效果的提升,计算机视觉技术的应用场景也快速扩展,除了在比较成熟的安防领域应用外,也应用于金融领域的人脸识别身份验证、电商领域的商品拍照搜索、医疗领域的智能影像诊断、机器人和无人车上作为视觉输入系统等,包括许多有意思的场景:照片自动分类(图像识别+分类)、图像描述生成(图像识别+理解)等。由此可见,在可预见的未来,计算机视觉技术将会得到无限发展,如图2-9所示。

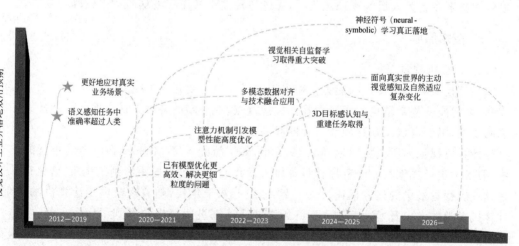

图2-9 计算机视觉未来的工业展望

资料来源:艾瑞咨询,https://www.djyanbao.com/category/10042?channel=BaiduAirui&bd_vid=7795536345724535040。

2) 语音技术

语言交流是人类最直接最简洁的交流方式。长久以来,让机器学会"听"和"说",实现与人类的无障碍交流一直是人工智能、人机交互领域的一大梦想。第一个真正基于电子计算机的语音识别系统出现在 1952 年,AT&T 贝尔实验室开发了一款名为 Audrey 的语音识别系统,能够识别 10 个英文数字,正确率高达 98%。20 世纪 70 年代开始出现了大规模的语音识别研究,但当时的技术还处于萌芽阶段,停留在对孤立词、小词汇量句子的识别上。

20 世纪 90 年代是语音识别基本成熟的时期,主流的高斯混合模型 GMM-HMM 框架逐渐趋于稳定,但识别效果与真正实用还有一定距离,语音识别研究的进展也逐渐趋缓。由于 80 年代末 90 年代初神经网络技术掀起热潮,神经网络技术也被用于语音识别,提出了多层感知器-隐马尔科夫模型(MLP-HMM)混合模型。但是性能上无法超越 GMM-HMM 框架。突破的产生始于深度学习的出现。随着深度神经网络(DNN)被应用到语音的声学建模中,人们陆续在音素识别任务和大词汇量连续语音识别任务上取得突破。基于 GMM-HMM 的语音识别框架被基于 DNN-HMM 的语音识别系统所替代,而随着系统的持续改进,又出现了深层卷积神经网络和引入长短时记忆模块(LSTM)的循环神经网络(RNN),识别效果得到了进一步提升。

现如今,许多语音识别任务已经基本达到可以进入人们日常生活的标准。于是我们看到以"华为小艺"为首的智能语音助手,以及以 Echo 为首的智能硬件入口等。而这些应用的普及,又进一步扩充了语料资源的收集渠道,为语言和声学模型的训练储备了丰富的燃料,使得构建大规模通用语言模型和声学模型成为可能。这些技术运用与结合,使得智能语音技术在现实生活中得到许多运用。图 2-10 则反映了智能语音技术在人们日常生活中应用的场景。

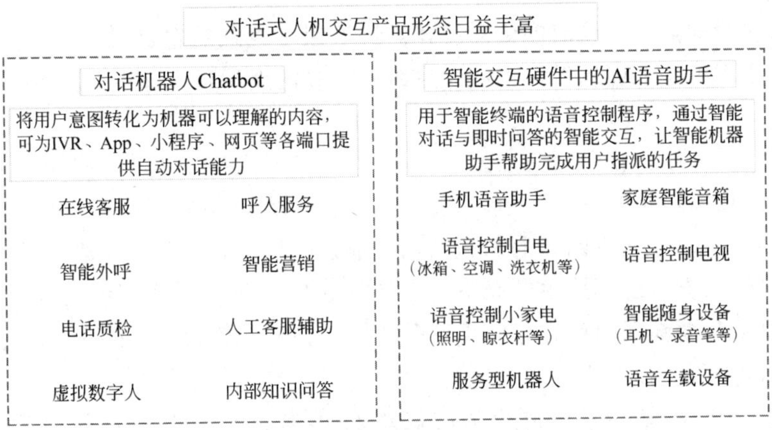

图 2-10 智能语音应用场景

资料来源:艾瑞咨询,https://www.djyanbao.com/category/10042? channel = BaiduAirui&bd_vid=7795536345724535040。

3) 自然语言处理

人类的日常社会活动中,语言交流是不同个体间信息交换和沟通的重要途径。因此,对机器而言,能否自然地与人类进行交流、理解人们表达的意思并作出合适的回应,被认为是衡量其智能程度的一个重要参照,自然语言处理(NLP)也因此成为绕不开的议题。

早在 20 世纪 50 年代,随着电子计算机的出现,就产生了许多自然语言处理的任务需求,其中最典型的就是机器翻译。到了 90 年代,自然语言处理进入发展繁荣期。随着计算机的计算速度和存储量大幅增加、大规模真实文本的积累产生,以及被互联网发展激发出的、以网页搜索为代表的基于自然语言的信息检索和抽取需求出现,人们对自然语言处理的热情空前高涨。在传统的基于规则的处理技术中,人们引入更多数据驱动的统计方法,将自然语言处理的研究推向了一个新高度。除了机器翻译之外,网页搜索、语音交互(图 2-11)、对话机器人等领域都有自然语言处理的功劳。

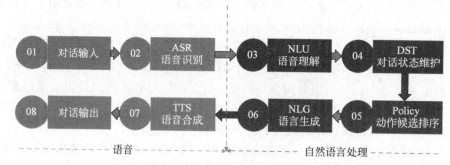

图 2-11 智能语音交互系统的技术流程

进入 2010 年以后,基于大数据和浅层、深层学习技术,自然语言处理的效果得到了进一步优化。机器翻译的效果进一步提升,出现了专门的智能翻译产品。对话交互能力被广泛应用在客服机器人、智能助手等产品中。

4)知识图谱

维基百科对知识图谱给出的词条解释仍然沿用了谷歌的定义,即知识图谱是谷歌用于增强其搜索引擎功能的辅助知识库。然而从业界的发展动态来看,这个定义显得过于简单。

知识图谱——结构化的语义知识库,用于以符号形式描述世界中的概念及其相互关系。其基本组成单位是"实体—关系—实体"三元组,以及实体及其相关属性-值对,实体间通过关系相互联结,构成网状的知识结构。通过知识图谱,可以实现 Web 从网页链接向概念链接转变,支持用户按主题而不是字符串检索,从而真正实现语义检索。基于知识图谱的搜索引擎,能够以图形方式向用户反馈结构化的知识,用户不必浏览大量网页,就可以准确定位和深度获取知识。

本体(ontology)是共享概念模型的显式说明,描述概念与概念间的关系;是语义 Web 的关键技术,用于为 Web 网页添加语义。语义 Web 理念中的本体与知识图谱,二者密切相关。本体描述概念及概念间的关系,是大多数知识图谱的模式层,是知识图谱的概念模型和逻辑基础。可以认为,本体是知识图谱的抽象表达,描述知识图谱的上层模式;知识图谱是本体的实例化,是基于本体的知识库。

知识图谱由数据层(data layer)和模式层(schema layer)两部分构成。模式层是知识图谱的概念模型和逻辑基础,对数据层进行规范约束。知识图谱的数据层是本体的实例。如果不需支持推理,则知识图谱(大多是自底向上构建的)可以只有数据层而没有模式层。

在数据层,事实以"实体—关系—实体"或"实体—属性—属性值"的三元组存储,形成一个图状知识库。其中,实体是知识图谱的基本元素,指具体的人名、组织机构名、地名、日期、时间等。关系是两个实体之间的语义关系,是模式层所定义关系的实例。属性是对实体的说明,是实体与属性值之间的映射关系。属性可视为实体与属性值之间的关系,从而也转化为以"实体—关系—实体"的三元组存储。

知识图谱有两种比较普遍的构建方法:自底向上和自顶向下,其中自底向上的构建方法,是从开放链接的数据源中提取实体、属性和关系,加入知识图谱的数据层;然后将这些知识要素进行归纳组织,逐步往上抽象为概念,最后形成模式层。自底向上的知识图谱构建流程如图 2-12 所示。

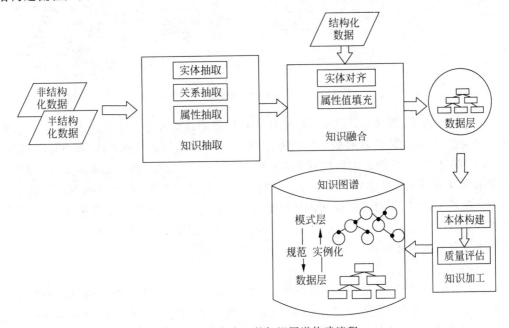

图 2-12 自底向上的知识图谱构建流程

图 2-12 中的知识抽取,类似于本体学习,采用机器学习技术自动或半自动地从一些开放的多源数据中提取知识图谱的实体、关系、属性等要素。知识抽取包含实体抽取、关系抽取和属性抽取。实体抽取自动发现具体的人名、组织机构名、地名、日期、时间等实体,也称为命名实体学习或命名实体识别。关系抽取是指利用语言学、统计学、信息科学等学科的方法技术,从文本中发现实体间的语义关系。属性抽取是针对实体而言的,实体属性的抽取问题可转化为关系抽取问题。

知识融合:类似于本体集成,由于知识图谱在进行知识抽取工作时所使用的数据源是多样化的,因此可能产生知识重复、知识间关系不明确等问题。知识融合可消除实体、关系、属性等指称项与事实对象之间的歧义,使不同来源的知识能够得到规范化整合。知识融合分为:①实体对齐:可用于判断相同或不同数据集中的多个实体是否指向客观世界同一实体,解决一个实体对应多个名称的问题。②属性值填充:针对同一属性出现不同值的情况,根据数据源的数量和可靠度进行决策,给出较为准确的属性值。

知识加工:是对已构建好的数据层进行概念抽象,即构建知识图谱的模式层。知识加工包括本体构建和质量评估,基于本体形成的知识库不仅层次结构较强,并且冗余程度较小,由于技术的限制,得到的知识元素可能存在错误,因此在将知识加入知识库以前,需要有一个评估过程,通过对已有知识的可信度进行量化,保留置信度高的知识来确保知识库的准确性。

自顶向下的知识图谱构建流程如图 2-13 所示。方法的具体步骤如下。

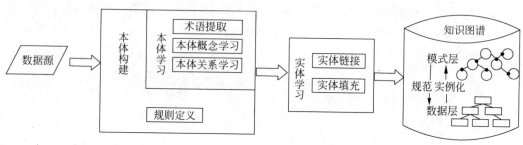

图 2-13 自顶向下的知识图谱构建流程

(1) 本体构建,构建知识图谱的模式层从最顶层的概念开始构建顶层本体,然后细化概念和关系,形成结构良好的概念层次树,需要利用一些数据源提取本体,即本体学习。

(2) 实体学习,将知识抽取得到的实体匹配填充到所构建的模式层本体中去。此外,还可结合自顶向下和自底向上两种方法来构建知识图谱。首先,在知识抽取的基础上归纳构建模式层,之后可对新到的知识和数据进行归纳总结,从而迭代更新模式层,并基于更新后的模式层进行新一轮的实体填充。如百度知识图谱,就是利用内外部以及用户数据采用混合方法构建所得。

5) 规划决策系统

多学科融合,可帮助人类作出复杂决策。博弈论、运筹学与人工智能相结合如图 2-14 所示。为了作出最优(经济的或其他的)决策,决策相关理论将概率理论和效用理论结合起来,为在不确定情况下(在概率描述能适当呈现决策制定者所处环境的情况下)作出决策提供了一个形式化且完整的框架。因为理性决策的显著复杂性,历史上决策相关理论一直与人工智能研究沿着完全分离的路线向前发展,但自 20 世纪 90 年代以来,决策逐步深入人工智能系统研究,经济学、博弈论、运筹学、人工智能等多领域学科思想融合,让计算机能够处理海量数据,相对实时地解决人类专家也难以及时求解的各类问题。

4. 人工智能+金融的应用及其发展

人工智能+金融(AI+finance)与金融科技在界定上存在明显不同(图 2-15)。金融科技主要是指广义的新兴技术(大数据、云计算、区块链、人工智能)与金融业的结合。而"人工智能+金融"主要是通过人工智能核心技术(机器学习、知识图谱、自然语言处理、计算机视觉)作为主要驱动力,为金融行业的各参与主体、各业务环节赋能,突出 AI 技术对于金融行业的产品创新、流程再造、服务升级的重要作用。

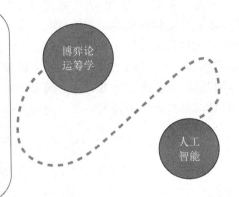

博弈论
博弈论就是研究博弈行为里，斗争各方是否存在着最合理的行为方案，以及如何找到这个合理的行为方案的数学理论和方法。如机器人 Libratus 击败人类顶尖得州扑克选手，其背后核心思想即博弈论。机器人 Libratus 基于传统的线性规划，通过虚拟遗憾最小化、残局解算器以及强化自我学习三个模块，对不完整信息进行综合处理分析

运筹学
在具有强大数据挖掘能力的机器学习总结出事物的规律（做出分类或者预测的模型）之后，运筹学可实现模型的进一步拓展，建立从规律到决策的完整解决方案。另外，在运算效率至关重要的复杂问题的解决中，参数往往决定了模型在工业实践中是否可用，在求解模型参数时，运筹学的思想也会助力算法优化、寻找最好参数。因此如今在商业领域广为使用的定价系统、推荐系统、风控系统等中都有人工智能和运筹学的交融，例如网约车平台"拼车"业务的路径优化问题

图 2-14　博弈论、运筹学与人工智能相结合

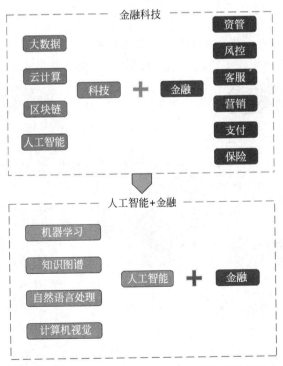

图 2-15　金融科技与人工智能＋金融的主体界定

在"人工智能＋金融"行业中,人工智能与大数据、云计算以及区块链技术并不是相互割裂的,更多地表现为相互依存的关系(图2-16)。大数据可以为人工智能技术在机器学习训练、算法优化等方面提供丰富的养料;云计算为大数据提供超强的运算和存储能力,显著降低运营成本;区块链解决了大数据、云计算、人工智能技术存在的信息被泄露、篡改的安全性问题,使得金融交易具有更高的安全性。人工智能技术作为金融行业未来发展的核心驱动力,与其他相关技术一道共同促进金融行业转型升级。

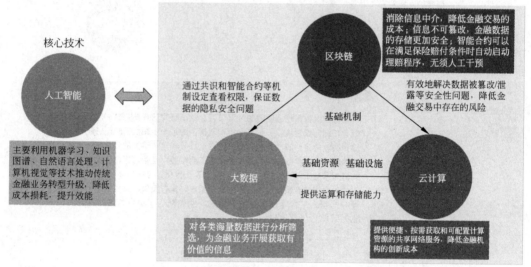

图 2-16 人工智能＋金融行业技术关系图

资料来源:艾瑞咨询,https://www.djyanbao.com/category/10042?channel=BaiduAirui&bd_vid=7795536345724535040。

就人工智能而言,在金融行业的相关场景中以机器学习、知识图谱、自然语言处理、计算机视觉这四项技术应用较多(图2-17)。机器学习(尤其是深度学习)作为人工智能的核

机器学习

深度学习技术作为机器学习的子类,通过分层结构之间的传递数据学习特征,对各类金融数据具有良好的适用性。目前长短期记忆神经网络、卷积神经网络、深度置信网络、栈式自编码神经网络等算法在股票市场预测、风险评估和预警等方面进行了相关应用。

知识图谱

在反欺诈领域中,对信息的一致性进行验证,提前识别出欺诈行为;在营销环节中,可以链接多个数据源,形成对用户群体的完整描述,帮助客户经理制定出具有针对性的营销策略;在投资研究中,可以从公司公告、年报、新闻等文本数据中抽取关键信息,辅助分析师、投资经理做出更深层次的分析和决策。

自然语言处理

在自然语言处理技术中,自动分词可以将金融报表中的格式化语句进行拆分,通过词性标注为每个词赋予词法标记,然后结合句法分析针对进行标注的词组进行内在逻辑研究,进而对研报进行自动化读取与生成工作。

计算机视觉

主要应用在身份验证、移动支付等领域。在身份验证方面,通过前端设备进行人脸捕捉与证件信息提取,然后再通过人脸关键点检测、人脸特征提取并与云端服务器数据进行信息比对;在移动支付方面,通过分析人的面部特征数据和行为数据调用相应算法从而进行更为快捷安全的支付。

图 2-17 人工智能主要相关技术在金融行业的应用

心,作为金融行业各类智能应用得以实现的关键技术发挥极其重要的作用；知识图谱利用知识抽取、知识表示、知识融合以及知识推理技术构建实现智能化应用的基础知识资源；自然语言处理通过对词、句子以及篇章进行分析,对于客服、投研等领域效率的提升提供了有力支撑；计算机视觉技术通过运用卷积神经网络算法在身份验证和移动支付环节广泛应用。

2.2 人工智能在金融行业的应用

近年来,随着大数据、互联网、云计算等信息技术的发展,人工智能逐步应用于各个领域,尤其是金融领域。2019年8月,中国人民银行正式发布的《金融科技(FinTech)发展规划(2019—2021年)》,指出要进一步增强科学技术对金融行业的应用能力,促进金融与科技的融合发展,根据不同场景的业务特征创新智能金融产品与服务,探索相对成熟的人工智能技术在金融领域的应用路径。在资产管理、授信融资、客户服务、精准营销、身份识别、风险防控等领域的应用路径和方法,构建全流程智能金融服务模式,推动金融服务向主动化、个性化、智慧化发展,助力构建数据驱动、人机协同、跨界融合、共创分享的智能经济形态。加强金融领域人工智能应用潜在风险研判和防范,完善人工智能金融应用的政策评估、风险防控、应急处置等配套措施,健全人工智能金融应用安全监测预警机制。

2.2.1 智能资管

党的十九大报告和十九届四中全会均提出要促进多层次资本市场健康发展,把完善金融运行机制,有效防范化解金融风险作为金融改革的重要任务之一。这促使资本市场要发挥好金融资源合理配置以及资金融通的作用,也使得投资组合的有效管理在我国金融市场的重要性日益凸显,同时对投资组合的相关研究提出了新的要求。因此,在金融改革的背景之下,合理有效的投资组合管理与交易机制,对提高个人投资者的投资收益水平和促进我国金融市场的可持续发展都有非常重要的指导意义。

而人工智能技术在资产管理领域具有较大的发展空间。随着消费升级、投资理财需求的不断增长,我国投资者的投资观念在逐步发生转变,单一资产已经难以满足其投资需求,于是资产管理受到了越来越多的关注。如何实现资本的有效配置并分散金融风险是金融领域的核心问题。实现资产的有效配置需要为投资者构建有效的投资组合来合理分配金融资产,而分散金融风险要求投资者在进行投资时,必须同时权衡投资组合的风险和收益。投资组合管理是对多种金融资产的投资比例配置,通过不断改变这种资产配置权重,来实现既定风险水平下收益最大化或既定收益水平下风险最小化。这正好与个人投资者的投资需求相辅相成。

金融市场受到宏观经济、投资者心理、政府政策等多方面的影响,使得金融资产价格波动剧烈、噪声大,于是金融市场表现出非线性、不平稳性、复杂性等特点。投资组合管理是一个十分复杂的非结构化决策过程,涉及金融预测、投资决策分析、资产配置优化等一系列过程。此外,随着近几年金融大数据的发展,海量的数据对计算技术、分析能力和数据存储都提出了更高的要求,这无疑增加了投资组合管理相关研究的难度。而人工智能技术在资产管理上有着先天的优势,其利用历史数据和统计概率建立交易算法,让系统自动学习市场变化并适应新的信息。以此来不断理解市场运行规律,实现即时化、智能化,不受情绪干扰。利用人工智能技术优势来开展投资、理财和资产管理等业务,能够大幅度提升资产管理水平和投资效率(其中资产管理的基础原理图见图2-18)。

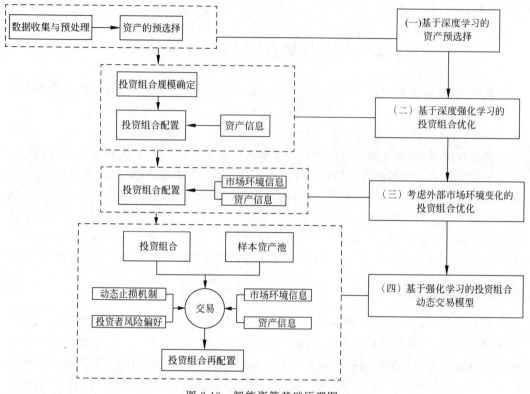

图2-18 智能资管基础原理图

在业界,美国著名的资产管理公司Wealthfront,就是借助人工智能方法给投资者提出理财建议,为投资者推荐与其投资风险承受力以及个人投资偏好相匹配的投资组合,从而在一定程度上避免了投资者与投资经理人之间的利益冲突,提高了投资者的投资回报,同时降低了其理财风险及成本。此外,我国许多企业,如招商银行、蚂蚁金服、京东金融等,纷纷引入智能投顾,将大数据和人工智能技术应用于金融投资业务中,为客户提供了更准确的咨询建议及更好的服务。这些都说明人工智能技术在金融的资产管理领域发挥着越来越重要的作用。

2.2.2 智能信贷

传统信贷流程中存在欺诈和信用风险、申请流程烦琐、审批时间长等问题,通过运用人工智能相关技术可以从多维的海量数据中深度挖掘关键信息,找出借款人与其他实体之间的关联,从贷前、贷中、贷后各个环节提升风险识别的精准程度,使用智能催收技术可以替代40%~50%的人力,为金融机构节省人工成本。同时利用人工智能技术可以使得小额贷款的审批时效从过去的几天缩短至3~5分钟,进一步提升客户体验。

人工智能中的自动化技术被用于处理贷款申请的成本,不仅使得处理贷款申请成本显著降低,还提高了贷款部署的速度。自然语言处理和机器视觉等技术现在正被用于支持对潜在客户文档的验证,加速贷款审批过程,并减少欺诈。随着这些技术的日益成熟,其也被应用于支持中小型企业的贷款,在这些企业中,它可以快速读取公司的文档数据,如公司财务,企业所有者信用,使用已经建好的 AI 智能模型,对公司数据进行分析,以判断是否可以发生贷款行为,创造性的方法部分解决了中小微企业融资的难点痛点。图 2-19 简述了传统业务面临的问题以及智能风控流程。

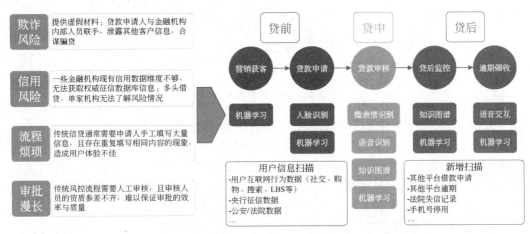

图 2-19　传统业务面临的问题与智能风控流程(以信贷为例)

资料来源:艾瑞咨询,https://www.djyanbao.com/category/10042?channel=BaiduAirui&bd_vid=7795536345724535040。

随着人工智能在金融领域中应用的不断深入,一大批网商银行出现了,其中表现最为突出的 3 家新型互联网银行——微众银行、网商银行和新网银行,它们每年分别可以发放数百万甚至上千万笔的贷款。更为重要的是,这 3 家银行的平均不良贷款比率保持在 1‰～2‰,这个比率要远远低于传统商业银行中小企业贷款不良率 3.2% 和规模小于 500 万元贷款不良率 5.5%。

金融科技信贷能够取得初步的成功,并且以星火燎原之势很快就在全球蔓延开来,关键在于创造性地形成了一个行之有效的信用风险管理框架,解决了普惠金融最重要的一个痛点,即如何降低小微企业融资管理中信息不对称的程度。科技信贷能够打破这个僵局,主要是借助人工智能等数字技术手段,创新信用风险管理,从功能上看,这个框架与传统银行的框架并无本质的差异,但在做法上却差别很大。这个新框架的两大支柱是大科技生态系统和大数据风控模型所形成的智能风控,而大科技生态系统是基于大科技平台建立起来的包括商业、金融、社交、娱乐等活动的综合服务体系。

智能信贷的优势在于可以全方位地观察借款人的行为与交易,从客户获取、贷款申请、信用评估、贷款发放直至还款管理,整个过程都在平台上进行,为降低信息不对称的程度提供了可能性。智能信贷基础原理如图 2-20 所示。

数字金融生态系统相当于替代了传统金融体系中金融机构、市场机制和监管政策所发挥的作用。大科技平台及其生态系统的贡献首先始于"获客",长尾效应的特征意味着平台在建立起来之后,可以以非常低的边际成本连接数以亿计的用户。其次是"大数据",

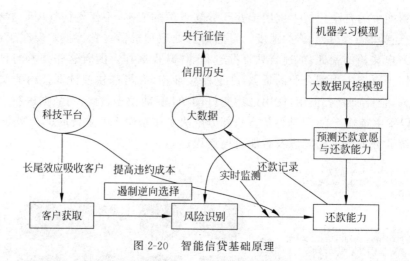

图 2-20 智能信贷基础原理

用户在生态系统中展开社交、购物、游戏、工作等活动,留下海量的数字足迹,包括小微企业的经营流水、营收趋势与交易网络,折射用户的财务状况、经济活动、社会及网络地位与行为特征,这些数据一方面可以支持风险评估;另一方面还可以让大科技信贷机构实时监测借款人的状况,及时对风险因素作出反应。最后是"还款管理",如果借款人如期履约还款,有益于其在平台生态系统中的信用与声誉,这样就会进一步鼓励还款。

而大数据风控模型主要是替代传统银行利用财务数据和抵押资产管理风险的做法。信用风险分析的主要目的是识别潜在借款人的偿还能力与偿还意愿,如果识别不出来,就会把大量的贷款发给"不靠谱"的申请人,这就是逆向选择的问题。发出去之后,回收的难度也很大,这就是道德风险的问题。大数据风控模型主要是依靠两个要素,一是大数据,二是机器学习模型。与依赖传统数据与评分卡模型的传统银行风控模型相比,大数据风控模型对违约的预测更加准确,也更稳健。而这个风控效率的改进,既有信息优势的成分,也有模型优势的贡献。虽然大数据往往并不包含典型、完整的财务数据,但一般会有小微企业的实时交易数据,能够反映最新的经营状况,而财务报表上的信息往往是显著滞后的,最新数据对于预测未来的业务状况有明显的优势。另外,大数据还包含许多企业与个人的行为信息,相比较而言,行为特征不太容易改变,靠谱的企业主的违约概率通常都比较低。另外,与传统的评分卡模型方法相比,机器学习模型更加擅长处理数量庞大的数据,而且更能够抓住一些复杂的非线性关系以及解释变量之间的交互作用。

大数据风控模型的作用主要是更准确地预测未来经营状况即偿还能力的变化,同时也更有效地识别出那些靠谱的,即偿还意愿高的贷款申请人,云计算和人工智能的运用则可以大大提升处理速度,扩大处理规模,从而显著降低信贷的运营成本。金融科技平台在以极低的边际成本获取海量的客户之外,主要是实时、全方位地监测信贷风险的变化,同时利用平台的生态系统尽量降低借款人违约的可能性。这两大支柱相结合构成了智能信贷,而智能信贷也使得大规模、低成本、高效率、可持续的小微企业贷款成为可能。

2.2.3 智能客服

随着我国人口老龄化现象的进一步加重,适龄劳动力供给占比大大下降,服务业人力成本的压力也在逐步加大,以技术替代人力的需求在不断地加强。在这种背景下,以注重客户体验为代表的金融服务业利用迅速发展的人工智能等高科技来解决着新的难题:客户数量和服务业人力成本的不断提升,客户提问的内容过于简单和重复,等等。这些高新技术的运用促进金融行业的客户服务中心从劳动密集型向智能化、人性化、精细化、云端化的技术密集型转变。

当前,银行、保险、互联网金融等领域的售前电销、售后客户咨询及反馈服务频次较高,对呼叫中心的产品效率、质量把控以及数据安全提出严格要求。智能客服基于大规模知识管理系统,面向金融行业构建企业级的客户接待、管理及服务智能化解决方案。在与客户的问答交互过程中,智能客服系统可以实现"应用—数据—训练"闭环,形成流程指引与问题决策方案,并通过运维服务层以文本、语音及机器人反馈动作等方式向客户传递。此外,智能客服系统还可以针对客户提问进行统计,对相关内容进行信息抽取、业务分类及情感分析,了解服务动向并把握客户需求,为企业的舆情监控及业务分析提供支撑。据统计,目前金融领域的智能客服系统渗透率预计将达到20%~30%,可以解决85%以上的客户常见问题,针对高频次、高重复率的问题解答优势更加明显,缓解企业运营压力并合理控制成本。智能客服系统服务体系架构及主要功能如图2-21所示。

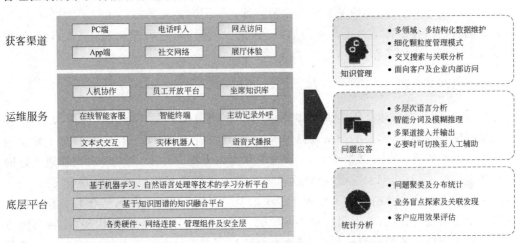

图 2-21　智能客服系统服务体系架构及主要功能

资料来源:艾瑞咨询,https://www.djyanbao.com/category/10042?channel=BaiduAirui&bd_vid=7795536345724535040。

智能客服的应用主要在以下方面。

(1)服务型客服。使用基于大型语料库的自然语言理解技术,然后基于具体的相关场景和业务开发上下文模型,以实现可以与用户自然对话和解答这一功能。实现对客户基础的服务型问题的回答,如客户询问账户充值、转账操作等基础的场景和业务问题。目前金融服务业的客服大规模应用此功能,除了可以大大解放人力来回答基础性问题之外,也可以实现用户在遇到问题时第一时间且方便地寻求解决方案。服务型客服是银行业中常见的基础功能,目前国内大大小小的银行和金融机构的 PC(个人计算机)端、移动端等系统都有应用此功能。随着人工智能技术的不断进步和中文语音语义识别技术的急速发展与完善,服务型客服的服务方式也不断地得到提高和完善。比如对用户问题的识别准确率的提升和回答文本的多样化,也可以基于用户的语音和图片进行意图识别等。除此之外,服务型客服也应用于多场景和多业务方向中,如可以根据银行卡的不同业务类型实现不同的对接,如平安口袋银行可以根据用户持有的卡类型对其询问的问题进行针对性回答。

(2) 投顾型客服。21世纪,随着国家经济的不断发展,人们的平均可支配收入也大大增加,越来越多的人会选择在满足日常资金需求之后,进行一些金融产品的投资。而投顾型客服就是金融机构在这种背景下开发出来的功能。它可以基于用户的不同级别的风险偏好、不同的收益要求以及不同的投资方向等数据,通过算法和金融理财知识对其进行分析,然后根据匹配金融机构中的产品类型为用户提供投资产品类型和规模,时间节点的建议以及后续的反馈功能。现如今投顾型客服已被越来越多的金融机构使用,企业可以通过移动端开发的相关代码,让投资者在手机上就可以获得便捷的投资建议和分析报告。

(3) 外呼型客服。随着银行业对电话营销的需求越来越强烈,人力和运营成本在不断攀升,人们对外呼型客服的需求也在不断加强。而传统的外呼型电话客服不仅涉及人力成本的问题,还要对这些客服事先进行培训,这也需要耗费很大的资源。同时数据表明,使用传统电话外呼做相关营销的成功率比较低。随着科学技术的发展,许多银行业发起智能外呼型客服的研究,该客服可以对用户进行相关的核验身份的环节,同时可以给予用户简单的反馈和引导,完成营销的相关流程操作。同时随着目前技术的不断优化,外呼型客服的普通话和语言能力也在逐渐加强,使用户分辨不出是机器人还是真人,轻松替代原本人力应该完成的工作任务,节约了相关成本。

2.2.4 智能营销

当前,智能化在全球范围内如火如荼地开展,随着互联网的不断发展进步,尤其是移动互联网模式的形成,网民的数量逐渐增加,人们的文化素养不断提升,因而对于智能网络的需求也在扩大。在此背景下,人工智能技术可以发挥其作用,通过互联网获取大量网民的基本信息,同时结合大数据、物联网等各项技术手段分析网民的基本诉求,进而为合适的用户推送恰当的营销内容。相较于传统的营销策略,采用互联网结合人工智能技术开展营销活动更为有效,可以引起更多网民的兴趣,突破时间和空间的阻碍,能够帮助更多的企业更加精准地开展营销活动,帮助企业进一步成长起来。其中,传统营销与智能营销的区别可见图2-22。

当前企业营销中已经开展了人工智能技术的相关应用,并且给企业带来了很大的帮助。

(1) 进一步提升企业的宣传力和影响力。企业在开展营销活动时,按照传统营销模式,通常对活动前做精密的策划和方案分析,在文章的编撰中付出宝贵的时间和精力,形成连篇累牍的文字。而采用人工智能技术,则可以运用人工智能的新模式完成文字的自动编写,按照组织好的活动方式进行编排,使人工智能选取合适的算法形成最佳的文字方案。因此,人工智能在这一优势下,可以帮助企业结合图片、视频、文字、产品形成描述性文字,只需要收集到相关的信息就可以进行数据的转换,主动形成最合理的方案,发挥最强大的宣传能力。另外,运用人工智能进行营销文章编撰时,可以节省大量的人力、物力,让营销人员可以从繁杂的工作中解放出来,从而进行更加具有针对性的工作。尽管人工

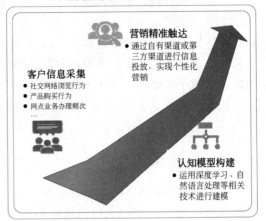

图 2-22　传统营销与智能营销的区别

资料来源：艾瑞咨询，https://www.djyanbao.com/category/10042?channel=BaiduAirui&bd_vid=7795536345724535040。

智能形成的文案缺乏一定的感染力，但是后期结合专业营销人员的修整，大大减少了前期烦冗的过程，提高了企业制订营销方案的效率；同时，运用人工智能技术及时获取用户的大量信息，结合算法推算用户喜好，进行精准分析和精准投放，牢牢抓住用户心理，为其生成特制的个性化文字，并采用用户喜欢的方式表达出来，能够迅速吸引用户的眼球，达到企业营销的目的。而这也正是企业在营销中采用人工智能技术的原因所在。

（2）精准投放与推送。当前移动互联网时代背景下，人人都拥有自己的手机和社交软件，通常浏览器、App等会给用户推送相关资讯，达到市场营销的目的。信息化时代背景下，强大的互联网包纳了数以万计的信息，包括购物记录、刷卡记录、家庭住址等。而人工智能技术则可以运用算法挖掘出信息背后的内容，判断出用户的所想所需，实现用户的精准定位，帮助企业在开展营销活动时更高效地定位目标用户，节省营销费用的同时发挥营销的最大效用。同时，随着人工智能技术的普及和运用，在未来的企业营销中可以利用算法挖掘用户群体的本质需求，了解其真实喜好，针对潜在用户合理地推送企业的营销内容。结合人工智能技术，可以将消费群体进行分类，针对不同的目标用户投放不同的广告内容，形成差异化吸引力，使企业更具感染力。例如，针对中产阶级，可以结合日常的消费水平推送性价比较高的产品，针对购物习惯推送合适的企业营销内容；对于高收入人员，人工智能则可以推动一些高端产品的消费，确保在企业营销中发挥强大的作用。人工智能技术在未来可以帮助企业在不知情的情况下开展网络营销活动，如结合浏览器的浏览内容、浏览时间、App的使用情况、App的具体类别，进而分析用户的个性化需求，结合喜好推送其感兴趣的产品。对于商家而言，本身可能并不了解自己的产品所适用的对象，但是人工智能技术可以帮助企业进行用户群体定位，还可以在互联网上开展精准营销活动。这种通过高科技进行营销的手段，不仅能节约企业各项成本，还能更好地发挥营销作用。

（3）对未来市场发展的把握与分析。企业开展市场营销活动是为了获取更多的用户，拥有更大的市场占有率。然而，市场的波动毫无规律可言，许多因素影响着市场的稳定性。在企业运营过程中,可能会受到内外部环境因素的多重影响,同时也会面临较多的不确定性因素,因此,企业在开展营销活动时可以借助人工智能技术进行科学预测:通过人为了解近些年市场的变化情况、市场的波动情况,再结合大量可靠数据内容进行分析,通过算法精准识别市场的波动趋势,从而计算出精密的市场发展变化情况。人工智能技术能为企业在制定未来营销策略时保驾护航,通过更加精准科学的依据,获取与市场变动情况类似的评估结果。当前企业对于营销人员的要求逐渐严格,更加偏好具有人工智能算法运用能力的专业人才,帮助企业在市场变化中实现信息化和智能化,推动企业营销健康、长足、更有效的发展。

2.2.5 智能支付

在金融科技迅速兴起的大背景下,国内各家银行以及非银行机构利用人工智能技术不断升级支付功能,提高支付领域的服务质量和效率,由图 2-23 可见与人工智能相结合的支付领域里关于智能支付的关键实现流程。智能支付的出现为客户提供更加便捷、智能、个性化的金融服务,同时在不断完善原有支付功能的基础上,创新支付功能手段,提高市场竞争力。例如,工行搭建的大数据与人工智能创新实验室,在信用卡刷卡及线上快速支付中引入人工智能技术进行风险防控;平安银行在手机银行端打造的"智能语音"支付功能,通过对语音的判断控制进行"语音支付""语音取现",同时运用人脸识别技术进行远程身份认证,用户根据系统提示,完成指定动作识别,即可进行刷脸支付以及刷脸贷款。另外,平安银行尝试将生物识别技术用在支付领域,利用手指静脉识别等技术,引入"智能钱柜",实现系统记账与出纳分离的现金自动处理模式;非银行支付机构也在快速地整合人工智能与支付。支付宝通过 AI 人脸识别技术完成了支付场景的认证,微信紧随其后结合人工智能完成了刷脸支付;同时,支付宝、微信等支付机构相继推出了无感支付、车牌识别和移动聚合支付技术相结合的应用程序,只要对车辆牌照进行微信或者支付宝绑定,就可以直接授权付款。

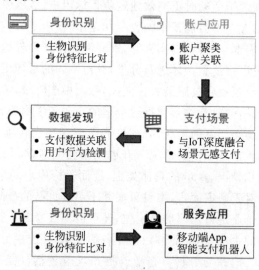

图 2-23 智能支付的关键实现流程

从支付领域的角度来看，人工智能的引入在支付领域的影响主要体现在以下几个方面。

（1）打造数据智能账户，实现精准营销。利用人工智能打造数据智能账号，将人工智能技术所特有的知识图谱计算功能应用于对同一客户的不同账户或不同客户账户的数据进行聚拢归并或拆分散落处理，对客户画像进行准确描述。客户画像包括客户的产品需求、服务倾向、风险承受能力、金融产品消费行为偏好等方面。通过精准的客户画像，商业银行能够深度掌握客户的倾向需求，为不同客户在不同时期提供个性化服务，并为营销时匹配对应的金融产品。除此之外，数据智能账户还可以利用自动化技术支撑起线上支付、线上交易、客户身份验证、客户身份信息安全管理等常规功能。

（2）创新金融支付工具，提升服务体验。人工智能的不断发展推动着传统支付工具的创新变革，平日里常用到的移动智能端包括阿里巴巴旗下的蚂蚁金服、京东金融等。新型的金融支付工具优势在于利用互联网、大数据、人工智能三方面的技术支持，完成了客户线上线下的金融服务一体化。一方面，新型的金融支付工具为客户提供了线上支付的渠道模式，打破了传统支付工具在时间与空间上的限制；另一方面，以移动支付作为支付端口的移动智能端，实现了金融机构与客户之间的紧密结合，通过对客户的消费信息、消费时间段的实时准确记录，分析客户的消费产品偏好，根据分析结果进行精准营销，推动利润最大化，优化金融机构和客户之间的价值交互及服务体验。

（3）建设人工智能清算系统，节约人力成本。当前企业引入人工智能支付系统的根本目的在于利用人工智能技术实时掌握并统计客户的消费情况，从而依据客户交易成交量判断企业是否有业务创新的需要或在战略目标上是否应进行调整。由此可见，人工智能支付系统对企业的最终作用实际上是体现在最终的数据清算与分析上。传统支付体系下，大部分商业银行的清算方式以"人工＋系统清算"为主，由于清算数据繁多、杂乱，需要花费大量时间精力进行对账，在对账过程中容易出现计算失误。人工智能清算系统避免了因人力造成的失误，提高了准确性，同时也节省了大量的清算时间。还可以根据商业银行在不同阶段的需求，自主设计结算系统，对不同业务进行筛选区分，选择最优路径进行结算支付，从而提高结算效率，降低成本，搭建多种支付渠道，为客户提供更多支付结算选择的可能性。

（4）降低成本，优化支付体验由于支付金融服务的本质是对人的服务，主要的衡量标准仍是基于对人的价值服务体验，人工智能技术所提供的指纹识别、人脸识别等支付方式，为客户带来了比传统支付更快捷、安全、新鲜的支付体验，不仅能够优化用户支付体验，还能从侧面降低服务成本。例如，在传统的支付模式下，人们进行金融支付的形式以货币和物品交换、物物交换为主，不仅携带不方便，还存在一定的安全隐患。对于商业银行来说，则需要一定量的人力资源和物力资源投入，才能达到维护客户关系、帮助客户发现价值并创造价值的目的，这种情况下易造成服务成本过重，效率低下。而人工智能技术的引入，促使商业银行把客户发展渠道由实体空间转换到互联网上，通过对网银、金融App等平台的建设，帮助客户自主选择针对性的金融服务，将金融机构与客户之间的双向交互变为客户的单向选择，降低金融机构运营成本的同时也方便了客户。

（5）提高效率，强化数据处理能力。人工智能支付把原本为劳动付酬的通用型人才作业团队转换成为知识付酬的知识驱动型人才团队,避免了企业对重复型劳动人才的工资支出,同时通过重新解构金融支付服务的生态循环过程,减少了人工服务带来的主观偏见干预,提高了金融支付在实际运作时的效能产出。同时,商业银行作为无时无刻不在与数据打交道的机构,它的业务所能涉及的数据信息通常均以海量为单位,在这些数据信息中,必然会积淀出如过期交易记录等无法转成有利信息分析的非结构化信息,造成存储空间浪费、数据处理基数大等现象,通过人工智能技术在支付金融的应用,能够对这些数据及时进行更新清理,甚至能够起到帮助筛选出有效信息的作用,尤其是对于支付风险预测、支付交易量这样复杂繁多的数据处理方面。

此外,人工智能在支付领域的具体应用场景也是多种多样的,给人们的生产生活也带来了前所未有的便捷。

(1) 支付工具智能化。人工智能改变了传统支付工具功能局限、互动性较差、扩展性不强、不能满足个性化需求等特点,变得多样化、便捷化、特色化。随着支付工具的智能化发展,传统的收银方式已发展为刷卡、二维码支付等多种支付手段,以满足广大消费者的个性化需求,且可供各种商业模式的卖家使用,使用门槛灵活不局限。智能化的支付工具,推进了线上线下场景的融合,使买卖双方的关系更为密切,卖方可以更为便捷迅速地获取买方的消费信息,从而制定个性化营销方式,提升消费者的体验。同时,支付工具智能化不仅对零售、餐饮等场景的传统支付方式进行改造,还滋生出全新的支付场景,如汽车、家居、医疗等,而新的应用场景需要匹配新的支付工具,如医疗支付、乘坐交通工具等,满足了日常随时、随地进行交易的需求。

(2) 支付系统智能化。对支付系统进行人工智能化改造,取代了人工录入支付机构信息的步骤。用户的身份识别是支付起点,一般为"安全认证+密码认证"的方式,但随着人工智能的发展,已经开始出现用生物识别来替代的趋势,包括视网膜识别、人脸识别、指静脉识别、虹膜识别、掌纹识别等,这些都已开始进入支付领域,满足了用户使用方便的需求。除此之外,利用自动识别客户输入的支付信息来替代人工操作,减少人工干预环节的时间占用,降低因人工录入错误造成的风险,有效提升了业务处理效率,避免了因录入问题造成的资金损失,提升了客户体验,降低了人工成本。此外,部分商业银行还将人工智能运用于头寸管理,区别于传统商业银行"事前人工控制、事中系统告警、事后简单分析"的头寸管理模式,通过人工智能化的二代支付系统,根据大量的历史数据对备付金数据进行分析,从而对每日资金的流动规模进行推断,并结合舆情分析等技术增强预测的准确性,加强备付金账户的头寸管理。

(3) 风险监测智能化。将人工智能技术有效地运用于风险模型分析,可以更为准确地进行风险评估。支付作为人类经济行为的基本,会在社会活动中产生大量的基础数据,但一直以来均与其他行为数据独立存在,形成了"信息孤岛"。随着人工智能技术的不断进步,各类数据逐渐被合成单一的关系数据库,建立起数据仓库。利用人工智能,由系统对各类文字、数据、图片、影响进行深度分析预测,挖掘出信息中的风险点,进行风险警示;通过身份识别技术与异常监控,进行反欺诈监控;引入人工智能优化学习算法,通过对极端事件进行风险分析,实现风险评价。

2.2.6 智能保险

传统意义上的保险产品存在着许多痛点：①种类单一，产品同质化现象普遍存在且创新乏力。特别是在互联网时代下，社会生产和公众生活方式得到了极大的改变，客户日益个性化、多样化的保险需求与保险市场单一同质化的产品供给形成了明显冲突。因保险产品同质化造成的保险需求与供给脱节将会抑制客户的保险需求，不利于整个保险市场的培育。此外，同质化引起的"费率比拼"还可能进一步挤压保障类保险产品盈利空间。②销售渠道成本偏大，机构管理成本居高不下。与其他金融业态相比，保险业销售渠道成本、机构管理成本偏大，高企的成本是造成保险产品价格居高不下的重要原因。首先，建设、维持一支优秀的营销队伍需要保险公司投入大量的人力资源成本。其次，与其他金融产品相比，保险产业链条较长，包含保险产品设计与研发、获客、销售、核保承保、理赔、客户服务等多项业务，涉及保险精算、定损、核赔等多种专业化程度较高的工作，导致保险公司机构庞大、员工数量众多。③投保、理赔等环节过于烦琐。在投保环节，保险公司和客户双方面的原因造成投保过程烦琐、耗时费力。一方面，与其他金融产品相比，客户在购买保险产品时往往会对保险产品定价、保障范围、赔付条款等内容反复与销售人员沟通，并在同类型产品中进行比较，造成购买过程持续时间过长，且较容易放弃购买；另一方面，保险公司对部分材料审核过于严格、苛刻，在出现拒绝承保情况时，由于核保人员与销售人员沟通不畅，销售人员很难解释拒绝承保原因，客户可能在一段时间内将不会在该保险公司购买保险产品，容易造成潜在客户流失。

图 2-24 即对中国保险行业供需两端的主要痛点做了简要概括。

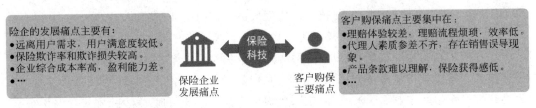

图 2-24 中国保险行业供需两端的主要痛点

资料来源：毕马威，https://www.djyanbao.com/preview/2581478?from=search_list。

而作为保险行业变革的核心驱动力，人工智能技术的商业价值正在逐步凸显。人工智能技术可应用于保险分销、承保、定价、理赔等多个重要环节，以提高保险业务效率，降低行业运营成本。根据艾瑞咨询的估计测算，2019—2022 年，我国保险公司在人工智能领域的投入将以 24%～34% 的年增速持续高速增长，截至 2022 年，我国保险机构在人工智能领域的投入将达到 94.8 亿元。当前，大力投入人工智能技术开发与研究的企业以行业大型头部保险公司为主，中小型保险企业在相关领域的研究与应用进程相对落后。可预期的是，随着保险企业与科技公司加深合作，中小企业可通过采购已有的保险科技技术的方式获取相关应用。

中国保险学会和复旦大学中国保险科技实验室 2018 年联合发布报告《人工智能保险行业运用路线图》，认为，从行业生命周期来看，人工智能保险行业发展可分为探索阶段、发展阶段、升级完善阶段与取代阶段。其中,2018—2020年为探索阶段,该阶段主要是对人工智能技术在保险行业应用的初步探索和实验,破解技术难题;2020—2025年为发展阶段,即保险行业针对客户需求不断纵深挖掘人工智能技术应用潜力,并在横向上扩充可用数据资源;2025—2032年为升级完善阶段,分析潜在的需求和问题,不断进行技术革新;2032年后为取代阶段,人工智能技术有望取代传统保险行业。

作为人员密集型的保险行业,人力资源成本是保险企业的重要成本构成之一,约占保险企业总成本的1/3。据艾瑞咨询估计测算,2019年保险企业的人力资源成本约在5 000亿元。而人工智能技术的应用可大幅降低保险行业人力资源成本,解决培训成本高、员工流动性高等行业难题,优化行业资源配置,加强核心技术领域和产品优化模块资金投入,优化客户体验,提高客户满意度。

人工智能在保险行业的应用范围包括以下几项。

(1) 分销。在分销环节,人工智能技术主要应用于智能客服、智能保顾、柜面机器人以及AI智能增员,主要体现在分销渠道的区别上。具体应用场景中,人工智能技术的应用可将传统的保险代理人线下推介模式转变为"互动式""社交化"的营销模式,提升用户体验和满意度,提高销售成功率,降低退保率。分类来看,智能外呼机器人目前主要用于自动式呼叫、意向筛选、资料导入、销售引导等。智能保顾则用于为客户提供风险评测、知识问答、需求分析、产品推荐、保单管理等服务,主要应用人工智能技术中的自然语言处理,通过多轮交互挖掘用户深层次需求,引导用户购买。AI智能增员是人工智能技术应用于保险分销领域的第三种方式,主要包括AI甄选、AI面试、AI培训及用以辅助销售的AI助理。AI智能增员技术可以筛选并管理保险代理人,摆脱行业面临的代理人留存率低的困局。AI还可通过机器学习技术对代理人进行在岗培训和辅助销售。

(2) 承保与定价。人工智能技术的应用使得承保环节有望在未来实现完全自动化。依托于保险公司的内部数据和从应用程序接口或外部提供商获取的外部数据,保险公司可通过人工智能技术从海量数据中实现客户画像,识别用户需求、偏好和风险状况,进而为客户提供个性化定制保险产品和定价,以适应客户的生活习惯。未来,在承保和定价流程中,人工智能技术将提升客户投保体验,不断创造高频碎片化、差异化的个性化保险产品,让客户享受多样化的增值服务,实现保险行业"以客户为中心"的核心目标。此外,人工智能技术在承保与定价环节的应用还有助于实现经验沉淀数据化,突破经验与知识的互换。人工智能技术的实现需要训练大量的标签数据与无标签数据,随着可穿戴技术和语音交互技术的快速发展,多元化的数据来源将使许多行为经验得以留存,有助于改善保险行业人员流动性强导致的经验知识难以沉淀的问题,帮助行业实现经验与知识体系的融合。

(3) 理赔。"理赔难"是制约保险业发展的一大顽疾。但人工智能、大数据、区块链等技术的应用,会有效缓解这一难题。麦肯锡报告指出,2030年理赔处理仍将是保险行业的重要职能之一,然而理赔业务的自动化转型将使得与2018年相比理赔岗位减少70%~90%。基于图像识别等人工智能技术的智能理赔系统可以对损失进行快速的查勘和核定,深度学习在一定程度上解决了图像识别精准度的问题,能够在线判断受损伤部位和程度,并通过知识图谱技术的应用自动推荐维修方案并计算赔付金额,较人工核损流程大大节省时间、提升效率,理赔时间将从传统理赔业务的几天缩短至几个小时甚至数分钟。此外,智能化的理赔风险输入、加工和预警输出系统能够通过诸多规则进行风险筛查,完善理赔风控机制。未来,保险公司的理赔部门将会把更多的关注度放在对风险的监控、预防和应对上,风险因素超出人工智能判定的阈值时将启动干预措施,通过同客户的互动减少潜在损失。图 2-25 反映了智能理赔主要流程(以车险为例)。

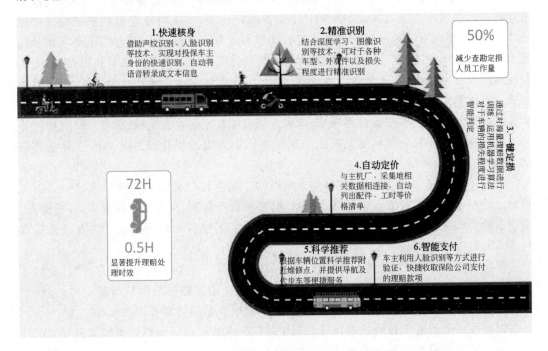

图 2-25　智能理赔主要流程示意图(以车险为例)

资料来源:中国人工智能+金融行业研究报告[R]//上海艾瑞市场咨询有限公司.艾瑞咨询系列研究报告,2021(1).

(4)反欺诈。人工智能技术还可帮助保险公司识别保险理赔中的欺诈风险。例如使用图像识别技术可鉴别客户上传的虚假照片,避免客户使用网络图片或处理照片的方式诈取保险赔付。使用生物识别技术可对客户进行身份核验,避免身份顶替骗保现象。通过对海量客户数据的分析还可构建起涉嫌欺诈案件人员的社会关系网络,在投保环节之前进行风险预警。语音识别技术还可帮助实现通过分析客户报案情绪特征测算欺诈指数等。

未来,保险业务产品将会加速向数字化、自动化、智能化的转变。保险机构应将通过 AI 赋能远程完成身份认证和各类数据一键质检,通过互联网产品运营思维实现保险业务量级与用户的增长,运用 AI 创新型技术与场景打造令广大人民群众享受更多福利的优质产品,提升用户体验和客户满意度,提高保险公司风险管理能力和利润率。在各个业务环节体现精准的个性化服务特征,为保险客户定制出更符合需求和风险特征的产品方案。

2.3 人工智能在金融领域的挑战

2.3.1 人工智能在金融领域的利弊分析

人工智能是社会发展和技术创新的产物,是促进人类进步的重要技术形态。人工智能发展至今,已经成为新一轮科技革命和产业变革的核心驱动力,正在对世界经济、社会进步和人民生活产生极其深刻的影响。于世界经济而言,人工智能是引领未来的战略性技术,全球主要国家及地区都把发展人工智能作为提升国家竞争力、推动国家经济增长的重大战略;于社会进步而言,人工智能技术为社会治理提供了全新的技术和思路,将人工智能运用于社会治理中,是降低治理成本、提升治理效率、减少治理干扰最直接、最有效的方式;于日常生活而言,深度学习、图像识别、语音识别等人工智能技术已经广泛应用于智能终端、智能家居、移动支付等领域,未来人工智能技术还将在金融、教育、医疗、出行等与人民生活息息相关的领域里发挥更为显著的作用,为普通民众提供覆盖更广、体验感更优、便利性更佳的生活服务。

将人工智能引入金融服务,是当今金融机构中倾向性较强的前瞻性探索之一。人工智能已经越来越多地被引入金融资产交易、财富和资产管理、保险与银行业务、客户服务、信用借贷等领域。人工智能的实践,很大程度上触发了银行与保险机构对固有经营模式与方式的边界探求。

保险服务于客户,关键在于对客户认知程度的把握。比如:客户的行为习惯、受教育程度、生活方式、健康现状等。当人工智能参与到这些信息数据的提取与规划时,一种个性化、定制化的客户建议文案将应运而生。这样的服务是高效和有的放矢的。

银行可以运用人工智能技术保持合规性并识别欺诈行为。类似于图像识别技术已经广泛运用于很多银行业发达国家,在自动验证金融消费者身份过程中,通过各种可用的数据库,人工智能平台可以帮助使用者进行快速身份验证、检索、提取相关信息。引入人工智能,银行还可以建立高效、便捷、详细的客户风险档案,从而有效发现是否存在有欺诈行为。人工智能还可以实时监控银行的信息技术基础设施,检测和防止外在攻击。同时,将人工智能与大数据结合,可以在不需要传统信用数据的情况下,辅助银行评估中小企业信用风险。引入人工智能,对于银行助力信用评分和信用借贷服务都大有可为。在国际银行业新兴服务中,一些国家已经出现人工智能技术正在帮助没有信用评分的人获得信贷服务。

然而,硬币都有正反面。像所有的科技双刃剑一样,人工智能在具有前所未有优势的同时也自带风险,我们在鼓励人工智能技术发展于金融业之时切不可忽略技术背后所隐含的风险。

(1) 法律法规制度风险。首先,人工智能在金融领域的深入应用需要立法层面的依据,而我国无论是在监管法律的规范化,还是相关详细的监管政策细则上,都仍停留在互联网金融层面,尚未出台系统规范的法律法规,法律法规的缺乏让监管边界较为模糊,许多人工智能相关的商业形式只能参照传统金融和互联网金融领域的法律法规来管理,一旦发生纠纷,在法律责任的认定上时常缺乏法律依据。其次,人工智能的创新应用和发展对金融监管体系提出了新的挑战,虽然我国已颁布了一系列相关的指导意见,但仍然需要进一步细化不同产业的相关扶持政策,填补行业的"法律空白"和"监管真空"。另外,人工智能在金融市场中的深化运用,导致金融运营模式和监管模式的变革,如何做到与时俱进,不断地完善法律体系也是相关机构需要关注的重要课题。

(2)信息采集、使用和泄露风险。首先,信息采集角度。作为信息密集型产业,为保障金融交易的顺利进行,在金融业务中人工智能时常需要分析、采集和处理大量的客户行为数据,数据采集范围不断扩大,由于缺乏相关的采集标准和规定,在具体实践中时常存在数据采集的合法性问题。其次,数据使用角度。一旦人工智能有关的通信和金融基础设施受到攻击,个人信息极易被黑客攻击或被不法分子控制,会给客户造成财产损失甚至人身安全。而且,由于人工智能技术尚未发展成熟,其安全漏洞的修补速度较慢,不法分子可利用相关技术准确识别潜在目标,对系统进行实时攻击,危害整个社会信用体系。再次,数据存储角度。在互联网时代,大量的数据通常是存储在硬盘或者软盘中,人为有意或者无意的丢失、损害都会造成数据泄露风险。最后,数据传输角度。当前,我国金融业务中使用的算法应用标准,信息控制和披露标准不一致,一方面,用户的知情权和人工智能系统的信息机密性难以得到保障。另一方面,也限制了数据集成和传输的能力,导致历史数据质量参差不齐,极易出现部分数据丢失和错误等问题。

(3)潜在技术安全风险。首先,当前人工智能技术尚处于探索期,难免会遇到诸多技术难题,从而造成一定的风险隐患。如人工智能技术现已广泛应用到银行业,许多银行在自助取款机上应用了刷脸取款,但人脸识别的准确性和安全性仍有待进一步检验。其次,技术深度不够。近年来,金融市场上时常出现黑天鹅现象,但是机器深度学习的速度不足以应对金融市场特别是金融风险的发生节奏,同时在算法上也存在一定的缺陷和漏洞,导致方案和投资建议与市场现实严重脱节,从而给投资者带来巨大的投资损失。再次,受技术储备、资本规模和人才等因素的影响,我国许多中小金融企业或机构应用人工智能的意愿或能力相对较低,应用过程缓慢,效果不够明显。如许多城商行没有将金融科技纳入战略规划,在主观意愿上仍是被动跟随,缺乏配套的硬件设备或软件架构做支撑。另外,人工智能有既定的预先输入算法程序,若金融市场中有大量的投资人使用相同的算法和运算模式,会对金融稳定形成挑战。而且,人工智能交易程序如果出现算法交易故障或错误,不仅会导致数据分析结果和决策不正确,也会影响相关经营活动,不利于金融交易的顺利完成,给金融消费者带来巨大损失,严重时会影响到整个金融市场的稳定。

(4)监管风险。一方面,金融风险变得更加隐蔽和复杂。人工智能在金融市场的应用虽催生了诸多金融新业态,但并未改变金融业的原有风险属性和类型,反而使风险特征变得更加复杂和难以识别。具体来说:一是人工智能等现代技术推动金融业的快速变革,新产品、新业务、新模式层出不穷,整合了不同领域的业务,增加了金融风险的复杂程度。二是风险可控性降低。在人工智能等金融科技的影响下,金融交易发生即清算,风险将以更快的速度和更广的范围覆盖金融市场,金融监管机构进行救市和风险隔离的难度增加,金融市场挤兑风险将被迅速放大,加剧市场中参与主体的恐慌。三是金融风险更加隐蔽。人工智能在金融领域中的应用使得金融活动参与主体可能同时具有多重身份,监管缺失使得金融风险难以被识别,金融风险隐蔽性更强。此外,人工智能的应用降低了金融业务的进入门槛,金融机构从事高风险经营活动的动机被强化,整个金融系统的风险偏好更加凸显。另一方面,随着人工智能的不断推广,金融监管机构不仅要应对传统金融业务行为和模式中面临的老问题,还要面对随着技术发展金融领域产生的新问题,这向金融监管提出了新的挑战。但当前的金融监管体系下,不仅风险责任认定相对较难,还会增加后续处理成本。同时,人工智能存在特定场景模拟缺乏的情况,极易导致任务及判断和执行中出现的偏差,使金融市场出现异常波动,从而危害金融市场秩序的稳定。

(5) 政治安全风险。人工智能的发展使得信息的获取和使用更加复杂,甚至会影响一个国家的政治安全,这主要体现在以下几个方面。一是人工智能使社会图像和声音处理更加方便。拥有人工智能技术的公司或团体可以利用人工智能技术收集信息,了解当前的社会意识形态,进而达到影响社会意识形态和政治趋势的目的。二是制造虚假新闻,影响政治选举。这一点在西方国家表现得更为明显。例如,大型科技公司利用人工智能等先进技术收集选民的政治偏好,还可以制作美化或诋毁候选人的视频或新闻,定期、精确和有效推动,影响选民的选举决定。三是混淆信息的真实性,影响信息获取渠道,操纵人们的行为。人工智能技术使一些组织或团体在社会信息获取渠道中加入噪声,混淆信息的真实性,从而达到扰乱社会秩序、威胁社会稳定的不法目的。

(6) 其他风险。其一,就业风险。人工智能在金融领域的广泛应用,将大幅度减少许多岗位的人员需求,取代以往的人力操作,冲击当前就业格局,造成摩擦性失业。虽然人工智能作为一项前沿技术会创造许多新的岗位,但是不足以满足就业需求,可能会影响金融市场的人力资源格局和配置。其二,失控风险。当人工智能达到认知和深度学习的要求时,其出现失控的风险也变成了可能,并且外部刺激和内部技术因素等都可能会引发人工智能失控。

2.3.2　人工智能在金融领域的阻碍分析

图 2-26 反映了高管们普遍认为在平常的金融工作中实施人工智能存在一系列的障碍,其中最主要的困难是给金融机构创建一个 AI 系统所需要的成本和获得金融科技人才。

由此可知,人工智能在金融行业里的发展目前尚处于起步阶段,不管是传统金融机构还是新兴的科技公司,如果要想很好地将人工智能运用到金融场景,将面临三大急需解决的困难(图 2-27)。

(1) 高端人才储备。我国人工智能方面人才培养的时间不长,在学术界以及产业界高端的 AI 技术人才十分稀缺,因此拥有高端人才是推动金融科技企业快速发展的核心因素。

(2) 金融场景理解能力。由于金融行业的天然特性,一方面国家监管严格,另一方面金融的细分业务众多且流程较为复杂,如果想要实现技术的更好落地,还需要对于金融场景有深刻的认知,因而对于金融行业有深入了解的业内专家可以促使金融科技企业开发的 AI 技术更好地满足金融场景的实际落地要求及监管规定。

(3) 数据积累实力。人工智能技术相关算法的迭代优化需要数据作为支撑,拥有海量优质的金融数据将成为金融科技公司提升自身实力的重要基础。

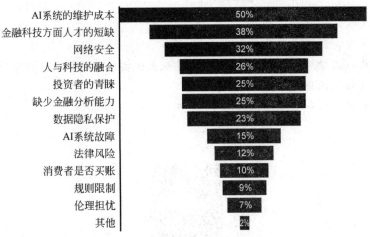

图 2-26　AI 应用于金融的主要阻碍

资料来源：Budworth 调查机构于 2020 年对全球金融机构中的高管开展的问卷调查。

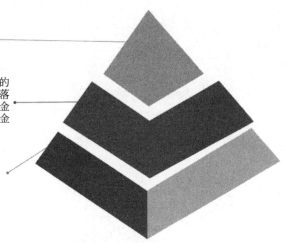

图 2-27　人工智能与金融行业融合的三大条件

2.4　案例分析

案例 2-1　农业银行："AI＋知识图谱"在信用风险管理领域的探索

复习思考题

1. 什么是人工智能?
2. 机器学习与深度学习的区别是什么?
3. 试说出机器学习会碰到哪几类问题,并说出这些问题的相同点与不同点。
4. 请简述知识图谱的构建流程。
5. 请简要概括传统保险机构的难点、痛点。

即测即练

第 3 章

区块链基础

本章知识点：

1. 了解区块链的发展历程及现状。
2. 掌握区块链的工作原理及其核心技术体系。
3. 了解区块链在金融、政务管理、农业扶贫等领域的应用。
4. 了解区块链如何与数字货币融合发展。

区块链技术起源于比特币，2008 年，中本聪对 David Chaum 的"Ecash"进行优化，综合时间戳、工作量证明机制、非对称加密技术以及 UTXO 等技术，最终发表文章《比特币：一种点对点的电子现金系统》，2009 年 1 月 3 日，第一个序号为 0 的"创世区块"诞生，随后序列号为 1 的区块与其连接形成第一个链状结构，区块链技术正式拉开帷幕。区块链技术不断给人类社会带来新的机遇，同时也带来了巨大的挑战。

3.1 区块链概述

区块链技术最早可追溯到密码学的发展，由中本聪正式提出区块链的概念。随着区块链技术逐渐完善，区块链已经广泛应用于众多领域。区块链是分布式数据存储、点对点传输、共识机制、加密算法等计算机技术的新型应用模式。区块链具备去中心化、去信任化、可追溯、防窜改、集体维护等特征，由六个层级构成，主要分为公有链、私有链、联盟链和侧链。

3.1.1 区块链的历史起源

区块链技术的诞生得益于长期以来人类社会的不断探索，共经历了八个阶段的技术演进，最早可追溯到密码学技术的萌芽。

区块链起源之路一：密码学朋克运动。在 20 世纪 70 年代初，由于军方对于通信安全保密的刚需，密码学技术长期被军方所独占，并由大量的数学精英系统整理成密码学论文《密码学的一个数学理论》，这些密码学论文直到 1970 年开始广为流行。1992 年，英特尔退休的科学家 Timothy C. May 创建了密码朋克社区，并开发了一个匿名的不可追踪的邮件列表网站，用户基本由密码学专家、数学家和程序员组成，该网站关注保护隐私而不是获取秘密。1993 年，Eric Hughes 发表《密码朋克宣言》，正式提出"密码朋克"

(cypherpunk)的概念,对于密码学技术的发展与广泛应用发挥了至关重要的作用。

区块链起源之路二:CDR。1992年Eric Hughes开发并运行Crypto匿名邮件列表服务器,成为整个密码学朋克网站的核心通信方式。初版的邮件列表服务器只是简单的隐藏发件人地址,无法防范单点失败和管理员恶意封锁。1997年升级为Cypherpunk's Distributed Remailer(CDR),采用多节点邮件列表服务器,当收到新邮件时,各节点彼此之间相互复制,防止个别节点因存储失败或恶意行为而导致邮件丢失。

区块链起源之路三:时间戳。1991年,密码学家Stuart Haber和Scott Stornetta首次提出时间戳,时间戳是一份完整的可验证的时间数据证明,它能够证明数据产生的时间点。通过添加时间戳的方式标识文件创建的先后顺序,并规定在文件创建后,其时间戳不能变动,从而使得文件被篡改的可能性为零。

区块链起源之路四:B-money。B-money是加密货币的早期版本,B-money由一位华裔计算机工程师戴伟在1998年的密码学邮件列表中提出,他开发了Crypto++密码库,同时提出了VMAC消息认证码算法。在B-money中,交易通过合约实现,要求每一个达成合约的过程都必须有仲裁人参与。

区块链起源之路五:Hashcash,即哈希现金。1992年,Cynthia Dwork和Moni Naor在加利弗里亚的年度国际密码学会议上发表一篇题为《通过处理或打击垃圾邮件进行定价》的论文,通过引入定价的协议来减少垃圾邮件,要求用户通过计算一个中等难度但不难处理的算法获得资源访问权限,防止邮件被轻易访问而被篡改,这是最早的工作量证明机制。1997年,Adam Back在密码学邮件列表中提出Hashcash,仅应用于该邮件系统内的支付。

区块链起源之路六:智能合约。智能合约早在区块链技术诞生之前就已经被提出。智能合约由Nick Szabo提出,1998年,Nick Szabo设计出Bit Gold,提出用Hash指针形成的链式数据结构作为基础账本的数据结构。

区块链起源之路七:首笔交易。Hal Finney是第一笔比特币转账的接受者,在2004年提出了电子货币"加密现金"的概念,在其中采用可重复使用的工作量证明机制(RPOW)。

区块链起源之路八:比特币诞生。在2008年全球金融危机大环境下,中本聪对David Chaum的"Ecash"进行优化,综合时间戳、工作量证明机制、非对称加密技术以及UTXO等技术,最终发表文章《比特币:一种点对点的电子现金系统》,2009年1月3日,第一个序号为0的"创世区块"诞生,随后序列号为1的区块与其连接形成第一个链状结构,区块链技术正式拉开帷幕。

3.1.2　区块链的发展现状

随着区块链技术不断变革、不断创新,区块链技术在各行各业的应用发展逐步成熟。区块链1.0是加密货币应用时代,如货币转账、汇款和数字支付系统等,其核心是可编程货币,区块链技术的应用最初集中在加密货币领域,由比特币开源后,产生了以太币、瑞波币、泰达币等加密货币。在此阶段,区块链构建了一种去中心化、低成本的数字支付系统,使得货币价值能够在互联网中直接流通,为跨国贸易支付提供了便捷途径。区块链2.0是合约应用时代,此阶段,区块链在金融领域得到了广泛的应用,如股票、期货、贷款、抵押贷款、权益、智能资产等。在加密货币的基础上，设计智能合约协议，使得区块链实现真正的可编程，优化更多金融领域的业务和流程。智能合约应用的标志产物是以太坊，以太坊是一个开源的、附有智能合约协议的公有区块链，通过以太币，并基于去中心化的虚拟机来处理点对点的合约。区块链3.0时代是致力于推动区块链技术成为"万物互联"的最底层协议的时代，超越金融领域，向智能化物联网发展，将应用领域全方位扩展到人们生活中，如身份认证、医疗、仲裁、投票、科学、艺术和文化等领域。

当前区块链技术正在加速与传统产业融合，全球区块链产业发展态势迅猛，全球区块链产业全景与趋势（2020—2021年度）报告显示，2020年全球企业区块链支出规模高达40亿美元，相较企业在IT技术领域的支出，区块链渗透行业率已增加到1%。从技术发展角度看，图3-1所示为区块链技术成熟度曲线，区块链技术已经逐渐走出低谷期。从应用领域发展角度看，"区块链＋金融""区块链＋支付"和"区块链＋数据服务"是2020年的热门区块链应用领域。2020年10月15日，美国发布《关键与新兴技术国家战略》，将分布式账本技术列入20项关键与新兴技术清单，该技术首次被提升为国家战略。根据IDC发布的《全球区块链支出指南2020》显示，到2023年，全球区块链支出将达到144亿美元，金融行业在区块链中投入将会是最大的，制造业和资源行业在近几年发展速度可观，2018年至2023年全球区块链支出复合增长率预期达到60.5%，具体应用场景集中在跨境支付、交易清算、贸易融资、合规监管等方面。

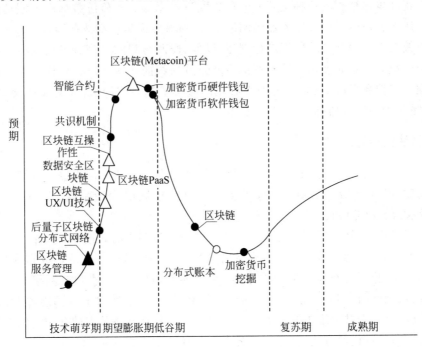

图3-1 区块链技术成熟度曲线

资料来源：链门户，http://www.lianmenhu.com/blockchain-24271-1。

我国区块链产业规模发展不可小觑,在《中华人民共和国关于国民经济和社会发展第十四个五年规划和2035年远景目标纲要》的决议中,区块链首次被纳入国家五年规划当中。在"加快数字发展,建设数字中国"篇章中,区块链被列为"十四五"七大数字经济重点产业之一,充分体现了党中央、国务院对区块链技术和产业发展的高度重视。一是"新基建"下区块链基础设施建设加快。二是区块链有望推动数据要素流通,赋能数字经济。三是区块链应用将更加成熟,与实体经济深度融合。四是区块链监管体系将持续完善,进一步规范区块链生态建设。2020年10月,国家互联网信息办公室发布第四批区块链信息服务备案信息,已通过项目1 015个,主要集中在北京、深圳、杭州、上海、广州、南京等城市。在项目类型中,区块链底层平台、供应链金融、防伪溯源、数据存证、司法仲裁等领域占比较大。截至2020年底,我国提供区块链专业技术、产品、解决方案等服务,且有投入或产出的区块链企业共1 384家,全国15个省、27个城市成立45家区块链产业园区,其中广东、浙江等地区块链产业园数量较多,全年产业规模约达50亿元。目前区块链正逐步超越金融领域应用范围,不断赋能工业、互联网、生态治理、医疗健康、教育培训等关注实体经济和民生的领域。

3.1.3 区块链基础概念

区块链是基于点对点网络结构、加密算法、共识机制等计算机技术,利用链式结构生成和存储数据、通过共识机制验证和更新数据、借助加密算法保证数据的安全性、设计智能合约编程和操作数据的一种全新的分布式共享数据库。与传统数据库不同的是,传统数据库使用多客户端—中心服务器的网络结构,所有数据信息都被存储在中心服务器内,客户端直接对中心服务器的数据进行创建、读取、修改与删除,特殊的授权机构实时管理与维护中心数据库。而区块链数据库由多个分散的数据区块(节点)所构成,由参与用户共同管理与维护数据库,从而实现去中心化的共享机制,并且允许所有价值交易数据公开,就像是每个用户都拥有一本"共享账本"。

1. 区块链的结构

区块链结构由自下而上的数据层、网络层、共识层、激励层、合约层、应用层等六个层级组成,其中必要层级为数据层、网络层、共识层,拓展层为激励层、合约层、应用层,图3-2所示为区块链层级结构。

数据层呈现"区块+链"的链式结构,是区块链中最底层的数据存储技术,各个数据区块都存储着哈希值、随机数、时间戳、交易信息等。网络层是实现区块链分布式记账的点对点网络系统,执行分布式算法、加密算法、数字签名等技术,通过P2P网络机制、数据传播机制及数据验证机制实现各节点之间信息交互,该层中的所有节点都能够对区块内数据进行校验,以此来共同维护数据安全。共识层主要包括网络节点的共识机制,是区块链技术里解决信任危机的方法,使得广泛分布的区块节点在去中心化环境下对每个区块所存储的数据有效性达成共识,并决定谁有权利增加新的区块,最后使整个区块链数据保持一致。激励层主要通过发行机制与分配制度激励众多节点参与数据有效性验证及维护工作,并且惩罚违背规则的恶意节点以保证共享账本数据的有效及安全性。例如比特币的"挖矿"机制以奖励一定数量比特币的方式激励矿工去验证交易信息的有效性,从而保证

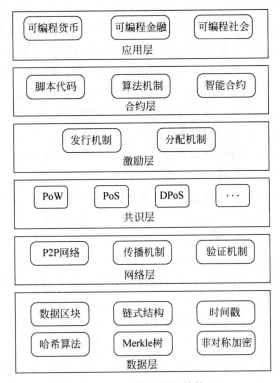

图 3-2　区块链层级结构

资料来源：许雄.区块链智能合约技术的研究[D].成都：电子科技大学,2019.

共享账本一致。合约层是区块链可编程的基础，封装并运行各类算法、脚本、源代码等，用户之间的交易活动基本依赖合约层内的智能合约，制定智能合约就是参与双方认同的编程代码运行的过程，用户在该环境下，能够无须第三方机构信任认证而达成合同共识。应用层处于最高层级，封装各种应用场景及其相对应的应用程序、网络门户、搜寻引擎、手机App 等，目前各类加密货币如比特币、以太坊等应用都部署于应用层，未来的可编程金融和可编程社会也将会搭建在应用层上。

2. 区块链的特征

1）去中心化

"中心化"是一种集中权利式结构，由中心节点控制整个网络系统，中心节点一旦发生崩溃，网络系统内所有节点都随之崩溃。以太坊创始人 Vitalik Buterin 从物理层、决策层、逻辑层三个层面来衡量一个网络系统去中心化的程度。在物理层与决策层分布的"去中心化"是区块链的核心特征，区块链网络环境内的所有区块都拥有高度自治的权力，其地位与义务相互对等，区块之间无须中心处理器且在特定的规则下能够自由链接，自行进行数据交换与检验。即使某个或多个节点发生错误（不超过 50%，在股份授权/实用拜占庭容错共识机制中不超过 33%）也不会对系统及其他节点产生任何影响，从而实现全网区块以链式结构同步、安全、稳定地存储、记录与更新交易数据。

2）去信任化

区块链"去信任化"特征弥补了传统互联网中最薄弱的环节,实现了互联网中价值转移和信用转移。所谓"去信任化",就是在整个网络系统中,任何节点无须通过可信任的第三方中介机构,自行达成双方信任共识,利用对称/非对称密码学、哈希算法、安全多方计算和对等网络等技术保证交易数据不可篡改,不可伪造,安全真实。区块链实现"去信任化"分为两个阶段：第一阶段是验证历史数据的真实性,通过非对称密码技术和认证匿名节点的身份,在每个区块上赋予前区块的哈希值,以得到所有节点对该区块内数据的认可,实现链上数据的全网一致性分发和冗余存储。第二阶段是以特定的规则与机制约束未来行为,应用于加密货币环境中表现为以代码为核心的信任机制,应用于合约环境中表现为以代码为核心的智能合约信任机制,要求规则公开,代码公开且不可篡改。但是区块链不能对行为主体进行信用评估,它只存在两个指标：信任与不可信任,对于连续且可度量的全面信任评估,区块链是难以计算的。

3）可追溯、防篡改性

在普通数据库中,集中式结构使得在中央服务器上运行的数据极易被篡改,用户无法完全信任普通数据库的管理者是诚实的。可追溯性就是基于分布式存储机制,每个区块记录着每笔交易的输入与输出,以存储哈希值的方式链接前区块,使得各个区块之间联系紧密,一旦某区块发生数据错误,则可通过区块内存储的哈希值识别,从而追溯到错误源头。区块链的可追溯性已应用到多个领域,可追溯完整的产—供—销过程,如材料的原产地、国外进口商品追溯,以及政府使用区块链技术,追溯资金来源与流向,防止腐败、逃税、洗黑钱等。防篡改性就是区块之间有着严格的顺序关系,若某个区块中的数据被篡改,则下一个区块头部存储的前区块哈希值会变动,之后的新区块便无法衔接,而且所有节点同步记录数据,全网用户都能够获知区块的正确顺序,使得篡改数据难以实现。

4）集体维护性

区块链"集体维护性"体现在系统中所有具有维护义务的节点都能通过公开的查询接口获取各类信息与数据,保证众多参与者对各个区块内数据进行正确性与真实性认证,从而实现集体维护数据库。同时这种"集体维护性"不仅能提高维护数据库的效率,保证区块链数据可靠性和稳定性,而且能大幅度降低数据库管理运营的成本费用,避免传统数据库集中式维护的弊端。基于该特性,区块链技术在金融征信领域的应用更加广泛。

3. 区块链的分类

1）公有链

公有链是一种开放、自由、无权限设定的区块链,允许全球任何个人或团体在该链内自由交易,以完全匿名的安全方式,不受任何限制读取区块链内的数据,并参与区块链交易和记账环节中。公有链处于无第三方管理的状态,节点数量无法确定,节点在线与否、是否为恶意节点都是公有链无法控制的,其主要依赖于预先设定的规则保证在不信任的网络环境中能够进行可靠的交易,一般通过代币机制鼓励参与者算力竞争记账,最大限度保证数据公开透明。公有链是最早开发的,也是应用最为广泛的区块链,比特币系统就是典型的公有链,其应用领域通常包括金融交易、数字货币、知识产权等。

2) 私有链

私有链是与公有链相对的概念,是在组织内部使用的,仅对特定的个人或私有组织开放的、有限权限的区块链。私有链内的数据读写权限由开发者制定,访问私有链时要求注册与提交身份认证。私有链节点数量通常是有限的,节点的状态可控,一般无须像公有链一样通过算力竞争记账的方式来保证数据的安全性,而是采用更加节能环保的实用拜占庭容错共识机制的竞争记账方式管理数据。私有链具备极快的运行速度、安全的隐私保护、低交易成本、防止恶意攻击、身份认证等优势。私有链的应用场景有企业内部财务管理、办公行政审批,政府监管和实施等。

3) 联盟链

联盟链介于公有链与私有链之间,在私有链的基础上增加了开放度,不再仅限于某个组织或特定人群,组织结构类似于国际联盟协会。联盟链中每个节点都有相对应的特定组织或机构,所有交易都是在联盟成员之间发生的,私有链中的联盟成员通过授权而拥有访问权以及数据读写权。联盟链节点的数量和状态也是可控的,与私有链一样采用节能环保的共识机制,并且同样需要身份认证与权限设置。此外联盟链还具备部分公有链特征,部分数据可以对外公开,例如可公开的政务数据。联盟链通常应用于大型连锁机构、商业协会等,例如银行之间结算、多个企业之间物流系统等。表 3-1 所示为三种类型区块链的区别。

表 3-1 三种类型区块链的区别

比较项	公有链	私有链	联盟链
中心化程度	完全去中心化	中心化	部分去中心化
参与者	任何人	指定的参与人员	联盟成员
记账者	所有参与者	自定	协商决定
信任机制	工作量证明、权益证明	自行背书/拜占庭容错的共识机制	支持拜占庭容错的共识机制
特点	去中心化、去信任化,区块链账本信息完全公开、透明	网络耗能低,交易速度快	方便限定控制权,有很高的可扩展性

4) 侧链

侧链实际上是从以上三种区块链分类中衍生而来的,可以将其理解为一种区块链的拓展协议。最初是为了解决比特币吞吐量小和交易速度慢的问题,在搭建好的区块链基础上,重新开发一条有别于主链的新区块链,称之为侧链,可将资产在主链和侧链间安全转移。如将比特币资产从主链转移到侧链后,在侧链生成一定比例的比特币资产,同时在主链上冻结此资产,当需要时再将比特币资产从侧链转移到主链,主链解冻并销毁侧链上的资产,这种交互过程称为"双向定锚"。图 3-3 所示为主链与侧链的关系,当区块链内交易过多出现网络拥堵时,主链上的部分交易可以转移到侧链上,大幅度提高了交易速度和效率。侧链是相对独立的,代码和数据都与主链有所区别,若侧链上出现安全问题并不会影响主链的正常运行。

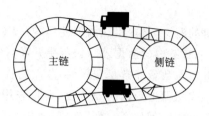

图 3-3　主链与侧链关系图

资料来源：https://www.jianshu.com/p/485fbd14f2ea。

3.2　区块链技术体系

　　区块链技术体系复杂多样，本节介绍区块链的几种核心技术：分布式存储、密码技术、共识机制和智能合约。密码技术包括哈希算法、对称加密及非对称加密算法、数字签名。共识机制主要包括工作量证明机制、权益证明机制、股份授权机制、授权拜占庭容错机制、实用拜占庭容错机制、其他共识机制等。此外还介绍了火币研究院 2020—2021 年全球区块链产业全景与趋势报告提出的区块链技术上的最新突破。

3.2.1　分布式存储

1. 技术基础

　　P2P 网络作为区块链最底层的公有链模块，是一种在对等者（peer）之间分配任务和工作负载的分布式应用架构。在资源共享环境中，P2P 中的网络节点均处于对等地位，既是资源提供者，又是资源获取者。P2P 存在四种网络拓扑结构：集中式拓扑、全分布式非结构化拓扑、全分布式结构化拓扑、半分布式拓扑。不同的区块链可能应用不同的 P2P 网络拓扑结构。

　　1）集中式拓扑 P2P

　　集中式拓扑结构的 P2P 并不是完全意义上的 P2P，集中式拓扑 P2P 网络中仍存在中央服务器，它能够控制网络中所有节点以及文档数据信息，节点之间的信息交互必须通过中央服务器验证才能够进行。例如节点 A 访问 P2P 网络时，首先必须向中央服务器发送注册信息，包括自身节点与文件信息，待中央服务器验证通过后方可访问。若节点 A 需查询 P2P 网络中某一节点 B 的文件信息，A 节点首先需将查询请求发送给中央服务器，待中央服务器返回节点 B 的注册信息 M 后，节点 A 根据注册信息 M 与节点 B 进行信息交互，查询相应的数据或者文件信息。一旦访问请求节点过多，极易造成网络拥堵，加之若中央服务器性能不够好，可扩展性有限，那么 P2P 网络系统可能出现宕机和网络故障问题。所以此类拓扑结构仅适用于小型网络。经典应用案例是 MP3 共享软件 Napster。图 3-4 所示为集中式拓扑 P2P 结构。

　　2）全分布式非结构化拓扑 P2P

　　全分布式非结构拓扑的 P2P 是在重叠网络中采取节点随机分布的组织方式，与集中

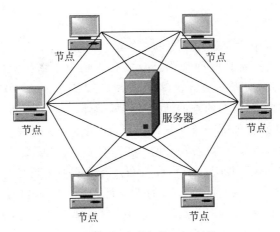

图 3-4　集中式拓扑 P2P 结构

资料来源：https://wenku.so.com/d/8fdbee4d19ffd254950a5b62c929afd4?src=www_rec。

式拓扑结构最大的区别在于没有中央服务器，实现了真正意义上网络节点之间对等关系。在资源检索方面，全分布式非结构拓扑仅允许相邻节点进行资源交互，无法实现跨节点沟通。当节点需要查询或者下载某些资源时，该节点首先以所需资源的名称或关键字生成查询包，将该查询包向相邻的所有节点广播，收到广播的节点若存在该资源则与查询节点建立连接，若不存在该资源，则继续在自己相邻的节点之间转发该查询包，直至查询到资源为止。在广播查询包之前，设置存活时间 TTL(time to live)，TTL 将会随着广播次数增加而减少，直到存活时间减为 0 时，停止广播查询包，此过程称为 Flooding，随着新节点不断加入，网络规模不断扩大，Flooding 查询流程将会造成网络流量急剧增加，对网络带宽的消耗非常大。全分布式非结构化拓扑网络的完全随机分布的组织方式使得节点之间的链路构建无须遵循特定的拓扑结构，具有容错性好、可进行复杂查询等优点，但是存在查询速度较慢、查询结果不完整等缺点。图 3-5 所示为 Gnutella 的拓扑结构和资源检索方法。

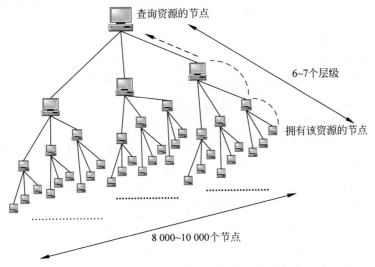

图 3-5　Gnutella 的拓扑结构和资源检索方法

资料来源：https://wenku.so.com/d/8fdbee4d19ffd254950a5b62c929afd4?src=www_rec。

3) 全分布式结构化拓扑 P2P

全分布式结构化拓扑 P2P 遵循确定的拓扑结构,将网络中所有节点按照特定规则有序进行组织,分为环状和树状两种结构。全分布式结构化拓扑 P2P 的实现基于 DHT (distributed Hash table,分布式哈希表)算法思想。DHT 是由全网节点共同维护的散列表,其中存储着系统内所有资源的查询信息及存放地址,并且将散列表划分成多个不连续的部分,每个节点保存并管理部分散列表,最终形成完整的散列表。DHT 类结构化网络允许节点动态加入或退出系统,具备良好的可扩展性,可均匀分配节点 ID 地址,能够精确查询到网络中 DHT 内的任何节点信息,在分布式环境下快速而又准确地定位数据,极大提高查询的准确性。DHT 当前面临最大的困境是无法实现内容或语义等复杂查询,仅支持精确的关键词查询,而且联网节点加入或退出的频率过高,将会造成网络不稳定,从而提高了 DHT 的维护代价。应用全分布式结构化拓扑的经典案例是 Tapestry,Pastry,Chord 和 CAN。图 3-6 所示为 Chord 的拓扑形状,属于环状全分布式结构化拓扑。

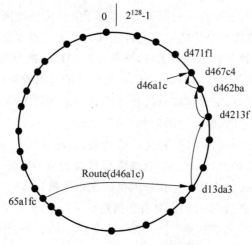

图 3-6 Chord 的拓扑形状

资料来源:https://wenku.so.com/d/8fdbee4d19ffd254950a5b62c929afd4?src=www_rec。

4) 半分布式拓扑 P2P

半分布式拓扑 P2P,又称混杂模式,它综合了集中式拓扑和全分布式非结构化拓扑的优点。根据节点性能优良程度划分为普通节点和超级节点,选择处理、存储、带宽等方面性能优秀的节点作为超级节点,超级节点内存储其他部分普通节点的信息。当新的普通节点加入系统时,首先选择某一超级节点进行通信,该超级节点将系统内其他超级节点的信息发送给新加入的节点,新加入的节点依据超级节点的状态选择某个具体的超级节点作为父节点,因此泛洪广播仅发生在超级节点之间,避免了网络中大规模泛洪问题。半分布式拓扑是一种层次结构,超级节点之间构成一个高速转发层,超级节点和其所存储的普通节点构成若干层次。半分布式拓扑的优点是可扩展性较好,容易管理,但对超级节点的依赖性较大。应用该种结构的典型案例是 KaZaa,图 3-7 所示为半分布式拓扑结构。

在实际应用中,每种拓扑结构的 P2P 网络在可扩展性、可靠性、可维护性、发现算法的效率、复杂查询等方面都有其优缺点,表 3-2 所示为不同拓扑结构性能比较。

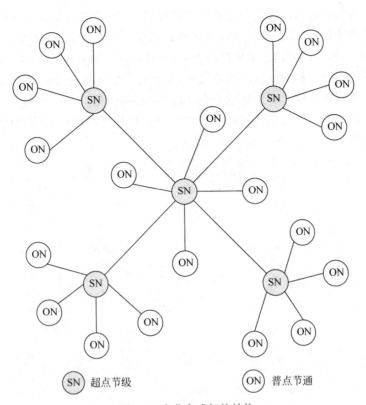

(SN) 超点节级   (ON) 普点节通

图 3-7 半分布式拓扑结构

资料来源：https://wenku.so.com/d/8fdbee4d19ffd254950a5b62c929afd4?src=www_rec。

表 3-2 不同拓扑结构性能比较

拓扑结构 比较标准	集中式拓扑	全分布式非结构化拓扑	全分布式结构化拓扑	半分布式拓扑
可扩展性	差	差	好	中
可靠性	差	好	好	中
可维护性	最好	最好	好	中
发现算法效率	最高	中	高	中
复杂查询	支持	支持	不支持	支持

资料来源：https://wenku.so.com/d/8fdbee4d19ffd254950a5b62c929afd4?src=www_rec。

2. 存储结构

传统的分布式存储结构是将数量级较大的数据分块存储在多个节点内，利用多个节点并行存储来分担系统存储负荷，并将这些分散的存储节点组成一个虚拟的存储设备，但是其本质上仍是中心化的结构。区块链运用的分布式存储结构基于 P2P 网络，将数据存储在开源区块内，建立一种任何节点都能够查询存储空间、对数据实时存储并更新的分布式数据库，使得数据存储在所有网络节点，并且在每一个参与存储节点内进行实时数据更新，有效避免中心化"窃取、篡改"数据行为。其存储网络主要包括 DHT 网络、KAD 网络。

区块链的分布式存储结构与传统的分布式存储本质区别在于区块链采用链式结构存储完整的交易哈希记录，数据验证通过共识机制完成。具体存储过程在数据层内执行，生成"分布式账本"，该存储结构主要应用哈希算法（Hash）和 Merkle 树结构，每一笔交易运用哈希算法计算一个哈希值以标志该笔交易，继而对多笔交易的哈希值集合通过 Merkle 树结构计算一个根哈希值。作为区块头的 Merkle 根哈希值，图 3-8 所示为 Merkle 树结构。区块链成块时将这些信息打包成区块链接到前区块尾部形成链式结构，图 3-9 所示为区块链状结构。

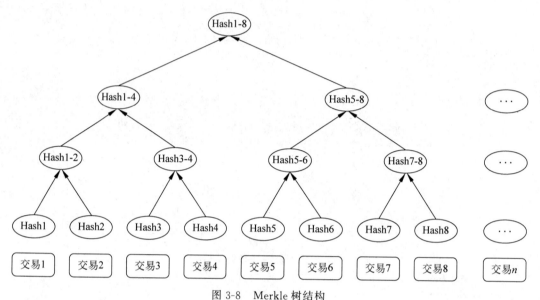

图 3-8　Merkle 树结构

资料来源：许雄. 区块链智能合约技术的研究[D]. 成都：电子科技大学，2019.

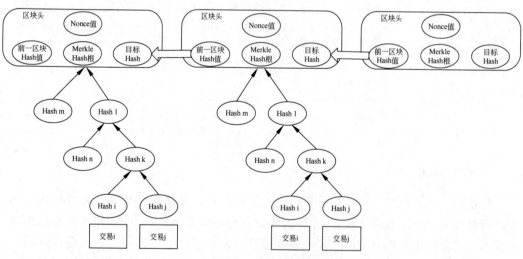

图 3-9　区块链状结构

资料来源：许雄. 区块链智能合约技术的研究[D]. 成都：电子科技大学，2019.

具体区块结构如图 3-10 所示。版本为区块版本号,表示本区块遵守的验证规则。前一个区块的哈希值由哈希算法计算得到。Merkle 根哈希值是该区块中交易的 Merkle 树根的哈希值,同样使用哈希算法计算。时间戳是该区块产生的近似时间,精确到秒的 UNIX 时间戳。难度值是该区块工作量证明算法的难度目标。随机数(nonce)是为了找到满足难度目标所设定的随机数。

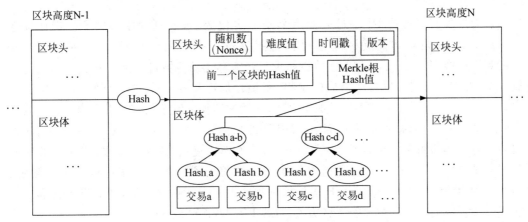

图 3-10 区块结构图

资料来源:张偲.区块链技术原理、应用及建议[J].软件,2016,37(11):51-54.

3.2.2 密码技术

密码技术是保证数据传输过程中安全有效的技术支柱,在区块链数据层中主要运用哈希算法、对称加密、非对称加密、数字签名等密码技术。

1. 哈希算法

哈希(Hash)算法是一种单向加密的算法,具有不可逆性,即一个从明文到密文的不可逆映射,主要为验证原始数据是否被篡改过。哈希算法又称哈希函数,可以将任意长度的信息 m 通过特定函数映射成为一个长度固定的值 H(m),称 H(m)为哈希值、散列值(Hash value)或者信息摘要(message digest)。其函数表达式为:H=H(m),无论输入何种格式、多大的文件,输出都是固定长度的比特串。哈希算法具有易压缩性、单向性、抗碰撞性等特点,易压缩性是指对于任意大小的输入 m,产生的哈希值的长度小且固定。单向性是指哈希算法的逆运算非常困难,即在给定某个哈希算法 H 和哈希值 H(m)的情况下,想要得出信息 m 只能依靠暴力穷举的方式,所以从哈希算法的输出难以倒推出输入,

哈希算法单向性如图 3-11 所示。一般而言,相同的哈希算法输入一般将得到相同的哈希值输出。不同的输入大概率得到不同的哈数值输出。碰撞性是指存在小概率不同的输入会得到相同的哈希值输出。抗碰撞性是指找到不同哈希算法

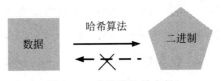

图 3-11 哈希算法单向性

的输入使得哈希值输出相同在计算上是不可行的。哈希算法有两种抗碰撞性：一种是弱抗碰撞性，即当给定某条消息的哈希值时且已知该消息，要找到和该条消息具有相同哈希值的另外一条消息在计算上是不可行的。另一种是强抗碰撞性，即要找到哈希值相同的两条不同的消息在计算上是不可行的。

2. 对称加密算法

最初的加密算法是"按字母表向后移动一定位数"来实现加密和解密。例如发送"Hello world"，发送方将每一个字母都按照字母表排序向后移动 6 位，那么"Hello world"将转换为"Nkrru cuxrj"，接收方根据发送方移动的位数进行逆推解密。明文为原始信息，密文是对明文进行变换后的结果，密钥是加密和解密算法的参数。在加密算法中，数据发送方将明文和密钥经过加密算法，将明文转换成复杂的密文发送出去。待接收方收到密文后，使用加密过程的密钥以及相同的加密算法的逆算法对密文进行解密，将密文转换为可读的明文。在对称加密算法中，加密和解密过程是对称的，由信息发送方和接收方共同约定一个加密密钥，发送方与接收方都使用该密钥对数据进行加密和解密。图 3-12 所示为对称加密过程，一旦在传输过程中密文和密钥被截取，明文极易暴露。当前区块链领域最常用的对称加密算法为 AES、PBKDF2 和 Scrypt。

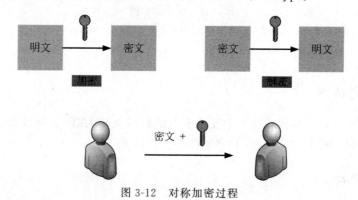

图 3-12　对称加密过程

3. 非对称加密算法

非对称加密算法的加密与解密过程是非对称的，与对称加密算法不同的是对称加密算法中只需要唯一密钥，而非对称加密算法中需要成对密钥，即公钥（public key）和私钥（private key）。公钥是公开的，私钥由接收方持有，私钥可以推导出公钥而公钥无法推导出私钥。图 3-13 所示为非对称加密过程，发送方使用接收方在网络中公开的公钥对明文进行加密，接收方收到密文后，使用与公钥对应的私钥对密文进行解密。在传输过程中，当密文被截获时，公钥是无法解密的，"公钥加密，私钥解密"正是区块链保密性更强的关键因素。非对称加密的优势在于解密的密钥（即私钥）无须发送方传递给接收方，避免了传输过程中私钥被盗取的问题。此外，还有少数非对称加密使用"私钥加密、公钥解密"的方式。

4. 数字签名

数字签名是指附加在发送明文中一组特定的符号或代码，主要应用于上述非对称加

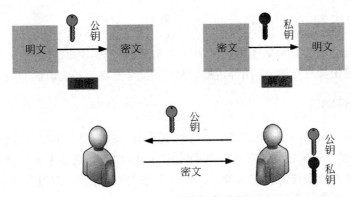

图 3-13　非对称加密过程

密技术中。数字签名是利用哈希算法提取该文件关键信息并对其加密而形成的,使用"私钥加密、公钥解密"的验证方式,验证发送者的身份是否可信任,密文是否在传输过程中被篡改或伪造。上述三种密码技术都保证了通信双方能够安全传输文件,以防止传输过程中遭受第三方攻击,然而却无法保证通信双方中的一方攻击另一方,数字签名能够消除此类通信双方认证的隐患。图 3-14 所示为数字签名的签名过程,发送方利用非对称加密算法计算得出公钥和私钥,通过哈希算法提取明文的关键签名信息生成数据摘要,继而使用私钥对数据摘要进行加密生成签名值(即数字签名)。图 3-15 所示为数字签名的验证过程,接收方将收到签名值后,利用公钥解密得到的数据摘要与哈希算法对签名数据计算出的数据摘要比较,相同即身份验证成功。

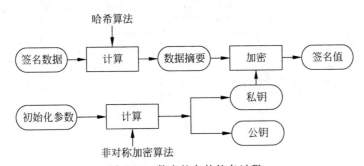

图 3-14　数字签名的签名过程

资料来源:杨茜.基于区块链的智能合约研究与实现[D].绵阳:西南科技大学,2018.

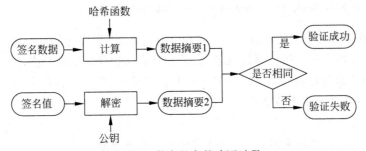

图 3-15　数字签名的验证过程

资料来源:杨茜.基于区块链的智能合约研究与实现[D].绵阳:西南科技大学,2018.

3.2.3 共识机制

共识机制是全网节点对新生成的区块认可监督的过程,共识机制主要分为工作量证明、权益证明、股份授权证明、实用拜占庭容错、授权拜占庭容错、其他共识机制等机制。

1. 工作量证明

工作量证明(proof of work,PoW)是区块链共识机制中最基本的、当前最为成熟的共识机制,其核心思想是通过全网节点之间算力竞争达成共识,依靠本地计算机算力竞争获得记账权。以比特币系统的挖矿为例,各节点(即参与挖矿的矿工)使用本地计算机算力竞争来解决一个求解复杂但是验证容易的 SHA-256 算法的哈希值,该哈希值的原像是节点所提交的区块头,节点需要找到一个随机数使区块头的哈希值小于或等于某个难度值。工作量证明流程如图 3-16 所示。

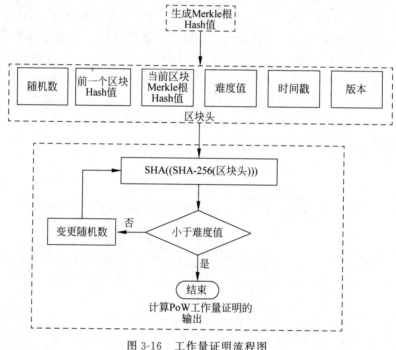

图 3-16 工作量证明流程图

资料来源:朱洪亮.基于区块链的数据保护技术研究[D].成都:电子科技大学,2019.

PoW 的难度值由矿工计算机上能够使用的计算能力(算力)所决定,保证在预定的时间间隔内对新区块做一个哈希算法处理,若某一节点成功计算出哈希值,继而将其收集到的交易数据和哈希值打包成一个区块向全网节点广播,接收到广播的节点验证该节点所提交的哈希值,该过程中当数据出现篡改或者因传输错误导致数据发生变化时,该区块将不会得到正确的哈希值。当验证正确后,则将将该区块添加至本地区块链尾部,即该节点拥有本次记账权。配合区块链激励层,通过激励节点来争夺记账权产生新区块,增加区块链长度,成功获得记账权的节点将会得到一定数量比特币奖励。

与和其他共识机制相比，PoW优点是去中心化显著，缺点是每次达成共识都需要全网节点参与，严重消耗网络资源，性能效率较低，存在拥有51%的算力攻击力问题，若攻击者控制了网络中50%以上的算力，则可以将区块逆转，进行反向交易，实现"双花"。"双花"是指将一个代币进行多次支付，即同一个货币被花费了多次。

2. 权益证明

权益证明（proof of stake，PoS）工作原理类似于PoW，主要解决PoW消耗资源的问题，同样是节点之间相互竞争新区块的记账权，区别在于两种机制竞争的方式不同，PoW通过节点自身算力竞争，算力越大，成功的概率就越高，而PoS通过节点权益持有量竞争，在比特币系统中称为币龄，即节点拥有资产数与持有资产时间的乘积，持有资产时间是从上一次交易直至现在为止，该乘积（即权益持有量）越大，成功的概率就越高。

PoS用权益证明代替工作量证明，将PoW中所包含的算力竞争转换为系统权益竞争，一般具有最高权益的节点拥有新区块的记账权并且可获得奖励，较大权益的节点将在决定下一个广播报块的节点时起着关键作用。在获得记账权过程中，节点需要不断消耗币龄，系统将根据该节点资产的币龄决定其寻找随机数的难度，币龄越大，难度越低，获得新区块记账权后，节点资产的币龄归零，需再次囤积币龄来获得下一次的记账权，PoS将选择币龄消耗最高的链作为主链。节点资产需要满足一定的币龄才能够伪造区块链，成本远远超过全网50%的算力成本，在一定程度上缓解PoW共识机制"51%算力攻击"的问题。PoS的优点在于缩短了共识达成的时间，无须大量消耗能源挖矿，缺点仍然是算力驱动的机制，可能出现权益过度集中的问题。

3. 股份授权证明

股权授权证明（delegated proof of stake，DPoS）在PoW基础上，引入选举机制，将网络节点分为普通节点和信任节点，普通节点可以投票选择信任节点或者被投票成为信任节点，最终由信任节点充当全网代理人，代理人的职责就是验证和记账。节点消耗权益（即币龄）作为投票权，根据权益的加权结果产生最受信任的n个节点成为信任节点集合$D\{D_1,\cdots,D_n\}$，授权每一个信任节点D_i在固定期限内行使记账权，授权期限结束后，下一个节点行权，直至信任节点集合D循环结束后，重新选举新的信任节点集合，若集合中存在恶意节点，将在下轮选举中失去其他节点的信任，有效防止恶意节点持续存在。

DPoS共识过程仅由信任节点集合D中所有节点参与，当被授权的信任节点创建新区块后广播到其余信任节点进行验证，在验证成功后将该区块添加至主链，达成对最新高度区块的共识，缩短了达成共识所耗费的时间，共识效率得到提升。此外，新区块的产生无须消耗算力，相对于PoS更加节省能源。DPoS优点是大幅缩小参与验证和记账节点的数量，可以实现秒级共识验证，任何节点都有可能成为信任节点，避免了以高权益为主导的记账权问题，缺点是这种选举部分信任节点记账的机制必须确保每一个节点的支持，假使节点数量不足，一旦持有大量选票的节点成为代表将在一定程度上弱化区块链去中心化的程度。

4. 实用拜占庭容错

实用拜占庭容错（practical Byzantine fault tolerance，PBFT）是针对"拜占庭将军"问题而提出的，"拜占庭将军"是 Leslie Lamport 在针对点对点通信的基本问题中，提出在存在信息丢失后的不可信通道上，试图通过信息传递的方式达到一致是不可能的。实用拜占庭容错的处理方式是在网络系统中，从全网节点选择一个主节点负责记账并创建新区块，其余均为备份节点，主节点收集全网交易并创建新区块，此过程分为三个阶段：第一阶段选择主节点并由主节点收集每个备份节点发送的交易信息，主节点向全网备份节点广播该交易信息区块；第二阶段每个节点对该区块信息进行验证，验证通过后向其他节点广播一条准备消息；第三阶段如果节点收到超过 2/3 节点的准备消息，则可以向全网广播确认消息，若节点收到超过 2/3 节点的确认消息，即可提交新区块至本地区块链，达成对最新高度区块的共识。所谓"容错"，是指限制网络中恶意节点数量小于全网节点数量的 1/3，即在网络中若出现 1/3 的恶意节点，拜占庭将军问题便不可解。

PBFT 优点是算法共识的各节点由业务的参与方或者监管方组成，安全性与稳定性由业务相关方保证，共识效率高，可满足高频交易量的需求。缺点是网络资源消耗较高，容错率低、灵活性差，出现 1/3 的恶意节点就会导致系统崩溃，只适用于联盟链或私有链。

5. 授权拜占庭容错

授权拜占庭容错协议（delegated BFT，dBFT）是基于 PBFT 的改进，在 PBFT 共识过程中，每次达成共识都需要三个阶段即三轮网络请求，而且在第二验证阶段需要全网节点都参与，随着联网节点数量的增加，网络规模逐渐扩大，使得 PBFT 可扩展性差，降低节点达成一致的速度。dBFT 的解决方式是投票选出部分节点参与共识过程，以此减少网络资源消耗，提高共识速度。其共识过程为：所有节点类似 DPoS 过程，选举部分节点作为信任节点，再由信任节点集合选举出主节点负责记账并创建新区块，其余信任节点作为备份节点，由备份节点进行准备并广播确认结果，当节点收到超过 2/3 的信任节点发送的确认消息后，则在本地添加新区块，即对最新高度的区块达成共识，结束后重新选择主节点，开启新的共识过程。dBFT 的优点是在 PBFT 基础上减少共识节点数量，缩小了共识规模，减少了达成共识的通信成本。缺点是 dBFT 算法的可靠性以及安全性不足，在已经满足恶意节点少于总节点数的 1/3 的情况下，也可能出现网络分叉的现象。表 3-3 所示为几种常用共识机制的区别。

表 3-3　几种常用共识机制的区别

共识机制	场景	记账节点	响应时间	理想状态吞吐量/TPS	容错/%
PoW	公有链	全网	10 分钟左右	7	50
PoS	公有链、私有链	全网	1 分钟	300	50
DPoS	公有链、联盟链	选出若干代表	秒级	500	50
PBFT	联盟链	动态选择	秒级	1 000	33
dBFT	联盟链	动态选择	秒级	1 000	33

6. 其他共识机制

除了以上常用的五种共识机制以外，区块链中还有许多共识机制，例如权威证明、重要性证明、资产证明、烧毁证明等。权威证明无须像工作量证明挖矿，也无须像权益证明占有权益，在基于权威证明的区块链网络中，所有的交易和区块均由验证人处理，验证人必须能通过可靠性审查，声誉在权威证明里是非常重要的资产。基于声誉的安全性，验证人一般会公开自己的实际身份，主要应用在行业特征明显的联盟链、私有链，如 GE 航空（GE Aviation）和沃尔玛（Walmart）的物流链等。重要性证明需要向整个网络系统证明自身节点的重要性来获得奖励，它更加注重节点的交易量、活跃度、交易对象等，资产量所占比重意义不大，根据算法获得重要性指标，才能有更高的挖矿概率，如 NEM（新经济运动）应用。资产证明实现实体资产代币化和文档化，在以太坊上记录和提供一项资产的审计跟踪，创建资产卡，如新加坡 Digix Global。烧毁证明是记账并创建新区块的节点需要按照预先规定的比例为创建新的货币支付一定的费用，通过将加密货币发送到一个无法被使用的加密货币地址上，从而达到"焚毁"这批加密货币的目的。

3.2.4 智能合约

智能合约是一段运行在区块链合约层上并由唯一地址标识的可执行代码。智能合约可以在区块链中执行数据读写操作，主要功能是遵循预设好的规则、时间进行数据资产转移交易。它包括一系列可执行的函数及状态参数，当数据资产或者状态情景满足交易双方预设的条件时，智能合约将触发某些函数，函数的执行无须借助第三方，合约中的状态参数随着函数执行逻辑而变化。智能合约的模型如图 3-17 所示。

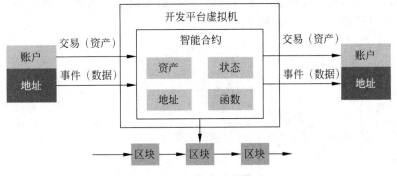

图 3-17　智能合约的模型

资料来源：杨茜.基于区块链的智能合约研究与实现[D].绵阳：西南科技大学，2018.

智能合约不但支持灵活编程和数据操作，而且满足丰富的场景应用需求，相比于传统的计算机程序，智能合约具有以下特点。

（1）通过以太坊专用的加密货币（以太币）能够更加方便地整合资金流。

（2）智能合约部署后无法更改，符合区块链信息不可修改、篡改的属性。

（3）智能合约部署时需要消耗一定费用，用于支付矿工挖矿的成本，但部署后无须维护，相比传统计算机程序，无须维护成本。

（4）智能合约存储成本较高，一般程序将数据存储在服务器内，可以随时下载，但智能合约将数据存储在区块链上,存储费用与数据大小相关。

智能合约实现方式有多种编程语言,目前最主要的编程语言是 Solidity。基于智能合约低成本运行、自动执行等优点,智能合约在众多领域中得到了广泛应用,如交易与公平交换、身份管理、医疗、众筹等。

3.2.5 技术突破

1. 海量非结构化数据存储

随着社交网络、移动互联网和物联网的兴起,互联网信息爆炸式增长产生了海量数据,数据量级也从最初的 GB、TB 逐渐发展到 PB(1 024 TB)、EB(1 024 PB)甚至更高。数据类型从简单的文本扩展到了复杂高维度数据,比如半结构化数据、图片数据、视频数据、传感器数据和流数据等。

根据研究机构 IDC 预测,2018 年到 2025 年之间,全球产生的数据量将会从 33 ZB 增长到 175 ZB,复合增长率达到 27%,其中超过 80% 的数据都会是处理难度较大的非结构化数据(文档、图片、视频)。预计到 2030 年全球数据总量将进一步达到 35 000 EB。海量非结构化数据带来的存储挑战主要在于传统集中式存储 Scale-Up 架构的纵向扩展方式在处理海量数据环境中会存在扩展成本高、耗时长、难度大的问题,性能与容量无法灵活扩展,造成扩容成本较高。

而采用 Scale-Out 架构,可以通过分布式接入技术将独立的低成本存储节点组成一个大而强的存储系统,并通过添加存储节点来扩展存储容量。目前的云存储系统也是通过分布式接入扩展储存容量,容量已经可以达到 PB 级,每增加一个存储节点,性能和容量同时增长,大大降低了存储系统采购、部署和升级的成本。图 3-18 所示为 Scale-Up 和 Scale-Out 两种存储架构的扩展方式。

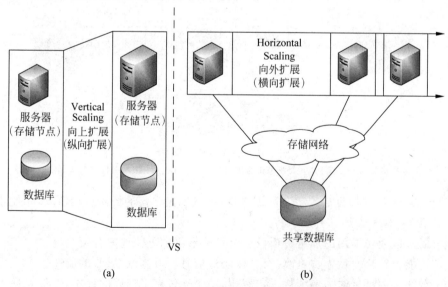

图 3-18 Scale-Up 和 Scale-Out 两种存储架构的扩展方式
(a) Scale-Up 示意图;(b) Scale-Out 示意图
资料来源:链门户,http://www.lianmenhu.com/blockchain-24271-1。

2. IPFS 分布式存储和挖矿激励

星际文件系统(inter-planetary file system，IPFS)由协议实验室(Protocol Labs)创始人 Juan Benet 提出，是一个旨在创建持久且分布式存储和共享文件的网络传输协议。IPFS 结合了 Bittorren 技术、DHT、Merkle DAG、版本控制 Git、自验证系统 SFS，在点对点的去中心化网络环境中进行数据存储和交换。图 3-19 所示为 IPFS 框架。

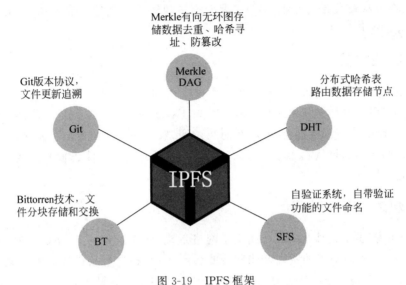

图 3-19 IPFS 框架

资料来源：链门户，http://www.lianmenhu.com/blockchain-24271-1。

IPFS 基于内容寻址的方式将大文件拆分为多个文件区块，每个文件区块通过其对应的哈希值索引，建立全局的分布式哈希表，并通过 Merkle DAG 树结构组织这些文件区块的哈希值索引，将存储在树根节点位置的索引作为文件寻址哈希值。Git 的版本管理可以便捷追踪数据的存储与更新情况，IPFS 上的数据无法更改，若数据变更将生成新的 IPFS 对象，并且链接到之前的对象版本。自验证系统 SFS 为密钥管理提供了新的解决办法，SFS 将公钥信息嵌入文件名中，用户可根据需求通过改变文件命名实现自行选择所需的加密方式。IPFS 产品拥有类似 TCP/IP 一样的协议簇，同样可以对 IPFS 产品进行分层，包括八层，每一层功能都应用不同的协议。

IPFS 虽然提供了搭建一个全新的去中心化 Web 网页的可能性，只要网络节点贡献其存储和算力资源就能成为 IPFS 节点，但是 IPFS 要实现这个目标仍面临着巨大的挑战，在分布式环境下，数据存储的安全性与可用性基本依赖于数据冗余备份，而数据冗余备份则取决于网络节点是否积极存储数据备份，一旦网络节点删除数据，数据极易出现丢失的情况。

协议实验室 2017 年模仿比特币的区块链激励层，开发了 Filecoin 项目，将其作为 IPFS 的激励层，解决了 IPFS 节点数量有限而影响网络性能的问题。Filecoin 项目创建了新的存储证明共识机制，即基于有效存储证明的复制证明(proofs-of-replication, PoRp)和时空证明(proofs-of-spacetime, PoSt)，矿工提供的有效存储空间存储有效数据容量越大,最后获得挖矿奖励概率也越大,因此相较于比特币系统,Filecoin 的挖矿模式更环保,效率也更高。

3.3 区块链技术的应用场景

区块链技术已经广泛渗透金融、教育就业、社会公益、智能制造、艺术文化、企业管理、政务管理、农业扶贫等各行各业,本节主要介绍区块链技术具体在农业扶贫、政务管理以及金融领域的运作模式。

3.3.1 农业扶贫

我国正值脱贫攻坚完善期,全面推进乡村振兴的关键时期,为了进一步巩固建设成果,防止返贫,引入区块链技术可以为农业扶贫工作提供安全、便捷、低成本的数字化交易平台,全产业链的农产品溯源更简便、信息更透明、农业损害索赔更加智能化,区块链农业将迎来爆发期。本书将从农产品交易、农业金融、农业保险等三个方面介绍区块链在农业扶贫中的应用场景。

1. 区块链+农产品交易

利用区块链建立点对点的农产品交易网络系统,使得农业的上、中、下游企业参与地位更加平等。这种点对点的资金转账和智能合约机制,在交易条件成立时自动触发付款程序,为农产品交易提供几乎零成本、安全快捷的支付手段。此外,农产品加工、销售、消费等各环节的所有信息公开透明、不能轻易篡改伪造,有利于降低农户参与交易的难度以及增加农户在农产品价格博弈中的话语权,并且为扩大贸易市场提供了广阔的空间。区块链去信任化机制,可以为农户寻找可靠经销商,提供合理价格,为交易安全提供保障。

2. 区块链+农业金融

一般而言,农企和农户贷款额度小、经营分散、抵押资产少、缺乏具有公信力的经营和信用状况记录,难以获得正规渠道的信贷支持,区块链凭借其分布式记账和共识机制为农企农户提供信用信息认证,利用智能合约及上链数据可信机制,实现不同借贷与放贷节点之间直接、自动借贷。

3. 区块链+农业保险

将区块链技术引入农业保险,确保投保农户数据真实可靠,实时跟进农业成产进程,有利于降低保险公司承保风险。充分利用智能合约检测农业灾害,自动启动定损和赔付流程。如国元农业保险借助区块链技术为"步步鸡"项目提供农业保险。

3.3.2 政务管理

区块链技术在建立政企信任机制、提高政府协作效率、促进政府数据共享等方面有着重要意义,有利于提升政府社会治理能力、公共服务能力、宏观调控能力。区块链在政府的主要应用场景有政务数据共享与交换、司法存证、电子证照管理、行政审批等领域。

1. 政务数据共享与交换

传统数据交换方式基于中心化结构网络，在数据共享交换过程中，每个参与方对于自身的数据、代码没有控制权，存在篡改数据和代码的归属权、数据难以溯源、泄露隐私数据等风险。融合区块链技术的政务数据共享与交换平台依次划分为平台层、服务层、应用层和用户层。平台层提供共识算法、分布式账本、传输加密等作为整个平台的技术支撑。服务层主要运用智能合约对政务数据、身份认证、访问权限进行管理，及时进行政务数据清洗与整理，确保数据实时更新、共享。各政府部门拥有对数据资源的管理权，以完善政府数据开放权限及相关规范。应用层包括数据共享开放与共享开放运营两大内容，建立以业务驱动为单位的数据标签体系和数据实时共享模型，有利于业务的精确查找与高效办理。用户层直接对接政务数据共享管理门户，为联动省、市、县等多级政府，一体化部署多层级网络。基于区块链的政务数据共享平台如图 3-20 所示。

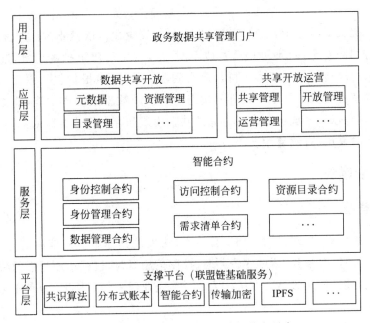

图 3-20　基于区块链的政务数据共享平台

资料来源：谷宁静.基于区块链的电子政务数据共享设计研究[J].信息安全与通信保密，2020(4)：91-97.

2. 司法存证

网络的虚拟性和即时性使得大量电子证据难以即时采集、有效固证和验证真伪。可以利用区块链技术进行电子证据的取证、存证、固证和验证，对存证和取证各环节进行全面记录。电子数据的生成、收集、传输、存储全过程都能够实现数据的安全防护，充分发挥区块链技术不可伪造和不可篡改的优势，确保司法证据拥有较强的法律效力，为电子网站的司法监管提供有效途径。

3. 电子证照管理

基于区块链的电子证照管理解决了证照共享与保存的问题,通过链接各颁证机构的电子证照库,实现多方维护与共享,市民在办理业务时可随时线上调用和授权电子证照。基于区块链的电子证照主要有以下三个特点:第一,由颁发机构直接实时维护电子证照,确保证照的有效性。第二,以授权验证的方式使用电子证照,更加安全便捷,如在提供购房户籍证明时,只需证明本地户籍而无须提供其他户籍信息。第三,电子证照的使用都需要其所有者亲自授权,通过区块链记录电子证照的使用行为,便于事后溯源与追责。

4. 行证审批

在行政审批中充分运用区块链技术实现"最多跑一次乃至可以一次不跑",建立"全程网络审批"服务平台。首先,申报材料电子化。政府依托区块链技术,结合电子证照管理,保存证照数据的授权记录和存证记录,同时将电子签章系统与证照系统、行政审批结合,直接通过网络提交申报电子材料。其次,申报材料安全化。依赖非对称加密技术、实现申报材料传输过程的安全性、不可伪造篡改、溯源性,便于行政审批的追责,进一步提供核验、证伪功能,解决传统审批流程不可留痕的问题。最后,申报材料复用化。区块链集体维护数据库的特性提供了多个审批部门按需授权调用数据的协作功能,节省了大量烦琐的中间流程,这种依赖区块链分布式存储的共享模式和存储模式为政府部门提供备份,实现申报材料实时复用、有效复用。

3.3.3 金融领域

1. 征信管理

征信是依法采集、整理、保存、加工自然人、法人及其他组织的信用信息,并对外提供信用报告、信用评估等服务,帮助客户判断、控制信用风险,进行信用管理的活动。传统的征信是由专业化的、独立的第三方机构为个人或企业建立信用档案,为专业化的授信机构提供信用信息共享平台。

我国征信信息主要集中于金融机构、政府部门、公共服务机构等,各机构之间信用数据共享极其不充分,导致严重的"信息孤岛"问题。征信机构获取信用信息渠道单一且来源受限,主要以个人与企业提供的经营信息和财务信息、工商注册信息、行政许可等信息为依据,在一定程度上影响征信产品与服务的准确性和创新性,而且中心化的数据存储方式容易导致信息被非法截取甚至篡改。基于区块链技术的企业征信管理系统能够有效解决以上问题,应用模式主要有两种:一种模式是从线下到线上,利用区块链技术连接已建立的各个征信中心数据库、紧密联系各个征信机构,有效解决信息孤岛问题。这种模式的优点是对现有征信系统软硬件改造小、成本低、可操作性强。但也存在缺点,如仍以传统的方式收集信用信息,仍存在信息源受限的问题,同时缺少验证机制导致信息的真实性无法得到保证。另一种模式是从线上到线下,推翻传统征信系统的架构,以区块链技术为底层技术,重新构建一个全新的征信系统,完全实现信息共建共享,丰富信息来源、保证信息安全可靠。这种模式的优点在于对整个征信系统进行重建,是区块链技术应用于征信管理的一种较为彻底的模式,能够有效解决传统征信体系存在的问题。但仍存在缺点,该模式需要大量加密算法、分布式数据库等技术上的支撑,是一项投资大、耗时长、涉及全社会的系统工程,难以在短时间内实现。

1)征信数据存储与校验机制

收集并记录征信信息后,需要对信息进行校验,区块向全网节点广播该信息,节点接收后验证信息是否可信,若可信达成共识,将该信息纳入新区块中,继而实时更新该区块征信信息。图3-21所示为基于区块链技术的征信信息存储校验过程。

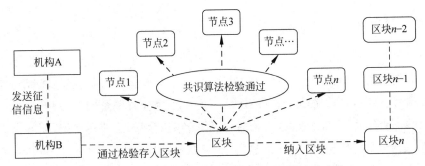

图3-21　基于区块链技术的征信信息存储校验过程

资料来源:游宗君,周鹤立.区块链技术赋能构建个人征信体系[J].银行家,2020(3):124-128.

2)征信数据交易共享流程

目前主要采用联盟链的形式,将征信机构、企业、信用信息提供者等作为网络节点纳入区块链网络中,进行征信信息交易。

各征信机构将收集到的征信数据进行加工处理后,存储在本机构的数据库中,当其他征信机构需要征信主体的相关信用数据时,经过征信主体的授权后向全网节点广播,请求获取所需的信用数据。存储着符合要求的信用数据的征信机构接收广播后,向请求获取信用数据的机构发送相应的回应广播,回应广播内容应包括发送信用数据的机构信息、要发送的信用数据及数据摘要信息、征信机构的公钥,待请求信用数据的机构收到后凭借私钥进行解密,获得具体的信用数据。请求信用数据的机构需向征信主体支付一定的费用,促进征信主体积极维护征信体系,主动提供有效、高质的个人或企业信用数据。图3-22所示为基于区块链技术的征信信息交易过程,并且区块链将记录征信交易的全程信息。

区块链征信的监管主要采用两种模式:一是将监管机构作为节点加入区块链中,直接对个人、企业、机构进行监管;二是运用智能合约实现监管条例自动执行,若交易任何一方违反规则,将会触发智能合约设置的条件,自动终止交易。

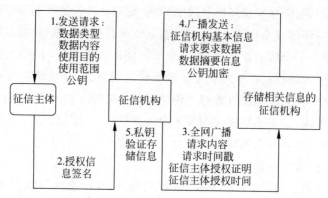

图 3-22　基于区块链技术的征信信息交易过程

资料来源：游宗君,周鹤立.区块链技术赋能构建个人征信体系[J].银行家,2020(3):124-128.

2. 供应链金融

供应链金融是银行围绕核心企业,管理上下游企业的资金流和物流,并把单个企业的不可控风险转变为供应链企业整体的可控风险,通过立体获取各类信息,将风险控制在最低的金融服务。传统供应链金融仍存在上、下游中小企业融资难问题,银行的授信只针对核心企业的一级经销商和供应商,二级供应商和经销商则无法获得融资,而且企业主体资信评估难,企业、金融机构、银行间信息割裂,信息缺乏流动性。图 3-23 所示为基于区块链的供应链金融,基于区块链技术的供应链金融系统以区块链为底层技术,供应链各参与方共同搭建一个联盟链,共享一个公开安全的信息平台,共同维护并更新链上的所有参与

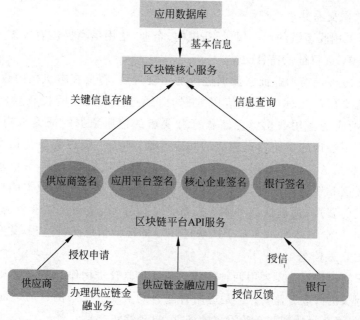

图 3-23　基于区块链的供应链金融

资料来源：朱兴雄,何清素,郭善琪.区块链技术在供应链金融中的应用[J].中国流通经济,2018,32(3):111-119.

方的经营信息、资信信息、财务信息等。基于区块链的供应链金融应用具有六大优势：第一，将商流、物流、信息流、资金流等数据整合上链，实现"四流"合一，保证数据安全性的同时实现数据业务的透明可视化。第二，利用共识机制参与多方验证，确保各方信息真实性。同时，发挥区块链技术可追溯特性，做到应收类融资与基础业务一一对应。第三，可通过发行数字资产，将应收账款权益数字化，通过加密技术保证款项之间安全转移，便于应收账款权益分割、确权、向上下游中小企业流转，提高应收账款流动性，从而缓解上、下游中小企业融资困境。第四，应用物联网技术可对质押物进行跟踪，通过智能合约对质押物价格进行监测并设置自动处置措施，防范操作风险和市场风险。第五，采用参与多方数字签名机制，保证资金流转安全可追溯，运用智能合约，自动进行资金流向管控和回款控制。第六，区块链在征信管理上的优化、分布式账本对信息流动性的提高，不仅有利于金融机构对企业资信的评估，而且为各方之间信息割裂、缺乏流动性提供了有效解决途径。

区块链供应链金融系统主要基于供应链业务系统与区块链平台 API 服务对接，同步在供应链业务系统中与区块链上创建新用户，同时区块链执行加密算法生成对应的私钥及公钥，并在链上存储公钥信息。利用区块链分布式对等节点优势，将供应链业务系统中的所有参与方的融资申请、授信申请、授信额度、放款还款、财务状况、经营业务、资产等关键信息上链存证，且所有参与方需在区块链平台上认证数字签名，以保证各方业务往来真实可靠。

图 3-24 所示为围绕核心企业信用的应付账款拆转融模式。

（1）系统对接：将核心企业及其上游供应商的业务信息、财务信息、资金信息等关键信息直接上链存证，银行根据核心企业的资产情况给予一定授信额度。

（2）应收账款凭证拆转：核心企业向一级供应商开具数字化应付账款凭证。一级供应商将拆分后的数字化应收账款凭证传递给二级供应商，二级供应商又将拆分后的数字化应收账款凭证传递给三级供应商，以此类推，依次将核心企业担保的凭证流转到所有下级供应商。

（3）融资申请：核心企业确认应收账款凭证后，已收到应收账款凭证的供应商，可以向银行申请融资。

（4）审核放款：银行对核心企业审核无误后，在区块链上获取供应商相关信息。同时，为核心企业支付款项开设专项监管账户，利用智能合约实现自动放贷。

（5）到期扣款：应收账款到期后，核心企业直接将款项偿还给银行。

在应收账款业务中形成的应收账款数字化发行、流转、融资、清分等全部信息均存储于区块链上，保证所有供应链内参与方实施监督管理。

3．证券发行与交易

在 2019 清华五道口"金融供给侧改革与开放"全球金融论坛中，美国威凯律师事务所合伙人、证券部副主席 Daniel M. Gallagher 针对"资本市场与科技创新"主题提出区块链技术最大的颠覆性用途是融合证券发行与交易。

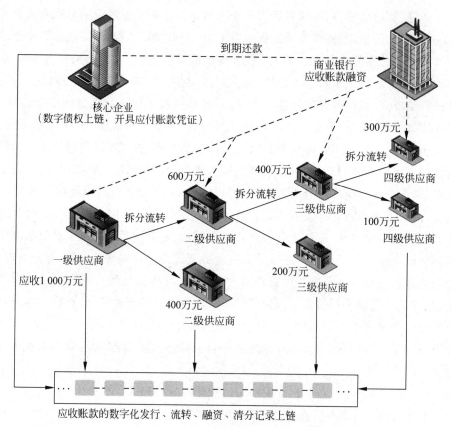

图 3-24　围绕核心企业信用的应付账款拆转融模式

资料来源：https://blog.csdn.net/CECBC/article/details/109225944。

  传统证券发行需经过聘请证券承销商、财产重估和资信评审、提交申请文件、证券发行审批、披露招募说明书并备案、证券承销机构发行证券、验资、证券托管等一系列烦琐过程，涉及证券承销商、资产评估机构、证券交易所、监管机构等多方机构。传统证券交易需经过开户、委托、竞价成交、清算或交割或过户等程序，涉及证券交易所、证券经纪人、证券托管结算机构等多方机构。区块链技术引入证券发行与交易机制中将会是资本市场创新的一次大变革。对于发行人来说，众多发行参与方作为区块链网络节点，通过制定智能合约，自动执行发行程序，可实现区块链平台自主发行证券。将 IPO 从发行定价到券商承销再到投资者购买的整个运行过程内的信息保存在区块链上，市场的参与者以及相应的监管部门作为区块链网络节点共享信息并对其进行验证与监管。对于投资者来说，借助区块链智能合约平台，自主开户、无须委托证券经纪人，直接设置证券交易条件，自动执行交易指令，节省了部分交易佣金。证券清算交割可由证券托管结算机构在区块链上设计相应的智能合约来执行，既提高了证券市场的运行效率，也降低了交易成本。

  简单介绍基于区块链的证券发行与交易系统的模块设计，主要由证券发行、证券登记存管、证券清算结算和证券交易四个部分构成。

  （1）证券发行。为规范一级市场的秩序，在证券发行过程中运用区块链技术可将股票发行阶段的非公开信息纳入区块中。区块链数据的公开性和不可伪造篡改性将有效杜绝发行人和投资银行等承销机构的联合欺诈。

(2)证券登记存管。将客户证券账户的登记状态以及交易记录、股东大会投票、股权质押等交易信息存储至区块链，并同步到全网节点（即市场参与者）的分布式账本上，从根本上改变中心化的证券登记模式，有效降低交易成本，提升市场流动性。

(3)证券清算结算。由于区块数据不可分割，将证券交收与货银兑付指令存储在同一区块内，避免指令时差而导致清算错误。有利于实现证券清算，结算程序化、智能化，大大缩短了证券交易时间，或将实现证券交易 T+0 结算，进一步提升市场流动性。

(4)证券交易。针对不同市场的活跃度与流动性不同，将证券交易模块分为两大类。一类是中心化的竞价交易系统与基于区块链的登记结算系统相结合，可应用于交易活跃、市场流动性较高的 A 股市场。另一类是直接重建基于区块链技术的证券交易系统，可应用于交易机制尚不成熟、交易体量较小的场外股权转让市场，如新三板和四板市场。

区块链进入证券发行与交易领域有以下几个优势：第一，有效降低场外交易风险。区块链记录数据不可撤销且不可更改，同时数据同步更新至全网节点，产生公示的效应。交易双方通过加密的数字签名发布交易指令，通过加密算法验证数字签名、数字交易有效性及交易方账户资金偿付能力，此过程的全部信息被记录于区块内，并附上时间戳且不可篡改，以便确认交易与追溯数据，由此实现数据交易的真实性、完整性、信息安全性以及信用担保职能。第二，可简化证券发行和交易流程，提升效率，创造价值。区块链"去中心"性质和点对点的处理方式能够大大简化发行过程，实现证券发行人与投资者的直接交易，每笔交易都保存在区块链，自动建立信任机制并自行完成交易、清算和结算。第三，为证券发行与交易提供新的监管途径。在构建整个证券交易区块链系统中，将监管机构作为节点纳入系统中，并授予一定权限，便于监管机构掌握链上信息，实现对所有节点实时监控。

4. 资产托管

资产托管业务是资产托管机构接受客户委托，安全保管客户资产，行使资金清算、会计核算、估值及监督职责，并提供与投资管理相关服务的业务。利用市场化手段处置不良资产，一般需要经历签订合同、开设账户、资金流转、投资监管、信息披露等一系列较为烦琐的流程，大多业务依赖各参与方自身的信息系统和人工操作，具有单笔交易金额大、参与方之间资金流转、校验程序复杂的特点。利用区块链技术优化资产托管业务有以下优点：一是保证资产数据不可篡改。二是借助加密算法实现托管程序的安全性。三是基于区块链分布式共享数据库，便于各方获取业务全过程信息，加快协调合作，免去重复信用校验过程，提高资产托管业务的运行效率。四是在区块链应用层上执行审核或操作流程，避免人工操作烦琐或失误，实现"信息化"运作。

在签署合约方面，资产托管主要涉及委托者、资金管理者、资金保管者。首先，委托者通过加密技术上传有关自身资产的相关信息，并与资金管理者签订基金合约。其次，资金管理者将委托者的基本信息、账户信息、资产信息保存至区块链网络中,资金管理者、资金保管者分别对该信息进行验证,验证成功后由资金管理者管理资产,资金保管者保管资产。最后,资金保管者拥有一定的权限对资金管理者、参与者实行监管。在这一过程中,各参与方的相关信息均记录在区块链内存证。

区块链加密算法和区块结构保证各参与方在区块链上的操作以及相关信息不可篡改,实现资产运营透明化。运用智能合约监管资金运营过程,一旦发现违规操作立即冻结资产,保证托管资产的安全性。监管机构作为区块链网络中"独立"的节点,有权运用密钥对区块链平台上资产的运行状况进行定期或不定期的查询。

各参与方通过私钥进入相应区块,加密委托者、管理者、保管者等众多关联方数据并储存于区块内,实现数据共享。相关方可依据资产协议权责规定,在区块链上自主查询所需数据,无须通过第三方平台或者中介机构进行处理,提高工作效率,降低交易成本。图 3-25 所示为资产托管区块链技术应用流程,分别从基础数据、关键技术、实现内容三个方面运用区块链技术对应资产托管业务流程。

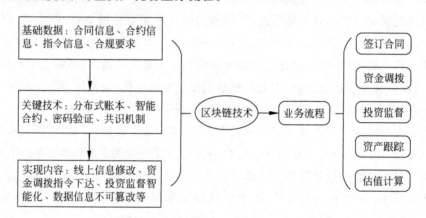

图 3-25 资产托管区块链技术应用流程

资料来源:张昇.区块链技术在资产托管业务的运用初探[J].中国银行业,2018(8):28-29.

在资产托管应用中,资产证券化是当前托管领域的主流业务之一。资产证券化(ABS)是发行主体以基础资产未来所产生的现金流为偿付支持,通过结构化设计进行信用增级,在此基础上发行资产支持证券的过程。由于缺乏充足的关于底层资产质量的信息,不能真正将发行主体信用评级与证券信用评级分离,这成为阻碍我国资产证券化充分发展的一大因素。在 ABS 业务中引入区块链技术,使得投资方更充分了解底层资产,便于对底层资产数据进行检验并核实,吸引更多机构投资者,降低融资成本。分布式账本避免机构之间烦琐的对账清算流程,同时共识机制降低了资产违约风险,为监管方有效监控金融杠杆提供了便利。

随着区块链加密货币的兴起与发展,数字资产托管领域成为热潮。数字资产托管(digital asset custody)是指拥有信托牌照或者满足合格托管人的第三方机构作为托管人与委托人签订数字资产托管合同,安全保管委托人的数字资产,依据有关法律法规,履行托管人相关职责的业务,其实质就是托管加密货币等虚拟数字资产。数字资产比传统资产更加脆弱，2013年12月，在OKcoin交易所发生比特币被盗事件，损失达到64万元人民币。因此随着数字资产投资热潮的兴起，以及交易所跑路、黑客攻击等事件的频繁发生，投资者对数字资产托管服务的需求也越来越迫切。

3.4 区块链与数字货币协同发展

随着比特币的快速发展和区块链技术的广泛应用，"数字货币""虚拟货币""加密货币"等丰富的货币种类兴起。但是国内外对于"虚拟货币""数字货币"和"加密货币"并没有非常明确、准确的定义，因此本书依据国内外权威机构、多数学者、业界普遍认识定义与区分三者概念。

国际清算银行将数字货币定义为以数字形式表示的资产。2012年，欧洲中央银行（ECB）将虚拟货币定义为"一种不受管制的数字货币，通常由其开发者发行和控制，并在特定虚拟社区的成员中使用和接受"。当前对数字货币与虚拟货币的关系有三种观点：第一种观点认为，数字货币是基于互联网的货币，认为虚拟货币属于数字货币。第二种观点认为，数字货币是一种基于点对点网络和数字加密算法的虚拟货币。第三种观点认为，数字货币与虚拟货币互不包含。本书根据2012年欧洲中央银行对虚拟货币的定义，按照第一种观点区分数字货币与虚拟货币，认为虚拟货币是数字货币的一种。对于具备"去中心化""加密""不可篡改"特性的虚拟货币可称之为加密货币。具体而言，加密货币是一种使用密码学原理来确保交易安全及控制交易单位创造的交易媒介。目前主流的加密货币一般采用区块链加密技术，如比特币、以太币等。综上所述，本书定义三种类型的货币概念范围为数字货币＞虚拟货币＞加密货币。

按照数字货币发行主体分类，可将数字货币分为私人数字货币和法定数字货币。国际清算银行将法定数字货币定义为中央银行货币的数字形式。法定数字货币是由国家主权货币当局统一发行，具有法定地位，具备计价手段、交易媒介等货币属性，内在价值稳定，可以完全替代传统的纸质和电子货币的数字货币，如各国的中央银行数字货币。法定数字货币的实现方式多样，可以基于区块链发行，也可以基于传统中央银行集中式账户体系发行。私人数字货币没有集中的发行方，任何人都可以参与发行，不具备法定货币的法律地位，也不具备法偿性和强制性等货币属性，其货币价值尚未得到普遍认可，主要代表有基于区块链技术的加密货币。本节将重点介绍基于区块链技术的加密货币分类、发展历程，以及加密货币带来的机遇与挑战、数字货币的最新发展。

3.4.1 加密货币分类

1. 比特币

比特币是最早使用区块链技术的加密货币，可以说是区块链技术的先驱。比特币（BTC）是一种开源的、结合网络点对点技术和密码学技术的匿名加密货币。其本质上没有实体所负载，是一串能够在网络中快速存储与传播的加密代码，具有去中心化、匿名性、全球流通、专属所有权、全网公开性、低交易费用、难造假的特征，持有者可通过U盘、加密、多重备份、云存储、保险柜、不联网的计算机等方式来持有比特币。比特币的创造模式被锁定在可知减速的运行中,最初的 4 年创造 1 050 万个比特币,第 4~8 年创造比特币的数量减半至 525 万个,第 8~12 年里比特币创造量再次减半至 262.5 万个,以此类推,每 4 年间创造的比特币数都将比前一个四年减少一半,预计在 2140 年比特币的数量将会无限接近于 2 100 万个,此时比特币全部被挖掘出来,不再增加。

2. 以太币

天才少年 Vitalik Buterin 在 2013 年将以太坊概念化,2015 年 6 月,以太坊网络正式启动,由此开启了以智能合约为核心的区块链 2.0 时代。以太币(ETH)是以太坊的专用加密货币,被视为"比特币 2.0 版",是在以太坊平台上用来支付交易费用和运算服务费用的媒介,开发者需要支付以太币来支撑应用的运行,与其他加密货币一样,以太币也可以在交易平台上进行买卖。与比特币相比,以太坊更加强调基于区块链技术的应用场景设计,创造一个更为一般化的区块链平台。

以太币发展迅猛,2014 年 7 月 24 日起,以太坊进行了为期 42 天的以太币预售,成立之初,采用众筹的理念来筹集以太币,2014 年 7 月末,众筹大约发行了 7 200 万以太币。2016 年初,以太坊的技术得到市场认可,价格开始暴涨,吸引了大量投资者。2017 年 5 月 31 日,火币网和 OKCoin 币行正式上线以太坊,自上线以来,一年的时间内从最初 1 800 万美元的众售价值增长到突破 10 亿美元市值,上线不到 3 年,市值增幅达到 7 200 多倍。

3. 瑞波币

瑞波币(XRP)是瑞波(Ripple)系统内的流动性工具,作为一种纽带货币,是各类货币兑换的中介。瑞波系统是 2013 年美国旧金山实验室提出的一种互联网金融交易协议,是源码开放的、点对点的、以网关或瑞波币为纽带的支付系统,于 2014 年正式开始交易。作为世界上第一个面向全球的支付网络系统,瑞波系统实现了全球各种货币如美元、人民币、欧元、日元,甚至其他加密货币之间自由、实时、免费的汇兑与转换。瑞波币强调的不是"货币属性"而是"支付属性",通过瑞波系统以瑞波币为交换中介转账任意一种货币,收款方仅需几秒钟的交易确认便可将币种转换为自己所需,既便捷又迅速,且交易费用低廉,极大优化了异地跨行及跨境支付。

4. 泰达币

自比特币诞生以来,各种加密货币层出不穷,币种之间的频繁兑换导致加密货币价格大幅度波动,成为当前最棘手的问题。2015 年,美国 Tether 公司发行了第一个稳定泰达币(USDT),将加密货币与法定货币美元挂钩,以 1∶1 的兑换比例锚定美元,意味着每发行一枚泰达币,必须增加一美元作为准备金,能够有效避免加密货币价格大幅波动。当前 Tether 基本完成 80% 以上的比特币交易量,已经成为加密货币市场流动性的主要来源。泰达币没自身独有的区块链系统支撑,基本依赖 Omni Layer 协议,在其他加密货币的区块链基础上,作为第二层加密货币运行。泰达币的价值需要法定货币的支持,一般存储在外汇储备账户上。泰达币的主要发行和流通过程为:首先用户将美元存入 Tether 公司所属的银行账户,Tether 公司为用户创建私人 Tether 账户,并在账户中存入与用户存入的美元数量对应的泰达币,用户能够在交易所或场外市场交易泰达币,交易结束后将泰达币交还给 Tether 公司,赎回美元,最后 Tether 公司销毁泰达币,并将美元返还到用户的银行账户。

5. 莱特币

莱特币(LTC)一直被人们戏称为"山寨版的比特币",由 Charles Lee 首次发布于 2011 年 10 月,莱特币具有许多和比特币相同的技术特性,与比特币唯一的区别仅在于它使用了由 Colin Percival 首次提出的 Scrypt 加密算法,在比特币基础上从工作量证明、区块处理速度、总量上限、安全性等方面进行了优化。在优化工作量证明方面,莱特币工作量证明采用 Scrypt 算法,使得挖掘莱特币更为容易,挖矿速度增快至比特币的 4 倍。每一个莱特币被分成 100 000 000 个更小的单位,通过八位小数来界定。在优化区块处理速度方面,比特币每处理完成一个区块需要 10 分钟,莱特币仅需 2.5 分钟,提供了比比特币更快的交易确认,完成 6 次确认仅需 15 分钟。在提高总量上限方面,莱特币的总量上限是比特币总量上限的 4 倍,高达 8 400 万。在优化安全方面,对莱特币发起一次双重支付攻击的进度服从泊松分布,其攻击成功的概率随区块数的增长而呈指数级下降。莱特币仍存在不足,使用 Scrypt 加密算法需要依赖大量计算机内存资源,相比于比特币使用的 SHA-256 算法更为昂贵。

3.4.2 加密货币发展历程

加密货币经过一系列改进与变革,区块链加密货币的发展历程可划分为三个重要阶段,如图 3-26 所示。

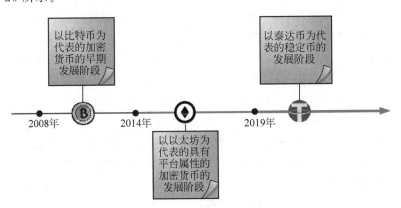

图 3-26 加密币发展历程

资料来源:孙英,辛建轩.加密货币的创新发展[J].哈尔滨工业大学学报(社会科学版),2021,23(1):154-160.

第一阶段是 2009 年比特币创建元年,以比特币为代表的加密货币早期发展阶段。在这一阶段,比特币是主流的加密货币,但是其发行总量有上限且具有稀缺性,导致比特币的价格居高不下,使得其具有避险资产的属性,因此比特币被称为"数字黄金",在这一阶段加密货币具有一定的保值属性。

第二阶段是以 2015 年正式启动的以太坊为代表,具有平台属性的加密货币发展阶段。与比特币相比,以太币具有平台属性,可以作为应用平台的代币,以太坊数据处理速度更快,极大开辟了区块链的应用场景。以太币的挖掘基于权益证明共识机制,挖掘新区块的概率取决于矿工持有的股份。这类加密货币币值波动很大,且大规模应用也并未落地。

第三阶段是以 2015 年发行的泰达币为代表的稳定币发展阶段。2019 年,稳定币在全球范围内被广泛接受,是发展最快的一年,也是泰达币生态系统的一个转折点,因此第三阶段从 2019 年开始至今是稳定币蓬勃发展的阶段。在此阶段大量币值稳定的加密货币被广泛认可,在金融领域应用频率攀升。理想的稳定币具备九个特点:支付便捷、具有储备价值、能够承受加密货币价格剧烈波动、维护成本较低、具备适当的可扩展性、保护隐私、去中心化、能适应不断变化的全球和地方法规、为交易和套利交易提供透明度。目前主要有三类稳定币:法定货币抵押的稳定币、加密货币抵押的稳定币、无抵押/算法式的稳定币。

3.4.3 加密货币面临的机遇与挑战

加密货币是一种新型的数字货币,自诞生以来就争议不断,支持者认为加密货币是金融科技的重要创新,代表了未来货币的方向。反对者则认为加密货币价值都是投机炒作出来的泡沫,并没有实际价值支撑。从积极角度看,在货币支付职能方面,加密货币支付成本更低,应用场景更广泛,尤其是金融领域应用较为成熟。在世界货币职能方面,加密货币完全基于网络,私人发行机制不会受到任何国家或政府的管控,任何人随时随地都可以使用,使得交易更加便捷、交易成本更低,适用于国际间贸易清算。交易匿名性和去中心化的特性是加密货币最显著的两大优势,建立两个或多个匿名账户之间金融交易的分布式记账,无须任何中央机构的审核即可创建账户,每个账户都拥有一份实时同步数据且可记账的账本,可查询所有被确认的历史交易信息,并且无法更改历史信息。

从消极角度分析,加密货币发展尚未完全成熟,技术体系仍然存在诸多缺陷,所面临的挑战是极大的。第一,网络安全隐患与瓶颈。工作量证明共识机制中存在"51%算力攻击"问题,当网络节点拥有超过 50%算力时,就有机会篡改或窃取交易信息。2010 年 8 月 15 日,黑客攻击比特币,凭空创造了 1 844 亿枚比特币。2018 年,日本加密货币交易所 BITPoint Japan 遭非法入侵造成价值 35 亿日元的加密货币被盗。网络瓶颈是阻碍加密货币应用的主要因素,区块链网络带宽的限制、网络延时等问题导致交易量极易到达上限,难以实现普通规模的商业用途。第二,加密货币币值波动大。相比法定货币或其他金融资产,加密货币没有实体支撑,币值波动较大,导致金融风险极易暴露。比特币价格在 2017 年 12 月暴涨了 20 倍,2020 年受疫情影响,除了稳定币之外,所有的加密货币跌幅均超过 20%。2021 年 5 月,加密货币又一次集体闪崩,比特币 24 小时跌幅扩大至 16%,失守 46 000 美元/枚,以太坊超跌 13%,瑞波币超跌 17%。第三,加密货币的发行消耗大量能源,造成严重的碳排放,浪费资源,同时污染环境。在过去的几年内,用于保护比特币网络的算力已经大幅增长,比特币全网算力在 2020 年达到历史新高。为此,全球比特币挖矿消耗的能源已经相当于 7 座核电站的能源供应水平。TokenInsight 发布 2020 年矿业研究报告和剑桥比特币电力消耗指数显示,比特币挖矿平均每千瓦时需要花费0.03~0.05美元。第四,私人发行的加密货币没有监管机构,并加密货币具有匿名性,使得交易双方的信息完全脱离监管范围。第五,从法律上看,以区块链技术为基础的加密货币面临着相关法律的不认可。

3.4.4 数字货币最新发展

1. Libra 白皮书

2019年6月18日,Facebook 发布加密货币项目 Libra 白皮书(现已更名为 Diem)。Libra 旨在建立一套简单的、无国界的货币和为数十亿人服务的金融基础设施,成为一个新的去中心化区块链、低波动性的加密货币和一个智能合约平台,图 3-27 所示为 Libra 白皮书的三要素。若 Libra 按预期进入应用阶段,则 Facebook 将建立以 Libra 为中心的金融生态系统,打造新的跨境支付途径,同时将会威胁美元全球结算体的主导地位,主权国家货币地位也将受到冲击。因此 Libra 受到来自各方监管的约束与限制,经过多期调整,Facebook 在 2020 年 4 月 16 日发布 Libra 白皮书 2.0,并最终在 2020 年 12 月 1 日更名为 Diem。Libra 白皮书 2.0 相较于旧版本主要有四个关键更新。

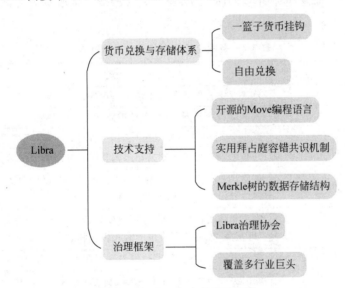

图 3-27 Libra 白皮书的三要素

资料来源:孙英,辛建轩.加密货币的创新发展[J].哈尔滨工业大学学报(社会科学版),2021,23(1):154-160.

(1) 为缓解对货币主权的挑战,提供锚定单一法定货币的稳定币,明确与各国央行合作,发行基于单一法定货币的 Libra 币。

(2) 通过强大的合规性框架提高 Libra 支付系统的安全性。

(3) 在保持其主要经济特性的同时,放弃向无许可系统的过渡计划。

(4) 为 Libra 的资产储备建立强大的保护措施。

2. 中央银行数字货币

中央银行数字货币目前并无一个通用的清晰完整的定义,根据 2020 年 6 月国际货币基金组织(IMF)对中央银行数字货币的定义,CBDC 是由中央银行或其他货币当局发行并由中央银行负债的数字化主权货币。这表明了 CBDC 在法律地位上与现行流通的法定货币具有相同的法律地位,是来自货币发行主体的一项负债。

CBDC 具有以下特点,首先不应损害货币或金融稳定,其次应与现有形式的法定货币体系相辅相成,最后应该促进创新和效率。除此以外,CBDC 还具有三类特征:工具特征、系统特征、制度特征。工具特征包含可兑换、便利、被接受及可获取、低成本等,系统特征包括安全、即时、韧性、可获取、高并发、可升级、可互操作、灵活及可适应等,制度特征包含健全的法律基础、标准等。

2020 年 CBDC 迅猛发展,根据国际清算银行(BIS)在工作论文 *Rise of the central bank digital currencies-drivers, approaches and technologies* 中数据显示,2017 年到 2019 年全球开展 CBDC 工作的央行数量呈现逐年递增的趋势。截至 2020 年 7 月,在参加调查的 66 家中央银行中,有至少 36 家中央银行发布了其数字货币工作进展,有约 80% 的中央银行正在从事 CBDC 的研究、实验与开发。表 3-4 所示为各国央行数字货币的最新进展。

表 3-4 各国央行数字货币的最新进展

国 家	时 间	进 展
英国	2020.3	英格兰银行发布了关于数字货币的 57 页讨论报告
中国	2020.4	数字货币在雄安、深圳等地内测
韩国	2020.4	宣布 2021 年央行数字货币的试点测试
法国	2020.7	宣布汇丰银行等 8 家公司入围其央行数字货币试验计划
英国	2020.7	英格兰央行宣布将评估 CBDC 潜在情况,已与日本央行、国际清算银行等组织建立小组讨论合作
澳大利亚	2020.11	澳大利亚央行宣布启动一个项目,以探索使用分布式账本技术的"批发型"央行数字货币的潜在用途和意义
瑞典	2020.12	启动电子克朗测试,明确提出计划在中短期内发行 CBDC
韩国	2021.1	韩国央行成立专项工作小组,加强 CBDC 研究,但表示不会在近期推出
中国	2021.1	第二批数字人民币面向公众的试点包括上海、海南、长沙、青岛、大连、西安六地
美国	2021.2	美联储主席表示数字美元是优先级很高的政策项目,美联储正在研究发行货币 CBDC 的可行性
俄罗斯	2021.3	俄罗斯央行宣布计划在 2021 年年底之前首次发行数字货币卢布平台的原型版本

资料来源:孙英,辛建轩.加密货币的创新发展[J].哈尔滨工业大学学报(社会科学版),2021,23(1):154-160;王佃凯,李安琪.全球数字货币的实践与启示[J].银行家,2021(4):73-74.

3.5 区块链面临的机遇与挑战

未来区块链技术 3.0 时代将会给社会发展带来翻天覆地的变化。区块链与物联网结合驱动"万物互联"的时代，推动共享经济，引领新型经济模式蓬勃发展。尽管在诸多领域中区块链已经展现出良好的发展态势。但无论是在网络基础设备方面、科研技术方面还是在社会经济支持上，要真正实现区块链的价值仍面临着巨大的挑战。

3.5.1 区块链开创新时代

1. 驱动"万物互联"新时代

随着区块链 3.0 时代不断推进，区块链技术开始向智能化物联网方向发展，通过物联网技术将应用领域全方位扩展到人们生活中。这意味"区块链＋物联网"技术融合即将开启"万物互联"的时代。

"区块链＋物联网"可建立一种物联网全方位覆盖，连接万物，区块链保证连接安全的万物互联模式。物联网所产生和使用的数据，涵盖了人类社会衣食住行等日常生活的不同方面，涉及公共管理、生产制造、医疗卫生、交通科技、文化娱乐等不同领域。集中存储海量数据需消耗大量的基础设备，利用区块链"去中心化"分布式存储，可有效解决物联网海量数据的储存与利用的难题。物联网数据长期存储在单一的中心服务器内，存在极大的数据安全隐患，一旦中心节点出现安全问题，给社会经济带来的损失是巨大的。区块链的加密算法与共识机制能够保证物联网数据乃至整个网络系统的安全性。此外，物联网将众多领域连接在一起，客观上会造成物联网内多中心、多主体的问题，若这些参与者无法迅速达成一致信任，将导致物联网难以协调工作，区块链的共识机制能够加快物联网中众多主体达成共识，实现去信任化。

2. 支撑"共享经济"新经济

共享经济一般指公众通过社会化平台将闲置资源与他人共享、共同受益的现象，主要整合线下的闲散物品、劳动力、教育医疗资源等。我国共享经济正处于加速转型期，面临着诸多挑战，如共享商品繁杂，闲置社会资源冗余，共享经济市场制度不完善引发市场风险，信息不对称，缺乏流动阻碍共享经济规模发展，消费者共享意识不足、需求难以定位。

随着区块链技术的成熟，为"共享经济"面临的挑战提供了有效的解决路径。一是区块链技术完善共享经济的信用机制，将共享经济中的数据分散存储至各个区块内，安全管理数据。并且数据公开可有效提升消费者对共享经济的信任程度。二是区块链技术确保共享认证体系的真实性。基于时间维度，追溯共享消费历史账单，保障消费者权益。基于消费维度，精准分析共享市场中冗余资源的情况，优化配置共享资源。三是区块链技术建立资源冗余预警机制。构建实时监测共享商品冗余程度的系统，及时预警已发生或即将发生的资源冗余现象，最大化利用资源。四是区块链"智能合约"应用对接共享经济消费需求。通过收集消费者偏好设计以精准营销智能程序为核心的"智能合约"，完美对接消费偏好需求。

3.5.2 区块链面临的挑战

1. 技术尚未成熟

区块链技术本身和架构目前都存在安全风险,如在网络层面临协议漏洞、流量攻击和恶意节点等多种安全隐患,在合约层则存在代码实现中的安全漏洞,在应用层则涉及私钥管理安全、账户窃取、应用软件漏斗、DDoS攻击、环境漏洞等安全问题。为了实现真正的多方数据安全共享,区块链技术仍有较大的提升空间。

"51%算力攻击"一直是区块链存在的安全隐患,区块链安全性的基础是所有算力节点采用分布式一致算法来共同维护历史交易账本,一旦恶意节点拥有超过50%的算力,就能够通过控制网络算力实现"双花"(即一份"钱"花了两次甚至多次)。当网络中算力节点数量较少且算力资源分布不均匀时,基于工作量证明的公有链极易出现"51%算力攻击"问题。

几乎所有底层公链发展中不可回避"三角悖论"问题。"三角悖论"是指区块链网络在运行过程中无法同时实现"去中心化""强吞吐率"和"高安全性",三者中只能任意兼顾两者。去中心化是指网络中存在大量对等节点参与区块链的交易和验证。强吞吐率是指每秒可处理大量交易。高安全性是指获得网络算力的控制需要承担高昂的成本,以此便可保证网络安全。

区块链非对称密码技术缺乏用户私钥恢复机制,在非对称加密算法中私钥是证明账户所有权的唯一凭证和交易的唯一通行证,一旦用户的私钥被遗忘或被灭失,用户则再也无法取得对应公钥账户的资产。用户如果泄露了私钥,私钥本身无法更改,账户资产被非法转移后,由于区块链交易的不可回撤,被窃取的资产将无法追回。除此之外,区块链技术还存在高耗能、扩容难、记录不可撤销等一系列困境。

2. 产业融合问题

2018年是国内的区块链应用元年,聚焦产业或场景+区块链的落地。然而区块链与各产业融合仍处于初级阶段,处于底层基础设施搭建阶段。区块链技术与产业的结合、商用落地仍面临着巨大的挑战:第一,盲目追随"区块链+产业"模式,并不是每个产业每个场景都适合"区块链+"。第二,区块链平台是否能吸引到多角色合作伙伴,以实现生态的多样性。第三,治理标准缺失,治理标准的缺失导致不同系统与区块链平台之间难以协调运行。第四,各政府及职能部门尚未给予行业+区块链相应的政策优惠。这里将主要介绍"区块链+金融"所面临的几大挑战。

经济挑战:虽然区块链在一些领域有很大的优势,但是与更换现有系统的成本相比,其带来的收益仍然存在差异和不确定性。例如基于区块链的国家支付和清结算系统、证券交易所、商业银行等关键金融基础设施,相比于所付出的改造成本,融合区块链技术所能带来的效益究竟有多大,即"成本—效益"分析是区块链在金融场景落地时必须要考虑的重要因素。

信息管理挑战：区块链的参与者在账本中共享信息，几乎不可能对信息进行更改，因此确保共享信息的正确性是系统运行的重要基础。如果多方参与者都可以在账本中进行记录，则很难确保信息的正确性。区块链的设计者仍需决定如何处理和解决错误与欺诈问题。另一个挑战来自确定哪些信息可以在账本中共享，特别是当参与者之间存在竞争关系时，涉及隐私方面法律法规的要求时。

金融工具设计挑战：区块链的应用可能带来金融工具模式的转变，如区块链应用可能对传统证券的设计、持有和流通带来新的问题，如"代币化"概念的提出，以编码数据代表证券资产，实现账本中的证券交易。证券仍为最终发行人的负债，而代币不等同于证券，无法代表证券所承载的债权债务关系，因此代币的定位成为新的问题。

风险管理挑战：一是法律问题，区块链的部分技术构成要素的法律基础，尚未涵盖在目前的金融法律框架中。账本中同步并向参与者公布的记录，其法律效力如何认定，是否可以作为确定基本义务和履行义务的依据。加密货币等数字资产相关的权利义务关系，在现行的金融法律框架中并未明确界定。智能合约的执行需具备健全的法律基础，合同法中的一些经典原则与智能合约的自动执行是否冲突。二是治理问题，治理机制根据区块链的设计而有所不同。开放和"无须许可"系统可能需要分布式治理模式，使用共识算法确定网络协议或功能的更改缺乏明确性、透明度和可预见性的治理机制，在开放和"无须许可"的区块链中，将会对网络以及金融系统稳定性产生负面影响。

3.6 案例分析

案例 3-1 全球首个区块链基础设施服务网络花落中国

案例 3-2 全国首个基于区块链技术对各类移动端应用的取证 App 在浙江省杭州市发布

案例 3-3 浙商银行推出业内首款区块链＋应收款链平台

复习思考题

1. 区块链结构包括哪几个层级？
2. 简要阐述区块链技术体系。
3. 区块链的特征有哪些？
4. 区块链在农业扶贫领域主要包括几个部分？
5. 区块链如何运用在证券交易与发行领域？
6. "区块链＋金融"面临何种挑战？

即测即练

第 4 章

云计算基础

本章知识点：

1. 掌握云计算的概念、体系架构、特征、分类及关键技术。
2. 了解国内外的云计算服务商。
3. 掌握云计算在多个细分领域的应用。
4. 掌握云计算在金融业的落地与发展。
5. 了解云计算的技术机遇与挑战。
6. 了解云计算和其他行业融合的机遇与挑战。

随着互联网的快速发展和数据的爆发式增长，人们逐步进入数字时代，面对的信息资源越来越多，寻找针对性强的有用信息存在一定障碍，由此产生了直接面向用户提供服务的理念，云计算技术应运而生。在本章中，主要讲解云计算的发展历程、云计算的应用场景以及云计算带来的机遇与挑战，并结合案例进一步分析云计算的应用。

4.1 云计算的发展历程

云计算是一种通过互联网以服务的方式提供动态可伸缩的虚拟化资源的计算模式，它的思想理念起源于并行计算、效用计算、网格计算、集群计算等分布式计算模式，在云计算发展现状的基础上，现有技术进一步延伸出雾计算、边缘计算等计算形态。因此，本节将云计算的发展历程归纳为云计算的思想起源、发展现状、形态延伸三个阶段，并在发展现状阶段着重阐述云计算的概念、体系架构、特征、分类及关键技术。

4.1.1 云计算的思想起源

1. 并行计算

图 4-1 为并行计算的逻辑结构图，其基本思想是：一个问题被分解成为一系列可以并发执行的离散部分，每个部分可以进一步被分解成为一系列离散指令，来自每个部分的指令可以在不同的处理机上被同时执行，最后需要一个总体的控制协作机制来负责对不同部分的执行情况进行调度。

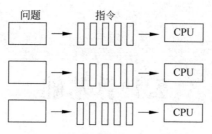

图 4-1　并行计算的逻辑结构图

资料来源：林伟伟,彭绍亮.云计算与大数据技术理论及应用[M].北京：清华大学出版社,2019.

云计算萌芽于并行计算,二者有很多共性,但同时也存在区别。第一,并行计算主要为了满足科学和技术领域的专业需要,而云计算应用领域更为宽泛,如商业、工业及其他特定行业。第二,并行计算追求高速的计算、采用昂贵的服务器,而云计算并不追求使用昂贵的服务器。第三,并行计算是一台计算机配备有多处理机,多处理机协同合作的结果由一台计算机处理,而云计算是计算机通过网络发送计算命令给服务器,让服务器执行计算任务并将结果返还给发送命令的计算机。

2. 效用计算

图 4-2 为效用计算的逻辑结构图,其基本思想是：服务供应商整合分散各地的服务器、存储系统以及应用程序,为客户提供计算资源和基础设施管理,用户从供应商处获取和使用资源并基于计算资源的使用量付费。

云计算是效用计算理念的进一步延伸,二者关于提供计算、存储和应用资源的服务形式非常相似,而二者的区别是：云计算服务供应商可以轻松地扩展虚拟环境,通过虚拟基础设施提供更大的带宽或计算资源,而效用计算通常需要类似云计算基础设施的支持,但并不是

图 4-2　效用计算的逻辑结构图
资料来源：https://www.wendangwang.com.

一定需要。同样,在云计算之上可以采用效用计算,也可以不采用效用计算。

3. 网格计算

图 4-3 为网格计算的逻辑结构图,其基本思想是：利用互联网把分散在不同地理位置的计算机组织成一个"虚拟的超级计算机",其中每一台参与计算的计算机就是一个"节点",而整个计算是由成千上万个"节点"组成的"一张网格",所以这种计算方式叫网格计算。网格计算有两个优势,一是数据处理能力超强,二是能充分利用网上的闲置处理能力。

云计算在网格计算的基础上进一步发展,二者的相同点是：都将大量的计算资源连接在一起形成一个虚拟的资源池,然后向外提供相应的 IT 资源服务。二者的区别是：网格计算主要聚合分布资源,满足高端应用,而云计算的资源相对集中,主要以数据中心的

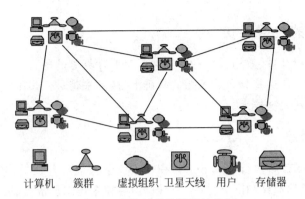

图 4-3 网格计算的逻辑结构图

资料来源：林伟伟,彭绍亮.云计算与大数据技术理论及应用[M].北京：清华大学出版社,2019.

形式提供底层资源服务,普适性更强；网格计算强调资源共享,每个节点可以使用其他节点的资源,但每个节点也需要向其他节点贡献资源,而云计算的用户不需要贡献资源,这些用户获得的资源由云服务供应商提供；网格计算利用众多计算机 CPU 的闲置处理能力解决大型计算问题,云计算是将大量的数据处理程序分解成无数个小程序,利用多个服务器组成的系统处理这些小程序。

4. 集群计算

图 4-4 为集群计算的逻辑结构图,其基本思想是：计算机集群将一组松散集成的计算机软件或硬件连接起来,高度紧密地协作完成计算工作。在某种意义上,它们可以被看作一台计算机。集群系统中的单台计算机通常称为节点,通过局域网连接。一般情况下,集群计算机比单台计算机性价比要高得多,集群计算机通常用来改进单台计算机的速度和可靠性。

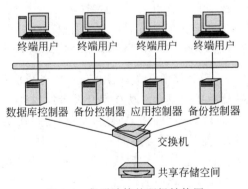

图 4-4 集群计算的逻辑结构图

资料来源：北京宇航系统工程研究所,http://www.jigao616.com/zhuanlijieshao_17350166.aspx.

云计算从集群计算发展而来,二者的区别在于集群计算虽然把多台计算机联合起来,但某项具体任务执行的时候还是会被转发到某台服务器上,而云计算能够对云内基础设施进行动态按需分配和管理,将任务分割成多个进程在多台服务器上并行计算,然后得到最终结果。

4.1.2 云计算的发展现状

云计算是对并行计算、效用计算、网格计算、集群计算等的融合和发展,继承了这些计算模式的思想理念。在这些分布式思想的基础上,接下来将进一步阐述云计算的概念、体系架构、分类、特征及关键技术。

1. 云计算的概念

2006年,Google首席执行官Schmidt在搜索引擎大会上首次提出"云计算"的概念,自此,云计算受到了学术界和产业界的广泛研究,但如今还未形成公认的概念。现阶段广为接受的云计算概念由美国国家标准技术研究院(NIST)提出:"云计算是一种模型,它支持对可配置计算资源(例如,网络、服务器、存储、应用程序和服务)的共享池进行方便的、按需的网络访问,这些资源可以通过最少的管理工作或服务提供者交互进行快速供应和释放。"

云计算的形成过程可分为三个步骤,如图4-5所示。第一步是资源汇集阶段:将分散的数据资源逐步实现集中化和标准化,并形成规模化的数据中心,这些中心具有一定的基础设施,为后续数据的有效利用打下基础。第二步是资源应用阶段:物理资源虚拟化的应用,其本质是利用虚拟化技术屏蔽底层物理资源的异构性,进而实现资源利用率的提升和灵活快速的部署业务。第三步是资源共享协作阶段:由于数据中心的各种系统初始投入较大,软硬件技术面临不断升级的压力,即基于虚拟化的IT架构难以满足不断增加的业务对资源变化的需求。因此,云计算架构开始展现优势,其能够满足业务弹性拓展、按需服务等需求,最终形成一系列的云架构的IT服务。

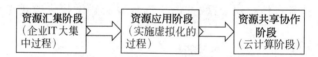

图4-5 云计算的形成过程

资料来源:葛文双,郑和芳,刘天龙,等.面向数据的云计算研究及应用综述[J].电子技术应用,2020,46(8):46-53.

在云计算的形成过程中,涉及技术开发者、用户、云服务供应商三个主体,因此我们进一步从这三个角度来理解云计算的概念。从技术开发者的角度可理解为:云计算是通过网络和技术对大量的软硬件资源进行处理、封装和发布,这些软硬件资源在物理上或者网络连接上是集中或者相邻的,能够协同完成同一个任务。从用户的角度可理解为:在远程的数据中心有一片由成千上万台计算机和服务器组成的计算机云,其可以提供硬件设备、软件平台、系统管理的数据以及相应的信息等服务,用户根据自己的需求使用资源并按需付费。从云服务供应商的角度可理解为:云服务通过调度和优化技术,管理和协同大量的计算资源,根据用户的需求将动态易扩展的虚拟化资源软件和数据提供给用户并向用户收取相应费用。

2. 云计算的体系架构

云计算作为新一轮的信息技术革命,其架构组成不断演进,图4-6所示为云计算的体系架构,它由五个层次组成,分别是资源层、平台层、应用层、用户访问层、管理层。

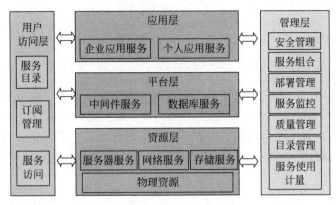

图 4-6　云计算的体系架构

资料来源：https://blog.csdn.net/wangchaoqi1985/article/details/103754525。

1) 资源层

资源层是指基础架构层面的云计算服务,这些服务可以提供虚拟化的资源,隐藏物理资源的复杂性。物理资源是指物理设备,服务器服务是指操作系统的环境,网络服务是指提供的网络处理能力,存储服务则为用户提供存储能力。

2) 平台层

平台层为用户提供对资源层服务的封装,使用户可以构建自己的应用。中间件服务为用户提供可扩展的消息中间件或事务处理中间件等服务,数据库服务为用户提供可扩展的数据库处理的能力。

3) 应用层

应用层主要是提供软件服务。企业应用服务是指面向企业用户的服务,如财务管理、客户关系管理、商业智能等。个人应用服务指面向个人用户的服务,如电子邮件、文本处理、个人信息存储等。

4) 用户访问层

用户访问层是方便用户使用云计算服务所需的各种支撑服务,针对每个层次的云计算服务都需要提供相应的访问接口。服务目录是一个服务列表,用户可以从中选择需要使用的云计算服务。订阅管理提供给用户的管理功能,用户可以查阅自己订阅或者终止订阅的服务。服务访问是针对每种层次的云计算服务提供的访问接口,针对资源层的访问可能是远程桌面或者 X Windows；针对应用层的访问,提供的接口可能是 Web。

5) 管理层

管理层提供对所有层次云计算服务的管理功能。安全管理提供对服务的授权控制、用户认证、审计、一致性检查等功能。服务组合提供对云计算服务进行组合的功能,使得新的服务可以基于已有服务创建时间。部署管理提供对服务实例的自动化部署,当用户通过订阅管理增加新的服务订阅后,部署管理模块自动为用户准备服务实例。服务监控提供对服务的健康状态的记录。质量管理提供对服务的性能、可靠性、可扩展性功能。目录管理提供服务目录和服务本身的管理功能,管理员可以增加新的服务,或者从服务目录中除去服务。服务使用计量对用户的使用情况进行统计,并以此为依据对用户进行计费。

3. 云计算的特征

1) 超大规模

云里的资源非常庞大,一个企业云可以有几十万甚至上百万台服务器,一个小型的私有云也可拥有几百台甚至上千台服务器。Google 云计算已经拥有 100 多万台服务器,微软、亚马逊、IBM、Yahoo 等的"云"均拥有几十万台服务器。"云"具有相当大的规模,能赋予用户前所未有的计算能力。

2) 虚拟化

云计算支持用户在任意位置使用各种终端获取应用服务。应用在"云"中某处运行,但实际上用户无须了解,也不用担心应用运行的具体位置。用户只需要一台计算机或一部手机或其他终端设备,就可以通过网络服务来实现需要的一切。

3) 高可靠性

云计算使用了数据多副本容错、计算节点同构可互换等措施来保障服务的高可靠性,使用云计算比使用本地计算机更可靠。

4) 通用性

云计算不针对特定的应用,在"云"的支撑下可以构造出千变万化的应用,同一个"云"可以同时支撑不同的应用运行。

5) 高可扩展性

云计算的规模可以动态伸缩,满足应用和用户规模增长的需要。

6) 按需服务

云计算是一个庞大的资源池,用户可根据自身需要进行购买,按使用量付费。

7) 成本低

"云"的自动化集中式管理使大量企业无须负担日益高昂的数据中心管理成本,"云"的通用性使资源的利用率较之传统系统大幅提升,因此用户可以充分享受"云"的低成本优势。

4. 云计算的分类

1) 按服务对象划分

按照不同的服务对象,云计算可分为四类:私有云(private cloud)、社区云(community cloud)、公有云(public cloud)、混合云(hybrid cloud)。

(1) 私有云:为企业单独使用而构建,是企业的专有资源,不向公众开放,该云的建设、运营和使用都在企业内部完成,一般部署在企业数据中心或者安全的主机托管场所,因此私有云的数据安全性较高。同时,私有云一般不会受到网络不稳定和黑客攻击的影响,因此其服务质量也较有保证。但企业对私有云建设的投资成本也较高,特别是建立数据中心的初始投入成本较大。私有云平台比较适合有众多分支机构的企业内部或政府内部。

(2) 社区云：为一个有共同目标、利益相仿的用户群体提供服务，该群体内的用户可以来自不同组织，因为共同的需求（如安全要求、任务宗旨、任务、策略和准则等）而组合在一起。社区云在教育行业应用广泛，如大学教育机构构建社区云服务平台，可以为校内外的学生、教师、科研人员等提供服务，这些不同的用户可能由于相同的课程学习或课题研究组成一个群体。

(3) 公有云：面向公众构建，云计算供应商提供的云服务属于共享资源，这些资源有部分是免费的，也有部分是根据用户的使用量付费。公有云用户可以根据自己的需要直接访问数据中心，需要多少资源就买多少资源，省去了自建数据中心的时间成本和经济成本。但相较于私有云，公有云的数据安全性和私密性也较低。

(4) 混合云：由私有云、社区云、公有云这三种云之中的两种或两种以上组成，在混合云中，每种云保持独立，用标准或专有的技术将它们组合起来。混合云既可以实现私有云的数据安全性，也可以使用公有云的海量资源。有的企业为了能够控制自身数据的安全性和私密性，希望将数据存储在私有云，但同时企业又希望可以获得公有云中的资源，因此企业可以选择使用混合云。

2) 按服务模式划分

按照服务模式，云计算可分为三类：基础设施即服务（IaaS）、平台即服务（PaaS）、软件即服务（SaaS），如图 4-7 所示。

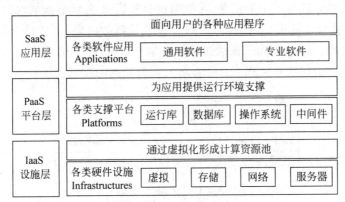

图 4-7　云计算的服务模式

资料来源：宜春易达云科技，https://www.sohu.com/a/342833616_100250002.

(1) 基础设施即服务：提供基础设施部署服务，提供的产品主要是虚拟化的 IT 基础设施，服务对象是系统管理员，核心技术是虚拟化技术。用户不用购买和维护硬件设备，就可以直接在该服务的基础上部署运行操作系统和应用程序，IaaS 为用户提供的主要是虚拟机，其提供的虚拟机能支持多种操作系统。

(2) 平台即服务：提供计算与管理服务，提供的产品主要是软件开发环境，服务对象是程序开发者，核心技术是分布式技术，通过该技术实现系统的协同工作。用户可以在服务供应商提供的环境上部署应用软件，可以在本地部署，也可以远程部署。PaaS 平台伸缩性强，可以帮助运行于其上的应用软件应对突发流量。

(3) 软件即服务：提供应用程序服务，提供的产品主要是程序软件，服务对象是程序使用者,核心技术是 Web 服务技术。可以将服务对象分为两类:一类是个人消费者,这类用户一般是免费使用程序软件,服务供应商主要通过广告赚取收入;另一类是企业,服务供应商为企业提供可定制的程序软件。一般情况下,用户可以免费试用应用程序,而且在使用前不需购买许可证,用户只要接上网络就能访问 SaaS 服务。SaaS 提供商为企业搭建信息化所需要的所有网络基础设施及软件、硬件运作平台,并负责所有前期的实施、后期的维护等服务,企业无须购买软硬件、建设机房,即可通过互联网使用信息系统。

5. 云计算的关键技术

1) 虚拟化技术

虚拟化技术是云计算的关键技术之一,它将所有硬件资源(如服务器、网络、内存及存储等)和软件资源(如操作系统、文件系统、应用程序等)进行虚拟化处理,解决了物理资源异构和不可切割的问题。硬件虚拟化主要采用计算虚拟化、存储虚拟化、网络虚拟化技术,软件虚拟化主要采用桌面虚拟化、多租户、容器技术。虚拟化之后的资源将形成一个资源池,可以被用户灵活调用。

2) 并行编程技术

并行编程技术是云计算处理大规模数据的重要支撑,当前较广为使用的并行编程模式是 MapReduce,如图 4-8 所示,其基本思想是:由 Map(映射)函数和 Reduce(化简)函数分别完成任务的分解与结果的汇总,在数据被分割后通过 Map 函数的程序将数据映射成不同区块,分配给计算机集群处理,达到分布式运算的效果,再通过 Reduce 函数的程序将结果汇总输出。MapReduce 能通过计算机集群对规模达 PB 级以上的数据进行分布式计算,因此,并行编程技术实现了云计算对大规模数据的批量处理。

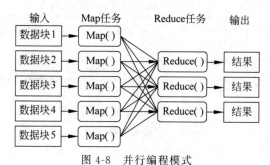

图 4-8 并行编程模式

资料来源:林伟伟,彭绍亮.云计算与大数据技术理论及应用[M].北京:清华大学出版社,2019.

3) 分布式存储技术

云计算系统采用分布式存储的方式存储数据,用冗余存储的方式保证数据的可靠性。云计算中使用较多的分布式存储系统是 Google 的 GFS 系统和 Hadoop 的 HDFS 系统。GFS 即 Google 文件系统,用于大型的、分布式的、对大量数据进行访问的应用,可以给大量用户提供总体性能较高的服务。HDFS 被用来存储 Hadoop 集群中所有存储节点上的文件,具有高容错性、数据自动保存多个副本等特点。用户可以通过购买相应服务把数据存储到云计算数据中心,从而节省了购买存储设备的成本。分布式存储的存储容量大,可以支持数十 PB 级的容量,并且具有可动态伸缩性,可以通过节点进行自由扩展和缩减。

4) 海量数据管理技术

处理海量数据是云计算的一大优势,以互联网为计算平台的云计算能够对分布的、海量的数据进行有效可靠的处理和分析,云计算系统中的数据管理技术主要是 Google 的 BigTable 数据管理技术,以及 Hadoop 团队开发的开源数据管理模块 HBase。BigTable 是把所有数据都作为对象来处理,用来分布存储大规模结构化数据,而 HBase 是一个适合于非结构化数据存储的数据库。

5) 云平台管理技术

云计算资源规模庞大,一个系统服务器数量众多、结构不同并且分布在不同物理地点的数据中心,同时还运行着成千上万种应用。如何有效地管理云环境中的这些服务器,保证整个系统提供不间断服务是一个巨大挑战。云计算平台管理系统可以看作是云计算的"指挥中心",通过云计算系统的平台管理技术能够使大量的服务器协同工作,方便地进行业务部署和开通,快速发现和恢复系统故障,通过自动化、智能化的手段实现大规模系统的可靠运营和管理。

4.1.3 云计算的形态延伸

随着智能终端的普及和网络技术的发展,很多智能移动终端(如智能手机、智能穿戴设备、传感器等)和新型网络应用(如无人机、虚拟现实、智慧城市、智能交通、智能医疗等)陆续出现。这些智能终端和新型网络应用一般需要有距离它们较近的基础设施提供计算、存储等服务,这样可以缩短基础设施向用户提供服务的传输距离,减少网络访问延迟。而当前的云计算是在远距离的数据中心处理数据,其向用户提供服务时的传输距离较长,延迟问题使云计算难以满足实时应用的需求。比如,智能交通领域,交通事故处理、交通信息发布如果在远程数据中心进行,数据将无法得到实时处理,服务延迟将导致错过最佳处理时机。

云计算存在的局限性使人产生了拉近基础设施和终端用户距离的想法,所以后来的研究进一步提出"近端云计算"的理念,如图 4-9 所示,其核心内容是:在远端的数据中心和终端用户之间增加基础设施的部署,将基础设施部署在离终端用户较近的边缘路由器、移动基站或服务器上,利用这些较近的基础设施为用户终端提供计算、存储等服务。

近端云计算是当前云计算技术的一种延伸,它将成为未来云计算的主流形态。当前的近端云计算形态主要有雾计算、边缘计算。

1. 雾计算

雾计算的基本思想是:在传统云计算的数据中心和终端用户之间引入中间雾层,在雾层部署计算、存储和网络等服务。相比云计算,雾计算提供的服务与终端用户的距离更近,能提升网络传输的速度,同时,雾计算的地理位置分布广泛,更能支持边缘的数据分析和挖掘。但是雾计算不能完全替代云计算,雾计算的计算和存储能力有限,它还需要利用远端数据中心强大的计算和存储能力协同进行服务。

雾计算在我们的生活中应用广泛,能满足对带宽和时间有较高要求的应用。雾计算将资源存储在靠近用户的位置,用户在访问高清视频、网络游戏时,能够缩短资源获取的

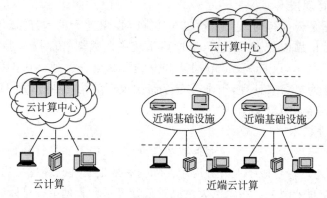

图 4-9 云计算和近端云计算的结构

资料来源：周悦芝，张迪.近端云计算：后云计算时代的机遇与挑战[J].计算机学报，2019，42(4)：677-700.

延迟时间并节省带宽。雾计算可用于对反馈时效有较高要求的应用，如智能交通和智能医疗等领域。在智能交通方面，在车上和道路两旁部署传感器，通过传感器获取车速、车流量等信息，及时向驾驶员发出信息预警。在智能医疗领域，利用雾计算建设健康监测系统，直接在本地的智能网关处理系统的检测结果，及时向病人发出病症信息。

2. 边缘计算

边缘计算的基本思想是：在靠近数据源头或用户终端设备的网络边缘侧，部署边缘服务器，提供任务计算、资源存储、数据分析等服务。边缘服务器的存在将能实现服务的低延迟性，同时，本地数据不需要全部上传到远端的数据中心，不仅避免了隐私数据泄露的风险，也缓解了带宽压力和减少数据流量消耗。边缘计算和雾计算的区别在于：第一，边缘计算中的边缘是相对用户层来说的概念，而雾计算中的雾是相对云层来说的概念；第二，边缘计算更加关注用户，而雾计算更加关注雾层服务供应商、雾层中各设备的拥有者与管理者。

边缘计算的优势可以被充分应用在多个行业，比如，在工业方面，边缘计算能使工业中产生的大量数据直接进行本地化处理，避免数据传输到远端数据中心过程中的数据泄露，保证了数据隐私和安全，而且边缘服务器处理完数据后能直接反馈给生产者。又如，在服务业方面，可以将边缘计算应用到打车服务，之前曾出现多起出租车司机与乘客的公共安全事件，如果将边缘计算应用在靠近视频源的位置分析摄像头采集的信息，将进一步提升公共安全性。

4.2 云计算的应用场景

近年来，国内外的云计算厂商不断开拓云计算产品，纷纷抢占云服务市场。在此推动下，云计算越来越多地被应用在多个领域。因此，本节首先介绍国内外主要的云计算服务供应商，国内：阿里云、腾讯云、华为云、百度云；国外：亚马逊云服务、微软云服务、谷歌云服务，然后介绍云计算在多个细分领域的应用，具体包括农业云、制造云、金融云、教育云、医疗云、政务云、物流云、零售云。最后,阐述云计算在金融业的具体应用,云计算如何在银行业、证券业、保险业落地与发展。

4.2.1 国内外云计算服务商

1. 国内云计算服务商

1) 阿里云

阿里云成立于2009年,是全球领先的云计算服务供应商,其致力于提供云计算和人工智能等服务。阿里云自主研发了云计算平台——"飞天"(Apsara),它能将遍布全球的服务器连成一台超级计算机,提供强大的、通用的、惠普的计算能力。"飞天"平台的体系结构如图4-10所示。

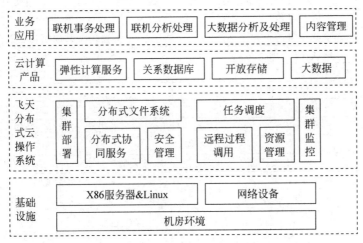

图4-10 "飞天"平台的体系结构

资料来源:https://www.lddoc.cn/p-7453318.html.

2) 腾讯云

腾讯云于2013年正式对外全面开放,其拥有对海量互联网服务的丰富经验,不管是社交、游戏还是其他领域,都有多年的成熟产品来提供产品服务。腾讯在云端完成重要部署,为开发者及企业提供云服务、云数据、云运营等整体一站式服务方案,具体包括:云服务器、云存储、云数据库和弹性Web引擎等基础云服务,腾讯云分析、腾讯云推送等腾讯整体大数据能力,以及QQ互联、QQ空间、微云、微社区等云端链接社交体系。

3) 华为云

华为云成立于2011年,主要专注于云计算中公有云领域的技术研究与生态拓展,致力于为用户提供一站式云计算基础设施服务。其提供的云产品主要包括两大类:一是以公有云为平台的云服务产品,主要包括计算服务、存储服务、网络服务、云安全、软件开发服务等云服务产品;二是针对企业IT的不同场景,为企业提供完整高效、易于构建、开放的云计算解决方案,为用户提供了弹性、自动化的基础设施,以及按需的服务模式和更加敏捷的IT服务。

4）百度云

百度云于 2015 年正式对外开放运营，于 2019 年全面升级为"百度智能云"，它是基于百度多年技术沉淀打造的智能云计算品牌，致力于为客户提供全球领先的人工智能、大数据和云计算服务。百度智能云新业务架构分为三层：底层百度大脑，包括基础层、感知层、认知层和安全层，是百度核心技术引擎；中间是平台，包括通用的基础云平台、AI 中台、知识中台，以及针对场景的平台和其他关键组件；在基础层和平台的支持下，上层的智能应用和解决方案将为各行各业赋能。

阿里云、腾讯云、华为云、百度云的主要服务类型和产品结构如表 4-1 所示。

表 4-1　阿里云、腾讯云、华为云、百度云的主要服务类型和产品结构

阿里云			
服务类型	主要产品	服务类型	主要产品
弹性计算	云服务器	数据存储	云数据库
	负载均衡		开放结构化数据服务
	弹性伸缩服务		开放缓存服务
	专有网络		分布式关系型数据库服务
大规模计算	开放数据处理服务	云安全与管理	云盾
	分析数据库服务		云盾 DdoS 防护服务
	云道 CDP		云监控 CMS
腾讯云			
服务类型	主要产品	服务类型	主要产品
计算与网络	云服务器	存储与 CDN	云数据库
	弹性 Web 服务		非关系型数据库服务
	负载均衡		内容分发网络
大数据	TOD 大数据处理	开发者工具与服务	腾讯云安全认证
	腾讯云分析		域名备案
	腾讯云搜		应用加固
华为云			
服务类型	主要产品	服务类型	主要产品
计算服务	弹性云服务器	存储服务	云硬盘
	云容器引擎		弹性文件服务
	裸金属服务器		对象存储服务
网络服务	内容分发网络	数据分析服务	数据代入服务
	虚拟私有云		人工智能服务
	云解析服务		数据仓库服务
云安全	流量清洗	软件开发服务	项目管理
	Web 应用防火墙		代码检查
百度云			
服务类型	主要产品	服务类型	主要产品
计算与网络	云服务器	存储与 CDN	对象存储
	负载均衡		云磁盘
	专属服务器		内容分发网络

续表

服务类型	主要产品	服务类型	主要产品
数据库	关系型数据库	数据分析	百度机器学习
	简单缓存服务		百度深度学习
	非关系型数据库		百度批量计算
安全和管理	云安全服务	智能多媒体服务	人脸/文字识别
	云监控		文档服务
	SSL 证书服务		音视频转码/直播/点播

资料来源：王庆喜，陈小明，王丁磊.云计算导论[M].北京：中国铁道出版社，2018.

阿里云、腾讯云、华为云、百度云的产品和服务类型非常丰富，这些平台提供的云服务已经被广泛应用到学习、工作和生活中，具体可详见本章最后一节案例分析部分案例 4-1 至案例 4-4，其中分别列举了阿里云、腾讯云、华为云、百度云的应用。

2．国外云计算服务商

国外技术领先的知名云计算服务商主要有亚马逊云服务、微软云服务、谷歌云服务，这三个云计算服务商提供的服务类型及功能如表 4-2 所示。

表 4-2　亚马逊、微软、谷歌云平台的主要服务类型及功能

云计算厂商	服务类型	功能描述
亚马逊云服务	弹性计算（EC2）	提供具有无限采集能力的虚拟机，属于基础设施层服务，专为开发者开发 Web 伸缩性计算而设计，EC2 可根据应用程序状况自动进行伸缩，在短时间内完成扩容和减容
	存储和检索服务（S3、SimpleDB）	S3：采用冗余备份的存储机制，提供在线存储服务，主要用于非结构化数据存储，具有简单的 Web 服务接口，用户可以存储和检索 Web 上任何位置的数据。SimpleDB：主要用于结构化数据存储，自动创建分布在多个地理位置的副本，用来支持高并发的读取
	消息队列服务（SQS）	SQS 解决了计算机系统之间的通信问题，将分布于不同计算机或网络的组件结合，支持并发访问的消息队列服务
微软云服务	计算服务（虚拟机、Web 应用、云服务）	虚拟机：创建、部署和管理可以在 Microsoft Azure 上运行的虚拟机。Web 应用：可以直接在云端创建 Web 应用程序，并且为几个流行的应用程序提供内置支持。云服务：Azure 提供 SaaS 平台的在线服务，还可以创建虚拟机安装操作系统提供 PaaS 平台服务
	储存服务（Blob 服务、Azure SQL、表服务）	Blob 服务：存储非结构化的二进制大对象数据。Azure SQL：该数据库提供了关系数据库管理系统的关键功能。表服务：提供非关系型数据库的存储
	大数据和大计算服务（HDInsight、高性能计算）	HDInsight：微软基于 Hadoop 处理海量数据的服务，允许将数据存放在 HDFS 集群上，并将其分布在多个虚拟机上。高性能计算：解决用户需要大量硬件资源进行计算的问题，在许多计算机上同时执行应用程序代码

续表

云计算厂商	服务类型	功能描述
微软云服务	网络服务（虚拟网络、智能路由、内容交付网络）	虚拟网络：把企业内部IT环境作为公有云的一部分提供给外部用户。智能路由：以最佳的方式将访问应用程序的流量路由到Microsoft Azure数据中心。内容交付网络：缩短Web应用的响应时间，提升更好的用户体验
	身份认证服务	对身份进行认证并授权，是云安全的基础
	消息队列服务（队列服务、服务总线）	队列服务：为实例与实例之间的协调提供通信服务。服务总线：提供其他交付方式，如服务总线中继、服务总线主题和订阅
谷歌云服务	IaaS层服务	在IaaS层面，谷歌提供的主要产品是Google Storage，其功能是存储
	PaaS层服务	在PaaS层面，谷歌提供一整套开发组件让用户在本地构建和调试网络应用，用户可在此基础上部署应用程序
	SaaS层服务	在SaaS层面，谷歌提供的产品种类极为丰富，有Google云端硬盘、Google在线文档、Google在线表格等文件处理服务，Picasa、Google Image Search等图片处理服务，Google Scholar、Google Answers、Google Blog Search、Google Reader等学习工具，Google Gmail、Google日历等办公工具，Google Talk、Google Send To Phone、Hello等社交服务，Google Earth、Google Map、Google Local等地理信息服务，等等。

资料来源：林康平,王磊.云计算技术[M].北京：人民邮电出版社,2017.

4.2.2 云计算的应用领域

1. 农业云

农业云是以云计算商业模式应用与技术（虚拟化、分布式存储和计算）为支撑，统一描述、部署异构分散的大规模农业信息服务。农业云能满足千万级农业用户数以十万计的并发请求，满足大规模农业信息服务对计算、存储的可靠性、扩展性要求。用户可以按需部署或定制所需的农业信息服务，实现多途径、广覆盖、低成本、个性化的农业知识普惠服务。软硬件资源的聚合和动态分配，有助于实现资源最优化和效益最大化，降低服务的初期投入与运营成本。

例如，浙江省智慧农业云平台，通过汇聚农业产业、农业"两区"、物联网、植保、农机、畜牧、农资、农经、科教等各级农业业务应用及数据，形成"大农业"数据中心。该平台有四大核心功能，一是形成省级农业数据中心，二是进行农业物联网接入管理，三是构建现代农业综合管理，四是建立应急指挥和灾变预警。依托网络化、可视化等手段，结合全省视频会议系统开展应急指挥和预警决策，实现全省农业应急联动和统一指挥。

2. 制造云

制造云是基于互联网，借助新兴的制造科学技术、信息通信科学技术、智能科学技术及制造应用领域技术深度融合的技术手段,构成的以用户为中心、统一经营的智慧制造资源与能力的服务云,使用户通过智慧终端及智慧云制造服务平台便能随时随地按需获取智慧制造资源和能力。

智能制造云会对制造全系统、全生命周期活动中的人、物、环境、信息等进行自主智慧的感知交互,促使制造全系统及全生命周期活动中的组织、经营管理、知识流、服务流集成优化,形成一种以用户为中心的智慧制造新模式。它强调三种融合,一是以用户为中心的人、机、物、环境和信息的深度融合,二是数字化、网络化、智能化的深度融合,三是工业化与信息化的深度融合。

例如,华新水泥核心系统上云,保障工业与商业智能化。华新水泥是中国水泥行业的鼻祖,在全球拥有150多个生产基地。在利用信息化手段提升企业管理水平方面,华新走在了行业前列,很早就实施了ERP(企业资源计划)系统,还推出了华新网上商城。在数字化转型方面,华新想通过工业智能化和商业智能化,帮助企业实现业务上的转型,将SAP(企业管理解决方案)、CRM(客户管理系统)、生产发货等核心系统迁移上云,是华新实现两个"智能化"的基础。通过对比多家云厂商,华新最终选择华为云作为云服务商。2019年9月,华新水泥开始将业务上云。从线下迁移到华为云后,华新水泥与子公司、各个业务系统之间的协同效率大为提升,单是每年的运维成本就将节约至少30%,包含电费、维保费和专线费等。未来华为云和华新水泥还将为更多生产制造行业提供最先进的智能化生产方案,帮助更多行业企业实现智能升级。

3. 金融云

金融云是指利用云计算模型构成原理,将各金融机构及相关机构的数据中心互联互通构成云网络,以提高金融机构迅速发现并解决问题的能力,提升整体工作效率,改善流程,降低运营成本,为客户提供更便捷的金融服务和金融信息服务。

例如,中国太保云,中国太平洋保险联合新华三启动核心生产云建设,双方采用"联合开发"模式,对标业界领先的云服务能力标准,打造具有自主知识产权的"中国太保云"。"中国太保云"包括开发测试云、非核心生产云和核心生产云三个阶段,将全面支持太保业务应用,并面向保险行业实现云服务输出。目前,由于监管和数据安全的要求,中国太保云按照自建私有云方式建设,但太保云在建设模式上保留了公有云对接能力,形成私有云为主、公有云为补充的混合云,确保中国太保云计算平台的建设和发展具有可持续性,不仅能够以灵活高效的云架构承载自身业务需求,未来更可将太保在保险行业深耕20多年的经验沉淀,打造成若干行业SaaS应用,帮助更多的中小型金融企业上云。

4. 教育云

教育云包括了教育信息化所必需的一切计算资源,这些资源经虚拟化之后,向教育机构、教育从业人员和学员提供一个良好的平台,该平台的作用就是为教育领域提供云服务。

目前,"双减"政策的推出促进着教育生态变革,改革的目的是通过加强学校教育,提高学校课堂教学质量,减轻学生的课余负担,减轻校外培训的经济负担,并且促进义务教育优质均衡发展,充分激发办学活力,整体提升学校办学水平。"双减"政策出台后,学校教育要在短时间内实现高质量教学要求,中教云数字课程教材云平台一定程度上解决了教学过程中教材及资源获取的困惑,依托大数据把优质资源及教师设想融为一体,实现随时随地可用,教师能够"拿来就用""就地取材"。中教云数字课程教材云平台贯穿备课、授课、作业、学情评定多环节的功能,在校内教育质量提升方面发挥着积极作用。中教云数字课程教材云平台在聚合版本覆盖齐全、类型兼容多元资源的同时,也为地区间资源输送架起了"桥梁",不仅有利于解决教师资源获取问题,也有助于教育向均衡化方向发展。优质资源是校内教育质量提升的基础,中教云数字课程教材云平台以互联网为载体,整合并提供与教材内容紧密联系的结构化资源库,解决了不同版本数字教材及资源分散问题,在打通不同地区校内教育资源共享方面发挥积极作用。

5. 医疗云

医疗云的核心是以全民电子健康档案为基础,建立覆盖医疗卫生体系的信息共享平台,打破各个医疗机构信息孤岛现象,同时围绕居民的健康关怀提供统一的健康业务部署,建立远程医疗系统。

例如,阿里健康,其开展的业务主要集中在医药电商及新零售、互联网医疗、消费医疗、智慧医疗等领域。医药电商:主要包括阿里健康大药房、为天猫医药相关业务提供的代运营服务、医药O2O(线上到线下)服务。互联网医疗:阿里健康联合支付宝在杭州市余杭第一人民医院首次实现打通医保诊间结算的"全流程刷脸就医"。消费医疗:阿里健康的消费医疗事业部,以本地化医美服务为主,拓展体检、口腔等消费升级需求。智慧医疗:阿里健康与阿里云宣布共建阿里医疗大脑2.0,加强在图像识别、生理信号识别、知识图谱构建等能力的建设。

6. 政务云

政务云是指运用云计算技术,统筹利用已有的机房、计算、存储、网络、安全、应用支撑、信息资源等,发挥云计算虚拟化、高可靠性、高通用性、高可扩展性及快速、按需、弹性服务等特征,为政府行业提供基础设施、支撑软件、应用系统、信息资源、运行保障和信息安全等综合服务平台。

例如,上海"1+16"两级政务云,以"集中+分布"为建设原则,市级政务云集中建设,16个区县自主建设政务云平台,与市级云形成逻辑"一朵云",实现市级部门基于电子政务云开展应用。通过构建市、区两级电子政务云平台,实现政府各部门基础设施共建共用、信息系统整体部署、数据资源汇聚共享、业务应用有效协同,为政府管理和公共服务提供有力支持,提高为民服务水平,提升政府现代治理能力。

7. 物流云

物流云计算服务平台主要为各类物流企业、物流枢纽中心及各类综合型企业的物流部门提供解决方案,依靠大规模的云计算处理能力、标准的作业流程、灵活的业务覆盖、精确的环节控制、智能的决策支持及深入的信息共享来满足物流行业各环节所需要的信息化要求。

物流云计算服务平台可划分为物流公共信息平台、物流管理平台及物流园区管理平台三个部分。物流公共信息平台针对的是客户服务层,拥有强大的信息获取能力;物流管理平台针对的是用户作业层,可以大幅度地提高物流及其相关企业的工作效率,甚至可以拓展出更大范围的业务领域;物流园区管理平台针对的是决策管理层,可以帮助物流枢纽中心、物流园区等管理辖区内的入驻企业进行规划和布局。

例如,冷链物流云服务。冷链物流云服务的需求端包括冷藏食品的生产企业、冷库企业、加工企业、包装企业、零售商、电商企业等,云平台集中各需求端的服务内容、时间、期望价格,运用虚拟化技术处理需求,形成任务池。线下服务的提供端,如干线运输、快递、仓储、航运、铁路、集装箱服务公司等将自己的物流资源信息发布到云平台,设置条件与物流任务进行自动匹配,形成云物流资源池。冷链物流云服务将冷链产业链上的主体和活动的信息整合到一个统一服务平台,解决主体之间的流程连接、信息共享、标准统一、可溯源等问题。平台强大的信息获取与计算能力,可全程实时跟踪物流过程,即时响应客户需求,达到高品质服务的目标。

8. 零售云

零售云是指零售 O2O 平台、零售科技企业等通过标准化的数字平台,实现零售业态(便利店、商超、百货、菜场等零售终端)的数字化转型,解决线下零售业态存在的获客、运营、供应链管理等多方面问题,从而实现整体降本增效。

例如,腾讯云串联线下零售全场景,助力永辉超市实现全链路数字化部署。面对快速变化的消费需求和零售升级的大趋势,永辉需要数字化创新以支持业务发展和运营决策,在门店管理、会员体系搭建、消费者洞察、O2O 业务拓展等细分场景中,永辉希望为企业经营带来更多数字化运营方面的提升。经过与腾讯云的全方位交流,腾讯云为永辉带来了"全链路数字化部署"方案,这个方案主要在六个维度助力永辉的数字化升级。优化门店运营:通过大数据分析获取消费者在门店的游逛行为,为门店陈列、导购服务等提供数字化工具。门店商品研究:基于永辉生活门店进行会员选品优化,深入洞察人货关系,关联消费者画像和商品偏好。智慧门店打造:通过数据加工与分析,对商圈及门店的热销商品和顾客偏好进行数据化展示。消费者门店全链路研究:对消费者在店外停留、进店游逛和交易明细等线下门店全链路行为进行研究。线下营销指导:提供精准潜客分布,为营销地理位置选择提供科学指导。会员研究:对永辉消费会员进行分类研究,深度分析消费行为。

4.2.3 云计算与金融发展

1. 金融业在云计算的探索

我国的金融业逐步进入云计算时代,许多金融机构已经对云计算技术进行多方面的探索。云计算进入国内以来,金融业开始实施数据中心虚拟化、开发测试云、虚拟桌面云等小规模实验,简化 IT 运营。一些金融机构开始试点实施混合云并扩大云计算应用规模,营销部门与前台部门开始采用智能终端、便携式计算机加移动云计算开展业务,并已经取得了很好的成效。此外,金融机构还进一步探索在新一代网银、手机银行和移动支付等领域应用更多的云计算服务。目前,部分金融机构已经明确制定并开始实施"云+端"的战略,中国金融业采用云计算创新的模式已经出现。

云计算应用于金融业也得到了国家的政策支持,如表4-3所示,中国人民银行和银保监会逐步完善金融行业云计算发展的相关政策。2017年6月,中国人民银行印发《中国金融业信息技术"十三五"发展规划》,明确提出十三五期间要稳步推进金融业云计算技术的应用研究,制定云计算、大数据、区块链、人工智能等信息技术在金融业应用的标准。2018年8月,中国人民银行正式发布云计算技术金融应用规范的"技术架构""安全技术要求"和"容灾"三项金融行业标准。银监会发布的《中国银行业信息科技"十三五"发展规划监管指导意见(征求意见稿)》,提出探索建立银行业金融公共服务行业云,构建私有云与行业云相结合的混合云应用。2019年,中国人民银行发布的《金融科技(FinTech)发展规划(2019—2021年)》中特别强调"合理布局云计算":统筹规划云计算在金融领域的应用,引导金融机构探索与互联网交易特征相适应、与金融信息安全要求相匹配的云计算解决方案,搭建安全可控的金融行业云服务平台。

表4-3 云计算应用于金融业的政策支持文件

发布单位	政策文件
中国人民银行	《中国金融业信息技术"十三五"发展规划》(银发〔2017〕140号)
中国人民银行	《云计算技术金融应用规范 技术架构》(JR/T 0166—2018)
中国人民银行	《云计算技术金融应用规范 安全技术要求》(JR/T 0167—2018)
中国人民银行	《云计算技术金融应用规范 容灾》(JR/T 0168—2018)
银监会	《中国银行业信息科技"十三五"发展规划监管指导意见(征求意见稿)》
中国人民银行	《金融科技(FinTech)发展规划(2019—2021年)》

资料来源:刘青松.金融业云计算应用现状及对会计和监管的挑战[J].金融会计,2019(8):61-67.

2. 云计算在金融机构中的应用

1) 云计算在银行业的应用

云计算为银行业的发展带来巨大变革,银行业引入云计算的必要性主要体现在以下三个方面。一是资源整合和自动化管理的需要。业务高峰期,云平台扩容可以支持高并发的场景,业务低谷期,云平台合理收缩资源避免过度配置,集中管理和快速调度可以很好地满足商业银行资源整合和管理的需求。二是业务创新和应对竞争的需要。云计算和大数据、人工智能等技术的结合,在精准营销、客户流失预警分析、市场预测和智能投顾等方面大有可为,可以帮助商业银行进行业务创新以及应对市场的竞争和挑战。三是维护数据安全的需要。云计算平台资源层面具备软硬件、网络、数据中心等各层面的保障能力,架构层面具有先进的质量保证技术和安全维护措施,在遇到较为严重的故障时能够快速恢复,维护数据全生命周期的可用性和完整性。

银行业主要采用私有云和定制行业云两种部署模式,这主要出于以下几点考虑:一是金融业有非常高的合规和监管要求，需要满足行业监管的标准；二是金融企业高度重视自身客户、账户等隐私信息，需要切实保证信息数据的安全性；三是金融行业对业务连续性、交易并发性和系统可用性要求较高，普通云不能完全满足其要求。大型银行由于对系统安全性要求较高、传统信息化基础设施投入大，一般选择采购软硬件产品自行搭建私有云并独立运维，而中小银行由于资金和人才投入较少，更倾向选择行业云部署模式。表 4-4 所示为部分银行云计算的部署模式。

表 4-4 部分银行云计算的部署模式

部署方式		代表银行
私有云	国有大型银行	工商银行、中国银行、农业银行、交通银行、邮储银行等
	股份制银行	浦发银行、中信银行、光大银行、华夏银行、民生银行、广发银行、恒丰银行等
	中小银行	北京银行、江苏农信银行等
行业云	国有大型、股份制银行	兴业银行、招商银行、平安银行、建设银行等
	中小银行	城商行、农商行、村镇银行等

资料来源：刘青松.金融业云计算应用现状及对会计和监管的挑战[J].金融会计,2019(8)：61-67.

为推动数字化转型，各银行积极开展云计算技术的研究和实践，有序推进基础设施云、平台云、应用服务云三个层次的建设。光大银行云服务建设，如图 4-11 所示。

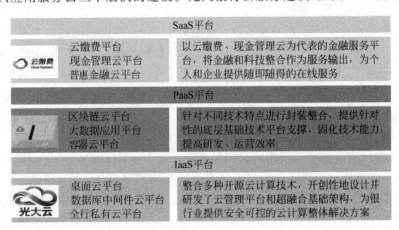

图 4-11 光大银行云服务建设

资料来源：史晨阳.以云计算为依托,赋能商业银行数字化转型[J].中国金融电脑,2018(12)：19-22.

基础设施云由全行开发测试云、覆盖两地三中心的总行生产云、总/分两级分布式资源池构成的分行生产云组成。光大银行基于 IaaS 云平台，积极探索平台级的云服务，提供针对性的底层基础技术平台支撑，建立大数据应用开发平台，并开始启动新一代企业分布式总线、容器云平台、区块链 PaaS 平台的建设。在应用服务层面，光大银行结合业务特色，创新性地建设了云缴费服务、现金管理云服务、托管云服务。光大银行云缴费服务是基于互联网思维建设的开放式缴费服务平台，将各种缴费场景和云计算技术整合作为服务输出。

2) 云计算在证券业的应用

随着证券公司创新业务的不断开展,证券公司需要对核心交易系统、网上交易系统、电话委托系统、投资顾问平台、呼叫中心等系统进行持续投入,随之带来的建设压力越来越大,而云计算的低成本将为证券服务带来契机。目前,证券行业营业网点的扩张也逐渐转向轻型营业部、新型营业部方向,未来可能要借助虚拟化、云计算等技术来实现小型营业网点的低成本投入。证券行业的信息化程度都较高,而因为行业的需求,其对于新的技术也相较于其他领域更为谨慎。云计算在证券行业发展非常快,但由于证券行业对信息系统的稳定性、安全性要求非常高,云计算应用需要有一个循序渐进的过程。

证券业应用云计算的方式主要有以下三种。

一是虚拟化和私有云。在充分考虑虚拟化软件、服务器、网络和存储的技术细节以及公司实际业务需要的情况下,可以考虑对证券非核心交易系统进行虚拟化应用。证券公司可以通过搭建基于 IaaS 的物理集成平台,对各类服务器基础设施应用进行集成,形成能够高度复用与统一管理的 IT 资源池,对外提供统一硬件资源服务,同时在信息系统整合方面,建立基于 PaaS 的系统整合平台,以实现各异构系统间的互联互通。

二是大数据的云存储。目前,证券公司的客户信息、交易数据等资源,一般都分散在集中交易、CRM、CIF(客户信息系统)、网站、资管、电商、呼叫中心等系统中,通过云存储技术将完全打破各系统之间的信息交互的限制,将完整客户信息进行统一收集并存放。由此,证券公司客户服务人员可以通过 Web 客户端以及各种移动终端为客户提供全方位、精确的、有效的客户服务。

三是券商联盟云。证券公司除了建设自己的私有云,还可以通过券商联盟云的方式由多个证券公司共同建立联盟云,实现技术以及业务的共享,避免各自部署一套,以减少重复建设,节省费用。券商联盟云的安全性不同于公共云,在参与各方良好协作的基础上,数据库并不暴露于公共网络,在一定范围内由业内权威人士掌握,可认为是比较安全的。具体来说,可以通过监管机关、交易所、登记结算公司等机构来牵头,组织建设整个证券行业的云计算。

当前,证券行业的一个迫切需求是构建证券行业综合云平台,给投资者或使用者提供一个公平公正的基于云计算的证券投资环境。如图 4-12 所示,证券云服务平台的主要服务模块包括以下几项:网站、WAP 网站、网上营业厅、手机炒股、客户移动终端、信息发布管理平台、客户经理营销平台、投资顾问服务平台、咨询平台、运营管理平台和运行监控平台。证券云服务平台主要是形成一个统一的数据存储及挖掘平台,减少数据之间的异构性以及跨平台性,利用统一的存储中心对数据进行挖掘和分析,增加券商之间的沟通。

3) 云计算在保险业的应用

在保险行业中,需要考虑诸多不可预计的因素,而在计算的过程中引入任何一种因素都会导致最终计算结果的改变,而普通的计算机无法支撑如此规模的数据变动计算。另外,客户资料及公司的运营信息是企业极为宝贵的投资信息资源,如何在当前海量的信息体系中筛选出满足企业发展需要的重要信息,也是当前各保险公司竞争的核心工作。云计算可以利用其庞大的计算网络和数据中心来完成相应的计算目标,针对性地为用户提供服务。但是,保险行业在运用云计算时,需要注重企业自身的信息资源保护,以免因信

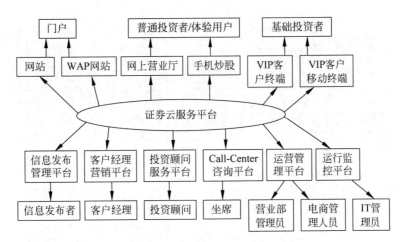

图 4-12 证券云服务平台

资料来源：庞灵,吴红乐.基于云计算技术的证券应用平台架构研究[J].科学大众,2017(5)：186-187.

息外泄而导致企业竞争失利。

保险业应用云计算的方式主要有以下三种。

一是云保障系统。云保障系统主要为社会保险信息系统提供服务,在实际运行中,云保障系统能够更好地满足不同参保人随时提出的服务需求,落实第一时间的响应及反馈。结合参保人的实际需求,社保信息管理人员可以对云系统展开统一管理或调整,为参保人提供更加新颖的服务模式。相比于传统的社保服务模式而言,这一新模式更加智能化、集成化、实时化、模板化以及远程化,推动了企业社保管理信息化的落实。

二是云审计平台。在云审计平台的支持下,社保基金审计工作的时效性得到了明显的提升,进一步缩短了审计数据的获取时间,确保审计工作更加顺利地进行。同时,平台还实现了社保基金审计的自动化,减少了相关人员的工作量,也有助于避免审计过程中的错误、误差等问题发生。

三是电子管理云系统。在社会保险电子政务建设中,云计算发挥出较大的作用。第一,提供查询服务。在查询模块中,用户能够实时获取相关业务办理的进程,获取的信息能够详细到具体的科室、业务员,并为用户提供相关办公室电话。第二,远程申报功能。服务系统中设置了各险种的缴费数据查询功能,并将用户的社会保障卡与社保手机系统账号进行关联,完成保险转移、接续、申报等业务。

保险业云平台架构如图 4-13 所示,云计算将计算机的海量存储能力与高运算速度集成起来,并可以根据具体的需求对服务、扩展性和虚拟化进行定制,满足当前保险行业对计算机信息系统的连续性、稳定性、高效性的使用需要。不管是保险公司利用外部运营商搭建的"公共云",还是企业自身在内部构建的"企业云",都是应用了云计算的虚拟化技术,能够有效地减少 IT 基础设施建设的投入,从而减少保险公司日常运作和数据管理的成本支出。从计算的安全角度来看,为了确保保险公司的敏感信息能够在"云"端安全保存,云计算已经开发并形成了一系列的保障技术措施,且相配套的数据安全监管也得到了持续加强,这使得云计算的数据安全程度有所提高。

图 4-13 保险业云平台架构

资料来源：中国保险行业协会、中国通信标准化协会，http://www.iachina.cn/module/download/downfile.jsp?classid=0&filename=7cf50bfe0afe4c10a4f7c0d93699854a.pdf。

3. 云计算在具体金融服务中的应用

金融机构向客户提供服务前，需要先定位潜在客户，通过评估客户风险来确定客户适合的产品及价格，实现对客户的精准营销；确定产品及价格后，金融机构与客户进行交易，并进行支付清算；当客户处于金融产品的持有期时，需要对客户持有期的全过程进行风险管理和控制。通过将云计算技术的优势与金融业具体服务的结合，可以提高金融业事前获客、事中交易、事后管理的全过程服务质量和效率。因此，以下将从六个方面分析云计算在具体金融服务中的应用。

1）云计算与客户风险评估

金融机构向客户出售金融产品或提供金融服务之前，往往需要先评估客户风险，以确定客户适合的产品或服务及出售价格，进行针对性的营销。在应用过程中，云计算具有数据存储和数据处理能力，可以从云资源中提取风险要素，进入网络信用评估算法系统，待运算完毕后得到相应结果。同时，云资源会随着客户信息的变化及时自动更新，反映客户的风险变化，由此进行风险预测。一旦云计算应用框架建成，客户管理的员工不需要有很高超的 IT 技能，只需要设定好算法的参数和指标，计算机就会把通过大量数据和算法处理得出的结果直接存储于软件中，客户风险管理人员即可浏览到一系列的数据分析结果。因此，云计算的应用能让金融机构更广泛地使用算法模型进行客户风险评估，更准确地预测客户风险水平,从而更精准地向客户营销产品及确定价格。

2) 云计算与业务系统升级

金融行业业务规模的扩张和业务种类的增加,对金融机构的业务系统提出了更高要求,用于支撑业务运行的IT系统和基础设施也日趋庞杂。在此背景下,金融机构需要增加IT基础架构和IT技术人员的投入成本,而且IT系统从评估、规划、实施到调试需要较长的周期,难以满足业务需求的快速变化。

基于云计算的交易平台可以解决成本和业务需求问题。云计算方案的实施和所有技术问题的解决都交给专业的、功能强大的云计算服务提供商去实现,使得金融交易平台脱离存储设备、网络设备以及服务器等硬件设备,因此金融云交易平台降低了IT系统的建设和扩容成本。此外,金融云交易平台具有易用、可管、部署迅速等特性,其通过资源的虚拟化、动态分配和自动化管理,建立跨系统、跨地域的资源共享池,可以满足业务需求和客户需求快速变化对交易系统的要求。

3) 云计算与支付清算

近年来,随着金融领域支付清算业务的快速增长,金融机构需要扩大支付清算系统的规模,并进一步加强系统的信息化建设。云计算具有可扩容、富有弹性的特点,可解决业务量多、并发量大的问题,因此基于云计算的支付清算系统与支付清算业务的高速发展相匹配。

从技术角度来看,系统云化能给支付清算带来两个方面的提升。一方面,云计算技术可整合网络、存储、服务器等计算资源共享池,并能根据支付流量需求快速分配并弹性扩展资源,动态支持海量支付交易,提高支付清算业务的响应速度和支撑效率。另一方面,采用分布式架构技术可帮助支付清算系统实现多中心多活的系统架构,多个数据中心同时在线,业务并行处理。即使某个数据中心因技术原因或其他不可抗拒因素发生故障,支付清算业务可以自动切换到其他的数据中心,极大地提高了支付清算业务的容灾恢复能力和业务连续性。

因此,云计算给支付清算业务的发展带来了很大优势,在本章最后一节案例分析部分案例4-5,介绍了基于云计算的央行第二代支付系统,分析了该系统帮助集中支付系统解决的各种问题,以及如何设计和搭建基于云计算的支付系统。

4) 云计算与风险控制

传统风控主要依靠人力,对部分风险的监控也基于较为单一的数据,很难做到实时监控。以银行为例,传统风控依靠央行征信数据、企业财务报表等作为信用评估的依据,而我国存在大量信用空白户,众多有贷款需求的人群还没有被征信覆盖,中小微企业的贷款申请则依靠金融机构客户经理的尽职调查,第三方支付机构对部分风险交易无法做到尽早排查。因此,金融业需要一个覆盖面广、信息完善的风险控制系统。

基于云计算的风控系统,将在金融机构发挥重要作用。建设基于云计算的风控系统,可由监管部门牵头,构建风险数据共享云平台,通过统一的数据标准和系统接口,将海量的黑名单数据归集、分类并设置权限,打破"数据孤岛",在云平台上存储、整合、处理风险数据,以提升全社会的风险监控能力。

目前,好贷云风控公司通过整合众多权威、合规的大数据资源,全方位有效掌控信贷机构的个人、企业户客户的风控数据,并结合全球顶尖的 FICO 评分技术,构建迄今为止最极致的风险控制和监测体系。好贷云风控的数据已运用到银行、小额贷款公司、P2P 等 200 余家信贷机构,保护着数百亿信贷资金的安全,持续为合作信贷机构降低风险。好贷云风控平台以独创的风险扫描、存储和分析技术,第一时间发现潜在风险因子,时时监测借款人的动态负债信息,全局检测借款人逾期记录,并提供即时有效的预警服务。

5) 云计算与反洗钱

洗钱犯罪是一种金融犯罪,金融机构必须履行反洗钱行为的法律责任。为了满足反洗钱相关法规的要求,需要完成的特定任务包括:一是完成总交易信息的收集以形成一个完整的资金链,二是建立以客户和客户的信息为中心的整体观,三是实现大额交易和可疑警告提取的自动识别,四是可疑警告的人工判断和数据报告、归档、管理,五是历史数据的保存等。云计算与反洗钱系统的结合可以帮助金融机构完成主动的风险识别和控制,进行自我测试并及时验证业务交易是否符合外部监管要求,并减少监督金融机构洗钱的罚款和声誉成本。

基于 Hadoop 云计算平台的反洗钱系统的逻辑架构主要分为数据基础层、数据处理层、规则处理层、数据应用层。分布式文件系统 HDFS 实现数据存储,采用 MapReduce 和 Hive 结合的方式实现数据的处理、规则计算,而 Oozie 实现了调度,数据采集经由数据交换平台和接口机,数据的存储与处理采用 Hadoop 集群,Hadoop 集群采用多台 X86 的服务器组成,如图 4-14 所示。

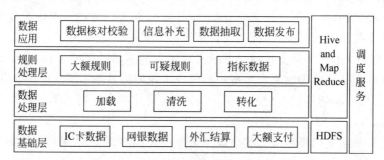

图 4-14 反洗钱系统逻辑结构图

资料来源:易华杰. 基于 Hadoop 平台的银行反洗钱系统[D]. 广州:华南理工大学,2015.

6) 云计算与金融监管

云计算技术作为 IT 的发展潮流和趋势,能够为金融监管系统提供高性能运算和良好的数据共享条件,并完成对计算能力的合理优化和配置,从技术层面及时准确地提供预测和预警信息,从而有效解决金融监管系统的技术难题。基于云计算技术的金融监管信息系统,有利于收集存储各金融部门和行业的海量数据与信息,还可以依靠云计算技术的强大处理能力,选取合适的预警模型进行计算,为监管部门提供各种预警结果与决策支持,实现金融业的综合安全监管。

未来我国将逐步走向混业经营,基于云计算的金融监管体系框架将有助于实现金融机构间的信息共享,推动金融监管由机构监管向功能性监管过渡,建立以国家金融监督管理委员会为核心的综合监管模式。

4.3 云计算带来的机遇与挑战

目前,中国的云计算产业处于快速发展期,云计算因其自身的技术优势吸引了越来越多行业与其进行融合发展。但是,这一技术本身存在一定缺陷,其他行业与云计算进行融合时也存在一定挑战。因此,本节首先介绍云计算自身在技术方面的机遇与挑战,其次介绍云计算与其他行业融合的机遇与挑战,最后对云计算未来的发展进行展望。

4.3.1 云计算的技术机遇与挑战

1. 云计算的技术机遇

1) 云计算的技术优势

第一,云计算具有成本低、配置灵活、资源共享的优势。

在云计算领域,云服务商将计算、存储、网络等资源虚拟云化形成资源池,在资源池内,不同的物理设备和虚拟资源可根据用户需求进行动态调配以及快速地部署和释放,如果企业采用云计算技术,将业务搭载在云端,不仅省去了本地部署的前期投入和后续运维费用,还可以根据业务需要按需付费,在负载峰值时及时调配资源,在低谷时及时释放资源,帮助企业更经济地规划企业IT支出。而且,在云计算服务市场,随着云平台聚集越来越多用户,云服务商的边际成本急剧下降,每多增加一个用户的边际成本趋于零,因此云计算的服务成本会低于传统IT架构。

第二,云计算具有很强的计算弹性、存储弹性、网络弹性。

计算弹性包括纵向弹性和横向弹性。纵向弹性:单个服务器的配置变更,当购买了云服务器或者存储的容量后,可以根据业务量的增长或者减少自由变更配置。横向弹性:对于游戏应用或直播平台出现的高峰期,若在传统的 IDC(互联网数据中心)模式下,无法立即准备资源,而云计算却可以使用弹性的方式帮助客户度过这样的高峰。当业务高峰消失时,可以将多余的资源释放掉,以减少业务成本的开支。利用横向的扩展和缩减,可以做到定时定量的伸缩,或者按照业务的负载进行伸缩。

存储弹性:当存储量增多时,对于传统的 IDC 方案,只能不断去增加服务器,而这样扩展的服务器数量是有限的。而云计算模式能提供海量的存储,当需要时可以直接购买,为存储提供最大保障。

网络弹性:云上的网络也具有非常大的灵活性。只要购买了专有网络,那么所有的网络配置与线下 IDC 机房配置可以是完全相同的,可以实现各个机房之间的互联互通,对于专有网络内所有的网络配置和规划都会非常灵活。

2) 云计算技术与其他技术的融合

云计算、大数据和人工智能等技术是数字化时代的底层基础设施,大数据和人工智能等技术的发展需要云计算技术的支持。近年来,人工智能算法的突破性进展实现了对海量数据进行自动化学习,极大地提高了数据处理效率,也对算力提出了更高的要求。云计算以低成本和快速灵活的配置方式,提供了强大的弹性伸缩的计算力资源,云计算的分布式处理、分布式数据库、云存储、虚拟化等功能将为大数据和人工智能的应用提供技术支持。

云计算、大数据和人工智能等技术将帮助传统企业拥抱信息化、数字化、智能化，如图 4-15 所示，从技术、业务环节、业务流程管理、业务模式、改造效果五个层面勾勒出以云计算、大数据、人工智能等数字技术帮助企业实现数字化转型的具体层次。

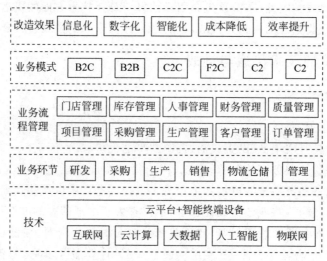

图 4-15　企业数字化转型

资料来源：亿欧智库，https://max.book118.com/html/2019/0424/6141122122002024.shtm。

企业运行的各个环节都伴随着信息和数据的传递，云计算、大数据、人工智能等技术有助于企业内部实现业务流程和业务环节的改造，带来成本的降低和效率的提升。未来，企业内的管理和企业间的协作将表现出网状、并发、实时等特点。云计算底层基础设施搭建的完备程度、数字资产的价值挖掘和转化效能，是企业发展的决胜关键。

2. 云计算的技术挑战

虽然云计算技术因其自身优势在很多行业获得了广泛应用，但是，云计算技术自身也存在一定的缺陷，云计算的技术挑战主要体现在以下四个方面。

1) 网络信息缺乏安全性

云计算厂商在为用户提供云计算服务时，如果缺乏良好的保密技术，将容易造成用户信息泄露等安全隐患，造成用户严重的经济损失。此外，一些云服务供应商缺少对用户权限的相关限制工作，导致用户之间能够轻易看到对方的数据信息，这样也难以保障云计算服务网络信息的安全性。在云计算环境中，虽然数据是存储在不同的服务器上，增加了非法用户获得完整数据的难度，但是仍然存在可能，如非法用户可以暴力破解所有的存储服务器来收集信息，甚至会破解云存储系统的数据分发逻辑。

2) 数据信息缺乏完整性

云计算服务供应商普遍采用分布方式对数据进行存储，大多数的信息储存是分散性的，这对于储存的信息完整性没有充分的保证。数据信息的不完整性将直接影响用户的云服务应用体验，如果信息资源分布过于分散，将会大大降低企业运行的效率。因此，云计算技术应加强对相关储存信息的统一管理力度，切实保障信息储存的完整性，加强信息资源集中和整合。

3）缺乏云之间的互操作性

如果用户希望维护多个云之间的数据同步、应用版本同步、应用云之间的相互操作，那么需要通过一种方法将多个云数据中心抽象为一个，这个功能需要通过标准化来完成。随着云计算的发展，可以通过不同的终端设备来使用云服务，这么多的终端设备包括手机、平板、个人计算机等都要与云端进行数据交互，若每个云计算平台都提供一种接口，那么设备之间就很难互联互通。尽管云计算产品相当丰富，但目前并未有统一的接口标准以实现终端设备间的互联互通，缺乏云之间的互操作性标准是采用云计算服务过程中的一项巨大挑战。

4）迁移云端存在风险

基于标准化的硬件才能构建云计算平台，除了对于硬件的标准化需求，云计算还改变了应用交互方式，由此云计算带来了两个风险：硬件迁移风险和应用移植风险。在原来的数据中心，硬件都是相对独立的，迁移到云计算数据中心后，虚拟化的部署就使得硬件的界限不再那么明显，设备间以虚拟化的形式按照负载均衡和提高利用率的原则进行迁移，所以在迁移之时，要做好系统的评估和科学的分析，否则可能导致硬件平台无法发挥出应有的效果，甚至还会导致应用系统的崩溃。原有的应用程序部署在相对独立的硬件系统上，而迁移至云计算平台时，应用程序有可能部署到不同的硬件或是操作系统上，同时会涉及虚拟机迁移和操作系统的兼容性，所以能否实现应用的无缝迁移成为应用迁移的关键。

4.3.2　云计算与其他行业融合的机遇与挑战

目前，许多传统行业与云计算进行融合发展，4.2节分别介绍了农业云、制造云、金融云、教育云、医疗云、政务云、物流云、零售云的应用，接下来将与此对应分别阐述云计算与农业、制造业、金融业、教育业、医疗业、政务业、物流业、零售业融合的机遇与挑战，认识在不同行业运用云计算时应该注意的问题。

1. 云计算与农业融合的机遇与挑战

随着科技赋能行业的发展和落地，农业信息化将成为农业发展的未来趋势。按照统一的网络架构和技术标准，在云计算基础上搭建全国或全省的农业综合信息服务平台，可以实现设备、资源和应用的共建共享，大幅降低农业信息化的建设成本和维护成本。同时，云计算拥有的海量数据计算能力能够对农业生产全过程涉及的大量数据进行分析和计算。

随着云计算技术、物联网技术在农业的普及，智能灌溉系统、自动化温室、智能饲料投放技术等生产自动化控制都可以引入云计算中，农户只需购置少量远端自动化生产工具，就可以实现云端控制。远程控制、监控应用将成为田间地头的技术，农业生产过程智能化将使劳动力和生产率得到释放与提升。

农业数据安全是农业与云计算融合的主要挑战，尤其对农业科研工作者来说，农业数据安全是他们考虑的首要因素。云计算服务建设在虚拟化的共享基础之上，利用云计算是否存在不安全因素是许多农业科研人员关注的问题。

2. 云计算与制造业融合的机遇与挑战

随着云计算的发展,越来越多的云应用开始融入制造企业的日常业务,如图 4-16 所示,阿里云将制造企业的研发、生产、营销、公司运营、人力管理等环节分别融入不同的云服务层。

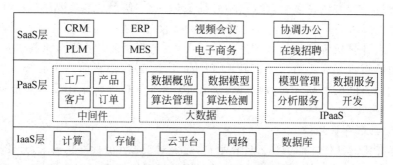

图 4-16　阿里云制造业云平台业务架构

资料来源:亿欧智库,https://max.book118.com/html/2019/0424/6141122122002024.shtm。

制造云为制造企业带来的机遇主要有以下几方面。

一是产生信息协同效应,实现数据价值。制造业长期以来都是数据密集型行业,其数据包括工厂车间机器的运行数据、上下游的供应和销售数据、熟练工人的经验数据等,这些海量数据容易形成孤岛。早年的工业信息化更多解决的是存储问题,云计算作为制造业的核心技术,可以帮助企业采集、存储、连接和分析产业链各个环节的数据,挖掘数据背后的商业价值,实现高效协同生产。

二是提高企业决策的响应速度。云计算技术方便企业高管在任何地方只要用手机或者计算机连上网络,就可以实时了解企业生产、管理和经营情况,以及查询企业的历史数据,同时也可以快速获得行业信息,快速地了解市场,市场有什么动态,企业也可以快速作出调整,提高响应速度,降低运营风险。

三是避免企业数据丢失。以往企业自身存储数据,但当本地计算机崩溃便会丢失宝贵的数据资料。云计算服务器中的数据是实时备份和自动复制的,部分服务器的崩溃不会影响用户的存储数据。

但是,制造业企业在运用云计算服务时,会存在以下几方面的挑战。

一是业务系统集成问题,很多制造业大型集团拥有众多的信息化系统,如 ERP、CRM、OA(办公自动化)、SCM(供应链管理)、MES(制造执行系统)、PLM(产品生命周期管理)、PDM(产品数据管理)、CAD 等,这就不可避免地要考虑如何对异构系统集成的问题,目前云应用发展还不够成熟,很多信息化解决方案提供商只能提供部分或少数几种业务系统,而且不同厂商之间的云服务系统无法实现集成。

二是带宽限制。除部分制造企业部署的私有云系统之外,大多数云服务都是基于互联网的在线应用,这些在线云服务严重依赖网络带宽访问。企业在接入远处的云端时,较窄的带宽会严重影响业务的使用效率。

三是数据安全无法保障。虽然云计算服务器具有自动备份和容灾功能,但是如果云计算服务提供商的系统发生故障,或由于人为或黑客入侵,将导致数据泄露,给企业带来重大的经济损失。

3. 云计算与金融业融合的机遇与挑战

金融行业是信息密集型行业,很多金融业务需要根据数据分析的结果来执行,云计算能促进信息资源的充分利用,与金融业相契合,因此云计算和金融业的结合将为金融业带来良好的发展机遇。

第一,云计算能有效降低成本。云计算是通过大量计算机构成资源池,分散处理大量的计算任务,这种模式能为金融机构传统的数据中心缩减软硬件、人力资源和通信线路等基础设施建设成本,并提高计算速度、准确度,提升数据中心的工作效率,减少能源消耗。

第二,云计算能有效保障数据中心的运营正常。云计算具有多副本容错功能,一旦金融数据中心遭遇不可控自然灾害或业务中断、设施故障等问题,数据储存和计算的任务会被转移到其他节点上。

第三,云计算能提供更高质量的数据挖掘服务。金融业是高度依赖信息的产业,需要通过分析大规模客户数据、行业数据来进行管理和决策。云计算的大量计算机组组成容量超大的数据仓库,计算机组的同步运算能提供更强大的数据挖掘功能,计算机组可以对大量的无规律数据进行深层次挖掘、整合和分析,形成具有可参考性、可用性强的数据,为金融机构的管理和发展决策提供数据支持。

本章最后一节案例分析部分案例 4-6 招商银行云平台项目,正是体现了云计算给金融业带来的机遇,但云计算也会给金融业的发展带来一定挑战,主要包括以下四个方面。

一是金融数据的安全与隐私。金融行业是一个高度监管的行业,对金融行业数据的保存以及备份、网络隔离等都有很多的限制,若网络隔离或虚拟机管理不当,可能导致金融机构会计财务数据、客户信息数据等泄露。而且存储环节数据加密的难题还未得到有效解决,无法保证金融数据的彻底销毁,可能造成金融机构失去对数据的控制。

二是金融云服务系统稳定性。金融业务系统上云后,云服务提供商的业务连续性计划、灾难恢复能力,以及操作能力都将影响到金融云系统的稳定性。目前人民银行已经就云计算技术在金融业的应用出台了相应规范,对云服务商的容灾能力提出标准。但该规范相对原则化,没有具体文件制度规定宕机事故信息披露的透明程度和及时性,也没有对事故赔偿提出要求。

三是金融业局部风险被扩大。金融云可支持银行、证券和保险公司的不同业务,IT系统混业运行特点明显,这使得局部风险容易被扩散或放大成全局风险。如果金融云服务商因经营不善无法继续提供服务,购买服务的金融机构将面临业务中断和数据丢失的风险,可能在一定范围内引起社会动荡,造成不良影响。

四是系统迁移影响工作效率。较高的试错风险使得金融机构对系统的迁移比较谨慎,影响了金融业云计算发展的进程。金融机构的系统迁移也需要从外围系统到核心系统逐步迁移,对原来广泛依赖传统集中式 IT 架构的金融机构而言,未来很长一段时间内将处于集中式架构与分布式架构并存的状态,这影响了金融机构的工作效率。

4. 云计算与教育业融合的机遇与挑战

云计算与教育业的融合促进了教育行业的数字化转型升级,其带来的机遇主要有:一是促进教育资源的共享。教育行业如果采用云计算技术,就可以在多个用户之间共享教学资源,学习者只要拥有一台能连接网络的设备便可以获取所需要的知识,教师也可以把教学资源上传到云空间,共享自己的教学成果。二是实现教学评价的转变。教育云平台能够记录教学过程的每一细节,跟踪记录学生的学习信息并反馈给教师,也可以对教师的教学过程和教学效果进行综合分析,为教师的考核和评优提供依据。三是降低教育系统的成本。教育云平台以虚拟化技术为依托,削弱了软硬件和网络数据之间的物理依赖性,整合了各种优质资源,促进资源的共享和传播,减少了教学资源的重复建设成本。

云计算解决了教育资源的共享、管理、建设等问题,但是,将云计算技术应用到教育行业也存在以下挑战。技术层面的挑战:包括我国带宽能否支撑云平台的建设、教育云平台如何保证教育管理信息与学生个人信息的安全。信息管理的挑战:除了教育主管部门参与教育云建设外,参与人员还包括企业、专业研究人员和教师学生,加上教育云的服务范围广,因此,要在教育云范围内对身份、信息等进行统一管理显得十分困难。人才层面的挑战:在教学过程中,教育云的发展对教师的教学能力和操作技能提出更高的要求,教师要提高自身的专业能力才能去操作和利用这一技术进行教学工作,更好地发挥教育云的优势。

5. 云计算与医疗业融合的机遇与挑战

云计算给医疗行业带来的机遇主要是医疗信息的整合、分析和共享,具体表现在以下三方面。

一是医疗信息整合,连接不同主体。不同医院的医疗系统之间缺乏统一的信息管理系统,导致医疗信息无法进行有效整合。而云计算技术能够整合各类医疗资源,共同组建基于"云"的医疗卫生资源共享服务平台,而且能将医院、药品制造商、医疗保险、政府等多方机构连接起来,促进医疗信息在不同主体的传递和使用,加速医疗信息化建设。

二是医疗数据分析,提高医疗质量。云计算所提供的对数据的分析和计算能力能够对海量的医疗数据进行精密的加工和计算,使医疗质量和医疗效率大大提高,使行业医师的诊断结果更加准确,能够充分保障患者的身体健康和生命安全,为病人提供最大限度的福利。

三是医疗数据共享,节约患者成本。通过云计算提供的医疗数据共享平台,云计算服务器能够保存医疗信息并在需要时提供给用户,再加上健康电子档案、电子病历的推行,医生可以及时获取病人的患病历史和诊疗信息,当患者去其他医院时可以不用重复体检,节约了成本。

但是,医疗信息和数据也是云计算与医疗行业结合的主要障碍,如何确保患者数据的安全和保护患者的隐私权,这是云计算应用于医疗卫生领域面临的最大挑战。虽然云计算在节省开支和数据共享等方面的优点显而易见,但是当前缺乏医疗云方面的行业标准和法律规范,病人敏感数据储存在云端,很容易造成数据泄密。随着医疗行业数据终端

(PC、各种医疗设备、电子病历、健康电子档案等)的多样化,云必须兼容更多形式的医疗数据终端,并对各类终端交互能力加以优化。

6. 云计算与政务业融合的机遇与挑战

云计算中心是政务门户网站运营、政务信息资源开发以及政务系统应用的强有力后台保障。随着政府门户网站访问量的快速增长、网站内容多媒体化,网站的计算量、存储量呈现出爆炸式的增长,这就需要利用云计算技术来提高政府数据中心的运行效率。

建设基于云计算技术的办公自动化系统,可以增加网上办公、信息发布、电子监察、行政审批以及信息归档等功能,保证各部门之间能够更加明确自身的业务流程,实现跨部门业务流程的有效对接,保证政府部门之间的信息共享和业务协同。通过对云平台内部信息的驱动引擎,实现不同的电子政务系统之间的信息整合、交换、共享和政务工作协同,提高各级政府机关的整体工作效率。

采用基于云计算技术的电子政务模式,统一采购软硬件设备,可以对政府信息系统进行统一的管理、统一的运维,这样不仅减少政府财政支出,也有利于信息资源的有效整合,以此发挥出电子政务的整体效益,提高行政服务效能和管理水平。

但是,云计算与政务行业的融合也存在一定挑战,主要有以下两方面。

一是安全性问题。对政府机构来说,一些工作可能涉及国家安全,云服务系统一旦发生信息泄露等问题,将严重影响国家安全。所以,政府部门在选择云计算供应商时,应重点考察云服务供应商的服务质量,以及在安全性、易用性、稳定性、快速响应、技术支持能力等方面的要求。

二是对政府部门的IT运维人员提出的挑战。云计算的特征要求IT运维人员既能够从长远角度考虑IT资源的整体规划,又能够考虑到如何将更多更好的应用引入云平台上,并保证它们的可用性、安全性和可扩展性。由于传统的电子政务的IT运维很多项目都是外包出去的,而应用云计算平台之后,运维工作如何分配,政府内部的IT运维人员与云服务供应商如何协调工作,也是需要重新考虑的问题。

7. 云计算与物流业融合的机遇与挑战

云计算与物流业融合的机遇主要是云平台可以对物流信息进行集成。如图4-17所示,浪潮云物流信息平台将车辆、运输、配送、仓储等进行集合,有助于物流企业提高管理效率。物流云的优势主要体现在以下三方面。一是物流企业利用云计算技术优势,可以集成众多物流用户的需求,形成物流需求信息集成平台,整合零散的物流资源。二是提高物流信息的协作和传递效率。物流企业运输配送中间环节冗余混乱、运输成本居高不下、如何安排送货顺序、如何实时了解货车途中的情况和配送时效、如何规划最合理的路线等都是物流配送中的核心痛点,如果将云计算贯穿于物流活动的各个环节,将改变原有的工作模式,使各项物流活动实现最佳的协调与配合,实现所有信息的交换、处理、传递,使物流效益最大化。三是云计算具有强大的信息收集和数据处理能力,能够为整个物流管理流程提供数据管理、统计分析、决策支持等服务,有利于实现物流管理的自动化和电子化,使物流管理工作更加标准化和信息化。

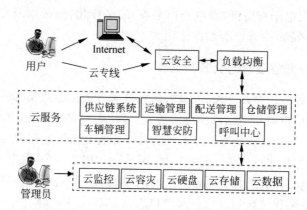

图 4-17　浪潮云物流信息集成平台基础架构

资料来源：亿欧智库，https://max.book118.com/html/2019/0424/6141122122002024.shtm。

云计算与物流业融合存在的挑战主要是物流管理组织结构优化问题。云计算是对数据信息资源整合和归纳的技术，但企业传统的事业部制、职能化式的物流管理组织结构并不适用于目前云服务提供商所需的技术管理条件。如果企业希望将云计算服务模式与企业自身的组织结构精准对接、完美融合，就必须根据云计算平台的要求对企业组织结构由上及下，针对各个事业部门优化管理结构，传递数据信息指令，将传统固化的命令式结构组织灵活化，使其更能适应云计算背景下的现代物流企业管理模式。云计算平台所要求的是更透明的、更系统的、更简洁的现代物流管理组织结构。在这种情况下，物流企业管理体系必须寻求转型突破，才有机会完全适应并享受云计算技术所带来的物流服务上的技术优越性和组织高效化。

8. 云计算与零售业融合的机遇与挑战

当前的零售企业正逐步从传统零售模式走向新零售模式，新零售的整个环节都与数字密切相关，云计算的算力将为零售企业数字化转型提供动力。

一是为零售企业搭建统一的业务支撑中台，保障各业务系统稳定通畅。随着业务规模的不断拓展，尤其是开设电商网站后，需要面对海量用户的并发访问，以及电商业务系统与现有的 ERP 系统、供应商管理、门店管理等多套系统的融合问题。如果本地部署的 IT 资源跟不上业务扩展的速度，将导致用户无法访问或者海量订单无法及时处理的情况发生。基于云计算架构，传统零售企业可以构建统一的服务和数据系统，形成统一的业务支撑中台，对门店销售、网站销售、移动销售及多家门店和供应商进行统一化管理，保障各个业务系统的稳定通畅。

二是解决企业与用户间信息不对称问题，如缺乏及时、深入了解产品特征及价格变动的精准方式，缺乏对线下服务资源及时了解等。云计算聚合与分享、多方协同的特点，能够整合产业链各方参与者所拥有的面向最终客户的各种资源，包括产品、线下服务、账户信息等，为客户提供全面、精准、实时的信息，解决平台与用户、线上线下信息不对称的困境。

三是依托云端的数据分析进行销售。云计算可提供一站式产品营销，客户通过交互界面,在 PC 端、App 等渠道购买产品、查询信息,用户还可以利用社交功能加强与同类用户之间的交流。企业收集处理售卖信息和社交数据,利用数据分析消费者需求,据此对销售、库存、采购进行调整。

但是,零售企业与全面云化过程还存在一定距离,零售商要想融入"云消费"时代,必须打破网络和实体商业的界限,整合供应链各个环节的"云服务"平台建设,因此单凭单个企业的力量推进必然困难重重。同时,电子商务要求极度安全和高效的计算与存储支持,缺乏统一的标准与接口也是待解难题,各家零售企业的系统各自独立,标准与接口各不相同,不利于上下游企业之间的互联互通。

4.3.3 云计算的发展展望

通过分析云计算的发展历程、云计算的应用、云计算带来的机遇和挑战,进一步对云计算未来的发展进行展望。

1. 云需求从 IaaS 向 SaaS 上移

伴随企业上云进程不断深入,企业用户对云服务的认可度逐步提升,对通过云服务进一步实现降本增效提出了新诉求。企业用户不再满足于仅仅使用基础设施层服务(IaaS)完成资源云化,而是期望通过应用软件层服务(SaaS)实现企业管理和业务系统的全面云化。未来,SaaS 服务必将成为企业上云的重要抓手,助力企业提升创新能力。

2. 云布局从中心向边缘延伸

5G、物联网等技术的快速发展和云服务的推动使得边缘计算备受产业关注,但只有云计算与边缘计算通过紧密协同才能更好地满足各种需求场景的匹配,从而最大化体现云计算与边缘计算的应用价值。未来,随着新基建的不断落地,构建端到端的云、网、边一体化架构将是实现全域数据高速互联、应用整合调度分发以及计算力全覆盖的重要途径。

3. 云应用从互联网向行业生产渗透

随着全球数字经济发展进程的不断加快,数字化发展进入动能转换的新阶段,数字经济的发展重心由消费互联网向产业互联网转移,数字经济正在进入一个新的时代。未来,云计算将结合 5G、AI、大数据等技术,为传统企业由电子化到信息化再到数字化搭建阶梯,通过其技术上的优势帮助企业在传统业态下的设计、研发、生产、运营、管理、商业等领域进行变革与重构,进而推动企业重新定位和改进当前的核心业务模式,完成数字化转型。

4. 云定位从基础资源向基建操作系统扩展

在企业数字化转型的过程中,云计算被视为一种普惠、灵活的基础资源,随着新基建定义的明确,云计算的定位也在不断变化,内涵也更加丰富,云计算正成为管理算力与网络资源,并为其他新技术提供部署环境的操作系统。未来,云计算将进一步发挥其操作系统属性,深度整合算力、网络与其他新技术,推动新基建赋能产业结构不断升级。

5. 云安全从外延向原生转变

受传统 IT 系统建设影响，企业上云时往往重业务而轻安全，安全建设较为滞后，导致安全体系与云上 IT 体系相对割裂，而安全体系内各产品模块间也较为松散，作用效率低。随着云计算的安全问题受到广泛关注，原生云安全理念开始兴起，原生云安全指云平台安全的原生化和云安全产品的原生化，如图 4-18 所示。安全原生化的云平台能够将安全融入从设计到运营的整个过程中，向用户交付更安全的云服务；原生化的云安全产品能够内嵌融合于云平台，解决用户云计算环境和安全架构割裂的痛点。安全与云将实现深度融合，推动云服务商提供更安全的云服务，帮助云计算客户更安全地上云。

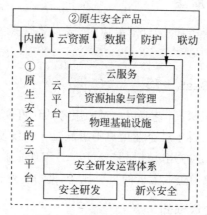

图 4-18 原生云安全架构

资料来源：中国信息通信研究院，http://www.cbdio.com/BigData/2020-07/29/content_6158863.htm。

4.4 案例分析

案例 4-1 阿里云应用——"云钉一体"战略

案例 4-2 腾讯云应用——腾讯云助力福建农信数字化转型

案例 4-3　华为云应用——深信服桌面云服务器

案例 4-4　百度云应用——度小满钱包智能小程序

案例 4-5　基于云计算的央行第二代支付系统

案例 4-6　招商银行云平台项目

复习思考题

1. 如何理解云计算的概念和特征？
2. 云计算的分类方式有哪些？
3. 云计算的关键技术有哪些？
4. 列举云计算与其他行业的结合。
5. 如何将云计算应用到金融领域？
6. 云计算带来了哪些机遇和挑战？

即测即练

第 5 章

大数据基础

本章知识点：

1. 掌握大数据的概念、特性。
2. 了解大数据的发展历程、国内外数据战略布局。
3. 掌握大数据技术的处理流程步骤及其具体内容。
4. 掌握大数据在金融等行业的应用场景。
5. 了解大数据带来的机遇和面临的调整。

近年来，大数据迅速发展为科技界、企业界乃至各国政府关注的热点。*Nature*、*Science* 等权威杂志相继出版专刊专门探讨大数据带来的机遇和挑战。著名管理咨询公司 McKinsey 称："数据已经渗透到当今每一个行业和业务职能领域，成为重要的生产因素。人们对于大数据的挖掘和运用，预示着新一波生产力增长和消费盈余浪潮的到来。"美国政府认为大数据是"未来的新石油"，一个国家拥有数据的规模和运用数据的能力将成为综合国力的重要组成部分，对数据的占有和控制将成为国家间和企业间新的争夺焦点。大数据已成为社会各界关注的新焦点，"大数据时代"已然来临。

目前大数据在各个领域已经得到广泛关注，相关概念越炒越热，但"大数据"一词有怎样的内涵？大数据又有怎样的发展历程？大数据技术的处理流程有哪些步骤？大数据有哪些应用场景？大数据技术会带来怎样的机遇与挑战？针对上述问题，本章将从大数据的内涵与发展展开，梳理大数据的技术体系，接着介绍大数据的应用场景，最后阐述大数据带来的机遇与挑战。

5.1 大数据的内涵与发展

随着互联网、物联网、云计算等信息技术的迅猛发展，信息技术与人类世界政治、经济、军事、科研、生活等方面不断交叉融合，催生出超越以往任何年代的巨量数据。遍布世界各地的智能移动设备、传感器、电子商务网站、社交网络每时每刻都在生成类型各异的数据。本节首先从大数据的概念、产生方式与特性阐述其内涵，而后介绍大数据的发展历程和国内外的数据战略布局。

5.1.1 大数据的内涵

1. 大数据的概念

大数据自提出至今得到广泛关注,由于大数据是相对概念,因此目前的定义都是对大数据的定性描述,并未明确定量指标,且无统一的定义。

根据维基百科的定义,大数据是指无法在一定时间内用常规软件工具对其内容进行抓取、管理和处理的数据集合;全球著名的管理咨询公司McKinsey将数据规模超出传统数据库管理软件的获取、存储、管理以及分析能力的数据集称为大数据;研究机构Gartner将大数据归纳为需要新处理模式才能增强决策力、洞察发现力和流程优化能力的海量、高增长率和多样化的信息资产。

虽然以上关于大数据概念的解读方式、角度以及侧重点不同,但是所传递的信息基本一致。大数据归根结底是一种数据集,其特性通过与传统的数据管理以及处理技术对比来凸显,并且在不同需求下,其要求的时间处理范围具有差异性。最重要的一点是大数据的价值并非数据本身,而是由大数据所反映的"大决策""大知识""大问题"等。

2. 大数据的产生方式

"大数据"并不是一个空泛的概念,其出现对应着数据产生方式的变革。如果从事件发生的三要素来看,只有具备时间、地点以及人物要求,事件才能完整。然而,对于"大数据"而言,其产生方式已经分别在这三要素上突破了限制,即传统数据产生方式的变革导致"大数据"的出现。下面将从事件发生三要素的视角,清晰、全面地分析大数据产生的特点以及变化,如图5-1所示。

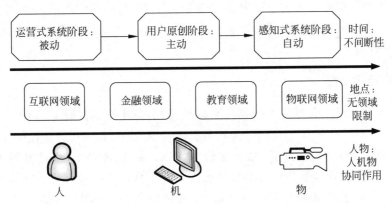

图 5-1 大数据的产生方式

资料来源:彭宇,庞景月,刘大同,等.大数据:内涵、技术体系与展望[J].电子测量与仪器学报,2015(4):469-482.

1) 时间:不间断性

传统数据是伴随着一定的运营活动而产生的,并在产生后存储至数据库,如超市只有用户发生购买行为之后才会产生交易信息,该阶段数据的产生是被动的,具有这种数据产生方式的阶段被称为"运营式系统阶段";随着互联网技术的发展,以智能移动终端和社交平台为媒介,大量通话和聊天记录的产生标志着"用户原创阶段"的到来,该阶段数据产生呈现主动性;而后,云计算、物联网以及传感技术的发展,使得数据以一定的速率源源不断地产生,该阶段的数据呈现自发性,该阶段被称为"感知式系统阶段"。通过以上分析可知,数据产生方式经历被动、主动、自动三个阶段,其逐步脱离对活动的依赖性,突破传统时间的限制,具备持续不间断产生的特性。

2) 地点:无领域限制

大数据出现在互联网、金融、医疗、教育、科研、航空航天以及物联网等领域。例如,互联网领域的网络点击流、网络日志、电子邮件以及交易记录;金融领域的股票交易、用户消费记录以及账户信息;物联网领域中大量分布的传感器感知的环境信息、设备信息;科研领域中仿真实验数据、实验报告、论文等。产生大数据的领域并不局限于此,还分布在生产生活的各种领域。例如,学生的考试成绩、学号信息,购物清单以及手机短信、通话记录等,都会形成数据并保存。由此可见,领域的扩展为"大数据"的形成提供重要基础。

3) 人物:人、机、物协同作用

人物是传统事件发生的重要因素,而对于数据的产生,其主体已经从传统的"人"的概念扩展到"人""机""物"以及三者的融合。首先,"人"指的是人类的活动,包括人的日常消费、使用移动互联网、移动设备终端等;其次,很重要的一部分数据来源于"机",即信息系统本身,计算机信息系统产生的各类数据,其以文件、多媒体等形式存在,包括计算机虚拟镜像、内容拷贝以及数据备份等;另外,"大数据"同样也来源于"物",其涉及各种具有采集功能的设备,如摄像头、医疗设备、传感器等。随着云计算、物联网等信息技术的发展,"人""机""物"的规模逐渐扩大,相互之间的作用越来越明显。数据的产生方式由"人机"或"机物"的二元世界向着融合社会资源、信息系统以及物理资源的三元世界转变。

数据产生的三要素已经发生历史性的变革。人、机、物协同作用下,不间断、无领域限制的数据产生方式突破传统数据的概念,其必然导致数据性质的变革,这也就衍生出新的概念——"大数据"。

3. 大数据的特性

大数据的复杂产生机制让大数据具有多种特性,其中得到广泛认可的是 META 集团分析师在 2001 年提出的 3V 特性,包括数据的规模性(volume)、高速性(velocity)以及数据结构多样性(variety)。此后,数据的价值性(value)也被提出,由此发展成了 4V 特性。2012 年,国际商用机器公司(IBM)又加入了真实性(veracity),大数据特性由 4V 发展到了 5V。截至目前,大数据特性已经由 5V 发展到了 7V,如图 5-2 所示。

5.1.2 大数据的发展历程

以往对大数据的演化过程通常从单方面的观点描述,如从年代或技术里程碑方面,本小节根据数据规模来刻画大数据的演化过程。大数据的发展历史和有效存储管理日益增大的数据集的能力紧密联系在一起,每一次处理能力的提高都伴随着新数据库技术的发展,如图 5-3 所示。因此,大数据的历史可以大致分为以下几个阶段。

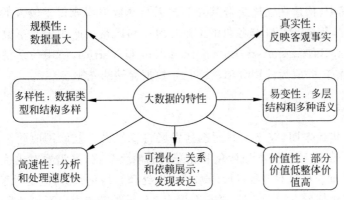

图 5-2 大数据的特性

资料来源:蔡江辉,杨雨晴.大数据分析及处理综述[J].太原科技大学学报,2020(6):417-424.

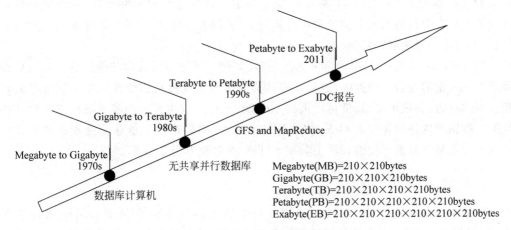

图 5-3 大数据主要历史里程碑

资料来源:李学龙,龚海刚.大数据系统综述[J].中国科学:信息科学,2015(1):1-44.

1. Megabyte 到 Gigabyte

20 世纪 70 年代到 80 年代,历史上的商业数据从 Megabyte 达到 Gigabyte 的量级,从而迎来最早的"大数据"挑战。当时的迫切需求是存储数据并运行关系型数据查询以完成商业数据的分析和报告。数据库计算机随之产生,它集成了硬件和软件解决问题,其思想是通过硬件和软件的集成,以较小的代价获得较好的处理性能。然而,专用硬件的数据库计算机难以跟上通用计算机的发展。因此,后来的数据库系统是软件系统,对硬件几乎没有什么限制,可以运行在通用计算机上。

2. Gigabyte 到 Terabyte

20 世纪 80 年代末期,数字技术的盛行导致数据容量从 Gigabyte 达到 Terabyte 级别,这超出了单个计算机系统的存储和处理能力。数据并行化技术被提出,用于扩展存储能力和提高处理性能,其思想是分配数据和相关任务到独立的硬件上运行。在此基础上,几种基于底层硬件架构的并行数据库被提出,包括内存共享数据库、磁盘共享数据库和无共享数据库。其中,构建在互连集群基础上的无共享数据库取得了较大的成功。集群由多个计算机构成,每个计算机有各自的 CPU、内存和磁盘。这些无共享数据库类型的产品,包括 Teradata、Netazza、AsterData、Greenplum 和 Vertica,使用关系型数据模型和说明性关系查询语言,并成为使用分治法并行化数据存储的先驱。

3. Terabyte 到 Petabyte

20 世纪 90 年代末期,Web 1.0 的迅猛发展将世界带入互联网时代。随之带来的是巨量的达到 Petabyte 级别的半结构化和无结构的网页数据,这需要对迅速增长的网页内容进行索引和查询。尽管并行数据库能够较好地处理结构化数据,但是对于处理无结构的数据几乎没有提供任何支持。此外,并行数据库系统的处理能力也不超过几个 Terabytes。

为了应对 Web 规模的数据管理和分析挑战,Google 提出了 GFS 文件系统和 MapReduce 编程模型。GFS 和 MapReduce 能够自动实现数据的并行化,并将大规模计算应用分布在大量商用服务器集群中。运行 GFS 和 MapReduce 的系统能够向上和向外扩展,因此能处理无限的数据。

21 世纪 00 年代中期,用户自主创造内容、多种多样的传感器和其他广泛存在的数据源产生了大量的混合结构数据,这要求在计算架构和大规模数据处理机制上实现范式转变。模式自由、快速可靠、高度可扩展的 NoSQL 数据库技术开始出现并被用来处理这些数据。数据库软件的先驱者 Gray 将这种转变称为"第四范式",他认为处理这种范式的唯一方法就是开发新一代的计算工具用于管理、可视化和分析数据。

4. Petabyte 到 Exabyte

根据现有发展趋势,大公司存储和分析的数据将在不久后从 Petabyte 级别达到 Exabyte 级别。然而,现有的技术只能处理 Petabyte 级别的数据,目前仍没有革命性的新技术能够处理更大的数据集。2011 年 7 月,EMC 发布了名 "Extracting Value from Chaos" 的研究报告,讨论了大数据的思想和潜在价值。该报告点燃了产业界和学术界对大数据研究的热情,随后几年几乎所有重要的产业界公司,如国外的 EMC、Oracle、Microsoft、Google、Amazon 和 Facebook,以及国内的百度、阿里巴巴、腾讯和华为,都开始启动各自的大数据项目并取得一定成果。

5.1.3 国内外数据战略布局

随着数字经济在全球加速推进以及 5G、人工智能、物联网等相关技术的快速发展,数据已成为影响全球竞争的关键战略性资源。只有获取和掌握更多的数据资源,才能在新一轮的全球话语权竞争中占据主导地位。近年来,各国数据战略布局步伐加快,本小节将梳理国内外的大数据战略布局。

1. 国内数据战略布局

自 2014 年以来,国内大数据战略的布局大致经历了四个不同阶段(图 5-4),正逐步从数据大国向数据强国迈进。

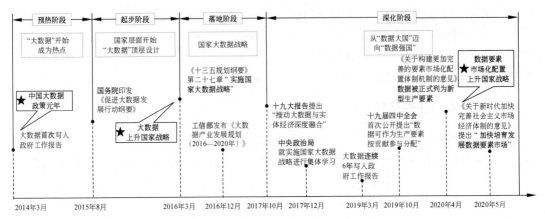

图 5-4 国内数据战略的布局历程

资料来源：中国信通院，http://www.caict.ac.cn/。

2014—2017 年间，国家大数据战略经历了最初的预热、起步后开始落地实施。2014 年 3 月，"大数据"一词首次写入政府工作报告，大数据开始成为国内社会各界的热点。2015 年 8 月印发的《促进大数据发展行动纲要》（国发〔2015〕50 号）对大数据整体发展进行了顶层设计和统筹布局，产业发展开始起步。2016 年 3 月，《中华人民共和国国民经济和社会发展第十三个五年规划纲要》（简称《"十三五"规划》）正式提出"实施国家大数据战略"，国内大数据产业开始全面、快速发展。

随着国内大数据相关产业体系日渐完善，各类行业融合应用逐步深入，国家大数据战略走向深化阶段。2017 年 10 月，党的十九大报告中提出推动大数据与实体经济深度融合，为大数据产业的未来发展指明方向。同年 12 月，中央政治局就实施国家大数据战略进行了集体学习。2019 年 3 月，政府工作报告第六次提到"大数据"，并且有多项任务与大数据相关。

进入 2020 年，数据正式成为生产要素，战略性地位进一步提升。4 月 9 日，中共中央、国务院发布《中共中央 国务院关于构建更加完善的要素市场化配置体制机制的意见》，将"数据"与土地、劳动力、资本、技术并称为五种要素，提出"加快培育数据要素市场"。5 月 18 日，中共中央、国务院在《中共中央 国务院关于新时代加快完善社会主义市场经济体制的意见》中进一步提出加快培育发展数据要素市场。这标志着数据要素市场化配置上升为国家战略，将进一步完善我国现代化治理体系，有望对未来经济社会发展产生深远影响。

随着人类社会步入数据驱动的数字经济时代，数据要素进一步提升全要素生产率。在数字社会，数据具有基础性战略资源和关键性生产要素的双重身份。一方面，有价值的数据资源是生产力的重要组成部分，是催生和推动众多数字经济新产业、新业态、新模式发展的基础。另一方面，数据对其他要素资源的乘数作用是其区别于以往生产要素的突出特点，可以放大劳动力、资本等要素在社会各行业价值链流转中产生的价值。

从目前来看，作为关键生产要素，大量数据资源还没有得到充分有效的利用。根据 IDC 和希捷科技的调研预测，随着各行各业的数字化转型提速，企业数据未来两年将以

42.2%的速度保持高速增长。但与此同时,企业运营中的数据却只有56%能够被及时捕获,而这其中仅有57%的数据得到了利用,43%的采集数据并没有被激活,即仅有32%的企业数据价值能够被激活。随着数据要素市场培育和建设的步伐加快,数据的有效利用、数据价值的充分释放将成为多方力量共同努力的方向。

2．国际数据战略布局

为了应对信息技术时代在数据方面的发展和挑战,美国、欧盟和英国相继出台数据战略,探索未来的数据发展之路,考虑战略数据是一个不断完善补充的过程,本部分主要介绍2019年底以来的国际数据战略布局。

1) 美国联邦的数据战略布局

美国联邦数据战略焦点从"技术"转移到"资源"。自2012年以来,美国极力推动大数据领域前沿核心技术的发展和科学工程领域的发明创造,致力打造有活力的数据创新生态。在当前数据成为国家治理重要工具的背景之下,美国政府对于数据的重视程度进一步提升。2019年12月23日,美国白宫行政管理和预算办公室(OMB)发布《联邦数据战略与2020年行动计划》(以下简称《联邦数据战略》),以政府数据治理为主要视角,描述了联邦政府未来十年的数据愿景。

《联邦数据战略》的核心目标是"将数据作为战略资源开发"。《联邦数据战略》确立了40项数据管理的具体实践目标,分为三个层面。第一,重视数据并促进共享,如通过数据指导决策、促进各机构间数据流通等;第二,保护数据资源,如保护数据的真实性、完整性和安全性;第三,有效使用数据资源,如增强数据分析能力、促进数据访问形式多样化等。

2) 欧盟的数据战略布局

欧盟数据战略致力于发展数据敏捷型经济体。数据已成为经济社会发展的重要命脉,是新产品和服务衍生的基础。为应对未来发展,欧盟致力于平衡数据流动和广泛使用,希望通过建立单一的数据市场,确保欧洲在未来的数据经济中占据领先地位。2020年2月19日,欧盟委员会公布了《欧盟数据战略》,以数字经济发展为主要视角,概述了欧委会在数据方面的核心政策措施及未来五年的投资计划,以助力数字经济发展。

《欧盟数据战略》对欧盟数据发展提出了明确的目标——2030年欧洲将成为世界上最具吸引力、最安全、最具活力的数据敏捷型经济体。为推进欧盟数据一体化和提升欧盟国家的市场主体竞争力,《欧盟数据战略》提出了四大支柱性战略措施:一是构建跨部门治理框架;二是加强数据投入;三是提升数据素养;四是构建数据空间。

3) 英国的数据战略布局

英国期待数据战略助力经济复苏。2020年9月9日,英国数字、文化、媒体和体育部(DCMS)发布《国家数据战略》,支持英国对数据的使用,设定五项"优先任务",帮助该国经济从疫情中复苏。这五项任务包括:释放数据的价值;确保促进增长和可信的数据体制;转变政府对数据的使用,以提高效率并改善公共服务;确保数据所依赖的基础架构的安全性和韧性;倡导国际数据流动。

除五项优先任务以外,英国《国家数据战略》还包括多项计划,如到2021年,对500名分析师进行公共部门数据科学方面的培训,并设立政府首席数据官,改变政府当前的数据使用方式,从而提高效率并改善公共服务;通过立法提高智慧数据计划的参与度;新建一个 260 万英镑的项目,在支持创新发展的同时致力于解决当前数据共享中存在的障碍等。

4)国际组织的数据战略布局

除各个国家的数据战略外,国际组织也十分强调数据在全球化发展中的重要性。2020 年 4 月,世界银行呼吁各国政府、相关企业以及学术界共同合作,通过大数据等技术手段应对新冠肺炎疫情所带来的危机。在 2020 年 7 月召开的 G20 数字经济部长会议中,数据流动成为各国部长重点讨论的议题之一。

在新一轮的国际经贸规则中,跨境数据流通成为全球双边多边贸易合作的重要议题。一方面,基于"共同理念"的全球数据同盟体系加速构建,形成了欧盟 GDPR 和 APEC 跨境隐私规则体系(CBPR)两大区域性的数据隐私与保护监管框架,众多国家以二者为蓝本,对本国的数据跨境与数据保护规则进行修订;另一方面,两大框架在国与国、区域与区域之间衍生诸多灵活性的解决方案。2019 年,日韩分别启动与美欧之间的推动跨境数据流动的双边协定,并与欧盟达成充分性保护互认协议。2020 年 3 月,澳大利亚信息专员办公室(OAIC)与新加坡个人数据保护委员会(PDPC)签订关于跨境数据流动的谅解备忘录,加强数据治理方面的合作,促进两国之间的经济一体化;2020 年 6 月,英国宣布脱欧后的未来科技贸易战略,允许英国和某些亚太国家间的数据自由流动,并希望与日本等国达成比其作为欧盟成员国时期更进一步的数据协议。

5.2 大数据的分析与处理体系

信息技术的飞速发展让数据的获取变得容易快捷,数据量在短时间内迅速膨胀,数据的存储、查询、索引等都面临着前所未有的挑战。要在短时间内响应用户的需求,准确完成数据分析任务并将结果可视化呈现给用户是传统数据分析与处理中没有遇到的。一个完整的大数据处理流程基本可以划分为数据采集、数据预处理、数据存储与管理、数据分析与数据展示五个阶段,如图 5-5 所示。

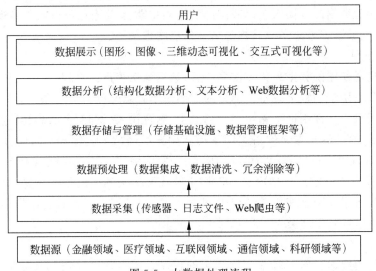

图 5-5 大数据处理流程

5.2.1 数据采集

数据无处不在，其来源涵盖金融、医疗、互联网、交通、通信、教育、科研等领域。上述领域的大数据在规模、数据特性上存在很大差异，并且不准确的数据采集将影响后续的数据处理并最终得到无效的结果。

1. 采集方法

选择什么样的数据采集方法既要考虑数据源的物理性质，又要考虑数据分析的目标。以下介绍三种常用的数据采集方法：传感器、日志文件和 Web 爬虫。

1) 传感器

传感器常用于测量物理环境变量并将其转化为可读的数字信号以待处理。传感器包括声音、振动、化学、电流、天气、压力、温度和距离等类型。通过有线或无线网络，信息被传送到数据采集点。

有线传感器网络通过网线收集传感器的信息，这种方式适用于传感器易于部署和管理的场景。例如视频监控系统通常使用非屏蔽双绞线连接摄像头，摄像头部署在公众场合监控人们的行为，如偷盗和其他犯罪行为。而这仅仅是光学监控领域一个很小的应用示例，在更广义的光学信息获取和处理系统中（例如对地观测、深空探测等），情况往往更复杂。

无线传感器网络利用无线网络作为信息传输的载体，适用于没有能量或通信的基础设施的场合。近年来，无线传感器网络得到了广泛的研究，并应用在多种场合，如环境、水质监控、土木工程、野生动物监控等。无线传感器网络通常由大量微小传感器节点构成，微小传感器由电池供电，被部署在应用指定的地点收集感知数据。当节点部署完成后，基站将发布网络配置、管理或收集命令，来自不同节点的感知数据将被汇集并转发到基站以待处理。

基于传感器的数据采集系统被认为是一个信息物理系统。实际上，在科学实验中许多用于收集实验数据的专用仪器（如磁分光计、射电望远镜等），可以看作特殊的传感器。从这个角度，实验数据采集系统同样是一个信息物理系统。

2) 日志文件

日志是广泛使用的数据采集方法之一，由数据源系统产生，以特殊的文件格式记录系统的活动。几乎所有在数字设备上运行的应用使用日志文件非常有用，例如 Web 服务器通常要在访问日志文件中记录网站用户的点击、键盘输入、访问行为以及其他属性。有三种类型的 Web 服务器日志文件格式用于捕获用户在网站上的活动：通用日志文件格式（NCSA）、扩展日志文件格式（W3C）和 IIS 日志文件格式（Microsoft）。所有日志文件格式都是 ASCII 文本格式。数据库也可以用来替代文本文件存储日志信息，以提高海量日志仓库的查询效率。和物理传感器相比，日志文件可以看作是"软件传感器"，许多用户实现的数据采集软件属于这类。

3) Web 爬虫

爬虫是指为搜索引擎下载并存储网页的程序。爬虫顺序地访问初始队列中的一组

URLs，并为所有 URLs 分配一个优先级。爬虫从队列中获得具有一定优先级的 URL，下载该网页，随后解析网页中包含的所有 URLs 并添加这些新的 URLs 到队列中。这个过程一直重复，直到爬虫程序停止为止。Web 爬虫是网站应用如搜索引擎和 Web 缓存的主要数据采集方式。数据采集过程由选择策略、重访策略、礼貌策略以及并行策略决定。选择策略决定哪个网页将被访问；重访策略决定何时检查网页是否更新；礼貌策略防止过度访问网站；并行策略则用于协调分布的爬虫程序。传统的 Web 爬虫应用已较为成熟，不少有效的方案被提出。随着更丰富更先进的 Web 应用的出现，一些新的爬虫机制已被用于爬取富互联网应用的数据。

上述三种数据采集方法中，日志文件是最简单的数据采集方法，但是只能收集小部分结构化数据；Web 爬虫是最灵活的数据采集方法，可以获得巨量的结构复杂的数据。

除上述方法，还有许多和领域相关的数据采集方法和系统。例如，政府部门收集并存储指纹和签名等人体生物信息，用于身份认证或追踪罪犯。根据数据采集方式的不同，数据采集方法又可以大致分为以下两类。

（1）基于拉（pull-based）的方法，数据由集中式或分布式的代理主动收集。
（2）基于推（push-based）的方法，数据由源或第三方推向数据汇聚点。

2．数据类型

获取的大数据按照结构的不同，可分为结构化数据、非结构化数据以及半结构化数据，其特点如表 5-1 所示。

表 5-1　不同数据类型的特点分析

数据类型	举例	特点
结构化数据（structured）	二维表	先有结构后有数据、行数据
半结构化数据（semi-structured）	HTML 文档、XML 文档、SGML 文档	先有数据后有模式、无规则性结构
非结构化数（unstructured）	图形、文本、声音、视频	模式具有多样性

资料来源：彭宇，庞景月，刘大同，等. 大数据：内涵、技术体系与展望[J]. 电子测量与仪器学报，2015（4）：469-482.

其中结构化数据可用二维表结构来逻辑表达实现，一般采用数据记录存储，而非结构化数据一般采用文件系统存储。目前大数据的构成中非结构化数据与半结构化数据占据主体地位，且非结构化数据以及半结构化数据规模呈膨胀式增长。而半结构化数据以及非结构化数据的模式多样，并无强制性的结构要求，为大数据的存储、分析、呈现带来巨大挑战。

5.2.2　数据预处理

由于数据源的多样性，数据的干扰、冗余和一致性因素影响使得数据集具有不同的质量。从需求的角度，一些数据分析工具和应用对数据质量有着严格的要求，因此在大数据系统中需要数据预处理技术提高数据的质量。本小节介绍三种主要的数据预处理技术。

1. 数据集成

数据集成(data integration)技术在逻辑上和物理上把来自不同数据源的数据进行集中,为用户提供一个统一的视图。数据集成在传统的数据库研究中是一个成熟的研究领域,通常采用数据仓库(data warehouse)和数据联合(data federation)等方法。

数据仓库又称 ETL,由提取、变换和装载三个步骤构成。

(1) 提取:连接源系统并选择和收集必要的数据用于随后的分析处理。

(2) 变换:通过一系列的规则将提取的数据转换为标准格式。

(3) 装载:将提取并变换后的数据导入目标存储基础设施。

数据联合则是创建一个虚拟的数据库,从分离的数据源查询并合并数据。虚拟数据库并不包含数据本身,而是存储真实数据及其存储位置的信息或元数据。

应用的数据具有高度动态、需要实时处理的特点,故而这两种方法并不能满足流式和搜索应用对高性能的需求。数据集成技术最好能与流处理引擎或搜索引擎集成在一起。

2. 数据清洗

数据清洗(data cleansing)是指在数据集中发现不准确、不完整或不合理数据,并对这些数据进行修补或移除以提高数据质量的过程。一个通用的数据清洗框架由 5 个步骤构成:定义错误类型,搜索并标识错误实例,改正错误,文档记录错误实例和错误类型,修改数据录入程序以减少未来的错误。

此外,格式检查、完整性检查、合理性检查和极限检查也在数据清洗过程中完成。数据清洗对保持数据的一致和更新起着重要的作用,因此被用于如银行、保险、零售、电信和交通等多个行业。

数据清洗对随后的数据分析非常重要,因为它能提高数据分析的准确性。然而,数据清洗依赖复杂的关系模型,会带来额外的计算和延迟开销,必须在数据清洗模型的复杂性和分析结果的准确性之间进行平衡。

3. 数据冗余消除(data redundancy elimination)

数据冗余是指数据的重复或过剩,这是许多数据集的常见问题。数据冗余无疑会增加传输开销,浪费存储空间,导致数据不一致,降低可靠性。因此数据冗余消除机制被提出,例如冗余检测和数据压缩。这些方法能够用于不同的数据集和应用环境,提升性能,但同时也带来一定风险。例如,数据压缩方法在进行数据压缩和解压缩时带来了额外的计算负担,因此需要在冗余减少带来的好处和增加的负担之间进行折中。

对于普遍的数据传输和存储,数据去重技术是专用的数据压缩技术,用于消除重复数据的副本。在存储去重过程中,一个唯一的数据块或数据段将分配一个标识并存储,该标识会加入一个标识列表。当去重过程继续时,一个标识已存在于标识列表中的新数据块将被认为是冗余的块。该数据块将被一个指向已存储数据块指针的引用替代。通过这种方式,任何给定的数据块只有一个实例存在。去重技术能够显著地减少存储空间,对大数据存储系统具有非常重要的作用。

除了前面提到的数据预处理方法,还有一些对特定数据对象进行预处理的技术,如特征提取技术,在多媒体搜索和域名系统分析中起着重要的作用。这些数据对象通常具有高维特征矢量。数据变形技术则通常用于处理分布式数据源产生的异构数据,对处理商业数据非常有用。

没有一个统一的数据预处理过程和单一的技术能够用于多样化的数据集,必须考虑数据集的特性、需要解决的问题、性能需求和其他因素,选择合适的数据预处理方案。

5.2.3 数据存储与管理

大数据系统中的数据存储子系统,将收集的信息以适当的格式存放以待分析和价值提取。为实现这个目标,数据存储子系统应该具有如下两个特征:存储基础设施应能持久和可靠地容纳信息;存储子系统应提供可伸缩的访问接口供用户查询和分析巨量数据。从功能上,数据存储子系统可以分为存储基础设施和数据管理框架。

1. 存储基础设施

存储基础设施实现信息的物理存储,可以从不同的角度理解存储基础设施。首先,存储设备可以根据存储技术分类,典型的存储设备有如下几种。

(1) 随机存取存储器(random access memory,RAM):是计算机数据的一种存储形式,在断电时将丢失存储信息。现代 RAM 包括静态 RAM、动态 RAM 和相变 RAM。

(2) 磁盘和磁盘阵列:磁盘(如硬盘驱动器,HDD)是现代存储系统的主要部件。HDD 由一个或多个快速旋转的碟片构成,通过移动驱动臂上的磁头,从碟片表面完成数据的读写。与 RAM 不同,断电后硬盘仍能保留数据信息,并且具有更低的单位容量成本,但是硬盘的读写速度比 RAM 读写要慢得多。单个高容量磁盘的成本较高,因此磁盘阵列将大量磁盘整合以获取高容量、高吞吐率和高可用性。

(3) 存储级存储器:是指非机械式存储媒体,如闪存。闪存通常用于构建固态驱动器(solid state disk,SSD)。SSD 没有类似 HDD 的机械部件,运行安静,并且具有更小的访问时间和延迟。然而,SSD 的单位存储成本要高于 HDD。

这些存储设备具有不同的性能指标,可以用来构建可扩展的、高性能的大数据存储子系统。一个典型的基于 SSD 的多层存储系统,由三个部件构成,即 I/O 请求队列、虚拟化层和阵列,如图 5-6 所示。目前,IBM、EMC、3PAR 等公司的基于 SSD 的商用多层存储系统已能获得较好的性能。

其次,可以从网络体系的观点理解存储基础设施,存储子系统可以通过不同的方式组织构建。

(1) 直接附加存储(direct attached storage,DAS):存储设备通过主机总线直接连接到计算机,设备和计算机之间没有存储网络。DAS 是对已有服务器存储的最简单的扩展。

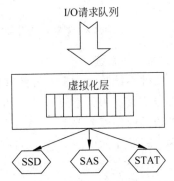

图 5-6 基于 SSD 的多层存储系统
资料来源:李学龙,龚海刚. 大数据系统综述[J]. 中国科学:信息科学,2015(1):1-44.

（2）网络附件存储(network attached storage,NAS)：NAS 是文件级别的存储技术，包含许多硬盘驱动器，这些硬盘驱动器组织为逻辑的冗余的存储容器。NAS 可以同时提供存储和文件系统，并能作为一个文件服务器。

（3）存储区域网络(storage area network,SAN)：SAN 通过专用的存储网络在一组计算机中提供文件块级别的数据存储。SAN 能够合并多个存储设备，例如磁盘和磁盘阵列，使得它们能够通过计算机直接访问。

这三种存储技术的存储网络体系架构中，SAN 具有最复杂的网络架构，并依赖于特定的存储网络设备。

最后，尽管已有的存储系统架构得到深入的研究，但却无法直接应用于大数据系统中。为适应大数据系统的"3V"特性，存储基础设施应该能够向上和向外扩展，以动态配置适应不同的应用。一个解决这些需求的技术是云计算领域提出的存储虚拟化。存储虚拟化将多个网络存储设备合并为单个存储设备。在 SAN 和 NAS 架构上可以实现存储虚拟化。基于 SAN 的存储虚拟化在可扩展性、可靠性和安全方面能够比基于 NAS 的存储虚拟化具有更高的性能，但是 SAN 需要专用的存储基础设施，从而带来较高的成本。

2. 数据管理框架

数据管理框架解决的是如何以适当的方式组织信息以待有效地处理。在大数据出现之前，数据管理框架就得到了较为广泛的研究。从层次的角度将数据管理框架划分为 3 层：文件系统、数据库技术和编程模型，如图 5-7 所示。

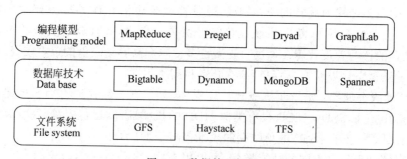

图 5-7　数据管理框架

资料来源：李学龙，龚海刚.大数据系统综述[J].中国科学：信息科学，2015(1)：1-44.

1）文件系统

文件系统是大数据系统的基础，因此得到产业界和学术界的广泛关注。Google 为大型分布式数据密集型应用设计和实现了一个可扩展的分布式文件系统 GFS。GFS 运行在廉价的商用服务器上，为大量用户提供容错和高性能服务，适用于大文件存储和读操作远多于写操作的应用。然而，GFS 具有单点失效和处理小文件效率低下的缺点，Colossus 改进了 GFS 并克服了这些缺点。此外，其他的企业和研究者们开发了各自的文件存储解决方案以适应不同的大数据存储需求。HDFS 和 Kosmosfs 是 GFS 的开源产物；Microsoft 开发了 Cosmos 支持其搜索和广告业务；Facebook 实现了 Haystack 存储海量的小照片；淘宝则设计了两种类似的小文件分布式文件系统：TFS 和 FastFS。

2) 数据库技术

数据库技术已经有 30 多年的发展，不同的数据库系统被设计用于不同规模的数据集和应用。传统的关系数据库系统难以满足大数据带来的多样性和规模的需求。NoSQL 数据库具有模式自由、易于复制、提供简单 API、最终一致性和支持海量数据的特性，因此逐渐成为处理大数据的标准。根据数据模型的不同，介绍三种主流的 NoSQL 数据库：键值存储数据库、列式存储数据库和文档存储数据库。

(1) 键值存储数据库。键值存储是一种简单的数据存储模型，数据以键值对的形式储存，键是唯一的。近年出现的键值存储数据库受到 Amazon 公司的 Dynamo 影响特别大。在 Dynamo 中，数据被分割存储在不同的服务器集群中，并复制为多个副本。可扩展性和持久性依赖于以下两个关键机制。

分割和复制：Dynamo 的分割机制基于一致性哈希技术，将负载分散在存储主机上。哈希函数的输出范围被看作一个固定的循环空间或"环"。系统中的每个节点将随机分配该空间中的一个值，表示它在环中的位置。通过哈希标识数据项的键，可以获得该数据项在环中对应的节点。Dynamo 系统中每条数据项存储在协调节点和 $N-1$ 个后继节点上，其中 N 是实例化的配置参数。如图 5-8 所示，节点 B 是键 k 的协调节点，数据存储在节点 B 同时复制在节点 C 和 D 上。此外，节点 D 将存储在 (A, B]、(B, C] 和 (C, D] 范围内的键。

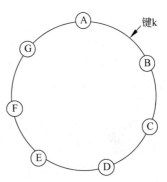

图 5-8　Dynamo 环中键的分割和复制

资料来源：李学龙，龚海刚. 大数据系统综述[J]. 中国科学：信息科学，2015(1)：1-44.

对象版本管理：由于每条唯一的数据项存在多个副本，Dynamo 允许以异步的方式更新副本并提供最终一致性。每次更新被认为是数据的一个新的不可改变的版本，一个对象的多个版本可以在系统中共存。

其他键值存储包括 Voldemort、Redis、Tokyo Cabinet、Tokyo Tyrant、Memcached、MemchacheDB、Riak 以及 Scalaris。Voldemort、Riak、Tokyo Cabinet 和 Memcached 可以将数据存储在 RAM 或带附件的磁盘中；其他的则存储在 RAM 并使用磁盘作为备份，或者无须备份而使用复制和恢复机制。

(2) 列存储数据库。列式存储数据库以列存储架构进行存储和处理数据，主要适合于批量数据处理和实时查询。下面介绍典型的列式存储系统。

Bigtable：是 Google 公司设计的一种列式存储系统。Bigtable 基本的数据结构是一个稀疏的、分布式的、持久化存储的多维排序映射，映射由行键、列键和时间戳构成。行按字典序排序并且被划分为片，片是负载均衡单元。列根据键的前缀成组，称为列族，是访问控制的基本单元。时间戳则是版本区分的依据。图 5-9 给出了一个在单个表中存储大量的网页的示例，其中 URL 作为行键，网页的不同部分作为列名。网页的多个版本内容存储在单个列中。Bigtable 的实现包括三个组件：主服务器、tablet 服务器和客户端库。Master 负责将 tablet 分配到 tablet 服务器，检测 tablet 服务器的添加和过期，平衡 tablet 服务器负载，GFS 文件的垃圾回收。另外，它还会处理 schema 的变化，比如表和列族的创建。每个 tablet 服务器管理一系列的片,处理对 tablet 的读取以及将大的 tablet 进行分割。客户端库则提供应用与 Bigtable 实例交互。Bigtable 依赖 Google 基础设施的许多技术,如 GFS、集群管理系统、SSTable 文件格式和 Chubby。

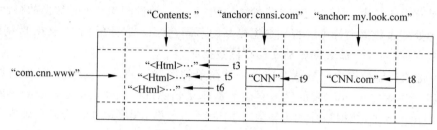

图 5-9　Bigtable 数据模型

资料来源:李学龙,龚海刚.大数据系统综述[J].中国科学:信息科学,2015(1):1-44.

Cassandra:由 Facebook 开发并于 2008 年开源,结合了 Dynamo 的分布式系统技术和 Bigtable 的数据模型。Cassandra 中的表是一个分布式多维结构,包括行、列族、列和超级列。此外,Cassandra 的分割和复制机制也和 Dynamo 的类似,用于确保最终一致性。

Bigtable 改进:由于 Bigtable 不是开源的,因此开源项目 HBase 和 Hypertable 进行合并,同时吸收了 Bigtable 的思想,实现了类似的系统。

列式存储数据库大部分是基于 Bigtable 的模式,只是在一致性机制和一些特性上有差异。例如 Cassandra 主要关注弱一致性,而 HBase 和 Hypertable 则关注强一致性。

(3)文档数据库。文档数据库能够支持比键值存储复杂得多的数据结构。MongoDB、SimpleDB 和 CouchDB 是主要的文档数据库,它们的数据模型和 JSON 对象类似。不同文档存储系统的区别在于数据复制和一致性机制方面,下面分别介绍。

复制和分片:MongoDB 的复制机制使用主节点的日志文件实现,日志文件保存了所有数据库中执行的高级操作。复制过程中,从节点向主节点请求自它们上一次同步之后所有的写操作,并在它们的本地数据库中执行日志中的操作。MongoDB 通过自动分片将数据分散到成千上万的节点,自动实现负载平衡和失效回复,从而支持水平缩放。SimpleDB 将所有的数据复制到不同数据中心的不同服务器上以确保安全和提高性能。CouchDB 没有采用分片机制,而是通过复制实现系统的扩展,任一 CouchDB 数据库可以和其他实例同步,因此可以构建任意类型的复制拓扑。

一致性:MongoDB 和 SimpleDB 都没有版本一致性控制和事务管理机制,但是它们都提供最终一致性。CouchDB 的一致性则取决于是使用 master-master 配置还是 master-slave 配置。前者能提供最终一致性,而后者只能提供强一致性。

(4)其他 NoSQL 和混合数据库。除前面提到的数据存储系统,还有许多其他项目支持不同的数据存储系统,如 Neo4J、DEX、PNUTS,以及 Dache。

关系型数据库和 NoSQL 数据库有着各自的优缺点,结合两者的优势以获取较高的性能是一个较好的选择。基于这种思想,Google 开发出如下几种集成了 NoSQL 和 SQL 数据库优点的数据库系统。

Megastore：将 NoSQL 数据库数据存储的可伸缩性和关系型数据库的便利结合在一起，能够获得强一致性和高可用性。其思想是首先将数据分区，每个分区独立复制，在分区内提供完整 ACID 语义，但是在分区间仅保证有限一致性。Megastore 的数据模型介于关系型数据库管理系统(relational database management system, RDBMS)的三元组和 NoSQL 的行-列存储之间，其底层的数据存储依赖于 Bigtable。

Spanner：第一个将数据分布到全球规模的系统，并且在外部支持一致的分布式事务。不同于 Bigtable 中版本控制的键值存储模型，Spanner 演化为时间上的多维数据库。数据存储在半关系表中并创建版本，每个版本根据提交的时间自动生成。旧版本数据根据可配置的垃圾回收政策处理，应用可以读取具有旧时间戳的数据。某一粒度数据的复制可以由应用控制。此外，数据在服务器甚至数据中心上可以重新分片以均衡负载或应对失效。Spanner 显著的特点是外部一致读写和在某一时间戳的全度跨数据库一致读取。

F1：Google 公司提出的用于广告业务的存储系统，建立在 Spanner 的基础上。F1 实现了丰富的关系型数据库的特点，包括严格遵从的 schema，强力的并行 SQL 查询引擎，通用事务、变更与通知的追踪和索引。其存储被动态分区，数据中心间的一致性复制能够处理数据中心崩溃引起的数据丢失。

尽管有很多不同类型的数据库，但没有一种数据库适用于任何场景，不同的数据库在多个性能之间进行不同的折中。数据管理工具的选择取决于前面提到的多种因素，如数据模型和数据源相关，数据存储设备影响访问速率等。大数据系统需要在成本、一致性和可用性间寻求平衡。

3）编程模型

NoSQL 数据库具有很多关系型数据库不具备的优点，但是没有插入操作的声明性表述，对查询和分析的支持也不够。编程模型对实现应用逻辑和辅助数据分析应用至关重要。然而，使用传统的并行模型如 OpenMP 和 MPI 在大数据环境下实现并行编程非常困难。许多并行编程模型已被提出应用于相关领域。这些模型能有效提高 NoSQL 数据库的性能，缩小 NoSQL 和关系型数据库性能的差距，因此 NoSQL 数据库逐渐成为海量数据处理的核心技术。目前主要有三种编程模型：通用处理模型、图处理模型以及流处理模型。

通用处理模型：这种类型的模型用于解决一般的应用问题，被用于 MapReduce 和 Dryad 中。其中，MapReduce 是一个简单但功能强大的编程模型，能将大规模的计算任务分配到大的商用 PC 集群中并行运行；Dryad 是一个粗粒度的并行应用的通用分布式执行引擎。

图处理模型：社交网络分析和 RDF 等能够表示为实体间的相互联系，因此可以用图模型来描述。和流类型的模型相比，图处理的迭代是固有的，相同的数据集将不断被重访，如 Google 的 Pregel、Graphlab 和 X-stream。

流处理模型：S4 和 Storm 是两个运行在 JVM 上的分布式流处理平台。S4 实现了 actor 编程模型，每个数据流中键控元组被看作是一个事件并被以某种偏好路由到处理部件(processing elements, PEs)。PEs 形成一个有向无环图，并且处理事件和发布结果。

处理节点（processing nodes，PNs）是 PEs 的逻辑主机并能监听事件，将事件传递到处理单元容器 PEN 中，PEN 则以适当的顺序调用处理部件。Storm 作业同样由有向无环图表示，它和 S4 的主要区别在于架构：S4 是分布式对称架构，而 Storm 是类似于 MapReduce 的主从架构。

此外，一些其他的研究工作关注特定任务的编程模型，如插入两个数据集，迭代计算，容错内存计算，增量计算和数据依赖的流控制决策。特别在内存计算模型中，Spark 是由 UC Berkeley 开发的一个分布式计算框架。Spark 的特点是处理任务的中间结果能够保存在内存中，从而避免传统数据重用的运行开销。因此 Spark 能很好地使用于迭代算法与数据挖掘的应用之中。

5.2.4 数据分析

从数据生命周期的角度出发，从数据源、数据特性等方面总结主要的数据分析方法，包括结构化数据分析、文本分析、Web 数据分析、多媒体数据分析、社交网络数据分析以及移动数据分析。

1. 结构化数据分析

在科学研究和商业领域产生了大量的结构化数据，这些结构化数据可以利用成熟的 RDBMS、数据仓库、OLAP 和 BPM 等技术管理。电子商务、电子政务和医疗健康应用对隐私的需求，使隐私保护数据挖掘被广为研究。随着事件数据、过程发现和一致性检查技术的发展，过程挖掘也逐渐成为一个新的研究方向，即通过事件数据分析过程。

2. 文本分析

文本数据是信息储存的最常见形式，包括电子邮件、文档、网页和社交媒体内容，因此文本分析比结构化数据分析具有更高的商业潜力。文本分析又称为文本挖掘，是指从无结构的文本中提取有用信息或知识的过程。文本挖掘是一个跨学科的领域，涉及信息检索、机器学习、统计、计算语言和数据挖掘。大部分的文本挖掘系统建立在文本表达和自然语言处理（natural language processing，NLP）的基础上。

NLP 技术能够增加文本的可用信息，允许计算机分析、理解甚至产生文本。词汇识别、语义释疑、词性标注和概率上下文无关文法等是常用的方法。基于这些方法提出了一些文本分析技术，如信息提取、主题建模、摘要、分类、聚类、问答系统和观点挖掘。信息提取技术是指从文本中自动提取具有特定类型的结构化数据。命名实体识别是信息提取的子任务，其目标是从文本中识别原子实体并将其归类到人、地点和组织等类别中。

3. Web 数据分析

过去十几年间网页数据爆炸式的增长，使得网页数据分析也成为活跃的领域。Web 数据分析的目标是从 Web 文档和服务中自动检索、提取和评估信息以发现知识，涉及数据库、信息检索、NLP 和文本挖掘，可分为 Web 内容挖掘、Web 结构挖掘和 web 用法挖掘。

Web 内容挖掘是从网站内容中获取有用的信息或知识。Web 内容包含文本、图像、音频、视频、符号、元数据和超链接等不同类型的数据。其中关于图像、音频和视频的数据挖掘被归入多媒体数据分析。Web 内容挖掘通常采用两种方法：信息检索和数据库。信息检索方法主要是辅助用户发现信息或完成信息的过滤；数据库方法则是在 Web 上对数据建模并将其集成，这样能处理比基于关键词搜索更为复杂的查询。

Web 结构挖掘是指发现基于 Web 链接结构的模型。链接结构表示站点内或站点之间链接的关系图，模型反映了不同站点之间的相似度和关系，并能用于对网站分类。

Web 用法挖掘是对 Web 会话或行为产生的次要数据进行分析。与 Web 内容挖掘和结构挖掘不同的是，Web 用法挖掘不是对 Web 上的真实数据进行分析。Web 用法数据包括：Web 服务器的访问日志，代理服务器日志，浏览器日志，用户信息、注册数据，用户会话或事务，cookies，用户查询、书签数据，鼠标点击及滚动数据，以及用户与 Web 交互所产生的其他数据。

4. 多媒体数据分析

多媒体数据分析是指从多媒体数据中提取有趣的知识，理解多媒体数据中包含的语义信息。多媒体数据在很多领域比文本数据或简单的结构化数据包含更丰富的信息，因此提取信息需要解决多媒体数据中的语义分歧。多媒体分析研究覆盖范围较广，包括多媒体摘要、多媒体标注、多媒体索引和检索、多媒体推荐和多媒体事件检测。

多媒体摘要有音频摘要和视频摘要。音频摘要可以简单地从原始数据中提取突出的词语或语句，合成为新的数据表达；视频摘要则将视频中最重要或最具代表性的序列进行动态或静态的合成。静态视频摘要使用连续的一系列关键帧或上下文敏感的关键帧表示原视频，这种方法比较简单，并已被用于 Yahoo、Alta Vista 和 Google，但是它们的回放体验较差。动态视频摘要技术则使用一系列的视频片段表示原始视频，并利用底层视频特征进行平滑以使最终的摘要显得更自然。

多媒体标注是指给图像和视频分配一些标签，可以在语法或语义级别上描述其内容。在标签的帮助下，很容易实现多媒体内容的管理、摘要和检索。人工标注非常耗时并且工作量大，因此没有人工干预的自动多媒体标注得到极大关注。多媒体自动标注的主要困难是语义分歧，即底层特征和标注之间的差异。

多媒体索引和检索处理的是多媒体信息的描述、存储和组织，并帮助人们快速方便地发现多媒体资源。一个通用的视频检索框架包括四个步骤：结构分析，特征提取，数据挖掘、分类和标注，以及查询和检索。结构分析是通过镜头边界检测、关键帧提取和场景分割等技术，将视频分解为大量具有语义内容的结构化元素。结构分析完成后，需提取关键帧、对象、文本和运动的特征以待后续挖掘，这是视频索引和检索的基础。根据提取的特征，数据挖掘、分类和标注的目标就是发现视频内容的模式，将视频分配到预先定义的类别，并生成视频索引。

多媒体推荐的目的是根据用户的偏好推荐特定的多媒体内容，这是一个能提供高质量个性化内容的有效方法。现有的推荐系统大部分是基于内容和基于协作过滤的机制。基于内容的方法识别用户兴趣的共同特征，并且给用户推荐具有相似特征的多媒体内容。

这种方法依赖于内容相似测量机制,容易受有限内容分析的影响。基于协作过滤的方法将具有共同兴趣的人们组成组,根据组中其他成员的行为推荐多媒体内容。混合方法则利用基于内容和基于协作过滤两种方法的优点提高推荐质量。

多媒体事件检测是在事件库视频片段中检测事件是否发生的技术。

5. 社交网络数据分析

随着在线社交网络的兴起,网络分析从早期的文献计量学分析和社会学网络分析发展到 21 世纪的社交网络分析。社交网络包含大量的联系数据和内容数据,其中联系数据通常用一个图拓扑表示实体间的联系;内容数据则包含文本、图像和其他多媒体数据。社交网络数据的丰富性给数据分析带来前所未有的挑战和机会,从以数据为中心的角度,社交网络的研究方向主要有两个:基于联系的结构分析和基于内容的分析。

基于联系的结构分析关注链接预测、社区发现、社交网络演化和社交影响分析等方向。社交网络可以看成一个图,图中顶点表示人,边表示对应的人之间存在特定的关联。由于社交网络是动态的,新的节点和边会随着时间的推移而加入图中。链接预测对未来两个节点关联的可能性进行预测,主要有基于特征的分类、概率方法和线性代数方法。基于特征的分类方法选择节点对的一组特征,利用当前的链接信息训练二进制分类器预测未来的链接;概率方法对社交网络节点的链接概率进行建模;线性代数方法通过降维相似矩阵计算节点的相似度。社区是指一个子图结构,其中的顶点具有更高的边密度,但是子图之间的顶点具有较低的密度。用于检测社区的方法中,大部分都是基于拓扑的,并且依赖于某个反映社区结构思想的目标函数。

基于内容的分析是由于 Web 2.0 技术的发展,用户自主创造内容在社交网络中取得爆炸性增长。社交媒体是指这些用户自主创造的内容,包括博客、微博、图片和视频分享、社交图书营销、社交网络站点和社交新闻等。社交媒体数据包括文本、多媒体、位置和评论等信息。结构化数据分析、文本分析和多媒体分析的研究主题能转移到社交媒体分析中。

6. 移动数据分析

随着移动计算的迅速发展,更多的移动终端和应用逐渐在全世界普及。巨量的数据对移动分析提出需求,但是移动数据分析面临着移动数据特性带来的挑战,如移动感知、活动敏感性、噪声和冗余。

5.2.5 数据展示

对于用户而言,最关心的并不是数据的处理分析流程,而是对其结果的展示与解释。因此,在一个完整的大数据处理流程中,数据结果的展示步骤至关重要。若数据分析的结果不能得到恰当的展示,则会影响到用户对数据的理解、处理与利用。为提升数据解释与展示能力,数据可视化技术可以作为解释大数据的有力方式。

数据可视化就是利用计算机技术将数据以图形、图像的方式表示出来,并且支持交互处理,使人们可以直观地发现数据之间的内在联系,如 Citespace 工具能够分析和可视文献之间的共被引关系，显示一个学科或知识域在一定时期发展的趋势与动向。对于大数据而言，一些数据分析工具如 SPSS、Gephi、Weka 等都具备可视化交互界面。

数据展示是以更直观和互动的方式展示分析结果，便于人们理解。目前可视化技术多与 Web 技术相结合，三维动态可视化和交互式可视化将是发展趋势。当前对大数据进行探索和可视化还处在初始阶段，特别是对于动态多维度大数据流的可视化技术还非常匮乏。在技术上，需要扩展现有的可视化算法，研究新的数据转换方法以便能够应对复杂的信息流数据，也需要设计创新的交互方式来对大数据进行可视化交互和辅助决策。

5.3 大数据的应用场景

每个行业的生产经营方式不同，因而大数据在不同行业中的应用场景有所不同。本节对部分行业的大数据主要应用场景进行梳理总结，主要包括农业、制造业、交通出行业、医疗行业、金融行业等。

5.3.1 大数据在农业中的应用

农业对大数据的应用主要体现在通过大数据、云计算以及物联网等技术随时获取农作物、禽畜以及水产品的生长状态数据，基于分析结果及时实施干预，实现对农业生产的精准控制和智能管理。

1. 精准化农作物生产管理

在农作物种植过程中，利用卫星遥感技术、无人机航拍、传感器等采集数据，采集的数据类型主要包括实时的土地土壤数据、天气气候数据、农作物生产数据、病虫害数据等；通过对采集到的数据进行分析、处理，并建立可视化模型，实现种植适宜区规划、作物长势预测、作物产量预测以及病虫害防治等，对农作物生产进行精准化管理。

2. 精细化禽畜养殖

在禽畜养殖过程中，利用耳标、可穿戴设备、摄像头等采集数据，采集的数据主要包括禽舍数据、饮水数据、清粪数据、典型行为、生长数据等；通过对收集到的数据进行分析，运用深度学习算法判断畜禽产品健康状况、喂养状况、位置信息、发情期预测等，对其进行精准管理。例如，青岛宝佳集团将大数据应用到建设生猪养殖-农作物种植全产业链中，形成了完整的养-植绿色体系，通过大数据精准投喂，以最科学的投量比例保障生猪生理需求；根据大数据实时监测与预警生猪健康状况、居住环境、生长特征等情况，确保生猪健康成长；将养殖中获得的排放物作为肥料科学喷洒至农作物中；依托种植数据库，构建土壤质量、农业环境、植物保护等完整的评估体系，保障农产品的茁壮生长。

3. 精细化水产养殖

在水产养殖过程中，利用水下传感器、监控器等智能感知设备采集数据，采集的数据主要包括水的溶解氧、pH 值、温度等水质指标，水产品的喂食、活动和死亡情况等；通过对采集到的数据进行处理、加工转化为可视化图形、图表,实现对水质和水产品生长情况的远程、实时监控,实现精细化水产养殖。

4. 智能化农业生产设备

在农业生产管理过程中,通过将新型技术搭载到传统生产工具和材料,实现对农作物生产的智能化管理。例如,无人机植保应用就是通过无人机搭载先进的传感器设备,根据地形、地貌搭配专用药剂对农作物实施精准、高效的喷药作业,通过人(植保队)、机(无人植保机)、药(农药)三位一体达到节水节药的作用;农机自动驾驶应用就是利用卫星导航实现农机沿直线作业功能,主要利用角度传感器获取农机偏移数据、摄像头获取周围作物生长数据以及导航卫星实时定位跟踪车辆信息数据,将三者获取的数据经过无线网络传输到控制端,对数据进行分析后,利用车载计算机显示器实时显示作业情况以及作业进度等。目前,农用车辆导航系统主要应用于拖拉机、收割机、小麦机和青贮机等农用机械上。

5.3.2 大数据在制造业中的应用

大数据在制造业中的应用贯穿于企业生产经营的全流程。从产品方案的设计,到生产加工,再到售后服务,都体现出大数据的应用场景。

1. 定制化生产

随着客户需求的不断细化和多样化,企业生产模式也逐渐从同质化生产向定制化生产发展,面向不同客户的个性化需求输出定制服务。制造业企业通过工业互联网等平台收集客户对产品颜色、外观、结构、功能等产品参数的需求,将需求转换为计算机可识别的语言后上传至产品设计平台。设计工程师根据客户需求形成产品设计图纸、工艺要求、生产要求等,进一步下发至生产车间,并通过柔性制造生产线将客户的个性化定制需求转换成最终产品,实现客户需求驱动的定制化生产。例如,海尔、美的等家电企业搭建了以用户需求数据为驱动的产品制造体系,让不懂技术的用户和不了解需求的设计师、供应商通过数据流在互联网平台上互动协作,并通过柔性制造生产线将用户的个性化定制需求转换成最终产品。在这种模式下,空调、热水器、洗衣机等产品的颜色、外观、结构等参数可由用户定制,让用户在生产中拥有更大的自主权。

2. 智能化工业生产线

在生产管理过程中,通过安装在工业制造生产线上的小型传感器,实时采集设备的振动、声音、变形、位移、裂纹、磨损、温度、压力、流量、电流、转速、转矩、功率等数据,对采集到的数据进行加工处理,并进一步对用电量、能耗、质量事故等参数进行分析,基于设备诊断结果进行及时的预测性维护;通过对生产过程中的原材料、中间产品数据进行采集和实时上传,进一步考虑产能约束、人员技能约束、物料可用约束、工装模具约束等,借助智能的优化算法,制订预计划排产,并监控计划与现场实际的偏差,动态地调整生产计划。通过预测性维护和动态排产,实现对工业生产线的智能化管理。

3. 智能化售后服务

在售后服务过程中,应用大数据可以实现对产品运行状态的监控和对客户意见的及时反馈。对产品运行状态的监控主要应用在大型机组和重大设备等不宜解体检查的高精度设备上,通过采集设备运行中各种状态信息数据,对产品运行状态进行实时监控并及时发现产品存在的问题,以便有针对性地提出解决方案;对客户意见的及时反馈主要体现为智能云客服交互平台,通过将客户电话语音咨询、多媒体语音文字咨询等转化为数据,基于数据挖掘、神经网络等技术进行关键信息提炼和关联性分析,自动生成解决方案并实时反馈至客户,实现产品售后服务的智能化。

5.3.3 大数据在交通出行业中的应用

交通出行业通过收集司机数据、乘客数据、道路数据、实时交通数据等,挖掘后实现多样化的应用场景。

1. 智能化司乘供需匹配

打车软件的兴起,背后的支撑是对大数据的应用。平台企业通过 App 终端,实时采集车辆的地理位置、运行状态、载客情况等数据和乘客的用车需求等数据,基于机器学习、云计算等技术,对数据进行关联性分析,通过智能分单、供需预测、运力调度等实现对司机供给和乘客需求的智能化匹配。

2. 精细化公交调度与管理

公交企业通过将公交要素标识标签、公交车载信息中心(车载 RSU)等物联网设备大规模部署于公交车、公交站台等场所,实时采集公交车辆状态信息、站点信息、行驶信息、客流信息等,基于大数据处理分析平台对数据进行处理分析后,实现车距监管、精准报站、发班与客流匹配等精细化公交调度与管理。

3. 智慧信号灯

为了更好地缓解交通拥堵问题,滴滴出行依据大数据推出了"智慧信号灯"。结合滴滴的起止点数据和来自政府的城市交通信息、基础路网信息、交通设施信息等数据,通过模型预测,智慧信号灯可基于区域内交通流量,合理调节管控道路资源和通行速度。

5.3.4 大数据在医疗行业中的应用

大数据在医疗行业的应用场景主要包括临床决策支持系统和远程医疗诊断两个方面。

1. 临床决策支持系统

医疗机构可以借助本身积累的和大数据平台收集的不同病例和治疗方案,以及病人的基本特征,建立医疗临床决策支持系统。医护人员可以在系统支持下开展临床活动,包括疾病的早期诊断、个性化的诊疗、不良事件预警(如感染等)、医学影像智能识别等。例如,华大基因的肿瘤基因检测就是采用高通量测序手段对来自肿瘤病人的癌组织进行相关基因分析,建立针对疾病特点的基因数据库,借助大数据技术将通过测序得到的患者样本的基因序列与原始基因比对,进行早期、无创伤检测。

2. 远程医疗诊断

病患可以通过借助大数据技术建立的在线医疗问诊平台,进行疾病自诊自查、在线问诊、远程看病,获得更便捷、完善的医疗服务。例如,朗玛信息基于互联网医院,开发IPTV智慧医疗家庭健康服务平台,即在家庭网络电视盒子上建立一个完善、周密和个性化的医疗健康服务平台,为社区和家庭提供集慢病管理、健康咨询、知识科普、健康提升于一体的系统服务。通过平台,患者打开机顶盒,进入医生问诊频道,选择医院、医生,连接后就能通过视频,告知医生自己的症状。除了需要检查的项目外,都可以在家完成问诊。特别是一些老年病、常见病、慢性病,例如糖尿病、高血压等病症的诊疗和日常监测,利用IPTV可减轻门诊负担,节约病人的时间。

5.3.5 大数据在金融行业中的应用

大数据技术的应用提升了金融行业的资源配置效率,强化了风险管控能力,有效促进了金融业务的创新发展,金融大数据应用已经成为金融行业的趋势。下面主要介绍金融大数据在银行业、证券业、保险业中的应用,如图5-10所示。

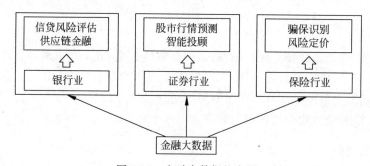

图 5-10 金融大数据的应用

1. 大数据在银行业中的应用

1) 信贷风险评估

在传统方法中,银行对企业客户的违约风险评估多是基于过往的信贷数据和交易数据等静态数据,这种方式的最大弊端就是缺少前瞻性。因为影响企业违约的重要因素并不仅仅只是企业历史的信用情况,还包括行业的整体发展状况和实时的经营情况。而大数据手段的介入使信贷风险评估更趋近于事实。

内外部数据资源整合是大数据信贷风险评估的前提。一般来说,商业银行在识别客户需求、估算客户价值、判断客户优劣、预测客户违约可能的过程中,既需要借助银行内部已掌握的客户相关信息,也需要借助外部机构掌握的人行征信信息、客户公共评价信息、商务经营信息、收支消费信息、社会关联信息等。该部分策略主要目标是为数据分析提供更广阔的数据维度和数据鲜活度,从而共同形成商业银行贷款风险评估资源。

2) 供应链金融

供应链金融的风险控制从授信主体向整个链条转变。供应链核心企业拥有良好的资产、充足的资金和高额的授信额度。而依附于核心企业的上下游企业可能需要资金,但是贷不到款。供应链金融可以由核心企业做担保,以产品或应收账款做质押,帮助上下游企业获得资金。

利用大数据技术,银行可以根据企业之间的投资、控股、借贷、担保以及股东和法人之间的关系,形成企业之间的关系图谱,有利于关联企业分析及风险控制。知识图谱通过建立数据之间的关联链接,将碎片化的数据有机地组织起来,让数据更加容易被人和机器理解与处理,并为搜索、挖掘、分析等提供便利。

在风控上,银行以核心企业为切入点,将供应链上的多个关键企业作为一个整体。利用交往圈分析模型,持续观察企业间的通信交往数据变化情况,通过与基线数据的对比来洞察异常的交往动态,评估供应链的健康度及为企业贷后风控提供参考依据。

2. 大数据在证券业中的应用

1) 股市行情预测

大数据可以有效拓宽证券企业量化投资数据维度,帮助企业更精准地了解市场行情。随着大数据广泛应用、数据规模爆发式增长以及数据分析及处理能力显著提升,量化投资将获取更广阔的数据资源,构建更多元的量化因子,投研模型更加完善。

证券企业应用大数据对海量个人投资者样本进行持续性跟踪监测,对账本投资收益率、持仓率、资金流动情况等一系列指标进行统计、加权汇总,了解个人投资者交易行为的变化、投资信心的状态与发展趋势、对市场的预期以及当前的风险偏好等,对市场行情进行预测。

2) 智能投顾

智能投顾是近年证券公司应用大数据技术匹配客户多样化需求的新尝试之一,目前已经成为财富管理新蓝海。智能投顾业务提供线上的投资顾问服务,能够基于客户的风险偏好、交易行为等个性化数据,采用量化模型,为客户提供低门槛、低费率的个性化财富管理方案。智能投顾在客户资料收集分析、投资方案的制订、执行以及后续的维护等步骤上均采用智能系统自动化完成,且具有低门槛、低费率等特点,因此能够为更多的零售客户提供定制化服务。随着线上投顾服务的成熟以及未来更多基于大数据技术的智能投资策略的应用,智能投顾有望从广度和深度上将证券行业带入财富管理的全新阶段,为未来政策放宽证券公司投资顾问从前端佣金收费向后端的管理费收取模式转变进行探索准备。

3. 大数据在保险行业中的应用

1) 骗保识别

赔付直接影响保险企业的利润,对于赔付的管理一直是险企的关注点,而赔付中的

"异常值"(即超大额赔付)是推高赔付成本的主要驱动因素之一。保险欺诈严重损害了保险公司的利益,为了识别可疑保险欺诈案件,需要展开大量专项调查,且往往需要耗费数月或数年的时间。

借助大数据手段,保险企业可以识别诈骗规律,显著提升骗保识别的准确性与及时性。保险企业可以通过建设保险欺诈识别模型,大规模地识别近年来发生的所有赔付事件。通过筛选从数万条赔付信息中挑出疑似诈骗索赔。保险企业再根据疑似诈骗索赔展开调查会有效提高工作效率。此外,保险企业可以结合内部、第三方和社交媒体数据进行早期异常值检测,其中包括客户的健康状况、财产状况、理赔记录等,及时采取干预措施,减少先期赔付。

2) 风险定价

保险企业对保费的定义是基于对一个群体的风险判断,对于高风险的群体收取较高的费用,对于低风险群体则降低费用。通过灵活的定价模式可以有效提高客户的黏性,而大数据为这样的风险判断带来了前所未有的创新。

保险公司通过大数据分析可以解决现有的风险管理问题。比如,通过智能监控装置收集驾驶者的行车数据,如行车频率、行车速度、急刹车和急加速频率等;通过社交媒体收集驾驶者的行为数据,如在网上吵架频率、性格情况等;通过医疗系统收集驾驶者的健康数据。以这些数据为出发点,如果一个人不经常开车,并且开车十分谨慎的话,那么他可以比大部分人节省30%~40%的保费,这将大大地提高该保险产品的竞争力。

5.4 大数据带来的机遇与挑战

5.4.1 大数据带来的机遇

大数据的巨大价值已经从根本上改变了我们的生活、工作和思考方式。本小节将从不同的角度概况描述大数据带来的机遇。

1. 国家发展

当前,世界已经完全进入信息时代。互联网、物联网、云计算等新兴IT技术的广泛应用,使得各种数据源以前所未有的速度增长,同时也使得数据的结构和类型越来越复杂。大数据的深度分析和利用,将对促进各国经济持续增长、提升企业竞争力发挥重要作用。

未来,大数据将成为新的经济增长点。从国家层面看,海量数据的积累、处理和利用能力将成为衡量一个国家实力的新标志。一个国家在网络空间的数据主权,将是除陆、海、空、外太空之外的另一个大国博弈空间。大数据的研究和应用对于提高一国的竞争力具有重要的战略意义。

2. 产业升级

如何利用大数据是当前许多行业面临的普遍问题,给这些行业的数字化、信息化带来巨大的挑战。研究大数据的共性问题,特别是核心技术的突破,将有助于行业驾驭数据互联带来的复杂性,掌握数据冗余以及数据短缺带来的不确定性。每个企业都希望从大数据中挖掘出需求驱动的信息,从而充分利用大数据的巨大价值。这意味着数据不再是工业部门的副产品,而是各个方面的关键纽带。从这个方面考虑,大数据共性问题和核心技术的研究将成为新一代 IT 及其应用的重点。它不仅是保持信息产业高速增长的新引擎,也是各行业提高竞争力的新工具。

3. 科学研究

大数据促使科学界重新审视其科学研究方法论,引发科学思维和方法的革命。人类历史上最早的科学研究是以实验为基础的,后来才出现理论科学,其特点是研究各种规律和定理。然而,由于理论分析过于复杂,对解决实际问题不可行,人们开始寻求基于仿真的方法,这促使计算科学的产生。

大数据的出现催生出新的研究范式,拥有大数据,研究人员可能只需要从中寻找或挖掘所需的信息、知识和情报,他们甚至不需要直接访问要研究的对象。2007 年,图灵奖获得者 Gray 在他的最后一次演讲中描述了数据密集型科学研究的第四范式,它将数据密集型科学与计算科学分开。从本质上讲,第四范式不仅是科学研究方式的变化,也是人们思维方式的变化。

4. 新兴的跨学科研究

大数据技术及其基础研究已成为学术界的研究热点,由此催生一门新兴的跨学科科学——数据科学。数据科学以大数据为研究对象,旨在从数据中泛化提取知识,并且跨越许多学科,包括信息科学、数学、社会科学、网络科学、系统科学、心理学和经济学。数据科学采用来自多个领域的各种技术和理论,包括信号处理、概率论、机器学习、统计学习、计算机编程、数据工程、模式识别、可视化、不确定性建模、数据仓库和高性能计算。

世界各地的知名大学纷纷建立大数据研究中心,部分学校还开设数据分析的本科和研究生课程,以培养数据科学家和数据工程师等人才。

5. 预测未来

通过对多源异构大数据的有效整合和准确分析,可以更好地预测事件的未来趋势。大数据分析甚至有可能促进社会经济的可持续发展,进而催生与数据服务相关的新产业。

基于大数据的预测分析已被应用于解决社会问题,包括公共卫生和经济发展。Ginsberg 等人发现,如果一个地区提交给谷歌的带有流感症状、流感治疗等关键词的查询量增加,那么几周后,该地区医院急诊室的流感患者数量也会相应增加。通过这一发现,他们将能够预测流感的暴发,并提前部署应对措施。在经济发展方面,联合国推出了一个名为 Global Pulse 的新项目,希望利用大数据促进全球经济的发展。联合国将进行一项所谓的"情绪分析",利用自然语言处理软件分析社交网站上的短信,以便预测特定地区的失业率、开支削减和疾病暴发等社会问题。其总体目标是利用数字预警信号提前指导援助项目,防止一个地区再次陷入贫困的困境。

5.4.2 大数据面临的挑战与应对之策

尽管大数据是社会各界都高度关注的话题,但时下大数据从底层的处理系统到高层的分析手段都存在许多问题,面临一系列挑战。这其中有大数据自身的特征导致的,也有当前大数据分析模型与方法引起的,还有大数据处理系统所隐含的。除了技术性挑战,数据安全也是一个重大问题。本小节对这些问题与挑战进行梳理,并提出应对之策。

1. 数据复杂性

大数据的涌现使人们处理计算问题时获得前所未有的大规模样本,但同时也要面对更加复杂的数据对象。如前所述,其典型的特性是类型和模式多样、关联关系繁杂、质量良莠不齐。大数据内在的复杂性(包括类型的复杂、结构的复杂和模式的复杂)使得数据的感知、表达、理解和计算等多个环节面临着巨大的挑战,导致传统全量数据计算模式下时空维度上计算复杂度的激增。传统的数据分析与挖掘任务如检索、主题发现、语义和情感分析等变得异常困难。然而目前,人们对大数据复杂性的内在机理及其背后的物理意义缺乏理解,对大数据的分布与协作关联等规律认识不足,对大数据的复杂性和计算复杂性的内在联系缺乏深刻理解,加上缺少面向领域的大数据处理知识,极大制约了人们对大数据高效计算模型和方法的设计能力。

因此,如何形式化或定量化地描述大数据复杂性的本质特征及其外在度量指标,进而研究数据复杂性的内在机理是个根本问题。对大数据复杂性规律的研究有助于理解大数据复杂模式的本质特征和生成机理,简化大数据的表征,获取更好的知识抽象,指导大数据计算模型和算法的设计。为此,需要建立多模态关联关系下的数据分布理论和模型,厘清数据复杂度和时空计算复杂度之间的内在联系。通过对数据复杂性内在机理的建模和解析,阐明大数据按需约简、降低复杂度的原理与机制,使其成为大数据计算的理论基石。

2. 计算复杂性

大数据多源异构、规模巨大、快速多变等特性使得传统的机器学习、信息检索、数据挖掘等计算方法不能有效支持大数据的处理、分析和计算。大数据计算不能像小样本数据集那样依赖于对全局数据的统计分析和迭代计算,需要突破传统计算对数据的独立同分布和采样充分性的假设。在求解大数据的问题时,需要重新审视和研究它的可计算性、计算复杂性和求解算法。因此,研究面向大数据的新型高效计算范式,改变人们对数据计算的本质看法,提供处理和分析大数据的基本方法,支持价值驱动的特定领域应用,是大数据计算的核心问题。而大数据样本量充分,内在关联关系密切而复杂,价值密度分布极不均衡,这些特征对研究大数据的可计算性及建立新型计算范式提供了机遇,同时也提出了挑战。

因此,需要着眼于大数据的全生命周期,基于大数据复杂性的基本特征及其量化指标,研究大数据下以数据为中心的计算模式,突破传统的数据围绕机器式计算,构建以数据为中心的推送式计算模式,探索弱CAP约束的系统架构模型及其代数计算理论,研究分布化、流式计算算法,形成通信、存储、计算融合优化的大数据计算框架;研究适应大数据的非确定性算法理论,突破传统统计学习中的独立同分布假设;也需要探索从足够多的数据,到刚刚好的数据,再到有价值的数据的按需约简方法,研究基于自举和采样的局部计算和近似方法,提出不依赖于全量数据的新型算法理论基础。

3. 系统复杂性

针对不同数据类型与应用的大数据处理系统是支持大数据科学研究的基础平台。对于规模巨大、结构复杂、价值稀疏的大数据,其处理亦面临计算复杂度高、任务周期长、实时性要求强等难题。大数据及其处理的这些难点不仅对大数据处理系统的系统架构、计算框架、处理方法提出了新的挑战,更对大数据处理系统的运行效率及单位能耗提出了苛刻要求,要求大数据处理系统必须具有高效能的特点。对于以高效能为目标的大数据处理系统的系统架构设计、计算框架设计、处理方法设计和测试基准设计研究,其基础是大数据处理系统的效能评价与优化问题研究。这些问题的解决可奠定大数据处理系统设计、实现、测试与优化的基本准则,是构建能效优化的分布式存储和处理的硬件及软件系统架构的重要依据和基础,因此是大数据分析处理所必须解决的关键问题。

大数据处理系统的效能评价与优化问题具有极大的研究挑战性,其解决不但要求厘清大数据的复杂性、可计算性与系统处理效率、能耗间的关系,还要综合度量系统中如系统吞吐率、并行处理能力、作业计算精度、作业单位能耗等多种效能因素,更涉及实际负载情况及资源分散重复情况的考虑。因此,为解决系统复杂性带来的挑战,我们需要结合大数据的价值稀疏性和访问弱局部性的特点,针对能效优化的大数据分布存储和处理的系统架构,以大数据感知、存储与计算融合为大数据的计算准则,在性能评价体系、分布式系统架构、流式数据计算框架、在线数据处理方法等方面展开基础性研究;并对作为重要验证工具的基准测试程序及系统性能预测方法进行研究,通过设计、实现与验证的迭代完善,最终实现大数据计算系统的数据获取高吞吐、数据存储低能耗和数据计算高效率。

4. 数据安全

目前大数据的相关标准仍处于探索期,各行业大数据的安全规范还存在较多空白。部分行业,例如金融、医疗等涉及较多的用户信息等隐私数据的行业,对数据安全和信息保护方面的要求更加严格。

随着大数据在各行业细分领域应用的不断深化,在缺乏行业统一安全标准和规范的情况下,单纯依靠企业自身管控,会带来较大的安全风险。例如,大数据所包含的数据体量巨大,在存储时往往为便于查找而选择存储路径视图相对清晰的分布式储存方式,但分布式存储方式对于数据的保护相对简单,这为"黑客"提供了便利,使其能够较为轻易利用相关漏洞实施不法操作。同时,对于用户的隐私保护也存在漏洞,传统的数据隐私保护技术大多是针对静态数据的,而大数据是具有实时更新的动态属性的,这对数据隐私保护技术带来一定挑战。

为确保数据安全,应健全网络环境的安全防护体系,强化大数据安全保障体系建设。在健全网络环境的安全防护体系方面,应加强互联网安全技术的应用,强化网络安全防御体系,完善网络空间日常巡检和风险预警机制,优化网络安全事件应急处置预案,从而全面增强网络安全态势感知、预警和应急处置能力。在强化大数据安全保障体系建设方面,应组织行业各方主体,协同制定基于不同行业特色的大数据交易规范,明确交易各方的数据安全责任,保障各行业大数据市场的健康、有序发展;制定明确的数据安全使用标准,对大数据的使用权限、使用范围、使用方式和安全机制等,进行严格的规范化、标准化管理;建立有效的投诉机制和惩罚机制,实施全程全网的数据安全使用管控与源头追溯;推动数据防泄露技术、云平台数据安全等数据安全防护专用技术的研发与应用。

5.5 案例分析

案例 5-1 我国数据交易市场建设

案例 5-2 中国移动乾坤大数据

案例 5-3 数据安全治理

复习思考题

1. 简述大数据的概念与特性。
2. 结合相关代表性事件,谈谈大数据的发展历程。
3. 大数据的处理流程有哪些步骤?
4. 请列举一些大数据在各个行业的应用场景。
5. 大数据带来哪些机遇,我们应该如何把握机遇?
6. 大数据面临哪些挑战,我们应该如何应对挑战?

即测即练

第 6 章

金融科技与银行业融合发展

本章知识点:

1. 了解金融科技时代银行业的发展困境。
2. 了解金融科技时代银行业的金融功能演变情况。
3. 掌握国外、国内开展金融科技的历史进程。
4. 掌握金融科技在商业银行负债端、资产端、支付端、商业模式中的作用。
5. 了解我国商业银行未来发展金融科技的措施。

基于共同的基因,商业银行与信息技术的融合一直是人类金融事业发展的重要内容和典型特征,银行是信息密集型行业,对技术的依赖性很强,信息技术可以引发金融创新,产生新的金融工具和交易形式,而且可以颠覆既有的金融模式和形态。随着商业银行的发展和现代信息技术的进步,商业银行与信息技术逐渐融合发展。本章主要讨论金融科技时代商业银行的发展困境及功能演变、国内外商业银行开展金融科技的历史进程,重点阐述金融科技在商业银行负债端、资产端、支付端以及商业模式四方面的转型过程中的作用,并对商业银行的未来发展提出对策建议。

6.1 金融科技时代商业银行的发展困境与功能演变

6.1.1 商业银行的发展困境

金融科技时代的到来,使我国商业银行经营环境面临着信贷整体风险上升、居民部门储蓄增长乏力、表外业务不断被压缩、金融风险上升并不断显性化等一系列挑战,造成了商业银行负债端、资产端、支付端以及商业模式上的发展困境。

1. 负债端

负债业务成本上升,高收益产品对银行存款和理财的替代效应增强。随着企业、居民理财意识逐渐加强,财富配置向股票、债券、货币基金、理财产品、互联网金融产品等回报率更高的资产倾斜,分流了商业银行一般性存款来源。以余额宝为例,从 2013 年到 2020 年末其规模大幅增长约 200 倍,尽管余额宝收益率总体呈现下降趋势,但仍然高于银行存款水平。如此一来,商业银行不得不通过提高理财产品收益等各种形式吸收资金,大大提高了资金成本,而银行理财产品的刚性兑付越来越难维持,对客户的吸引力减弱。因此,增加低成本的储蓄来源,为客户提供高质量、低成本的理财服务,成为商业银行负债业务转型的关键。

2. 资产端

资产端对公信贷议价能力减弱,信贷结构面临转型压力。一方面,资产端脱媒加速,直接融资占社会融资存量比重上升,上市公司和大型国企对商业银行信贷依赖度明显降低。随着中国企业去杠杆以及地方政府控杠杆进程的推进,企业业绩"爆雷"与地方政府"爆雷"的案例将会越来越多,低风险、优质的贷款项目面临的市场竞争相对更加激烈,银行议价能力减弱。另一方面,近年来监管层通过多项政策限制小微贷款利率上行,进一步加剧银行资产端收益率下行的压力。

此外,受产业发展阶段的影响,过去10年商业银行形成以中低端制造业、房地产业、建筑业为主要投放对象的对公信贷结构,而对新兴产业和服务行业的信贷支持不足。在经济新常态下,商业银行的信贷结构面临转型压力。一方面,供给侧结构性改革深入推进,中低端制造业面临市场出清,有效信贷需求下降;另一方面,政府针对房地产和土地财政的调控给银行在房地产和基建行业的信贷配置带来很大的不确定性。未来中小微企业融资、绿色融资等新兴板块的融资业务将快速扩张,但这些新兴的信贷业务板块的投向甄别和贷后管理并非银行传统擅长的领域,因此,捕捉中小微企业及新兴领域的信贷需求、提高信贷风险识别和控制能力,成为商业银行信贷业务转型的关键。

3. 支付端

第三方支付发展迅速,挤压商业银行支付结算业务空间。根据信息不对称理论,商业银行作为金融中介能够在一定程度上缓解信息不对称,这一专属优势使得商业银行在支付结算领域长期占据垄断地位。然而,随着移动互联网的发展,以支付宝、微信支付为代表的第三方支付平台以交易速度快、交易环节少、交易成本低的特点获得广泛接受,其拥有的云计算技术可以对客户数据信息进行高效的存储和计算,从而更有效地缓解信息不对称。截至2020年末,全国共发生网络支付9 152.1亿笔,其中商业银行占10%,第三方支付平台占90%,第三方支付平台的支付数量是商业银行近9倍,从发展速度看,商业银行支付数量增速集中在0～20%,而第三方支付增速高达50%～100%。因此,商业银行应该以互联网思维推进移动支付业务,满足小额高频的支付需求,结合自身特色构建金融服务生态圈。

此外,伴随金融脱媒的加剧,交易过程中的支付环节、清算环节呈现相对分离的发展趋势。支付环节更加侧重于满足用户多样化的支付需求,而清算环节则侧重于提供信息传输、资金结算的制度体系和技术安排,在风险可控的前提下,更加关注资金流转的成本和效率。因此,商业银行应注重完善支付清算基础设施,特别是提高跨境支付的结算效率、降低成本、保障资金安全。

4. 商业模式

传统客户关系管理模式不适应客户行为变化,同质化的低效竞争呼吁科技驱动的差异化。越来越多的金融交易通过第三方平台实现,严重削弱了商业银行掌握客户账户、产品和服务偏好等垄断性信息的优势,客户不需要直接与银行接触,导致商业银行客户黏性下降,演变成客户关系脱媒。目前银行业网点业务布局扎堆、集中营销大户、对集团客户过度授信等现象较为突出,在客户基础、业务结构、产品组合、收入格局上同质化严重。这必然会导致过度竞争和无序竞争,引发金融供给过度与金融服务不足并存的问题,不利于提升金融服务的专业化水平。因此,银行应致力于打造差异化的竞争优势,创新发展平台化金融,推动商业模式朝着数字化、轻型化、智能化、开放化转型。

6.1.2 商业银行的功能演变

在金融科技的冲击下,金融市场微观层面的行业格局洗牌和个体内部的变革,在宏观上表现出银行支付中介、信用中介、货币创造、财富管理等传统金融功能的演变。

1. 垄断性支付中介的功能弱化

从银行发展史来看,汇兑是现代银行萌芽时期最早开展的业务。因此,支付中介是商业银行最早承担的金融功能。银行支付中介职能的发挥,极大地减少了现金的使用,加速了结算过程和资金周转,对构建现代金融体系具有基础性的贡献。由于银行具有特许金融牌照和显而易见的支付网络优势,银行似乎天然成为全社会垄断性支付中介。然而,互联网金融的出现打破了这种"理所当然"。以1998年PayPal和2003年支付宝的诞生为标志,第三方支付异军突起,在现代支付体系中所占份额越来越大。与传统银行支付相比,第三方支付操作更加便捷,并嵌入电子商务和社交等互联网平台,开发了多元化、场景化的服务,对零售端客户有极强的吸引力,因此迅速分流了原属于银行的支付业务。

虽然目前第三方支付平台仍旧难以企及银行支付体系的客户基础,特别是公司客户,但是其在零售支付领域已经抢占了银行的半壁江山。从长期来看,随着客群数字能力的提升,从严监管后的第三方支付很可能在消除风险隐患后更加普及,而且不排除未来介入大额资金交易的可能。如果法规政策不发生大的调整,银行作为垄断性支付中介的功能将会根本性弱化。

2. 信用中介职能被进一步替代

从国际经验看,一国的直接融资比例与该国的经济发展阶段、资本市场发展程度密切相关,随着经济的发展,金融脱媒已成为趋势。据统计,G20(二十国集团)国家整体直接融资比重在1990年就已经达到55%,其中一些发达国家近些年更是达到了70%的水平。中国的资本市场尽管起步较晚,但对商业银行信用中介职能已造成持久性冲击,直接融资在社会融资总额中的比重总体呈上升趋势。

金融科技兴起加剧了商业银行信用中介地位被替代的可能性。一方面,P2P网贷模式冲击了银行传统间接融资模式。理论上,P2P平台利用互联网汇集借贷双方信息,基于先进的数据处理技术进行交易撮合,简化了资金配置的中间环节,对银行信贷构成了替代或补充。尽管目前P2P网贷已经退出市场或者转型,但这种新业态蕴含的商业理念对银行业的深远影响是不容忽视的。另一方面,一些金融科技公司开发了大量基于互联网大数据的信贷产品,与传统银行在零售信贷市场展开了竞争,也部分替代了其信用中介职能。

当然,信用中介职能是商业银行最基本,也是最能反映其经营活动特征的职能。通过负债业务吸收闲散资金,再通过资产业务把它们投放到经济中,这是商业银行区别于其他金融机构的核心特征。无论商业银行的金融功能如何演变,这项职能都不会发生根本性变化,银行所要顾虑的是,在金融脱媒大趋势和金融科技冲击叠加的情况下,如何守住既得的市场优势,避免份额被过度蚕食。

3. 货币创造职能总体稳固但面临挑战

商业银行的货币创造职能是在其信用中介和支付中介职能基础上衍生的。现代经济体中,中央银行发行现钞,通过控制存款准备金率等手段调控商业银行准备金,创造基础货币;商业银行根据基础货币数量发放贷款,在此过程中创造信用货币(存款货币)。这种"中央银行—商业银行"的货币创造机制已经成为现代货币经济的柱石。因此,商业银行又被称为"存款货币银行",这也是商业银行有别于其他金融机构最特殊的功能。

事实上,只要法定货币的地位不受挑战,商业银行货币创造的职能就能稳固。但是数字货币的出现对银行货币创造职能构成了潜在威胁。比特币在全球范围内的流行,引发了人们对去中心化货币发行机制可行性的探讨。全球对将数字货币引入货币体系的呼声越来越高,甚至个别国家承认了比特币的合法性,一些国家开始研究中央银行如何发行数字货币,私人机构如 Facebook 已宣布即将发行名为 Libra 的数字货币,目的是"建立一套简单的、无国界的全球货币"。无论是中央银行发行数字货币,还是由私人机构发行数字货币,都将引发一系列基础性的问题:数字货币的发行机制中还有没有商业银行的位置?银行在数字货币发行中可能扮演什么角色?数字货币和现行法定存款货币如何共存?这些都是悬而未决的问题。

4. 财富管理等综合金融服务职能进一步强化

自 20 世纪 90 年代金融自由化浪潮以来,国际银行业混业经营趋势加剧,商业银行已将业务扩展到了证券、保险、信托等诸多领域,早已不是单纯经营存贷汇的机构,而是不折不扣的"金融百货公司"。这种转变与客户金融服务需求的升级相呼应。过去,客户对银行服务的需求主要集中在资金配置和支付结算上,用以满足较低层级的融资和支付需求。随着经济发展水平的提升,客户越来越需要以财富管理、风险管理为中心的多元化、个性化、综合化的金融服务,商业银行综合金融服务的职能得到强化。金融科技公司的兴起和互联网金融产品的推出,打破了金融业子行业之间的隔阂,通过一个平台,可以对接支付、储蓄、信贷、保险、理财、股票、基金等几乎各金融大类的产品,提升了客户的黏性,推动了金融业的综合化进程。因此,在这个综合化经营的时代,银行业必须顺应这种潮流,打破既定的业务框架,才不会被其他竞争者所淘汰。

6.2 商业银行与金融科技融合发展演化进程

6.2.1 海外商业银行与金融科技融合发展历史进程

海外商业银行较早展开金融科技布局,在雄厚的资本实力和成熟的金融体系的支持下,海外商业银行选择开展跨界合作、股权投资或收购科创公司、设立子公司孵化器抢先完成技术和人才储备,并在 IT 基础设施建设方面取得长足进步。

1. IT 基础设施建设阶段

国外商业银行初期涉足金融科技的重点是完善 IT 基础设施建设,针对不同的商业银行主体,主要有三种路径。

路径一:商业银行通过与互联网公司或者科技公司开展跨界合作共享科技成果。这种方式对于需要集中突破特定业务或特定功能的商业银行,能够很好地实现两者优势互补并顺利打入新市场。例如,富国银行和 PayPal 合作开拓电子支付业务;英国巴克莱银行与比特币合规公司 Chainalysis 以及账目初创公司 Wave 开展区块链技术合作,2016 年 10 月完成全球第一笔基于区块链技术的贸易结算。

路径二:商业银行通过股权投资或收购具有颠覆性新型技术的科技公司,在最短时间内获取其技术和人才。例如,摩根大通、桑坦德银行先后设立基金用以并购或投资科技企业;高盛银行自 2016 年以来已经投资 29 家金融科技公司,投资技术方向覆盖大数据征信、保险、理财、借贷等,并通过入股 Square 和 Bluefin 等支付服务提供商,获得最先进的网络支付技术;花旗银行旗下的花旗风投专注于金融科技股权投资,较为著名的是投资移动支付公司 Square。

路径三:商业银行通过设立子公司作为孵化器,培养自主研发和应用能力。其包括成立科技创新实验室,对接创新企业、科技公司及科研院所等机构,重点突破区块链、人工智能、监管科技等核心领域的技术研发,在培育金融科技创新的同时储备科技人才。2015 年 7 月,花旗银行自主研发 3 条区块链分布式总账系统的应用,并成功运行加密货币"花旗币"应用于跨境支付;富国银行每年投入 60 亿~80 亿美元用于投资新技术,与新兴技术公司签署 mentor 协议,进行银行经营知识的顾问指导,并开放银行后台给这些技术公司实现技术测试。

2. 数字化转型应用实践阶段

完成初期的 IT 基础设施建设后,现阶段,不同发展阶段的银行选择依据自身战略定位,采取不同的数字化转型路径。

路径一:基于已有产品、业务和渠道进行改造,全面提升客户体验。

产品的数字化创新方面,不同银行秉承差异化产品设计理念,实现原有产品的数字化升级。例如:摩根大通针对不同客户推出三款细分的手机银行产品,为客户提供个性化、低成本、安全快捷的增值服务;奥克兰储蓄银行针对学龄前儿童设计"专属虚拟存钱罐",将金融服务与实体玩具结合,拓展儿童这一银行服务蓝海客户群;澳大利亚联邦银行推出能够对接房地产搜索引擎数据的 App 应用"Property",客户可以直接搜索房源并享受一体化的放贷体验,其将金融服务渗透到客户的消费过程,提升了与客户的交互频率和客户的使用黏性。

业务流程的数字化创新方面,通过聚焦核心客户流程改造,大幅降低运营成本。英国劳埃德银行筛选了十大客户流程进行改造,3 年内扭亏为盈,节省了 1.5 万名人工,节约了 20 亿英镑的成本。如:西班牙对外银行(BBVA)实行数字化开户流程,将开户时间缩短 10~15 分钟;花旗银行实行数字化银行卡挂失流程,使客户在发现银行卡遗失后即可通过手机客户端冻结卡片;汇丰银行尝试触摸式 ID、声音识别等生物识别技术,为核心客户带来便捷化的增值服务。

渠道信息的数字化创新方面,将打造全渠道银行作为重要的发展战略。银行通过线上、线下和远程渠道接入业务,识别客户的身份和历史行为,提供无缝连接的服务。荷兰 ING 银行、澳大利亚联邦银行的实践均表明多渠道获取银行服务的客户持有的产品比使用单一渠道的客户多 80%。

路径二:拓展新渠道、平台和场景,实现商业模式变革。

数字化时代下银行业正在经历巨大的商业变革与战略升级,这种数字化转型可以归纳为三个阶段:第一阶段通过直销手段实现渠道创新即直销银行,第二阶段通过服务移动化实现场景创新即互联网银行,第三阶段通过数据开放共享实现商业模式创新即开放银行。目前西班牙对外银行、花旗银行、新加坡星展银行、英国巴克莱银行等国际领先银行已迈入开放化实践,它们通过数字领域的持续投入与开放 API 平台的搭建,允许第三方开发人员围绕来自金融机构的数据开发应用和服务,构建开放共赢的银行生态。

6.2.2　我国商业银行与金融科技融合发展历史进程

我国商业银行信息化建设在各行业中走在前列。目前我国商业银行的信息化建设已有近 40 年的发展历程,总体上可划分为三个发展阶段(表 6-1)。

表 6-1　我国商业银行开展金融科技的历史进程

发展阶段	时间
金融电子化阶段	20 世纪 80 年代中期至 2003 年前后
金融网络化及移动化阶段	2003 年至 2015 年前后
金融科技阶段	2015 年至今

1. 金融电子化阶段

早在 1979 年,国务院就批准银行业可以引进外国计算机进行试点,中国人民银行启动了 YBS(银行保险系统)项目,开始引进 IBM System/360 系统。20 世纪 80 年代中期以来,商业银行开始广泛应用计算机系统,经营和服务的电子化程度不断提高。在信息系统应用及 IT 架构上,从 1987 年开始,定制化的 IBM SAFEII 银行业务应用系统在工商银行、中国银行、建设银行陆续上线;1999 年开始,工商银行、中国银行、农业银行、建设银行等大行陆续进行了各自的数据集中工作,打破了银行内部信息在地区间的相互隔离,实现了 IT 架构从地区分散化分散架构向大集中架构的升级。在对外营销服务上,陆续建立起核心业务系统,运用信息系统向客户提供柜面服务;陆续通过自动柜员机(ATM)等自助设备提供无人服务,实现了服务的"7×24 小时"。在内部管理上,陆续建立基于核心业务系统的外围业务管理系统进行存款、信贷风险等业务的经营管理。

2. 金融网络化及移动化阶段

随着互联网技术的发展,2003 年前后网上银行逐步兴起,商业银行纷纷将传统业务向线上迁移,解决了 ATM 服务的地理限制问题。2010 年起,随着移动互联技术的发展及智能手机处理能力的不断增强,各家银行纷纷推出支持苹果手机和安卓手机的银行用户端模式,2014 年起在监管部门的支持下开始加速发展,解决了金融服务对计算机终端的依赖问题,使金融服务从网络化向移动化迈进,真正突破了时空限制。近年来,手机银行也得到了快速发展,而且由于其具有移动便携的优势,有加速超过网上银行的态势。目前,手机银行已经成为各家商业银行的主打产品,并成为银行同业竞争的重要领域。各家银行在手机银行业务的开发和推广上不断创新,多家银行还推出了手机银行全免手续费的做法,在很大程度上促进了手机银行的发展。

3. 金融科技阶段

2015 年以来为金融科技阶段。在这一阶段,商业银行积极运用大数据、云计算、人工智能、区块链等最新的信息技术,进一步革新信息系统架构及功能、信息采集来源、投资顾问计量模型、风险计量模型等,推动渠道协同和业务流程再造,解决前期金融服务中的痛点,提升金融服务效率。多家商业银行积极运用新兴信息技术优化金融服务流程,推动智能化转型,努力为客户提供更加智能化、场景化、便捷化的金融产品与服务。外部合作方面,商业银行加强与金融科技企业的优势互补;内部转型方面,商业银行在 IT 架构、科研投入、体制改革、人才储备以及科技输出等方面深入推进金融科技布局。

外部合作方面,商业银行借鉴吸收金融科技企业的先进技术和经验,不断提升技术研发能力。2017 年以来,五大国有银行率先与百度、阿里、腾讯、京东、苏宁五大科技公司签署战略合作协议(图 6-1),双方发挥技术实力、客户基础、业务发展空间等方面的互补优势,共享客户、场景、信用资源,构建互联网金融生态圈。以城商行为代表的中小银行受制于规模和资金实力,独立研发并不多见,通常选择借助外部合作商提升金融科技能力。如:杭州银行联合阿里云及 CityDO 等生态合作伙伴建立金融科技创新实验室,探索金融科技公司化运作模式;南京银行与蚂蚁金服合作开发"鑫云+"互联网金融平台,通过蚂蚁金服云计算、大数据等技术输出搭建线上业务端的核心系统、网贷系统、理财系统、聚合支付系统、产品系统以及大数据平台。

IT 架构方面,我国商业银行通过不断增加研发投入,均取得了明显成效。工商银行启动实施智慧银行信息系统工程,建立开放化的账户服务体系。建设银行"新一代"核心系统采用"集中式+分布式"融合架构,用于建立全面风险控制体系,构建公有云服务、智慧政务服务等平台。邮储银行 34 个系统已实现云平台部署。招商银行 1/3 的应用已迁

图 6-1　部分银行与互联网科技公司开展合作

资料来源：平安证券研究所，https://www.163.com/dy/article/ETJ7633L0519D88G.html。

移至云架构。中信银行 53% 的系统已迁移至云平台。由此可以看出，银行自身金融科技投入力度正在逐年加大。

体制改革和人才储备方面，我国商业银行金融科技体制机制改革的具体措施均涉及人力资源管理、人才激励与创新项目孵化机制的建立等。机构设置上，工商银行、招商银行、民生银行先后成立网络金融部、交易银行部发展直销银行等业务；工商银行、中国银行成立渠道管理部整合线上线下的渠道资源；招商银行、中国银行等设立全行级别的金融科技委员会、金融科技创新办公室，增强体制机制的灵活性。再如：平安银行对标金融科技公司，建立零售专属 IT 团队；招商银行成立金融科技创新孵化平台，将"金融科技创新项目基金"额度由上年税前利润的 1% 提升至上年营业收入的 1%；农业银行上线"农银 e 创"，在全行范围收集、评选、发布产品创意。

科技输出方面，近几年各家银行纷纷设立独立的金融科技子公司，既促进了母行数字化转型，也满足了消费者个性化场景的服务需求，具体如表 6-2 所示。2015 年，兴业银行成立业内首家银行系金融科技子公司，随后股份制银行率先刮起一股金融科技公司成立潮。2018 年 4 月，建设银行成立建信金融科技有限责任公司，成为第一家成立金融科技公司的国有大行，随后工商银行成立工银科技有限公司。从业务方向来看，银行系科技子公司大都以服务母行数字化转型、提供科技支撑为主，同时为中小银行、非银机构、中小企业、政府等其他客户提供云服务。各家子公司的发展定位依赖于母行的资源倾斜，例如：兴业银行作为国内最大的金融同业平台，"兴业数金"的发展定位便是为中小银行、非银行金融机构、中小企业提供金融行业云服务；招商银行作为零售龙头，"招银云创"的发展定位是将招商银行 IT 系统 30 年稳定运行的成功经验和金融 IT 的成熟解决方案对金融同业开放。

表 6-2 银行系金融科技公司成立时间

银　　行	金融科技公司	成 立 时 间
兴业银行	兴业数金	2015-11-10
平安银行	金融壹账通	2015-12-29
招商银行	招银云创	2016-02-23
光大银行	光大科技	2016-12-20
建设银行	建信金科	2018-04-12
民生银行	民生科技	2018-04-26
华夏银行	龙盈智达	2018-05-23
北京银行	北银金科	2018-08-24
工商银行	工银科技	2019-03-25

此外，在监管部门支持下，还出现了一种新兴的银行业态"互联网银行"。互联网银行是指运用云计算、大数据等技术，在线为客户提供多种金融服务的互联网金融服务机构。近几年，微众银行、网商银行、新网银行等互联网银行相继设立，取得了较快发展。

6.3　金融科技在商业银行转型中的作用

金融科技在银行负债端、资产端、支付端、商业模式的转型过程中发挥重要作用。负债端，搭建"线上平台"，拓展低成本资金的获取渠道，发展"智能投顾"满足投资者的个性化需求。资产端，加快零售业务数字化转型，依靠"区块链＋供应链金融"服务企业，运用大数据优化信贷业务流程，构建全面风险管理体系。支付端，利用"大数据"进行支付过程中的用户行为分析和交易欺诈识别，利用"生物识别技术"提高支付的便捷性、安全性，利用"云计算"提高支付业务系统承载能力，利用"区块链"技术优化支付清算的基础设施、满足小额高频的支付需求。商业模式方面，逐步向智能化、数字化、开放化方向转型，创新适应客户需求的盈利模式，打造差异化竞争优势。

6.3.1　负债端与金融科技

1. 搭建线上平台

在传统金融业态下，银行主要通过物理网点吸收储蓄，而当前创新型金融科技平台汇聚了大量小额资金的收支使用，对于银行形成资金沉淀是一种挑战，银行不得不通过搭建线上平台拓展低成本资金的获取渠道。

1）以移动计算提供综合化、全景化的个人金融信息服务

某些金融科技创新企业为用户提供全景化的个人金融信息服务，例如消费账务、投资账簿、家庭财务规划等，形成客户黏性进而提升资金吸纳能力。银行可以利用移动计算技

术与金融科技公司提供信息服务充分结合，设计更具综合性的个人金融服务方案，通过一个账户绑定存贷业务、财富管理、投资理财、保险服务等综合服务，并获取前端客户，提高用户依赖性，有效形成账户沉淀。

2）为企业提供针对性的人力资源服务，实现企业员工的资金沉淀

在互联网背景下企业人力资本金融化成为一种趋势，越来越多的企业采用金融创新解决方案，通过外部金融机构管理各种人力资源计划，满足员工财富保值增值的需求。这些综合化的金融服务方案涉及工资现金管理、薪酬奖金递延发放、补充养老金、员工个人财富管理、保险计划、股权激励、企业年金计划等诸多门类，管理起来非常烦琐。部分金融科技创新企业把握这一商机，通过用户体验良好的移动工具，协助中小型企业管理相关计划，实现企业和个人服务黏性，进而推广到提供相关金融服务。银行可以与这些创新企业合作，以账户管理为核心推动综合化企业人力资源金融服务，拓展获客渠道。

3）利用移动计算提供个人信用管理服务

越来越多的个人用户开始关注自身的信用状况，很多金融科技公司专门提供个人信用管理服务。银行可以考虑与其合作搭建个人信用管理平台，实现多渠道的个人征信数据和报告汇集，为个人提供有价值的信用数据。银行以该平台为基础，辅之以投资、理财、财富管理等金融服务功能，将有助于增强个人客户黏性，充分挖掘客户的派生需求。

4）建立银行系电商平台

商业银行构建电商平台生态系统的目的在于通过自身资源带动相关金融产品及服务的发展，一方面商业银行可以通过电商平台的交易获取更多的收入，另一方面可以通过电商平台内提供的金融服务加强商业银行与消费者、供应商之间的联系，达到提升商业银行金融服务质量的效果。该生态系统的运营离不开电商交易平台、上游商户和下游消费者群体三个主体和大数据分析这一必要条件。由于电商交易平台实际的运营主体是商业银行，所以商业银行负责提供交易的相关信息及记录，并对有融资需求的商户进行综合跟踪及监控，确保金融业务有效进行。大数据分析是商业银行开展电商平台业务的必要条件，大数据分析有助于制定客户精准画像、识别风险。上游商户通过在银行电商平台内的经营，积累了丰富的交易数据，商业银行可以根据该交易数据建立信用评级，并为这些上游商户提供供应链金融服务。而电商交易中的下游消费者群体在购物交易的过程中形成了信用评级的基础，商业银行通过消费者的交易数据建立风控模型，发展消费金融业务。同时，商业银行通过掌握不同消费者的消费偏好，创新出更多适合市场需求的金融产品和服务。我国银行系电商平台发展情况详见案例6-1。

2. 智能投顾

智能投顾源自美国，目前发展最成熟的地区也是美国。2010年智能投顾公司Betterment在纽约成立，1年后Wealthfront公司在硅谷成立，智能投顾正式诞生。从2013年开始，两家公司的资产管理规模呈现了惊人的增长，到2015年底，Wealthfront拥有了约29亿美元的资产管理规模，而Betterment则超过了30亿美元。自此，华尔街掀起一股智能投顾的热潮。与此同时，国内互联网、大数据、人工智能等技术的迅猛发展，也促进了各商业银行智能投顾平台的开发和应用。为了解决财富市场供需不平衡的问题，

智能投顾成为资本追逐的风口,各商业银行加快了在金融科技领域的步伐,大力推出智能投顾产品。

智能投顾并不是对传统人工投顾的简单完全替代,而是利用以大数据、人工智能为核心的技术,基于投资者的个人财务状况、风险偏好、理财目标及所处生命周期,搭建数据模型和后台算法,为投资者动态迭代地提供包括财富保值增值、税务与财务管理、传承规划等有具体目标的财富管理服务,并对资产配置组合进行自动跟踪和调整。与传统投顾相比,智能投顾具有较大的优势,表 6-3 列示了传统投顾与智能投顾的主要区别。

表 6-3 传统投顾与智能投顾的主要区别

主要区别	传统投顾	智能投顾
服务受众	高净值客户	低净值、中净值、高净值客户
投资依据	理财投资顾问的实战经验及理论水平	基于传统投资理论,运用人工智能和大数据分析得到投资组合模型
投资标的	定期、股票、基金等	ETF(交易所交易基金)、股票、国外债券、房地产等
申购过程	与投资顾问保持沟通和反馈	基于客户给出的风险承受度、收益水平,系统自动筛选投资组合并完成资产配置
服务费用	费用高、服务费率 1%~3%	服务费率一般≤0.5%
优点	非标类资产更丰富、定制化服务	低门槛、低费率、服务效率高、覆盖客户范围广、客观性及独立性高、控制回撤
缺点	成本高、通常仅针对高净值客户、易受到主观因素影响	不适合短期型、高风险投资者,技术不够成熟

资料来源:杨旻玥.我国智能投顾发展探究——以招行摩羯智投为例[D].杭州:浙江大学,2018.

智能投顾作为科技与金融结合的产物,因其长尾获客效应、大类资产配置能力及个性化定制的优势,将成为未来银行理财业务转型发展的重要力量。

长尾获客能力推动银行理财业务普惠性发展。智能投顾低费率、低门槛以及高效率的优势,使其可以覆盖更多中低净值客户。首先,在进行资产配置与投资组合管理时,智能投顾可以智能化实时监控,并根据监控结果自动进行投资组合的调整。与传统投顾相比,其大大降低了人工成本和管理费用。其次,传统投顾大多专注高净值人士和私人银行客户,使很多中产及低净值人群难以获得专业资产管理服务。而智能投顾大大节约人工成本、降低投资门槛,可以覆盖更多长尾客户。最后,智能投顾用户可以直接通过手机终端满足投资需求,智能化的服务更加高效便捷,不断吸引更多注重时间成本的年轻人和上班族。

"大类资产配置"属性助力理财业务净值化转型。根据国际经验,全球先进银行资产管理公司十分注重大类资产配置在投资中的作用。随着我国经济发展的新常态化、投资者投资理念的日益成熟以及国际化水平的提升,理财业务的资产配置属性越发凸显。未来银行理财业务向净值化转型过程中,其要求资产与产品一一对应,打破以往"资金池—资产池"运作模式,更加要求银行理财业务提升大类资产配置能力。而智能投顾的理论基础源于马科维茨的现代资产组合理论,根据均值方差模型,通过强大的计算能力计算出有效边界,然后根据不同投资者的风险水平在有效边界上做资产配置,体现了长期投资、被动投资、稳健收益和风险分散的理念,是我国银行理财业务的转型立足点,也是加强投资者教育的新契机。

"个性化定制"特点促进理财业务差异化、专业化转型。我国银行理财业务在转型过程中,面临着与银行同业机构、传统非银金融机构、互联网金融公司以及第三方理财公司之间的竞争,而我国传统非银金融机构无论是资产配置能力还是投研能力都占有绝对优势,商业银行须在竞争中走差异化和专业化的道路。智能投顾的"个性化定制"功能即运用数据和技术优势,针对不同客户的不同风险偏好、期望收益进行个性化分析,人工智能的算法和模型为不同客户进行不同的资产画像,并提供最优的、量身定制的全球性资产配置方案。在投资过程中,其根据市场实时的不同变化进行自动化的投资管理服务和投资组合调整,以平衡风险收益比,做到差异化服务。

6.3.2 资产端与金融科技

1. 零售业务数字化转型

对商业银行而言,零售业务具有资金成本低、创新空间大、抗风险能力强的特点,是商业银行稳定、持续发展的基石。近年来,受国内外宏观经济形势和利率市场化等因素影响,银行业整体收入增速逐年下降,但零售业务收入一直保持较高增长水平,零售业务收入占比逐年提升。党的十九大报告中提出要增强消费对经济发展的基础性作用,为银行零售业务的发展创造了前所未有的机遇和空间。

随着互联网金融的深化,我国大多数银行均制定了数字化转型发展战略,加大了金融科技的投入和创新力度,不断创新互联网金融产品。我国银行业零售业务数字化转型现状可归纳为自主研发型和合作共享型。

1) 自主研发型

国内有些大型商业银行,其资产规模以及产品和服务研发等方面都处于国内银行业的前沿,先后创新了各自的数字化产品和服务,具体如表 6-4 所示。

表 6-4 国内各银行自主研发的数字化产品和服务现状

银　行	创新的数字化产品与服务现状
工商银行	2012 年推出"网贷通",解决小微企业融资问题;推出移动金融服务、手机银行和个人网银等互联网金融产品;推出"工银移动银行"金融产品;2013 年创新微信银行服务;2014 年推出"融 e 购",是支付融资一体化的平台;推出"工银 e 支付",满足客户便捷的互联网金融支付需要;推出"工银 e 投资",是客户交易服务一体化的终端;2019 年面向中老年客户推出 ESOS 和 e-ICBC,提供手机银行幸福生活等新型服务
建设银行	2012 年创新"善融商务"电商服务平台,其设有企业和个人商城,将资金、信息和物流融为一体,为客户提供全方位服务;推出电子银行业务、微信银行覆盖微金融、悦生活和信用卡;推出账号支付及快捷付等电子产品;创新"E 商贸通",为大型电商交易市场及其会员提供资金结算与清算等综合性金融服务平台;2018 年推出个人财富管理平台"龙财富"以及搭建综合服务平台"裕农通",持续创新网页版手机银行、银行客户端以及 Pad(便携式计算机)掌上银行等产品和服务

续表

银　行	创新的数字化产品与服务现状
农业银行	2014年推出新型互联网金融产品和服务,利用移动金融平台推出四类应用,分别是绿色移动、理财、支付和绿色安全
招商银行	2013年发布掌上生活App,推出信用卡全周期管理;创新"智慧供应链金融平台",实现资金流、物流及信息流的智能整合,推出专业化的供应链、定制化的金融服务;2015年实行刷脸取现,在ATM机上可以无卡取款;2016年推出刷脸转账,可通过远程视频连接,20万~100万元的大额转账业务均可刷脸办理;推出招商银行App5.0,进一步加强零售客户基础建设
交通银行	2012年推出新型网络商城"交博汇",其拥有"商品馆""企业馆""金融馆"以及"收付馆"四部分;与阿里巴巴共同设立"交通银行淘宝旗舰店",开展贵金属、保险基金、中小企业贷款及借记卡等服务,可线上浏览产品,通过支付宝下单购买,还可在线咨询、预约等;2013年创新"太平洋可视卡"以及"第二代手机银行"
民生银行	2013年实施"小区金融"战略,通过小区智能超市打造便捷的金融服务产品,运用卫星、理财POS(销售终端)以及移动Pad等设备,为居民提供一体化的家庭金融服务
中国银行	2013年推出"中银易付"应用;创新手机"微银行",在微信及易信平台上,全面创新移动互联网支付;升级"中银易商"网络银行,创立新型商业模式,从自金融、易金融、非金融以及泛金融四个角度设立网络社区,开展与物业管理企业的试点合作,利用e社区和手机银行App为客户提供服务;2016年创新"中银E贷",进行线上贷款,针对优质客户提供最高30万元的循环贷款额度

资料来源:依据各银行相关年报整理。

2) 合作共享型

互联网金融科技公司与传统银行业务的竞争逐渐凸显,银行业拥有大量的数据资源,金融科技公司拥有高新技术,商业银行可通过与金融科技公司的合作实现优势互补,进而推动零售业务的数字化转型。近年来,我国部分银行纷纷与金融科技公司开展合作,共享科技成果。表6-5为国内部分银行与金融科技公司在零售业务领域的合作情况。

表6-5　国内部分银行与金融科技公司在零售业务领域的合作情况

银行	金融科技公司	合　作　内　容	共　赢　点
中国银行	京东	京东的核心产品是手机,2018年中国银行与京东合作后,利用信用卡优势,在支付、营销等方面进入京东商城和物流等生态体系,实现双方的共赢合作	京东金融具有大数据优势及内部商城和物流等生态体系优势,促进银行的精准营销,使信用卡可以针对性获客
民生银行	慧聪网	2013年民生银行的信用卡中心与"慧聪网"开展合作,创新"民生慧聪新E贷",即白金信用卡,为"慧聪网"的小微企业专门定做的一款信用卡产品,利用小微企业在B2B(企业对企业)平台积累的网络信用,创新的无抵押免担保以及计息灵活的金融产品;将"慧聪网"拥有的大量交易数据作为小企业贷款的信用等级评定依据,民生银行以此为企业制定授信额度	"慧聪网"融合了金融业务,实现了"慧聪网"的用户需求;民生银行信用卡中心则开拓了新的业绩增长市场

续表

银行	金融科技公司	合作内容	共赢点
平安银行	eBay	2013年平安金科与eBay合作，平安金科利用"贷贷平安商务卡"，提供融资渠道给eBay的卖家，卖家提供个人信用和相关数据可申请信用贷款；平安银行则通过卖家的交易数据评定其信用等级，以及给出具体的贷款额度	eBay属于外资公司，没有小额贷款的牌照，与平安银行的数字化战略合作，可以为卖家提供金融服务；平安银行可通过eBay的用户服务、数据整合、信息平台等优势，掌握大量eBay的商户数据，根据商户需求以及信用等级创新互联网金融服务产品
华夏银行	蚂蚁金服	2018年华夏银行与蚂蚁金服在手机银行和场景服务等方面进行深度合作，根据客户群体的差异性提供高效智能的差异化金融服务；在手机银行和网络融贷等方面合作的基础上，进一步深化在高新技术基础设施建设、数字化运营以及场景金融等方面运用	蚂蚁金服拥有科技经验和技术，形成了风控、信用和连接三大开放能力，运用金融科技支持华夏银行数字化转型战略的实施。在手机直销银行和消费场景金融等领域深度合作，促进双方在普惠以及跨境金融、电子支付等方面的发展，打造了以客户为中心及以丰富的金融科技设施为支撑、以数字化运营为手段的开放平台

注：依据各银行相关年报整理。

从表6-4和表6-5可以看出，商业银行零售业务数字化转型已是发展的必然趋势。随着国内外金融科技技术的发展，与国内相比，国外零售业务数字化转型较早，且与金融科技的融合力度更强；目前，国内商业银行零售业务数字化转型已进入快速发展阶段，根据自身转型发展的具体情况，零售业务数字化转型战略也有所不同。

2. 区块链＋供应链金融

供应链金融是指商业银行围绕核心企业，通过管理上下游中小企业物流与资金流，将单个企业不可控风险转变为整体供应链可控风险，最终将风险控制在最低水平的一种金融服务。早在20世纪中叶，国外就在融通仓、应收账款、存货、保税仓等供应链金融业务领域展开实践探索。我国在相关领域的研究起步较晚。1988年，深圳发展银行（现平安银行）首次开展供应链金融业务实践，推出无质押融资业务。随后在2002年，该银行正式提出供应链金融发展理念。在政策制度大力支持下，我国供应链金融市场规模快速扩张，表6-6展示了供应链金融各阶段发展状况。

表6-6 供应链金融各阶段发展状况

发展阶段	1.0	2.0	3.0	4.0
足备要素	资金流	资金流	四流合一	四流合一
关键词	中心化	线上化	平台化	智慧化
产融结合	弱	较弱	较强	强
参与主体	银行	银行与链上企业	银行、链上企业与平台方	银行、链上企业、互联网金融机构

续表

发展阶段	1.0	2.0	3.0	4.0
技术突破	传统信用审核方式变革,不动产抵押,信用评级	互联网线上化	互联网线上平台化	区块链技术等
商业模式	线下交易模式,以核心企业信用为授信依据	线上交易模式,以ERP系统对接上下游企业	基于互联网构建大服务平台	去中心、定制小额、细分行业、运营环节

资料来源:搜狐网,https://www.sohu.com/a/341184452_99916973。

作为商业银行拓展中下游企业融资渠道的重要服务模式,供应链金融业务对实体经济发展具有强大的赋能作用。但由于信用捆绑、信息共享程度低等问题,传统供应链金融发展遭遇巨大瓶颈。而区块链技术作为新型底层基础设施,能够为供应链金融场景下的中小企业提供新的融资方案。

2019年8月,中国人民银行印发《金融科技(FinTech)发展规划(2019—2021年)》,2019年9月,银保监会联合各部门拟定《关于深入开展"信易贷"支持中小微企业融资的通知》,助力商业银行创新供应链融资模式。2020年9月,针对供应链存货、仓单与订单融资等内容,中国人民银行联合八部门通过《关于规范发展供应链金融支持供应链产业链稳定循环和优化升级的意见》作出进一步规范,增强对商业银行等金融机构供应链金融的风险保障支持。得益于国家政策鼓励与支持,"区块链+供应链金融"发展迅猛,其运行机制如图6-2所示。

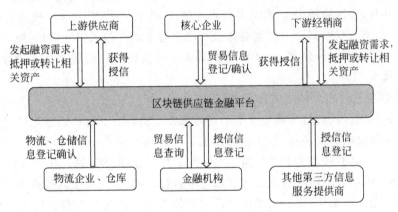

图6-2 区块链+供应链金融运行机制

资料来源:天风证券,https://xueqiu.com/2140400147/105229444。

现阶段,各大商业银行开始积极探索供应链金融领域的区块链应用,并逐步形成开放合作的新型供应链金融生态圈。大致来看,商业银行基于区块链技术开展供应链金融业务实践主要可分为以下几个层次。

1) 产品体系迭代升级

区块链技术的应用能够帮助商业银行准确记录每一次交易时间,进而确保数据可追溯性与不可篡改。其去中心化特性能够自动执行与实施供应链金融业务流程,免除单一主体操作的冗杂手续与各环节烦琐的信用背书。因此,借助区块链去中心化特性,商业银行可有效提高供应链金融交易效率。在区块链技术框架下，商业银行供应链金融业务积极探索实践，在产品创新方面已实现了新的突破。一是推出新型质押融资产品。该产品可以做到一旦发生交易，数据就无法篡改，为各参与方提供了有效保障，避免因信息真实性问题产生纠纷。并且在为企业提供抵质押类网贷通产品与服务的同时，其也可帮助供应链核心企业形成稳定的客户群体与销售体系。例如浙商银行推出"仓单通"产品，在质押融资方面实现了重大突破。二是优化供应链全链条授信融资产品。工商银行于2018年推出普惠金融综合服务，其中包括基于区块链与大数据技术的全链条授信融资供应链。另外，工商银行围绕供应链多级供应商研发了基于区块链技术的一系列保理产品，为供应链长尾端中小微企业提供数字化在线保理融资服务，银企供应链合力初步形成。在此基础上，该行发放了数字信用凭据融资。

2）融资模式创新

商业银行主要依托应收账款、动产质押等融资模式开展供应链金融业务。为全面优化已有融资模式，商业银行利用区块链技术进行了积极探索，并取得了较好实践成效。如苏宁银行基于原有供应链金融系统，将AI自动监测算法与人工智能相结合，以区块链技术和物联网技术为底层框架技术，搭建线上融资平台，为商业银行动产质押融资业务风险管控提供解决方案。首先，该平台能够对大宗货物出入库情况进行实时查询。平台会在仓库接到货物后将其自动标识为质押物。然后银行借助物联网技术进行实时监控。如果货物调动未经过授权，平台就会自动发出预警。其次，该平台仓储机构数据会与货物进出库信息进行同步更新，然后发送至区块链平台，可有效确保数据传输的可靠性与交易信息的真实性。并且，在区块链分布式账本技术加持下，平台可将货主动产权属交易加以记录，以佐证货物所有权归属。这就能在很大程度上厘清动产归属权问题，避免货物重复抵押融资风险。据苏宁银行预测，该动产质押融资平台能够为供应链上相关企业节约1%左右的融资成本。

3）基于区块链技术创新应收账款融资

平安银行利用区块链技术推出了新的应收账款融资模式。这一探索推动平安银行成功实现了供应链金融的双轻转型，在供应链上下游和核心企业融资，以及应收账款转让、管理、结算等方面具有较高实用性。第一，解决了真实性验证问题。在区块链技术框架下，应收账款流转环节的债权转让通知可通过平台自动确认，避免了人工操作难题与线下真实性验证问题。在交易过程中，平安银行与其他参与方通过相互验证实现信用的有效传递，进而保障应收账款能够顺利逐层流转。在处理应收账款受让款时，平台资金提供方可对关联的核心企业进行追溯，促使企业信用背书再次强化。第二，提升商业银行业务处理效率。在此模式下，核心企业能够确认到期的付款，各级供应商可利用该应收账款获得商业银行融资，也可以抵偿上一级供应商的债务。这一操作能够帮助企业加速资金周转，盘活存量应收资产，缩短业务周期。与此同时，平安银行在该业务流程中增加了人民银行中登网登记环节。当应收账款债权发生流转时，中登网会自动登记，能够帮助相关参与主体避免重复抵押债权获取融资的风险。

4）扩展长尾端客户

在区块链技术加持下，商业银行供应链金融服务范围不断扩大，已逐渐延伸到长尾端中小微企业。通过分析商业银行近几年基于区块链技术的相关实践发现,商业银行主要通过信用捆绑等新的方式管控信用风险,进而向中小微企业提供融资服务。2017年,农业银行利用区块链与大数据技术创新"e链贷"融资,有效解决了供应链长尾端小微企业与"三农"融资难问题。在区块链技术框架下,每一笔农户与企业的交易记录都会被自动积累,然后农业银行会利用大数据技术充分挖掘并分析所有交易数据。这一实践扩大了商业银行的服务范围,使更多中小微企业获得便捷的金融服务。

目前,商业银行供应链金融领域是区块链技术成果研发落地最多的领域,工商银行、平安银行、交通银行等各大商业银行均进行了实践探索,并取得了较好成效。事实上,在跨境业务、资产业务与中间业务三大商业银行业务领域中,区块链技术均有典型应用场景,如数字货币、供应链金融、跨境金融服务等。因此各大商业银行均开始在上述三大业务领域进行区块链布局。未来,商业银行可能进一步深入研究数字货币,并联合组建区块链联盟,布局多领域区块链业务,开辟金融服务新范式。

3. 智能风控

作为金融科技的一个重要分支,智能风控起源于新型金融业态互联网金融的兴起,壮大于传统金融业的数字化转型。智能风控利用大数据、人工智能、云计算等技术构建线上化金融风控体系,通过海量运算与校验训练以提升模型精度,最终应用到反欺诈、客户识别、贷前审批、授信定价及贷后监控等金融业务流程,从而提高银行业的风控能力。智能风控为银行业金融风控提供了一种基于线上业务的新型风控模式,是贯穿反欺诈与客户识别认证、授信审批与定价分析、贷后管理与逾期催收等业务全流程的风控模式。

1) 智能风控的主要特征

大数据的丰富和可获得性增强是智能风控发展的基础。传统风控的信息来源以客户填写和银行系统内信贷数据为主,数据量有限、单一且存在滞后性。"互联网+"时代,随着信息科技的发展和移动互联的普及,电商、社交、通信、出行等行为类数据愈加丰富。商业银行除了客户信贷行为数据外,还可以获取到大量围绕移动终端产生的上述非信贷行为数据。内外部大数据的整合运用日益成熟,使智能风控的发展应用具备了更广泛的数据基础。商业银行能够调用上述数据来挖掘客户的各类行为与潜在风险之间的相关关系,在传统信贷数据的基础上进一步丰富了客户风险画像和风险识别维度。

使用机器学习等新兴算法为风控建模提供工具。智能风控所使用的大数据具有海量、多维、高频的特点,样本数和数据维数大幅增加,且变量间关系复杂。传统统计模型一般涉及几十个变量,不能很好地处理数百上千维度的入模变量,且传统统计模型在刻画分类边界非线性可分问题时容易出现拟合程度不高的情况,模型预测准确性受到影响。智能风控要求较高的数据处理能力,特别是需要对多维数据和非线性分类问题进行快速运算、准确求解。机器学习等新兴算法则提供了满足这些要求的有效建模工具,提高了风控模型的准确性。

依靠高性能计算机系统提供技术支持。传统风控的数据管理系统一般采用集中式架构的数据库,存储、计算的软硬件成本高,处理超大数据的性能较弱,难以满足智能风控的需求。智能风控由于使用的数据量大、数据源多样、高访问并发、模型逻辑复杂等原因,需要依靠高性能计算机系统来满足快速高效的数据存储、处理和运算需求。目前软硬件性能提升、Hadoop等分布式系统架构的开发和应用,提高了数据存储、处理和运算的性能,能够为大容量、高并发、高速计算的智能风控提供技术支撑。

2)智能风控的主要优势

客群覆盖面变广,拓宽风控半径和业务边界。我国征信体系建设起步较晚,还有大量人群未拥有完整的借贷征信数据,而商业银行对于个人业务的传统风控主要关注征信信息,对广大无征信人群的实施效果受到影响。智能风控通过引入大量消费、通信、地理等非信贷数据,挖掘非信贷行为与风险的相关关系来识别客户风险特征,能够提高对无征信人群风险特征的识别能力,拓宽银行金融服务的风控半径和业务边界。

风险识别的有效性和准确性得到提升。智能风控通过使用内外部数据和机器学习算法,能够捕获到银行此前关注不到或实际操作困难的信息维度,提高了风险识别能力,进而提升风控效果。例如,利用工商数据和图计算技术,能够识别企业间隐蔽的关联、担保关系;利用网络舆情数据和自然语言处理技术,能够识别可能的声誉风险事件及其影响,提前防范企业经营问题带来的风险;利用社交、设备数据和神经网络技术,能够更精准地识别欺诈申请和欺诈交易等。

及时捕捉客户特征变化,加快风控模型和策略的迭代速度。以往商业银行监测模型、策略的适用情况,大多需要一定的用款周期来积累数据,识别客群风险特征变化及调整风控方案的时间耗费较长且滞后。智能风控由于所使用大数据具有高频更新的特点,银行能够更加快速地获取体现新变动特征的风险数据,从而更快地捕捉客群的风险特征变化,更加及时地响应和调整风控模型与策略。

数据驱动风险决策,改善风控效率和客户体验。传统风控在开发和应用流程中均需依靠专家经验,实践中受人力资源的约束,风控效率和客户体验有所损耗。而基于机器学习算法和高性能系统计算的智能风控,专家经验介入主要在开发环节,系统上线后实际风控流程中参与较少,全部或部分环节标准化、线上化,能够提供更加自动、实时、快速的风险决策,改善了风控效率和客户体验。

6.3.3　支付端与金融科技

1. 移动支付

移动支付是指交易双方使用移动设备转移货币价值以清偿获得商品和服务的债务,从而实现货币支付与资金转移的行为。近几年来,由于科技进步和互联网业务的快速发展,支付领域涌现出了众多的参与主体。与第三方支付平台相比,商业银行在移动支付领域起步晚、初期重视程度不足,这导致了部分中小商户的消费支付场景被支付宝支付、微信支付等第三方支付占领,商业银行手机银行存量用户数量与第三方支付平台相差甚远,第三方支付平台的先发优势提高了银行开拓消费支付场景的成本。在严峻的竞争形势中,商业银行通过运用金融科技手段将银行的移动支付方式嵌入智慧支付的场景中,将更好地发挥自身特色、满足客户需求,从而开展差异化支付业务。

1) 大数据应用于支付过程中的用户行为分析和交易欺诈识别

在用户行为分析方面,通过大数据精准提炼用户画像,对用户行为进行深度分析。在对客户精准分层的基础上,针对不同层次用户进行精准营销,同时也能为特约商户定制财务管理、营销规划等服务。在交易欺诈识别方面,大数据可以利用账户基本信息、交易历史、位置历史、历史行为模式、正在发生行为模式等,结合智能规则引擎进行实时的交易反欺诈分析。例如,腾讯云构建的"天御"大数据反欺诈平台,主要应用于银行、证券、保险、P2P 等行业客户,能够准确识别恶意用户与行为,解决客户在支付、借贷、理财、风控等业务环节遇到的欺诈威胁,降低企业的损失。

2) 生物识别技术提高支付的便捷性、安全性

在支付端,指纹识别、声纹识别、人脸识别等基于大数据的人工智能识别技术被应用于支付交易中用户身份识别和指令验证环节,与传统的身份识别和交易验证相比,生物识别技术具有精度高、速度快、防伪性好等特点,有助于提升客户体验和支付的安全性,有效削减欺诈和盗用等事件的发生。

3) 云计算提高支付业务系统承载能力

支付市场交易具有很高的波动性,其交易频次会在节假日期间出现突发性增长。云计算技术具有高扩展性、高连续性的特点,支付服务与云计算技术的结合,能够迅速扩张服务能力,动态支持海量支付交易和相关服务需求,提高支付业务系统承载能力。

2. 区块链改良支付清算基础设施

1) 我国银行间支付清算体系的不足

近年来,随着金融业务的不断发展,我国建设了多个业务系统,满足了金融业务场景的需求,在支付交易环节形成了便捷的多支付渠道,而后台则需要经过多个清算系统,整个清算环节也是最为复杂、流程最为烦琐的环节。

目前我国银行间金融机构支付清算系统存在着不足:首先,异地系统间的资金流转存在时滞、会计核算系统依赖人工等问题,造成境内银行间结算效率低下。其次,跨境支付业务普遍存在清算周期长、中转费用高等突出问题。跨境支付业务长期依赖 SWIFT(环球同业银行金融电信协会)系统,SWIFT 系统采用委托代理的运行方式,汇款行、代理行、收款行等参与方的账务处理机制各不相同,彼此之间缺乏授信,每笔交易需在各机构之间分别记录并清算对账,且报文通信处理手续复杂、运行成本高。尽管人民币跨境支付系统(CIPS)自 2015 年启动以来发展迅猛,但大多仍沿用清算行—代理行模式,当前仅有 20% 的跨境人民币业务通过 CIPS 办理。更何况,随着国际贸易和跨境交流的不断发展,跨境个人金融服务越来越频繁,大众化、小额性的特点显现。银行若要维护自身在跨境支付领域的领先地位,迫切需要依靠新理念、新技术,实现跨境支付基础设施的更新换代。

2) 区块链在银行间支付清算中的应用优势

造成银行支付清算体系面临挑战的背后深层次原因有中间机构过多、系统中心化,在跨机构支付操作的情况下资金流滞后,数据不能实时共享、数据不透明、流程太长、不易溯源;同时现有技术机制易被篡改、相互校验成本也非常高。最后由此而带来的监管和审计难度也很大,因此必须以一种全新技术来提升支付效率,而这种技术就是区块链技术,

如图 6-3 所示,区块链能够很好地解决传统支付清算的痛点。

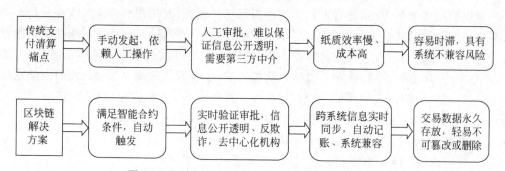

图 6-3　区块链针对传统支付清算痛点的解决方案
资料来源:平安证券研究所,https://www.163.com/dy/article/ETJ7633L0519D88G.html。

从支付属性来看,区块链在支付清算中的应用有三方面优势。

(1) 时效性方面:从交易发起环节开始由智能合约自动触发,交易验证环节由数据库实时审核,交易账务处理环节可实现跨系统信息实时同步并自动记账,通过点对点的传输实现交易双方端到端支付,使结算与清算同步进行,大大减少支付清算过程的中间环节,便利交易双方操作并提升资金转移的效率。

(2) 安全性方面:区块链每个节点采用分布式记账,任何一个节点不能单独篡改数据,相较于将数据存储于中心机构的传统模式,具有数据不可篡改、不可伪造的优点,应用非对称的密码学原理,借助分布式系统各节点的工作量证明、权益证明等共识算法,一方面可防止外部冲击,另一方面可保证数据安全。

(3) 信用中介角色:支付行为向外延伸依赖于双方的信任,在现代支付体系下交易双方为确保相互之间的信任,往往要在商业银行等可信的中心机构开立备付金账户。而区块链的信任关系建立在网络技术的基础上,通过开源算法及公开透明的运作规则,在不借助任何第三方的情况下建立起满足经济活动所需要的信任环境,实现价值的顺畅转移,为去中心化的信任机制提供可能。

6.3.4　商业模式与金融科技

传统银行往往以线下有形网点为主要营销与服务渠道,对客户的了解主要依赖于开户基本信息和账户交易情况,不但运营成本高,而且难以适应移动互联网环境下用户的消费需求。借助金融科技手段,在自身经营管理模式和客户服务方式等方面进行的智能化、数字化改造,旨在提高客户满意度和经营效率,降低运营成本。

1. 网点智能化转型

银行物理网点主要是指营业厅(含综合支行、专业支行、社区银行等,通常营业厅都配套有 24 小时自助银行)和自助银行[通常由 ATM、VTM(远程视频柜员机)等组成]两类形态。作为传统银行的经营场所和物质载体,物理网点在获客、营销、提供金融服务方面曾经发挥着不可或缺的主阵地作用。但是,随着互联网金融的快速崛起,余额宝、理财通等货币基金的存在冲击了商业银行存款业务,蚂蚁花呗、蚂蚁借呗、京东白条等消费金融对商业银行信用卡业务和贷款业务造成巨大冲击。同时，面对人工智能、大数据、金融科技的发展，商业银行离柜业务率不断攀升，因此我国商业银行物理网点转型迫在眉睫；中青年客户群体成为金融科技消费的主体，商业银行也必须适应客户群体的更迭趋势，根据其特点进行转型与调整。

在大数据与金融科技竞相发展的背景下，客户愿意接受形式更新颖、内容更全面、过程更简化的金融服务。而商业银行传统物理网点服务形式单调、内容单一、业务流程复杂，这些缺陷会降低客户走进物理网点办理业务的意愿，在这样一个背景下，金融服务"机器化""精准化""离柜化"将成为商业银行网点转型的方向。

目前，我国商业银行网点智能化转型如火如荼，各项新技术得到了充分运用。

（1）人工智能技术方面。目前，银行网点在人工智能的应用上主要包括：①应用语音识别与处理技术提供人工智能客服，通过影像识别、证件读取、电子签名等自助服务，帮助客户快速办理业务，并提取大量分类电话银行业务数据，实现数据的结构化与标签化，同步完成客户信息挖掘，实现精准营销；智能客服还能实现一定的监督功能，例如通过分析客服人员的应答话语和态度，对银行服务进行监督检查，使银行能够有针对性地提高服务质量。②通过智能机器人将网点轻型化、智能化。在现有银行网点设置网点机器人代替大堂经理进行客户引导和分流，完成部分标准化咨询业务，同时配置智能预处理终端和手机App，实现客户在线预填单和预约排队，节省人力成本；安排巡检机器人自动巡航，实现潜在风险的及时排查与处理。③依托计算机视觉优化客户服务、加强风险管理。依托人脸识别技术，预先识别VIP客户，从而及时为客户提供个性化金融服务；及时判断可疑人员、提示相关可疑行为动作，进行人像监控预警；帮助客户完成实时身份认证、远程开户及登录授权等客户端线上业务，结合生物识别技术提升人机交互的场景体验。例如平安银行私人银行业务在客户进行产品交易时，以智能视讯代替人工视讯座席，所有客户在产品交易环节同步进行视讯鉴证，大大提高风险评估和交易的效率。④运用机器学习基于海量数据构建知识图谱，通过不断获取外围和内部数据并进行相关数据分析，获取借款人关系图谱、消费行业图谱、供应商图谱，了解其风险偏好和消费习惯，用于支持金融预测与投融资决策，实现智能化资产管理，提升反欺诈和信用风控模型准确率。

（2）大数据分析技术方面。近年来，国内商业银行纷纷加快了大数据分析技术的建设与应用步伐，在客户画像、信用评分、精准营销、渠道匹配等领域部署了体系化的数据分析模型与监控平台。例如，工商银行形成了以数据仓库、集团信息库为核心，各类应用集市相配合的大数据体系，在网点运用反欺诈识别处理技术，实现了银行交易的实施监控，达到了有效防范客户资金损失的目的。同时，其正在推动的智慧银行信息系统（ECOS）建设工程，将采用分布式IT架构推动银行数字化转型。大数据应用中，营业网点通过大数据营销支持平台，不仅能够迅速感知到店客户价值与潜在需求，从而提供更加个性化、定制化的服务，同时也能发挥传感器功能，收集并更新客户到店的交易、对话、行动轨迹等诸多信息，进一步丰富原始数据库。

（3）物联网技术方面。物联网在我国智能交通、文物保护、数字家庭、智慧零售等方面已有较为成熟的应用。例如，招商银行的部分营业网点正尝试用RFID（射频识别）技术实现对到店客户的感知与识别，从而免去烦琐的客户认证流程，有效提升客户体验。未来，基于具体领域和具体场景的局域网，将是物联网应用的主要阵地。而银行网点作为基础经营单元，利用物联网技术有效构筑局域感知网络，打造极致销售服务体验，也将成为网点转型发展的重要趋势。不过，国内各大银行网点对于物联网的应用还处于尝试探索阶段，基础设施部署、应用系统配套、数据管理系统建设都在规划之中。

（4）5G 通信技术方面。物联网终端设备的指数级增长以及海量数据的产生正对移动网络设施提出更高要求，而 5G 技术将带来数据传输速率、移动性、传输时延以及终端连接数量方面的大幅提升，为实现真正的万物互联提供通信技术基础。其支持的终端速率和终端连接数分别是 4G 的 10 倍和 1 000 倍，5G 与大数据、人工智能、物联网等技术相结合，同样将带来银行网点的变革。例如，结合视频传输及 AR 技术，可打造网点厅堂的沉浸式体验区，实现顾客与具体金融场景、金融服务的交互，加深客户理解，实现个性化与定制化服务。

总体来看，大数据、人工智能技术在银行网点的应用已经有序铺开，同时各银行对于物联网和 5G 通信技术的应用探索也在逐步深入。根据"十四五"发展规划，我国将大力发展数字经济，建成系统完备的 5G 网络，并将物联网列入重点培育产业，加快推进 5G 技术和物联网全面发展。随着"5G+智能银行""物联网银行"向全国的逐步推广，现有商业银行网点的金融服务水平将得到质的提升。未来，商业银行应该更加主动地探索新技术在网点等渠道的应用，进行前瞻性的战略转型规划和布局，从而掌握新型渠道发展的主动权。

2．金融场景化

从国内外专家学者研究和我国场景金融的实践看，场景金融主要是指在互联网金融快速发展背景下，金融机构将各种流程和产品进行创新，高度融合金融需求与应用场景，将人流、商流、信息流等场景化、动态化，使金融服务产品处于可视或可控状态，使金融服务更直观、便捷，更有效地对接客户的痛点和需求，让金融更有温度、更接地气，融入社会居民日常生活和企业生产经营活动中。

1）场景金融的类型

结合场景金融不同的表现形式、渠道媒介和客户需求，其主要可以从三个方面进行分类。

（1）按表现形式，场景金融可以分为融入场景金融和构建场景金融。融入场景金融是指金融服务无声无息融入我们生活消费场景之中，最突出的表现为移动支付场景；构建场景金融是指金融机构通过搭建各类场景，让人们融入其中，享受便捷化的金融服务和产品解决方案，如平安集团"平安金管家"App 平台嵌入的"平安好医生"。

（2）按渠道媒介，场景金融可以分为线上场景金融和线下场景金融。线上场景金融主要是借助移动互联网技术，通过构建手机银行、金融服务 App 等，将场景引入线上，提供便捷的金融服务。线下场景金融主要是指金融机构与第三方服务平台合作，搭建人性化的金融场景，如"金融＋旅游""金融＋医疗""金融＋出行"等。

（3）按照场景金融的使用频率和深度划分，可以分为高频场景金融、低频场景金融、重度场景金融、轻度场景金融，不同频率场景金融之间可以相互转化。高频场景最典型是外卖;低频场景最典型是生日、医疗等;重度场景最典型是买车、买房,轻度场景最典型是理财、摄影、体育等。

2)场景金融的特点

与传统"以产品为中心"的金融服务相比,场景金融具有以下显著的特点。

一是客户覆盖面和黏性更高。场景金融打造的是金融生态圈,是从生活需求、生产需求到金融服务整体解决方案的闭环服务,场景金融生态越完善,客户对金融机构提供的服务越依赖,用户黏性就越高。同时,随着移动互联技术的普及,商业银行客户经营战略已经开始发生变化,传统的"二八理论"已经不能满足市场的需要,而需要将大量长尾客户放到与中高端客户一样的战略高度来对待,利用场景金融平台服务的快推广、好复制、低边际成本的特点,覆盖海量的长尾客户,为商业银行创造更高价值。

二是金融辐射范围更大。在当前互联网时代,微信连接人与人、阿里和京东连接人与商品、百度连接人与信息、美团连接人与本地生活服务、罗辑思维连接人与知识。场景金融能够借助各种接口,把金融服务嵌入社会大众生产生活,为客户提供的服务与场景无缝衔接。同时,金融机构与旅游、购物、社区、物流、交通等第三方平台融合,构建"金融+"的跨界赋能场景,共同为客户提供多样化的跨界场景服务。例如,在社区生活场景中,可将社区服务和金融服务进行连接,围绕各类社区生活和服务需求,业主可以便捷地通过社区App支付物业费、预约保洁、办理健身美容分期等,银行在后台无缝地提供支付、理财、消费信贷、优惠等各类金融服务。

三是金融营销更为精准。场景金融发展环境下,金融机构不仅提供存款、贷款、支付结算、投资理财、资金交易等单一性金融产品,还根据客户特定场景需求,提供整体金融服务解决方案,例如融资最优方案、个人财富管理、财务状况分析、资讯服务等。场景金融能够借助大数据算法,对客户的行为、偏好、习惯等数据直接掌握,及时准确地了解客户的整体金融行为,然后切分细化金融场景,有针对性地开展线上场景建设和线下场景赋能,提高营销的精准度。

四是触达客户更快。商业银行借助场景金融,将人工智能、物联网、生物识别、自然语言交互等技术应用到服务场景中,实时感知客户所处的场景及潜在的需求,提供自然便捷的交互方式,使场景衔接更加顺畅无感。在场景金融服务中,商业银行不再局限于物理网点、网银和App渠道,而是将产品和服务,嵌入各个渠道平台,打造"7×24小时"随时随地服务模式,既满足了用户的金融服务需求,又实现了银行轻型化转型发展的目标。

3. 开放银行

开放银行(open banking)是近年来备受关注的金融科技新业态,是面向客户提供"一站式"金融服务的新模式,也是传统商业银行经营理念与战略思维的新飞跃。开放银行作为一个新理念,目前还没有非常官方正式的定义。普遍意义上,认为开放银行是一种利用开放API技术实现银行与第三方之间数据共享,从而提升客户体验的平台合作模式。开放银行的基础构建方式如图6-4所示。

布莱特·金(Brett King)在BANK 4.0一书中以金融科技发展为脉络梳理了银行业的发展史并作出了以下简要又准确的描述:"BANK 1.0"和"BANK 2.0"时代的银行

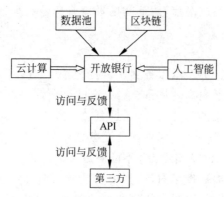

图 6-4 开放银行的基础构建方式

资料来源：华勐慧.开放银行：构筑开放生态,打造无界金融[J].新金融,2020(1)：26-31.

可以称为基础银行,产品内容单一,主要依赖线下网点与客户交互,底层 IT 作为金融机构的基础设施,单纯注重运营效率的提升。"BANK 3.0"时代的银行是互联网银行,借助移动技术发展,实现与客户接触能力的升级,核心解决信息不对称的问题,降低经营成本,为客户提供随时随地的服务。"BANK 4.0"时代的银行着重体现用创新型技术手段,让业务效用和体验完全脱离物理网点和以物理网点为基础的渠道延伸,让银行业务不再依附于某个具体的金融产品,直接嵌入日常生活场景中。这一阐述与开放银行以数据开放为前提、重构客户旅程、最终形成银行金融服务体系重塑的理念不谋而合,具体如表 6-7 所示。

表 6-7 银行业发展各时期特点简表

金融科技时期	时 间	模式特点	服务方式
BANK 1.0	1472—1980 年	离不开物理网点	分行网点
BANK 2.0	1980—2007 年	电子技术延伸物理网点触角	电汇、ATM
BANK 3.0	2007—2017 年	随时随地的银行服务	智能手机
BANK 4.0	2017 年至今	嵌入生活的智能银行服务	数字化渠道

资料来源：华勐慧.开放银行：构筑开放生态,打造无界金融[J].新金融,2020(1)：26-31.

1) 国内外开放银行政策

开放银行是金融科技层面的竞争,为了能够在未来竞争中抢占先机,不论是国外还是国内的银行都在积极推动。开放银行的快速发展也带动全球金融科技力量角逐进入新的阶段。

从国际上来看,开放银行已经达到较为成熟的发展阶段,并陆续开始服务客户或是制定开放银行发展时间表,多数国家和地区也有专门的政策发布,并成立相关推进部门进行监督指导。中国目前虽没有明确的政策规范来推动开放银行发展,但在 2018 年 7 月浦发银行推出"API Bank"无界开放银行这一标志性事件之后,多家银行开始打造 API 平台发展开放银行。可以说,虽然数据开放与基础设施条件相对有一些滞后,但未来中国开放银行的发展必将进一步深化并受到越来越多的关注。国内外开放银行政策如表 6-8 所示。

表 6-8 国内外开放银行政策

国家和地区	推行机构及相关政策	发展规划
英国	成立开放银行实施组织（Open Banking Implementation Entity，OBIE）执行开放银行相关措施，制定《开放银行标准框架》	英国竞争和市场管理局推出开放银行计划
欧盟	实施支付服务指令2（Payment Service Directive 2，PSD2）	2018年1月起，欧洲银行将支付服务和相关客户数据开放给第三方服务商
澳大利亚	2017年下半年发布 Review into Open Banking in Australia	2020年2月起全澳银行实施开放银行政策
新加坡	新加坡金融管理局联合新加坡银行协会发布API指导手册，制定合作框架	2015年成立金融科技与创新团队
日本	修订银行法	要求80家日本银行2020年前开放API
韩国	由韩国金融服务委员会推行	2019年10月开放银行系统正式投入试运行
美国	暂无针对开放银行政策	发布指导意见
中国	暂无针对开放银行政策	鼓励政策：《中国银行业信息科技"十三五"发展规划监管指导意见》

资料来源：华勐慧.开放银行：构筑开放生态，打造无界金融[J].新金融，2020(1)：26-31.

开放银行是伴随互联网对人民生活和相关产业的深度渗透及金融科技的进步，在全球金融服务线上化脚步不断加快的背景下，金融业务展现出融入场景、融入生态、开放协同三大特性后的必然产物。

2）国内外开放银行的实践

国外开放银行建设起步较早，已经进入较为成熟的时期且开放化实践纷纷落地，具体如表6-9所示。

表 6-9 海外开放银行 API 概览

银行	API 名称	功能
西班牙对外银行（BBVA）	零售客群数据	用户肖像：用户个人基础信息、用户贷款信息 账户数据：账户类型、状态、余额、交易历史等 银行卡交易数据：银行卡信息及交易记录
	企业客群数据	企业财务收支
	多渠道数据整合	BBVA银行卡匿名交易记录、协助第三方进行消费者分析与精准营销预测
	支付贷款授权	支付授权：允许个人客户在第三方应用上利用BBVA账户进行资金转移 贷款授权：允许客户在第三方应用上获取BBVA贷款
新加坡星展银行	账户	开户、储蓄账户信息、住房贷款
	客户	客户渠道信息、客户组织信息
	支付	票据支付、资金划转、自动直接转账、限额支付、积分支付、PayLah!服务、实时付款、收款人管理、常备指令、交易分析等

续表

银　行	API 名称	功　能
美国花旗银行	账户	允许花旗客户以创新方式访问账户信息
	授权	使花旗客户授权第三方应用程序访问他们的账户数据和服务
	客户	第三方可以获得花旗客户档案数据以进行更深入的服务
	银行卡	给予花旗客户管理信用卡和借记卡的能力
	资金转移	使花旗客户能够在不同账户和组织之间进行资金转移
	用户引导	允许第三方为新客户启动基本的开户流程
	花旗点数	花旗客户可以使用花旗点数在第三方平台上付款
	服务	花旗客户可以在第三方平台上浏览花旗银行账单、修改 ATM 密码
	实用程序	允许第三方应用程序检索某些特定区域市场的字段属性、验证数组等以简化跨国多市场应用程序开发

资料来源：bloomberg、平安证券研究所，https://www.163.com/dy/article/ETJ7633L0519D88G.html。

我国在相关政策的指引和良好金融科技生态的推动下，逐渐形成独具特色的开放银行之路。2012 年，中国银行提出了开放平台的概念，并在 2013 年推出了中银开放平台，该平台开放了 1 600 个 API，整合了银行各类业务，开发者可以更加便捷地使用银行各类金融服务应用程序。2018 年 7 月，浦发银行推出业内首个"API Bank"无界开放银行，通过 API 架构驱动，将金融场景嵌入各个合作伙伴的平台和业务流程中，围绕客户需求和体验，打造即想即用的跨界服务。2018 年 8 月，工商银行全面实施 e-ICBC3.0 互联网金融发展战略，逐步向"智慧银行"转型。2019 年 11 月，工商银行发布智慧银行生态系统 ECOS，以自有融 e 行、融 e 联、融 e 购"三融"平台为基础，以 API 开放平台和金融生态云平台为跨界合作抓手，打造开放、合作、共赢的金融生态圈。

目前中国开放银行发展经历了"银企直联"和"Open API"两大阶段，未来将面临"Open API＋"的新阶段，且在新发展阶段，数据价值和规模价值两大特点极为凸显，如表 6-10 所示。

表 6-10　中国开放银行发展历程

项　目	2015 年前 前身：银企直联	2015—2020 年 进阶型："Open API"	2020—2030 年 远景型："Open API＋"
连接方式	非标准 API，专线直连（项目定制化开发）	标准 AP、SDK、小程序、H5（实际对接仍存在大量定制化）	标准 API、SDK、小程序、H5（基于重构银行内部系统构建产业平台，实现真正标准化与规模化）
面向客户	B2B（大型集团）	B2B（大型集团） B2B2C 和 B2B2B（互联网平台）	B2B（大型集团） B2B2C 和 B2B2B（互联网平台） B2F2C 和 B2F2B（金融机构） B2G2C 和 B2G2B（政府平台）
提供产品	标准金融产品/服务（SaaS 层）	标准金融产品/服务（SaaS 层） 行业或场景定制解决方案（SaaS 层）	更丰富的自有/第三方产品或服务（SaaS 层） 行业或场景定制解决方案（SaaS 层） 解模后的原子化产品（PaaS 层）

续表

项 目	2015 年前 前身：银企直联	2015—2020 年 进阶型："Open API"	2020—2030 年 远景型："Open API+"
价值创造	优化大型集团财务人员操作体验	拓展金融产品销售渠道，帮助生态伙伴完成服务闭环	实现数据资产化，实现技术和数据洞察的反哺输出
成本		伴随接口标准化水平提升与规模化，单位成本下降	
收益		伴随场景拓展、货架丰富、数据洞察有效利用，收益上升	

资料来源：BCG 分析，http://bank.hexun.com/2021-04-20/203456356.html。

6.4 未来展望

金融科技已经成为商业银行转型发展的重要推手，在金融与科技深度融合的背景下，监管部门、自律组织、从业机构等相关主体需要共同应对金融科技发展过程中的问题与挑战，促进商业银行高效、安全地运用金融科技实现转型发展，在提速布局金融科技的同时，避免同质化倾向，警惕金融科技的潜在风险。

6.4.1 监管部门营造包容性的政策环境

首先，要坚持规则治理，引导商业银行利用金融科技扶持实体经济、注重消费者保护。监管机构应该通过制定明确的发展规划和重点支持的关键技术，帮助市场建立理性预期，确保金融科技发展紧密服务实体经济。鼓励商业银行发挥金融科技手段在创新服务方式、提升服务效率、降低运营成本等方面的优势，重点支持符合国家产业政策的小微企业。同时，商业银行在金融创新的过程中应注重消费者保护，严格信息披露要求，建立消费者补偿机制。

其次，要坚持互动性原则，借鉴监管沙盒、创新中心模式。金融科技发展成熟的国家对金融科技的监管经历从观察到行动的过程。我国可以借鉴监管沙盒制度，为商业银行的金融科技创新提供小规模、短周期的安全测试环境。通过对发展趋势的监测和互动，以业务的潜在风险作为监管实施强度的判断依据，避免出现过度监管和被动式监管。同时，也可以借鉴创新中心模式，参与商业银行金融创新的过程，在与银行业的互动中完善监管，共同推动有责任的市场创新。

6.4.2 商业银行明确自身定位，提高创新能力

首先，商业银行需要结合自身发展规模、市场定位和既有优势，明确金融科技资源投入与业务发展需求的关系。在机制创新方面，依托事业部、实验室、孵化器等载体，探索开展与自身资源禀赋和特色优势相适应的试错、容错、纠错机制建设，为激发银行内部创新活力创造有利条件。在人才建设方面，探索为稀缺人才设置更加市场化的薪酬激励和有竞争力的晋升通道，增强商业银行对高端金融科技人才的吸引力。

其次，大中型商业银行应以客户服务为导向，提高产品创设能力。目前的直销银行、

场景化平台不应只停留在存款、贷款、理财、支付等传统线下业务的线上渠道迁移上,而更应注重智能投顾、区块链支付结算等创新业务的深入开展。重视消费金融、普惠金融、绿色金融等新兴领域的信贷需求,建立起能够准确评估新兴领域信贷风险的管理体系。

最后,中小银行应注重 IT 基础设施建设,提升长期整体创新能力。尽管中小银行在战略规划上对金融科技的重视程度越来越高,但由于其金融科技创新能力薄弱,普遍存在技术依赖风险。部分中小银行将金融科技等同于 IT,把金融科技部门定位于后台支持部门,没有将其作为独立的体系来发展。这导致大多数中小银行在金融科技的投入方面更注重短期业务的提升,而忽视了金融科技在长期对业务的创新作用。同时,由于自主开展技术创新的难度大,中小银行普遍存在技术依赖风险。积极寻找优质的科创公司及同业合作伙伴,并注重长期整体创新能力的提升,是中小银行发展金融科技的关键。

6.4.3 理性看待金融科技及潜在风险

首先,传统风险仍然存在且更加隐蔽。金融科技在提升金融服务可得性并加快信息传导和产品交付速度的同时,可能引入更高风险的客户群体,放大资产流动性和市场价格的波动,增加银行的信用风险、市场及流动性风险。此外,业务发展的不确定性增强,金融科技监管存在空白,加上商业银行风险本身存在重大性、滞后性和隐蔽性的特征,法律合规风险更加复杂。

其次,技术性风险日益凸显。随着商业银行对 IT 系统依赖程度加大,其数据化、智能化的风险管理特征可能改变银行主要风险的权重和分布,技术缺陷和操作失误带来的技术性风险将对商业银行系统造成巨大的经济损失,数据一旦泄露,会对公众对银行的信任乃至现行的金融体系造成致命一击。

最后,系统性风险波动加剧。一方面,金融科技加深了金融业、科技公司和市场基础设施运营企业之间的融合,可能导致风险在三者乃至整个体系之间传导;另一方面,金融科技背景下的服务方式更加虚拟,业务边界逐渐模糊,经营环境不断开放,信用风险、流动性风险等传统金融风险呈现外溢效应。

因此,金融科技的发展不能一蹴而就,监管机构和商业银行内部风控部门需要培养识别风险的洞察力,加强技术安全监管,提升与科技创新相匹配的监管能力和监管水平,运用大数据、云计算、人工智能、区块链等技术打造更为前瞻性的、主动型的风险管理体系。

6.5 案例分析

案例 6-1 国内银行系电商平台发展情况

案例 6-2 银行智能投顾的应用现状

案例 6-3 平安银行"智慧风控平台"项目

案例 6-4 中国银行数字信用卡

案例 6-5 微粒贷机构间对账平台

案例 6-6 国内外银行物理网点转型实践

案例 6-7 国有银行场景金融运营模式：以建设银行为例

复习思考题

1. 金融科技时代银行业面临着怎样的发展困境？
2. 金融科技时代商业银行的金融功能发生怎样的演变？

3. 国内外商业银行开展金融科技布局分别经历了哪些阶段?
4. 商业银行发展金融科技的举措有哪些?
5. 金融科技在银行负债端、资产端、支付端、商业模式的转型过程中分别起到了什么作用?
6. 我国商业银行未来发展金融科技的措施有哪些?

即测即练

第 7 章

金融科技与证券业融合发展

本章知识点：

1. 了解金融科技与证券业融合发展的历程、现状以及发展前景。
2. 掌握金融科技助力证券业高质量发展的途径。
3. 了解证券业金融科技发展过程中遇到的风险挑战。

近年来，随着新一代网络信息技术的迅猛发展，以"ABCD"（人工智能、区块链、云计算、大数据）等为代表的新兴科技为证券行业高质量发展注入了新的活力。技术与业务的融合度不断加深，全球金融科技浪潮风起云涌，各类传统业务面临新技术的挑战，业务模式出现新变革，证券公司正向线上化、数据化、智能化方向转变。展望新时代，证券行业迫切需要从战略发展的高度，提高对技术发展及应用的重视程度，借助技术优势打造核心竞争力，推动实现更高质量发展。本章将介绍金融科技与证券业的融合情况以及金融科技在证券业的八大领域的应用场景。此外，在本章最后阐述证券业金融科技在发展的过程中遇到的风险挑战，并且对于金融科技在证券业经营中的前景进行预判。

7.1 金融科技与证券业的融合发展概况

证券公司是专门从事有价证券买卖的法人企业，分为证券经营公司和证券登记公司。狭义的证券公司是指证券经营公司，是经主管机关批准并到有关市场监督管理局领取营业执照后专门经营证券业务的机构。证券经营公司具有证券交易所的会员资格，可以承销发行、自营买卖或自营兼代理买卖证券。

在不同的国家和地区，证券公司有着不同的称谓。在美国，证券公司被称作投资银行或者证券经纪商；在英国，证券公司被称作商人银行；在欧洲大陆（以德国为代表），由于一直沿用混业经营制度，投资银行仅是全能银行的一个部门；在东亚（以日本为代表），则被称为证券公司。投资银行是证券市场发展到高级阶段的产物，其业务不仅限于经纪、承销和代理买卖的这些简单操作，更包括代理投资和自营投资、制造各种金融杠杆工具、风险投资、债券融资、为大型企业提供金融服务，后者才是它的核心业务和核心竞争力。

7.1.1 融合发展概况

金融科技是指运用大数据、人工智能、区块链、云计算、5G 技术等新技术优化或创新金融产品、经营模式、服务水平、业务流程等,提升金融业效率、降低运营成本,推动金融业提质增效。金融与科技的有机融合有利于提升金融业服务质量和效率,优化金融业发展方式,筑牢金融业安全防线,增强金融业核心竞争力,赋能金融业转型升级。2019 年 9 月,中国人民银行印发的《金融科技(FinTech)发展规划(2019—2021 年)》提出进一步增强金融业科技应用能力,实现金融与科技深度融合、协调发展,使我国金融科技发展居于国际领先水平。

金融科技与证券公司融合发展的理论动因可以基于金融脱媒和金融排斥理论来分析,金融脱媒是证券公司金融科技发展的外在驱动力,而从金融排斥走向包容普惠则是证券公司金融科技内在演化的必然趋势。

金融脱媒即金融服务的去中介化。Hamilton 把金融脱媒定义为企业不通过银行或其他金融中介机构在市场上进行投融资。在以间接融资为主的金融体系中,银行作为最大的金融中介面向存款人负债(本金+低利率固定收益),面向机构或个人融资者发放贷款赚取息差。随着资本市场的发展,一些优质公司通过发行股票或债券上市融资,对银行贷款依赖性下降,且居民与企业银行存款转为证券资产。随着金融脱媒的深入,更多的资金将流入证券市场,在活跃资本市场的同时对传统的证券业提出了挑战,特别在客户获取、开户营销、客户服务、辅助交易、风险定价、产品研究等各方面的金融服务将更加线上化、虚拟化、数字化,大数据、人工智能、云计算、区块链等新兴技术与证券公司的融合发展成为必然。

金融排斥是指金融体系中金融产品和服务的不均等性和歧视性状态,即偏远人群和弱势群体等长尾客户获取金融服务的通道极为有限。Leyshon 和 Thrift 最早提出金融排斥的概念。Kempson 和 Whyley 将金融排斥分为机会排斥、条件排斥、价格排斥、市场排斥和自我排斥等,核心问题是信息搜寻和传递成本过高。证券行业的金融排斥问题较为明显。一是中国经济发展不协调和城乡二元结构的长期存在,证券机构数量及其网点数量高度不均衡导致证券服务的条件排斥尤为明显;二是证券经纪机构出于营销成本考量,将大量长尾客群长期排除在证券产品的服务目标之外;三是与银行、保险等机构相比,开立证券账户及参与投资的要求更高,证券市场存在的市场排斥和机会排斥尤为突出。随着互联网的广泛普及以及支付宝支付、微信支付等第三方支付的深度渗透以及生物识别、远程控制等技术快速发展,证券公司的边际获客成本大幅降低,交易、结算等资金流转更加及时、通畅;证券公司逐步摆脱传统发展模式下物理网点的弊端,金融排斥逐步缓解。

当前,相比银行业、保险业,证券业科技化程度、科技渗透率还较低,证券业金融科技发展差距较大但空间更为广阔,证券业迫切需要从战略高度促进现代科技与证券业的高度融合及深度叠加,加大科技投入力度,助力证券业高质量发展。金融科技与证券业的有机融合有利于使证券业的经纪业务、投行业务、投资和资管业务发生翻天覆地的变革,开创智能化、一体化的证券业新业态。金融科技对证券业的影响主要在于:金融科技的应用水平决定证券业未来的产品服务、投资管理、财富管理、风险监控等核心竞争力的高低;

金融科技推动证券业的数字化转型、产品服务创新、业态升级优化和变革、内部运营管理，实现智能化运营与数字化运营；针对客户个性化需求，运用金融科技创新证券产品，为客户提供快速高效、差别化的财富管理咨询等服务，有效提升客户体验度和满意度。证券业的商业模式、应用场景等因金融科技的影响将出现巨大的革新。

7.1.2 融合发展历程

1. 国外证券行业金融科技发展进程

细数证券业科技革命的历史进程，国外证券行业金融科技演进路线大致如下。

1) 交易电子化阶段（20世纪90年代以前）

受益于计算机和电讯技术的发展，该阶段交易电子化的普及逐步代替了传统的开放式人工喊价交易模式。1969年是全球证券业电子金融元年，全球第一个金融交易系统——奥特斯（AutEx）诞生。20世纪70年代开始，电子股票交易在交易所交易大厅进行。1971年2月8日，纳斯达克证券市场成立，这是全球第一家自动报价证券市场。1978年，美国跨市场交易系统正式投入运营，将纽约证券交易所、波士顿交易所等多个市场连接在一起。

2) 互联网金融阶段（1990—2008年）

20世纪90年代中后期，互联网技术的高速发展使得互联网经纪业务的开展成为现实，互联网证券公司陆续出现。1992年，第一家互联网经纪商E-Trade成立，网络证券公司逐渐替代了以电话、柜台驱动的传统证券公司模式。这一阶段，金融行业在网络借贷、电子支付、金融大数据、互联网门户等多个创新领域均有较大突破。

3) 金融科技阶段（2009年至今）

该阶段，金融与科技的融合发展进一步深化，美国成为金融科技发展的领头羊。美国的Future Advisor、Wealthfront、Betterment等公司开创了智能投顾产品的先河，即通过优化程序为客户"量体裁衣"，设计组合配置策略。2015年12月30日，纳斯达克首次使用区块链技术来完成和记录私人证券交易，该交易是区块链技术应用领域的一大进步（表7-1）。

表7-1 国外证券行业演进阶段

时间	阶段
交易电子化阶段（20世纪90年代以前）	
1866年	横跨大西洋的海底电缆铺设完成，为金融的全球化交易提供了最初的基础设施
1960年	Quotron Systems开发了第一个电子系统，可以通过桌面终端给股票经纪商提供所选股票的市场报价
1966年	全球电话传真网络投入使用，为下一阶段的金融科技发展提供了必需的通信网络
1969年	全球证券业电子金融元年，全球第一个金融交易系统——奥特斯（AutEx）产生
1971年	纳斯达克电子交易系统——美国证券交易商自动报价系统正式投入运营，标志着证券交易固定佣金的终结
1978年	美国跨市场交易系统ITS正式投入运营
1987年	"黑色星期一"的股市大崩盘迅速波及世界，反映了技术已经把世界金融市场连接成一个统一的市场

续表

时 间	阶 段
互联网金融阶段(1990—2008)年	
1992 年	全球首家互联网经纪商 E-Trade 成立
1998 年	更新的 Best 电子交易系统架构成为世界主要证券交易所采用的电子交易解决方案
1999 年	美林推出交易网站 MLDirect 和 Unlimited Advantage 网上经纪业务
金融科技阶段(2009 年至今)	
2009 年	电子加密货币 Bitcoin1.0 发布
2010 年起	美国相继推出机器人投顾 Future Advisor、Betterment、WealthFront
2015 年	纳斯达克交易所发布全球首个区块链平台 Ling；7 月，Overstock 成功销售首个区块链上的加密债券；9 月，最著名的金融区块链联盟 R3 成立，全球排名靠前的 40 多家金融机构均加入该联盟
2017 年 4 月	瑞银集团通过使用微软 Azure 云解决方案完成数字化转型
2017 年 12 月	澳大利亚证券交易所(ASX)成为全球第一家宣布实践基于区块链技术的清算和结算系统，以替代现有清算和结算系统的证券交易所

2. 我国证券行业金融科技发展进程

金融业的发展历史就是运用科技不断创新发展的历史。我国金融与科技的融合大致分为三个阶段。第一阶段是自 20 世纪 80 年代开始的"IT＋金融"时期，金融业利用 IT 实现办公业务系统的金融电子化。第二阶段是自 20 世纪末开始的"互联网＋金融"时期，金融业利用互联网技术、移动智能终端实现业务从线下到线上的转换，企业与客户对业务办理、产品服务、支付方式等实现网络平台全流程交互。第三阶段是大致从 2017 年开始的"新科技＋金融"时期，人工智能、区块链、大数据、云计算、5G 技术等新科技开始切入金融业链条各环节、管理全模块，驱动金融业的数字化、智能化转型发展方兴未艾，蓬勃发展。

我国金融科技的发展虽晚于境外发达市场经济体，但随着重视程度、资源投入、科技发展的不断深入，我国金融科技发展迅速，取得了显著的成果。2017 年 11 月京东金融研究院发布的《2017 金融科技报告：行业发展与法律前沿》显示，2016 年中国是金融科技融资额全球唯一增长的地区，中国(内地)金融科技融资总额为 77 亿美元，第一次超越美国位居世界第一。2020 年，艾瑞咨询研究院发布的《2020 年中国金融科技行业发展研究报告》显示，2019 年中国金融机构技术资金总投入达 1 770.8 亿元，银行占比 68.6％；除银行外，各行业技术资金投入占比逐年提升，银行的技术投入与科技创新一直走在同业前列，从技术资金投入占比上看，2019—2023 年将持续保持在 60％以上。保险、证券、基金在科技创新方面虽然相对落后，但在未来 3~5 年持续处于快速增长阶段，增速将高于银行业，因此从整体上来看，银行业在整体资金投入结构中占比将持续下降，其余行业占比逐渐提升，但规模差距不会出现较大变化。金融科技占比将由 2019 年的 20.5％逐渐提升至 2023 年的 23.5％，整体投入方向上，一部分为数字中台、分布式核心系统等平台及系统类建设，另一部分为智能科技、区块链等单类别技术的科技创新应用。

我国证券业 30 多年的发展历程也是不断运用科技改革创新的过程。《2020 年中国金融科技行业发展研究报告》显示，2019年中国证券行业整体技术投入达216.7亿元，金融科技占比仅为2.9%，存在较大增长空间。证券行业技术资金投入方面，2019年相较2018年增长19.5%，信息化系统建设仍占主流；金融科技应用方面，RPA/IPA（智能过程自动化/机器人流程自动化）、OCR（光学字符识别）等业务辅助类技术应用更为直接地展现了降本增效的业务价值，而基于大数据与AI、区块链等技术对业务模式的创新处于非规模化驱动阶段，目前较难实现良好投入产出比，且证券行业的科技创新相比银行业、保险业要受到更多监管制约，因此目前以头部证券机构的投入为主。数字化转型所需的新一代核心业务系统同样成为证券科技基础设施建设的关键内容，以平安、招商为代表的证券机构正在驱动该部分技术建设。整体来看，虽然证券业相比银行业及保险行业的科技化进程相对落后，但在2019—2020年内表现出了较为积极的态度，一方面证券企业积极开放对外合作及生态构建路径（如业务层面的合作、联合成立金融科技公司等），加强自身流量及数据竞争力；另一方面证券企业加大了对内与对外的科技投入，并在资产管理、联合风控及监管等方面通过金融科技的应用产生了明显的模式创新。目前，我国各证券公司正紧跟时代步伐，加大对包括信息技术、研发和人才储备等金融科技的投入，将金融科技纳入核心竞争力和战略重点布局，积极寻找发展突破点、特色优势项目及差异化发展路径，推动业务转型升级，创新管理模式，提高经营效率，实现金融科技弯道超车。金融科技与证券业的融合发展具体表现在以下三个阶段。

1）电子化证券阶段

我国证券业在传统金融领域出现时间相对较晚，20世纪80年代以银行证券部、信托投资公司的形式出现。随着计算机技术进入大发展阶段，证券交易进入电子化（无纸化）阶段。20世纪90年代，上海证券交易所和深圳证券交易所均建立了无纸化电子撮合竞价交易平台，将科技运用作为证券业发展的生命线。投资者主要通过电台、卫星数据传输等方式获取资讯行情，委托方式主要有红马甲、电话、传真委托。这个阶段，具有更快的行情传输、信息接入、订单执行效率及更加稳定的交易系统方面的信息技术优势的证券公司能够获得更大的市场发展空间。然而这一阶段也面临着信息不对称和委托指令时滞问题：投资者因难以实时获取信息而处于信息劣势，往往要承担远高于场内专家和交易商的交易成本及风险。

2）互联网证券阶段

随着互联网技术的发展和《网上证券委托暂行管理办法》《证券公司开户客户账户规范》《关于促进互联网金融健康发展的指导意见》等一系列政策文件的出台，一场证券业务的商业变革悄然来临，促使互联网技术与证券业加速融合。2000年4月，中国证监会颁布《网上证券委托暂行管理办法》，部分证券公司开始尝试建设网上交易系统；2008年，网上交易已成为市场投资者主要委托方式，占整个市场交易的65%以上；2013年3月25日，中登公司发布《证券账户非现场开户实施暂行办法》，允许实行见证开户、网上开户等非现场开户形式，放开了"现场开户"限制，网上开户业务得到监管部门认可并有多家证券公司全面实施。证券公司在在线销售理财产品、提供业务咨询以及资产管理等方面，迈出了与互联网的合作步伐。

这一阶段催生出Web方式、WAP方式等新的网上交易证券业务模式及网络视频见证、网上开户、单向视频、人脸识别、活体检测等新型的非现场客户开立账户模式。证券公司用互联网技术改造传统金融服务渠道,纷纷成立专门的互联网金融部、互联网商务部专职开展互联网证券业务,逐渐使互联网证券业务由最初的创新业务转变成常规业务。与此同时,互联网公司、网络媒体等证券服务机构利用互联网技术免费、便利、公开地为投资者提供所需信息,投资者自行通过网络搜索证券相关信息并在不需要经纪人中介服务的情况下作出交易决策,这使得证券交易的灵活性得到极大提升,中小投资者大量涌现,市场结构发生改变。这一阶段,证券行业依托互联网渠道红利优势,业务空间得到拓展、服务效率实现提升,运营成本大幅降低,带来了行业发展模式的较大变革。目前,通过互联网渠道进行的证券交易已经超过95%。互联网交易安全问题是这一阶段面临的主要难题:互联网传输、计算机病毒、黑客侵入、硬件设备故障、身份被仿冒等原因都有可能使交易指令出现中断、停顿、延迟、数据错误等,使投资者不能及时进行委托、发生错误交易、违背投资者意愿委托等情况出现,投资者无法获得收益的同时还可能形成较大的损失。

3) 新科技证券阶段

基于互联网的模式创新越来越难以满足日益广泛、复杂和个性化的金融需求。这一阶段,证券业技术应用持续深化,业务融合度不断提升。大数据、人工智能、区块链、云计算、5G技术等新技术伴随着互联网金融的深度发展不断涌现并与金融产生有机融合催生了"金融科技"这一新业态,证券市场进入新科技证券阶段。这一阶段的显著特点就是金融科技飞速融入证券业的各个领域。金融科技在证券公司的营销、客服等前端业务中的应用不断深化和拓展,证券公司更好地洞察客户并推出新产品,满足客户的个性化需求;同时金融科技开始向证券公司的智慧运营、管理决策、风控合规等中后端延伸,证券公司通过金融科技驱动管理模式的优化及重构。如中泰证券近几年积极借力金融科技赋能,实现业务与科技融合发展,成为公司打造现代化投资银行的重要战略支柱,对公司高质量发展形成强大支撑;公司自主研发并打造了一系列具有领先优势金融科技产品,包括拓展高净值客户的 XTP 极速交易系统、极大提升业务办理效率的集中运营系统、提高内部工作效率的蜂巢办公系统、以大数据平台为基础的场外配资智能检测系统、节省大量客服成本的智能客服系统等。

整体来看,不管是信息技术,还是互联网、移动互联技术,还是以"ABCD"为代表的新兴技术,都对行业高质量发展具有很大的促进作用。但是,证券业与金融科技的融合度还有待进一步提升,金融科技发展程度有待进一步深化,距离实现真正的技术引领创新、技术驱动行业变革,从而培育核心竞争力还有一定差距。

国内证券行业科技革命标志性事件见表 7-2。

表 7-2 国内证券行业科技革命标志性事件

时　间	阶　段
电子化证券阶段(20 世纪 90 年代初期)	
1990 年 9 月 28 日	经中国人民银行批准,全国证券报价交易系统成立,这是第一家全国性证券交易系统
1991 年	上海、深圳证券交易所建立电子化簿记系统

续表

时 间	阶 段
互联网证券阶段(1997—2013年)	
1997年	华融信托湛江营业部首次推出了网上证券交易委托
1998年	中国银行第一笔网上支付得以实现
2013年3月	方正证券进驻电商平台——天猫商城,证券公司首次试水互联网金融
2013年3月	中登公司发布《证券账户非现场开户实施暂行办法》,允许实行非现场开户。随后,国泰君安、中泰证券等数十家证券公司获得中登公司网上开户资格,并陆续开展了网上开户业务
2013年6月	阿里巴巴与天弘基金合作的余额宝上线,用户在支付宝网站内就可直接购买基金等理财产品,获得相对较高的收益
新科技证券阶段(2014年至今)	
2014年2月	国金证券携手腾讯推出证券行业首个互联网证券服务产品——"佣金宝"
2014年4月	中国首个区块链联盟中国分布式总账基础协议联盟成立
2016年6月	金融区块链合作联盟成立,31家中国企业加入,计划开发证券交易平台的原型、数字资产登记等
2016年6月	广发证券推出业内第一个证券公司领域的机器人投顾——"贝塔牛"
2017年8月	百度金融上线了国内第一个基于区块链技术研发的交易所资产证券化产品"百度长安新生ABS"
2018年8月	中国证监会正式印发《中国证监会监管科技总体建设方案》,明确了监管科技1.0、2.0、3.0内容,进入全面实施阶段
2018年11月	中国证监会副主席李超首次就行业数字化发表专题讲话,国泰君安证券、中泰证券等陆续展开数字化流程优化等数字化转型项目
2019年1月	海通证券混合金融云面世

7.2 金融科技在证券业的应用场景

从实践层面来看,当前证券公司智能化和数字化的转型主要是通过证券公司自建金融科技业务系统或与金融科技企业开展战略合作,提升数字化服务能力,重塑经济业务、投行业务、资产管理、自营业务等行业生态。如经纪业务由发展通道向理财业务和信用中介终端转变,在业务链条拓展、风险定价实施、资产证券化等方面开辟新的盈利模式,应用场景也从传统的智能投顾、智能客户向客户画像、交易轨迹、量化方案等方向拓展,国内多家证券公司都推出了各具特色的金融科技产品(表7-3)。

表7-3 国内主要证券公司推出的金融科技产品

证券公司名称	主要产品	产品特色
光大证券	智投魔方	智能理财、金融社区、智能资讯、大数据精准营销四大功能
国泰君安	君弘灵犀	智能选股、智能诊股理财规划、智能优选、策略定投等"30+"核心功能

续表

证券公司名称	主要产品	产品特色
华泰证券	涨乐财富通 AssetMark 平台	AI智能盯盘、超级账户、相似K线等功能，为财务顾问企业提供投资和咨询方面的解决方案
国信证券	金太阳智投基智魔方 Trade Station 平台	智能投顾、智能理财，支持股票、融资融券、期货、期权、港股通全品种交易的专用商用平台
广发证券	贝塔牛机器人投顾	短线智能、综合轮动、价值精选、灵活反转，在每个交易日开盘前推送操作策略
中泰证券	中泰齐富通	主打账户诊断、个股诊断、因子选股和资产配置等功能
华林证券	智能投顾机器人 Andy	通过语音识别和语义分析技术快速匹配客户提出的问题，一站式解决用户的选股、诊股、账户分析、客户服务等问题
长江证券	iVatarGo 长江小智	对金融产品资产端进行评级和标签化，从而为每位客户提供适当且个性化的投资资讯、理财产品以及投资顾问等服务
平安证券	AI慧炒股	通过脱敏大数据多维度精准了解客户，定制大类资产配置方案，改良的金融投资模型与专家策略分析验证相结合，智能计算风险和收益的平衡点

资料来源：周代数,张立超,谭璐.券商金融科技发展的动因、风险与对策[J].海南金融,2020(3):80-87.

7.2.1 经纪业务领域

证券经纪是指证券公司通过其设立的证券营业部、证券营业部下属的证券服务部、网站等服务渠道接受客户委托，按照客户要求，代理买卖有价证券的业务。按照《中华人民共和国证券法》规定，在证券经纪业务中，证券公司不得垫付资金，不得赚取差价，只收取一定比例的交易佣金作为业务收入。

金融科技有利于提升证券经纪业务的数字化、智慧化运行和服务水平，降低获客和服务成本，使得证券公司的经纪业务由通道业务转向财富管理。金融科技在证券公司经纪业务领域的发展主要包括以下几方面。

1. 互联网精准营销和运营

大数据技术在证券行业得到越来越广泛和深入的应用，部分证券公司借鉴互联网行业经验，建设一体化互联网精准营销及运营平台，全面打通互联网渠道端和中台业务运营，利用大数据、智能算法、云原生、异步事件引擎等技术，基于客户画像、产品标签体系，实现了运营策略发布、客群提取、渠道送达、绩效分析等全闭环线上互联网运营，为客户提供千人千面的个性化服务。如长江证券 iVatarGo 智能服务系统以大数据为手段提供证券经纪业务的精准服务。

2. 智能推送

金融科技能让证券公司 App 更加人性化，2016 年以来证券公司 App 的"平台化"趋势越发明显,证券公司 App 不仅是传统经纪业务的载体,更是搭载海量用户信息的财富管理平台。部分证券公司的 App 已经可以在客户登录交易软件时自动推送适合该客户的资讯主题和链接,同时在客户不主动发起访问的情况下做到"主动推送",包括量化策略提供、目标理财、行情推送等功能,图 7-1 为典型的证券公司智能推送平台。如虎博科技利用底层核心智能搜索技术,建立方正证券旗下小方 App 智能引擎,对小方 App 所有业务板块数据进行整合,以统一的搜索框作为信息入口,向用户提供智能化的一站式全场景信息服务。

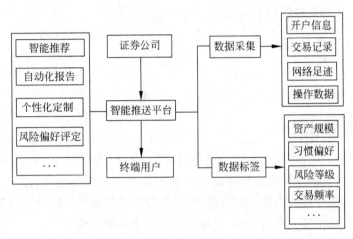

图 7-1 典型的证券公司智能推送平台

资料来源:周代数,张立超,谭璐.券商金融科技发展的动因、风险与对策[J].海南金融,2020(3):80-87.

3. 智能客服

为打造稳定的客户服务体系,目前证券业通过 AI 驱动定制化客服平台以及语音文本转换、语气识别、问题预测、问答检索及交互会话等技术,使智能机器人能够自主与客户进行互动交流,实现智能实时监控、智能质检、智能分析等常见业务功能,从而减少客户等待时间,提升用户智能体验与安全保证,增强用户黏性。智能客服有效分担了人工客服的压力,并具有应答速度快、准确率高和合规高效等特点,在应用过程中获得了证券经营机构与客户的认可。

4. VTM 智能柜台

VTM 智能柜台已在银行业得到广泛应用,随着证券公司网点转型加速,部分证券公司已完成柜面业务后台集中运营体系建设,缓解了柜面人员业务压力,并为非现场业务办理及智慧网点建设奠定了基础。为进一步分流临柜业务流量、塑造智慧型网点形象,部分证券公司在物理网点引入 VTM 智能柜台(有证券公司已完成全面铺设),通过运用生物认证、OCR、多媒体交互等多种金融科技手段,为客户提供自助式临柜业务办理服务,提升了用户体验,进一步降低了网点运营成本。

5. 新一代分布式低延时交易系统

随着第三方交易接入、公募基金证券公司结算模式、银行理财子公司等政策性契机出现，证券行业经纪业务迎来全新的发展机遇。然而，证券公司基于传统单体架构的核心交易系统存在耦合性高、性能难以灵活扩容、功能难以灵活扩展、应用开发部署周期长、升级复杂度高、风险传导性强等问题，已很难满足经纪业务快速发展的要求。在此背景之下，部分证券公司携手专业信息技术服务机构，基于分布式、微服务、低延时通信、云原生等技术，实施新一代核心交易的研究和建设。

7.2.2 投行业务领域

一般来说，证券公司投行业务包括 IPO、再融资、企业重组、兼并与收购等，金融科技在证券公司投行业务的应用主要体现以下几个方面。

1. 投行营销与项目承揽

在投行营销和项目承揽方面，金融科技有助于提升投行业务对"潜在机会"的捕捉能力，通过增强专业数据分析能力和动态督导能力，提升业务专业水平和工作效率。可利用网络爬虫等技术对海量的工商、监管、投融资、新闻资讯等各方面信息进行整合处理，实现对资本市场产业链相关客户的挖掘，带动投行综合化联动营销。

2. 投行业务承做

在投行业务承做方面，金融科技可以大幅提升投行业务效率。以企业 IPO 为例，证券公司、会计师事务所、评估师事务所、律师事务所共同构成上市保荐辅导的中介机构，经历尽职调查和上市辅导、上市文件准备和申报、核准、路演推介、询价、发行、上市等一系列流程(科创板推行注册制，总体 IPO 流程有所简化)。在这个过程中涉及大量尽职调查、底稿编写及审核等工作，为提升效率并加强项目质控，部分证券公司利用光学字符识别(OCR)/自然场景文本检测识别(STR)、自然语言处理等技术实现了智能化的底稿辅助编写和审核、银行流水自动识别录入及异常交易识别、智能化的财报分析和财务数据预检，结合知识图谱技术进行穿透式关联方分析核查，及时发现并处置风险。整体上看，IPO 流程复杂、时间跨度大、信息量大，承做过程需要多家机构协调配合、共同参与。区块链因其多中心化、全网验证、智能合约等技术特点可以有效应用在投行业务中。区块链的时间戳可以记录可被验证和追溯的数据，投行业务中可将拟发行企业的财务数据、股权变动、法律诉讼、行政处罚、征信数据等上链，防止发行过程中的人为干预或造假。从实践来看，目前国际上区块链技术在证券市场的应用主要集中在场外证券发行、登记、清算、结算以及衍生品管理等方面；国内的证券公司区块链应用聚焦于资产证券化，衍生品管理处于萌芽阶段。此外，通过基于深度学习和自然语言处理的"文档审核""文档自动生成"以及机器人流程自动化(RPA)等技术，实现投行业务数字化、电子化和自动化，进而大幅提升投行业务效率。

3. 业务督导和投融资服务

在业务督导和投融资服务方面，运用行业分析、产业链图谱、智能舆情监控等方面的大数据技术，实现相关企业的全方位风险评估和目标定价，实现投行业务的事后监督和管理。证券公司利用大数据、知识图谱等技术，构建投行数据集市、企业客户画像，结合企业知识图谱对企业进行穿透式分析，辅助客户分析并且进行商机挖掘。

7.2.3 资产管理业务领域

证券公司资产管理业务主要是根据资产管理合同约定的方式、条件、要求及限制，对客户资产进行经营运作，为客户提供证券及其他金融产品的投资管理服务的行为，这一业务领域正在被金融科技重塑。

1. 量化交易平台

量化交易本身在其数量化策略构建过程及决策过程中，都是可以被精确度量的，且量化交易策略在多次重复历史回溯测试的过程中均能得到一致性的结果，是未来证券业重要的基础设施。证券经营机构量化交易平台需具有行情服务、投研分析、策略研发、策略交易、交易执行、风险管理、绩效统计等功能，且需具备可二次开发的功能，能为客户定制个性化的交易工具。如通联数据与华泰柏瑞基金达成战略合作，双方在包括量化投资平台、因子众筹模式等多方面展开深入合作，优矿以其海量金融大数据、专业的量化研究框架、丰富的量化案例、全面的策略类型支持，帮助华泰柏瑞极大地降低成本、提高投研效率、丰富投资维度。

2. 投研服务平台

未来的投研服务平台是包含金融预测、投资推荐、决策辅助、投顾助手、组合管理等特色的智能投研，大数据、人工智能引入后，投研服务平台的投研服务能力会得到大幅提高，不仅对外提供咨询报告，对内也提供投研服务产品。如浙商基金建立了应用在权益投资及固定收益投资方面的智能投研平台和智能投资平台。

3. 基于区块链的资产证券化平台

针对资产证券化业务中信息不透明、难以验证、流程复杂等问题，证券公司探索并推出基于区块链的资产证券化平台，旨在连接资金端与资产端，实现资产证券化业务体系的信用穿透与项目运转全过程信息上链，从而使得整个业务过程更加规范化、透明化及标准化。区块链应用目前仍存在诸多如效率及操作层面的问题，总体仍处于探索和试点阶段，距大规模商用还有一定距离。

4. 云平台

云平台的最大优点是提供弹性资源池功能，按需使用，可以充分调配各种资源，实现云计算的高可用、资源动态均衡等优势，提高资源使用率，从而降低成本。针对云平台的使用，在满足监管与合规的前提下，部分证券公司、基金公司在行业核心机构承建的行业金融云平台上部署了相关系统，尤其新成立的公募基金公司相对较多。例如，作为行业云平台使用的先行者，天弘基金的信息系统部署分为云上部署和云下部署两类。其中，云上业务使用了阿里公有云、阿里金融云、蚂蚁金融云等，部署以产品销售及数据服务为主的信息系统，包括直销、销售数据服务、电商等应用系统，合计云计算服务超过 2 000 个；云下业务部署在生产机房，主要为投资交易系统、投研数据服务等投资管理类系统。

5. 数据治理体系

数据治理体系是证券公司或资管子公司资产管理业务金融科技应用的重要场景。数据治理已经在资产管理业务日常运营中发挥重要作用。证券资产管理数据治理一般涵盖产品运作的产品设计、发行、运营、清算各个环节。按照数据治理的理念，设置标准化数据接口及流程，从而提升业务办理效率，解决"信息孤岛"问题，优化提高资产管理业务的运营效率。从整体上来看，资产管理公司的数据治理体系业务框架按层级可以划分为基础设施层、数据层、应用服务层、应用展示层及决策层，如图 7-2 所示。

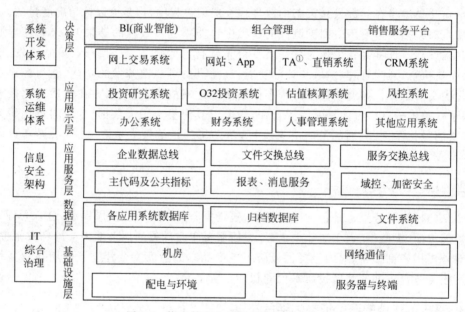

图 7-2　资产管理公司的数据治理业务框架

资料来源：王栓应，詹鹏，公茂星，等. 金融科技在证券公司资产管理业务中的应用发展研究[A]//中国证券业协会. 创新与发展：中国证券业 2019 年论文集. 北京：中国财政出版社，2020.

在数据治理的基础上，利用人工智能等技术规划建设智能运营体系，可以实现自动化估值、智能化头寸预警及管理等，同时建立内外部数据标准，提高操作人员的工作效率，降低操作出错率。

6. 智能投顾

由于传统投顾人员的覆盖不足，证券业长尾客户无专人服务的现象长期存在，而利用

---

① TA：中国结算公司开放式基金登记结账系统。

智能投顾服务长尾客户将是一条可行之路。相对于传统的投资顾问,智能投顾具有门槛低、费用低廉、能满足个性化需求、免受情绪影响等明显优势,其运作流程通常如图 7-3 所示。目前国内智能投顾的主要服务模式包括:①根据客户的风险属性来确定股票、债券和货币的配置比例;②根据市场舆情监测分析提供的主题投资策略;③充当股票交易型社交投资工具;④根据量化指标分析的量化投资策略;⑤针对海外成熟市场的全球资产配置。

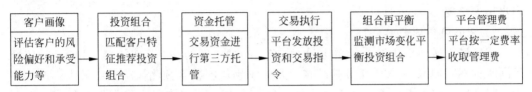

图 7-3　证券公司智能投顾运作流程

资料来源:周代数,张立超,谭璐.券商金融科技发展的动因、风险与对策[J].海南金融,2020(3):80-87.

7.2.4　其他领域

1. 自营投资业务领域

证券自营是指证券公司用自己可以支配的资金,通过证券市场从事以盈利为目的的证券买卖行为。因为以赚取证券买卖差价为目的,所以在市场判断失误时,证券公司要承担投资损失的风险。

金融科技在证券公司自营投资领域的应用场景主要集中在策略投研、高性能交易、风险管理方面。在策略投研方面,部分证券公司利用大数据、机器学习(深度学习)、GPU(图形处理器)硬件加速等技术研发建设量化投研平台,支持高频量化策略的研发及回测、多租户管理,满足自营投资及其他业务线策略投研需要。在高性能交易方面,部分证券公司打造支持多投资品种的分布式策略交易平台,采用异步通信、内存交易等技术缩短处理延时。在风险管理方面,部分证券公司基于大数据构建投资数据集市,以便更高效地支持投资风险管理和投资决策,利用大数据、企业图谱和舆情预警,辅助投资研究并对投资标的进行智能风险监测。

2. 固定收益业务领域

金融科技在证券公司固定收益业务领域的应用场景与在自营投资领域的应用场景大概一致,主要集中在策略投研、高性能交易、风险管理这三个方面。部分证券公司大力布局 FICC(固定收益、外汇及大宗商品业务),对接现货、期货、银行间等交易市场,整合多渠道产品行情资讯,推出整合多品种的策略与交易平台,支持固定收益产品做市,采用分布式架构以利于性能扩展和新产品支持,并采用延时技术进行缩短处理(诸如:异步通信、内存交易、无锁队列等技术)。通过大数据、机器学习等技术实现策略研发和回测,并且利用大数据、智能舆情等技术手段进行预警,同时辅助投资决策并对投资决策过程进行智能风险时时监测。

3. 合规风险领域

1) 风险数据集市

证券公司风险管理系统多以外购为主，针对风险管理系统分散、风险数据及风险计量指标分散、难以跨风险计量、不利于风险集中管理等现状，部分证券公司基于大数据和数据仓库技术建设风险数据集市，打通数据底层进行风险指标整合计算，进而通过统一风险门户集中呈现。

2) 智能风险预警

市场经济活动日趋复杂，各市场主体、产品标的之间的关系千丝万缕，风险传导路径呈网状且不断加深，依靠人工或传统技术及时识别风险甚至预测风险难度较大。部分证券公司利用知识图谱技术构建产业链及企业图谱，对市场实体和关系进行穿透式管理，利用大数据、自然语言处理等技术对舆情资讯进行分析，通过知识图谱进行风险传导计算，从而实现智能化风险预警或预测，为业务运营、投资决策提供有效支持。

3) 交易实时风控

以往证券公司交易风险管理以事前、事后为主，随着程序化交易、策略算法交易快速发展以及监管逐渐放开第三方交易接入业务，证券公司面临交易中的风险不断加大的情况。部分证券公司基于内存计算、大数据流式计算等技术建设交易实时风控系统，实现对异常交易、异常账户等事中风险识别和控制，从而提升主动风险防控能力。某些证券公司在交易实时风控系统中还使用了机器学习（深度学习）、GPU 硬件加速等技术，进一步提升了智能化风险识别能力及算法执行速度。

4) 投资者适当性动态评估

部分证券公司根据中国证监会《证券期货投资者适当性管理办法》，研发了投资者动态评估数据库系统，基于大数据分析及机器学习技术，实现对个人投资者风险承受能力的智能建模和动态评估，为公司各项业务开展提供了有效支持。

5) 智能质检

随着证券公司客户服务体系建设的逐渐完善，呼叫中心、互联网客服、"双录"系统每日产生大量文本、语音、视频等客户交互记录。为满足监管合规性要求及持续提升自身服务质量需要，证券公司配备质检人员对这些记录进行内容审核，传统人工质检效率低、成本高、评判主观性强，造成操作风险积聚、业务风险加大；有些业务采用抽检方式覆盖率低，难以发挥应有的作用。一些证券公司综合运用智能文本分析、自动语音识别、智能图像识别、机器学习等技术建设智能质检系统，以 AI 质检代替或辅助人工质检，极大地提升了质检效率和质检有效性。

4. 运营决策领域

1) 辅助管理分析及运营决策

对于数据密集型的运营决策领域，大数据技术被证券公司广泛用于各类报表生产、经营分析、决策支持、精细化管理及运营，典型的如面向各管理层级提供驾驶舱功能、商机挖掘、客户分级运营、客户流失预警等；也有一些证券公司利用知识图谱进行客户关系分析和穿透式管理。

2）业务运营及智能化办公

证券公司中、后台部门和部分业务运营领域涉及大量重复性的标准化操作,如清算结算、估值处理、数据收发、财务流程等,传统依靠业务人员手工操作浪费大量的时间和人力,效率低下,也容易出现差错。RPA技术逐渐在这些领域得到推广使用,通过自动化技术的应用,将业务人员从低附加值的工作中解放出来并极大提升了效率。此外,部分证券公司使用OCR/STR、自然语言处理等技术,在某些业务环节实现对证件、单据、合同、协议等图片文本要素自动提取,辅助人工识别和录入,大幅提升了业务处理效率。在移动办公领域,部分证券公司使用指纹识别、人脸识别等技术来提升安全性和使用体验。

5. 系统运维领域

1）自动化运维

系统运维工作涉及每日大量重复性的标准化操作,传统依靠运维人员手工操作既浪费大量的时间和人力,同时也容易出现差错。随着RPA技术和相关产品的成熟,目前RPA技术已广泛应用在证券行业系统运维领域,辅助自动完成开闭市、系统巡检、部署安装等常规例行操作,将运维人员从低价值劳动中解放出来,极大地提升了效率。

2）智能化运维

打造监、管、控、营为一体的智能化运维体系,是系统运维领域的终极方向。特别是证券行业,一方面对信息系统安全稳定运行有着严苛的监管要求;另一方面信息系统架构日趋复杂和多样,证券公司对实施智能化运维有着较为迫切的需求。目前行业内已有部分证券公司在全面推进智能化运维平台建设,包括以虚拟化、容器技术为基础整合基础计算资源,建设支持资源智能调度、自助式服务的私有云和云管平台;建设运维大数据、CMDB(配置管理数据库)、运维自动化、运维可视化等基础平台,并以此为基础开展智能运维应用,如运用机器学习和智能算法进行故障及容量预测、运用知识图谱进行故障根因分析等。

7.3 证券业金融科技发展的挑战与展望

7.3.1 证券业金融科技发展的挑战

金融科技、金融创新与风险监管三者间具有正向博弈关系。金融科技、金融创新与风险监管三者相互约束、相互促进,以螺旋式上升的方式不断进步,如图7-4所示。金融科技在证券行业的应用总体来讲还处于初级阶段,除自身的多重风险外,还存在较多处于法律和监管边缘的无法界定的风险,证券业金融科技的发展面临的挑战也是多方面的,具体可以分为投资者、证券公司、证券行业三个层次。

1. 投资者所面临的挑战

1）金融排斥

随着金融科技的发展,数字化产品和服务种类繁多,业务复杂多样,然而市场上大量金融基础知识不足、抵御风险能力差的"长尾"投资者无法完全了解产品、服务的属性和风

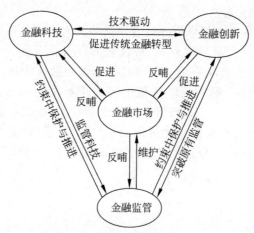

图 7-4　金融科技、金融创新与风险监管三者的关系

资料来源：胡开南,李滨,王雯,等.证券行业的金融科技演进及其风险分析[A]//中国证券业协会.创新与发展：中国证券业 2019 年论文集.北京：中国财政出版社,2020.

险程度,使风险投资模型的有效性降低,导致投资者"羊群效应"发生,整体风险水平提高。

2) 投资者信息保护及数据安全面临威胁

金融科技环境下,金融机构每天均会产生和传输海量的客户交易信息,这也就给数据造假、数据泄露等创造了客观条件,具有价值的信息数据正面临着诸多威胁。另外,一些依托金融科技从事违法犯罪行为的现象,如金融诈骗、云数据窃取、数据库攻击等事件日渐增多,对投资者的数据安全造成了极大的威胁。

3) 金融科技工具自身存在缺陷

工具自身缺陷造成的问题源自发展还不够成熟的金融科技,例如区块链,该风险主要表现为两个方面的内容,即工具自身的局限性和便捷性所带来的不恰当决策。由于工具的局限性,所以在数据的质量和分析失误等方面都存在一定的漏洞,这就可能使投资者作出不恰当的投资决策。而工具的便捷性则很容易导致投资者对于工具的依赖程度过高,进而忽视了客观存在的重要信息,由此作出不恰当的投资决策。并且由于技术不够成熟,在安全性能方面必然会有所欠缺,很容易发生由于黑客入侵而导致大量的经济损失。一旦不够成熟的技术应用于多元化的扩展业务中,这种安全风险会被成倍地扩大,将会带来严重的经济损失。

2. 证券公司所面临的挑战

1) 商业模式无法落地

金融科技入行门槛相对较高,需要投入大量的人力、物力进行系统建设,因此需要企业高层进行宏观策略的部署,找到合适的金融应用场景,防止理想的商业模式因无法落地造成资源的严重浪费。

2) 金融科技人才不足

金融科技作为新兴业态,发展潜力巨大。但是专业人才来源仍然有限,专业的培养体系还十分欠缺。无论是企业界还是学术界,都开始瞄准金融科技领域,而金融科技人才培养更是重中之重。传统的人员结构已无法满足金融科技发展需要。金融科技高端人才既要知识面广,还要有过硬的个人素质和过人的综合能力,整合各个学科领域的知识。金融科技在证券业的发展过程中,要求科技人才适应变化趋势,跟随时代潮流,随机应变。金融科技高端人才还需要具备探索精神、创新精神、强大的意志力以及敏锐的观察力等。由于证券行业金融科技起步较晚,高水平的人才培养滞后,因此证券公司急需培养既懂技术又懂业务的人才。

3) 确定具体责任承担主体的难度增大

这类风险的产生主要是人工智能的应用导致的,例如人工智能在投资顾问中的应用。美国 FINRA(金融业监管局)曾提出,人工智能在没有人参与的情况下所提供的投资顾问服务与顾问受托标准不符。我国目前可以提供智能投资顾问的机构除了传统的银行、证券公司和保险公司等,还包括许多第三方机构以及互联网平台。所以这就导致一旦由于金融科技的使用而引发相应的风险,会很难判断应当承担主要责任的机构主体,这样一来不仅机构的运营风险会扩大,各机构之间的矛盾纠纷也会愈发尖锐。

4) 忽视 IT 投入长期价值

目前,大多数证券公司对 IT 的投入普遍较少,系统开发形同虚设,部分证券公司甚至连系统运维能力都主要依赖外力。很少有证券公司有 10 年以上的 IT 长远战略规划,部分经营机构甚至连 3~5 年的明确规划都没有制定,IT 投入过于追求"即时回报"。对 IT 投入的短视,让证券公司错失了打造核心竞争力的机遇。

3. 证券行业所面临的挑战

1) 风险外溢效应显著增加

金融科技依托于先进的信息技术手段,以庞大、复杂的信息系统作为支撑,使得证券公司等市场主体的传统业务突破了地域、市场、行业的边界,不同金融市场间资本流动与资产转换的渠道更加便捷与畅通,风险传染性更强,涉及面更广,造成风险的外溢,系统性风险发生的可能性随之增大。

2) 引发行业"羊群效应"

部分金融科技服务的同质化可能使市场参与者的行为更易趋同,从而放大金融市场的波动风险。以智能投顾为例,系统若对客户采用相似的评价指标与交易策略,或将造成"同买同卖、同涨同跌"现象,强化"羊群效应"。另外,规模经济的发展依赖于强大的 IT 应用作为支撑,然而市场上能够提供金融行业解决方案的大型开发商寥寥无几,或将导致市场上少数大型开发商独大的现象发生,证券公司也只能使用相同或者类似的 IT 方案,造成证券公司服务竞争的"同质化",易引发"羊群效应"。

3) 监管模式适用性降低

证券金融科技在实际发展过程中,没有在监管工作方面进行强化,这就必然会影响证券业的发展质量,对金融科技新技术的应用对监管工作的落实也会产生很大的影响。

一是金融科技时代证券市场交易数据量大,风险扩散的速度更快、方式更隐蔽。二是市场主体行为偏好和交易操作更为趋同,如智能投资顾问方式下"同买同卖、同涨同跌"现象大量存在,放大了市场共振和波动。三是全新产品或服务的出现极容易导致监管真空,如前期火爆的首次公开募币（ICO）中有相当一部分打着创新的旗号非法吸收公众存款。

金融科技的发展有着去中介化以及去中心化风险特征，这对金融监管工作提出新要求，如人工智能技术以及区块链技术等，在金融科技的虚拟网络化特点上表现得比较鲜明，监管的能力要能与之相匹配，才能有助于促进行业的良好发展。但是从实际监管工作的现状能发现，金融科技混业经营模式和分业监管体系没有得到有效匹配，这就比较容易造成监管失控的问题。

4）信用风险加大

传统模式下，证券行业的信用风险通常来源于信息不完备、从业人员的职业操守、不当干预等。在金融科技时代，由于各大证券公司与中国人民银行征信系统尚未有效对接，对待评价主体（如经纪业务中的开户投资者、投行业务中的债券或股票发行者等）存在信用瑕疵，以及证券公司自主采集的数据和模型设计的不足往往导致信用误判，这种信用风险造成的违约事件往往给资本市场带来较大的波动和损失。

7.3.2 证券业金融科技发展的展望

现阶段，中国证券业迫切需要从战略高度关注金融科技的创新变革及其对行业生态带来的影响，抓住以大数据、云计算、人工智能、区块链等为代表的新一轮技术革命的历史性机遇，将科技赋能作为证券业高质量发展的重要驱动力量，积极开发运用金融科技工具，提高证券应用科技的水平，补充金融科技产业链的薄弱环节，加快科技融合的步伐。

1. 不断完善监管政策，应用监管科技促进证券公司发展

一是充分发挥证监会管理部门、交易所在推动行业金融科技研究和应用及监管工作方面的行业优势和指导引领作用。二是借鉴美国、英国、澳大利亚、新加坡等国的做法，大力发展监管科技，通过监管科技辅助监管机构提升风险监测识别效率和减少监管工作量，助力被监管机构提升合规效率和降低合规成本。如美国的证券业自律监管机构金融业监管局近年来大力运用监管科技手段，在引导中小证券公司合规文化建设实践方面取得了一定成效，对我国中小证券公司合规文化建设具有重要的启示意义。三是根据金融创新的发展需求推出和完善"监管沙盒"，根据沙盒测试结果及时纠偏监管制度，通过规定测试标准、推出针对证券公司的便利化措施、给予部分监管豁免权等方式，促进证券公司金融科技的良性发展。四是完善证券领域监管政策，包括金融科技技术标准、业务规范、风险管控等多个方面。通过金融科技产品认证和备案管理等措施，结合金融科技产品认证管理平台建设等信息化手段，不断强化对金融科技在证券领域的技术、业务和产品的有效监管。2020年证监会发布的金融科技政策详见表7-4。

表7-4 2020年证监会发布的金融科技政策

时间	政策
2020.8.14	《证券公司租用第三方网络平台开展证券业务活动管理规定（试行）》征求意见
2020.7.24	《证券服务机构从事证券服务业务备案管理规定》
2020.3.20	《关于加强对利用"荐股软件"从事证券投资咨询业务监管的暂行规定（2020年修订）》

续表

时间	政策
2020.2.26	《证券期货业投资者权益相关数据的内容和格式》
2020.1.23	《证券公司风险控制指标计算标准规定》
2019.9.30	《证券期货业软件测试规范》
2018.12.19	《证券基金经营机构信息技术管理办法》

2. 提升证券业基础设施形态

首先,大数据成为证券业最重要的基础性资产。随着互联网技术的普及和金融科技的广泛应用,数据将颠覆证券业的商业模式,数据产品和数据挖掘驱动证券公司业务和运营的智能化。目前很多证券公司已经意识到数据的重要性并进行了布局,根据中国证券业协会统计的数据,至今已有超半数以上的国内证券公司建立了公司层面的数据治理规划,80%的证券公司建立了与之匹配的金融科技组织架构。其次,云计算显著提升证券业硬件基础设施形态。在云计算技术下,计算、网络、存储资源集中在一起,用户可以按需、易扩展的方式获取资源,这将从硬件平台、操作系统平台到应用平台等全方位改变传统证券业自建系统的运营方式,实现资源的灵活调度,降低运营成本,有力支撑相关业务的快速增长。

3. 驱动证券公司智能化,普惠金融成为可能

中国金融"普惠性"远未实现,各大证券公司相继推出的智能投顾、智能客服、移动App等提升了客户体验并节约了成本,服务对象也从针对高净值人群开展"一对一"服务扩大到服务普通投资者,有利于助推普惠金融发展。

4. 提升证券业运营和风险管理能力

如人工智能推动了智能投研、量化交易产品的高速发展,大数据带来了覆盖海量用户的产品创新,证券公司的运营能力和服务边界得到了大幅扩展。另外,金融科技基于内外数据,结合使用人工智能技术和大数据风控模型,可以进行信用风险管理(CRM)和市场风险计量(VaR),提升证券业合规经营和风险管理的能力。

5. 改变证券业的竞争格局

金融科技为推动证券业传统业务转型、探索新的证券交易产品、提高证券公司内部管理效率提供了新的思路,但加剧了证券业的竞争。一方面,金融科技的应用将强化证券公司"二八分化"格局。证券业的领先者(如中信证券、中金证券、华泰证券等)通过更多的资源投入,使得前沿金融科技与传统业务产生协同效应,将进一步强化头部证券公司的竞争力。另一方面,金融科技有可能使得小证券公司"弯道超车"。如中小证券公司利用云计算,能以较低的成本升级硬件系统,借助云计算弹性扩容的优势开发行情系统能保证数据传输速度和稳定性,避免了巨额资金用于设备建设和维护,并缩小与大机构的技术差距,

未来机构之间着力于新兴金融科技业务的竞争。

6. 转变金融科技赋能行业发展的基本原则

面对日新月异的技术进步和风云变幻的市场需求，高效、精准地为客户提供服务将成为证券公司提升核心竞争力的关键。未来，证券公司将借助金融科技手段，实现从"产品为中心"向"以客户为中心"的转变；借助互联网平台覆盖智能手机、PC、Pad等主流终端，能够整合、共享多种渠道信息，以此建立不同渠道之间在产品、服务、流程上的对接与配合，为客户提供一站式、实时的综合服务；依托个性化、组件化、参数化的模块设计，全面整合服务资源，由标准化的服务模式向定制化的生产模式转变，实现针对性、个性化服务。

7. 深化全场景应用

随着金融科技的迅速发展，技术将不断渗透到资本市场证券发行、上市、交易、结算以及客户身份认证、精准营销、风险管理、运营保障、日常监管等各个领域。未来，全场景应用将会更加深化：一是云计算方面，证券公司通过云技术建立网络设备资源池实现资源共享；通过云平台实现业务系统和管理系统的集约化管理，提高效率、降低成本。二是大数据方面，证券公司在长期经营管理过程中积累了海量的客户数据、交易数据，通过精准营销、精细化经营，能够充分挖掘数据价值，有效提升管理质量和效率。三是区块链方面，通过在关键业务环节设置监控探针，对业务流程中信息流、资金流进行传输监控，形成有效的追溯机制，提升风险的甄别、防范和化解能力。四是人工智能方面，语音识别、图像识别、机器学习等技术在客户身份识别、精准营销、智能投顾、智能审核等方面的应用，将极大地提高证券公司的运营效率、降低操作风险。

8. 提高证券业对金融科技的认识水平和重视度

证券业要适应发展更多依靠创新、创造、创意的大趋势，推动金融服务结构的完善，关键在于充分发挥金融科技价值，加快推动技术创新与证券服务的融合。国内证券业将会切实从战略发展的高度出发，提高行业对金融科技重要性的认识水平和重视度，深刻理解以大数据、云计算、人工智能和区块链为代表的新一轮信息技术变革对行业发展及变革的深远影响，有效提高金融科技运用水平，把深化金融科技运用作为推动行业高质量发展的第一生产力，通过科技赋能有效拓展证券业发展的广度和深度，推动资本市场向市场化、规范化、国际化方向发展。

7.4 案例分析

案例 7-1 证券行业首个混合金融云面世，海通证券"信息化"探索之路再领先一步

案例 7-2 长江证券 iVatarGo 智能服务系统

案例 7-3 虎博科技：以底层 NLP 算法模型及七大核心技术助力证券行业科技升级

案例 7-4 通联数据携手华泰柏瑞，强强联合打造量化新生态

案例 7-5 智能投研平台实践案例：浙商基金-iValue 智能投资系统

案例 7-6 运用监管科技引导中小证券公司合规文化建设

复习思考题

1. 我国证券行业金融科技发展进程分为哪些阶段？有哪些重要性的事件？
2. 金融科技在证券业具体的应用场景有哪些？并寻找一两个案例说明。
3. 目前，证券行业中金融科技发展遇到了什么样的风险挑战？并提出应对建议。
4. 未来，金融科技在证券业经营中的前景如何？

即测即练

第 8 章

金融科技与资产管理业融合发展

本章知识点:

1. 了解国内资产管理业的发展背景。
2. 理解金融科技与资产管理业融合的动因及其目标。
3. 了解金融科技在国内资产管理各子行业中的发展。
4. 了解金融科技与资产管理业融合面临的挑战。

资产管理(asset management),通常指一种"受人之托,代人理财"的信托业务。自 2018 年"资管新规"①颁布以来,我国已逐渐形成由基金管理公司、银行理财子公司、券商资管子公司、保险资管子公司等各类资产管理机构组成的"大资管"格局。截至 2020 年底,中国基金管理公司及其子公司、证券公司、期货公司、私募基金管理机构资产管理业务总规模约 58.99 万亿元,其中公募基金资产管理规模约为 19.89 万亿元,再创历史新高。

近年来,金融科技的浪潮席卷整个金融业,资产管理业也正经历着一场深刻的变革。银行、证券、保险等金融机构纷纷以设立子公司的形式进入资产管理业。此外,新兴科技公司也以收购或参股的形式入局资产管理业,如阿里巴巴旗下的余额宝、腾讯旗下的理财通等。资产管理业的竞争格局发生深刻改变,行业内竞争压力加剧。

金融科技对资产管理业的渗透是全方位的,客户服务、投资研究、风险控制及日常运营等环节均有金融科技的身影。首先,金融科技提高资产管理公司客户服务的数字化水平,如使用智能投顾为低净值客户提供资产配置建议。其次,资产管理公司运用人工智能和机器学习技术进行投资研究与风险管理,并辅以自然语言处理等技术手段,以期为客户实现最大价值。最后,金融科技可以帮助资产管理公司降低运营风险与成本,以此提振公司盈利水平。然而,金融科技也蕴含着两面性。一方面,金融科技能够提升资产管理公司的客户服务水平、投资研究能力以及提高日常运营效率;另一方面,二者在融合过程中存在的技术风险、信息泄露风险以及监管风险同样不容小觑。

8.1 融合发展背景

随着国内资产管理业的发展,我国已逐渐形成包含基金管理公司、银行理财子公司、

---

① 资管新规,全称为《关于规范金融机构资产管理业务的指导意见》,由人民银行、银保监会、证监会、国家外汇局于 2018 年 4 月 27 日联合发布。

券商资管、保险资管等各类资产管理机构的"大资管"格局,全行业资产管理总规模逐步攀升。日益增长的资产管理规模对资产管理机构的管理能力提出更高的要求,客户群体的迅速扩张也对资产管理机构的服务能力构成严峻挑战。金融科技的迅猛发展则为资产管理机构克服上述困难提供良好契机。金融科技能够有效提升资产管理机构的投资研究能力,提高客户服务的数字化水平,进而推动资产管理业的高质量发展。因此,资产管理业主动拥抱金融科技有其必然性。本节首先介绍国内资产管理业的发展背景,随后从多个方面分析金融科技与资产管理业融合的动因。

8.1.1 资产管理业发展背景

1. "大资管"格局

目前,我国已逐渐形成由基金管理公司及其子公司、私募机构、信托公司、证券公司及其子公司、期货公司及其子公司、保险及保险资管公司、商业银行等各类资产管理机构组成的"大资管"格局,详见表 8-1。

表 8-1 我国资产管理行业结构

机构类型	资产管理业务
基金管理公司及其子公司	公募基金和各类非公募资产管理计划
私募机构	私募证券投资基金、私募股权投资基金、创业投资基金等
信托公司	单一资金信托、集合资金信托
证券公司及其子公司	集合计划、单一计划、专项计划、私募股权及创投类基金
期货公司及其子公司	期货资产管理业务
保险及保险资管公司	万能险、投连险、管理企业年金、养老保障等
商业银行	非保本银行理财产品

资料来源:中国证券投资基金业协会,https://www.amac.org.cn/。

截至 2020 年末,国内基金管理公司及其子公司、证券公司、期货公司、私募基金管理机构资产管理业务总规模约 58.99 万亿元。其中,各类资产管理业务只数及其规模见表 8-2。

表 8-2 各类资产管理业务只数及其规模(截至 2020 年末)

业务类型	产品数量	资产规模/亿元
公募基金	7 913	198 914.91
证券公司资管计划	17 843	85 530.62
基金公司资管计划	6 507	46 654.19
养老金	2 107	33 620.62
基金子公司资管计划	4 938	33 902.64
期货公司资管计划	1 265	2 196.69
私募基金	96 818	169 578.28
资产支持专项计划	2 090	21 148.39
合计	139 481	591 546.34

资料来源:中国证券投资基金业协会,https://www.amac.org.cn/。
注:此处养老金包括基金管理公司管理的社保基金、基本养老金、企业年金和职业年金,不包括境外养老金。

随着国内资产管理业"主动化"与"打破刚兑"进程的逐步推进，各类资产管理机构的专业化水平与活跃度得到提升，整个行业迎来发展机遇期。

第一，"资管新规"的有序推行促使各类资产管理机构向"净值化"和"主动化"转型。"刚性兑付型"产品逐渐减少，无风险收益率随之下降，市场资金更加关注资产管理机构的主动管理能力。

第二，更多的家庭在资产配置中加入股票、基金和债券等金融产品。

第三，权益类产品规模快速增长，资产管理业整体盈利水平显著提升。

第四，公募基金资产管理规模不断攀升，私募基金群体快速发展，叠加外资持续流入，资产管理机构群体迅速扩张，资产管理业市场化竞争程度更高。

2. 数字化转型加速

凭借渠道和资金的优势，银行在理财产品的销售端一直居于主导地位。然而，随着互联网的蓬勃发展，线上服务逐渐成为主流。相较于线下渠道，线上渠道在扩大客户基础、服务长尾客户以及保持存量客户交互频次等方面具有显著优势，银行在线下零售渠道的强势地位面临互联网渠道的冲击。2019年，银行渠道销售佣金占比首次低于互联网渠道（图 8-1）。与此同时，在 2019 年银行渠道销售规模下降的情况下，以天天基金为代表的互联网渠道销售规模仍然维持着 25% 的高增长（图 8-2）。

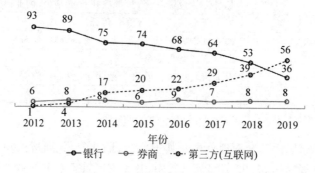

图 8-1 各类渠道销售佣金占比

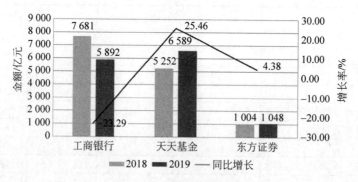

图 8-2 各类渠道销售额

资料来源：巴曙松，杨倞，周冠男，等.2020 年中国资产管理行业发展报告[M].北京：北京联合出版公司，2020.

受2020年初新冠肺炎疫情的冲击,资产管理业线下渠道业务开展受阻,大多数业务只能被迫由线下转为线上,客户群体也逐渐养成通过线上渠道办理相关业务的习惯。因此,资产管理业数字化转型的趋势已经形成,且转型速度也将不断加快。

3. 市场前景广阔

根据2019年广发银行和西南财经大学联合发布的《中国城市家庭财富健康报告》,我国城市家庭住房资产占家庭总资产的比例高达77.7%,金融资产仅占总资产规模的11.8%。在仅有的金融资产中,约42.88%是保守型的银行存款(图8-3)。从总资产规模占比来看,股票资产仅占中国家庭总资产规模的0.96%,基金资产的占比则仅有0.38%。近几年股市行情回暖,我国居民增配基金、股票的趋势较为明显,未来居民存款进一步流入资本市场的潜力巨大。与此同时,随着中国经济的持续发展,中产阶层群体不断壮大,这类相对富裕的群体是资产管理业未来继续扩张资产管理规模的重要基础。相较于长尾客户和高净值客户,中产阶层在客户需求、客户数量以及资产规模等方面均是更具市场空间和服务性价比的蓝海市场,也将是未来资产管理机构深耕的客户群体。

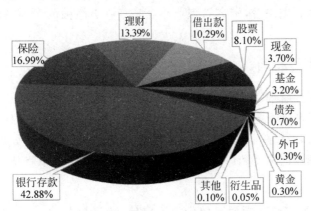

图 8-3 2019年中国城市家庭金融资产配置结构

资料来源:中国家庭金融调查与研究中心,https://chfs.swufe.edu.cn/。

以银行、保险为主的金融机构广义委外①资金对资产管理业规模的扩张同样具有重要作用。按照剔除通道业务的口径计算,以银行和保险为主的表内自营、表外理财资金和广义委外(专户委托管理及直接购买产品)规模达到28万亿元,对整个资产管理业主动管理业务规模的贡献度高达36%。随着银行理财规模恢复增长,银行理财委外市场依然有望继续扩张,并且向投资稳健的头部券商资管、公募及私募基金集中。

此外,中国仍有10万亿元养老金的委外投资需求,整体提升空间相当广阔。中国包括基本养老保险、社保基金、企业年金以及职业年金在内的养老金规模合计10万亿元,占GDP的比例仅为11%,远低于海外成熟市场(美国2019年年末的数据为29.2万亿美元,占GDP的136%),其中市场化投资运作的委外管理部分达到3.2万亿元,占比约32%。就目前来看,我国养老金整体规模及委托比例提升空间仍然巨大。

---

① 委外,即银行委外业务,指银行理财资金委托外部投资。

4. 头部效应强化

随着银行理财子公司陆续开业,金融业对外开放加速,资产管理业内部竞争将进一步加剧。截至 2019 年 12 月 31 日,共计 35 家银行发布公告设立理财子公司,包括 6 家国有银行、10 家股份制银行、16 家城商行和 3 家农商行,已有 18 家银行获批筹建理财子公司,其中 11 家理财子公司已正式开业。此外,银保监会于 2018 年取消金融资产管理公司外资持股比例的限制,实施内外资一致的股权投资比例规则,这意味着外资可通过控股国内资产管理公司参与行业竞争,国内资产管理业参与者将进一步增加。以美国资产管理业发展的经验为参照,行业内竞争加剧会导致平均管理费率的显著下行,美国共同基金管理费率就由 20 世纪 90 年代的 0.9% 持续下滑至如今的 0.5% 左右。

在行业内卷的过程中,主动管理能力较差的资产管理机构将面临由客户赎回资金导致的资产管理规模萎缩和管理费率下行的双重压力,进而陷入营收下滑、技术投入减少、业绩表现持续不振的恶性循环。然而,头部资产管理机构可凭借规模优势吸引优秀的投研团队,保证投资收益稳健增长,扩大资产管理规模,计提更多的业绩报酬来对冲管理费率下行的影响。从长期来看,资产管理业将会呈现强者恒强的局面,行业头部效应趋于强化。

8.1.2 融合发展动因

金融科技和资产管理业的融合存在着必然性。金融科技的优势在于其能够对数据和信息进行高效利用和深入挖掘,而资产管理业务的开展与数据和信息紧密相连,行业研究、交易策略设计以及风险管理等活动均离不开数据和信息的加工处理。金融科技可有效地拓展资产管理业的深度和广度,满足后者的发展需要。以下将从八个方面分析二者融合的动因。

1. 资产管理规模增长需要系统化管理平台

资产管理公司的管理规模持续增长。ADV RATINGS 的数据显示,截至 2021 年 1 月,全球资产管理机构中排名前二的贝莱德和先锋集团的资产管理规模分别达到 8.7 万亿美元和 7.1 万亿美元。庞大的资产管理规模对资产管理公司的管理能力构成挑战,前端投资面临交易执行效率、交易成本以及公平性等考验,后端运营也要考虑头寸管理、风险管理以及合规管理等难题。因此,资产管理公司存在建立统一的管理平台以整合各种职能模块和数据资源的需要。

2. 多元化投资对系统集成的需求

现代投资组合理论提倡分散投资,以实现单位风险水平上收益率最高或单位收益水平上风险最小。因此,资产管理公司大多采取多元化的投资手段。多元化投资具有以下特点。

(1) 投资工具的多元化。除股票、债券等常规投资工具外,各类金融衍生品也是资产管理机构进行资产配置和风险管理的备选工具。

(2)资产配置的全球化。目前,各国资产管理机构的海外投资比重持续上升。例如,已连续多年净流入的北上资金就是境外投资机构经由沪股通、深股通参与 A 股投资的海外资金。此外,国内资产管理机构也可通过 QDII(合格境内机构投资者)、RQDII(人民币合格境内机构投资者)等制度安排投资境外资本市场。

(3)另类投资。随着养老金等长期资金入市,叠加二级市场获取超额收益的难度增加,资产管理机构通过配置另类资产来获取超额收益,包括流动性较低的房地产、股权投资、实物投资等,其投资模式和管理方式也与传统的资产管理有所区别。鉴于资产管理机构存在多元化投资的需求,并且在进行风险管理和投资品种调整时也需要从投资组合的角度进行考虑,因此资产管理机构存在系统集成的需求。系统集成可实现对投资组合的全面管理,便于对投资组合进行风险评估以及调整操作。

3. 买方投顾模式对 SaaS 服务及业绩归因的需求

目前,欧美市场已建立起买方投顾为主的业务模式,即投资顾问为客户提供个性化的投资规划和资产配置服务,并根据资产管理规模收取服务费。除头部资产管理公司外,市场上存在着大量中小型资产管理机构。对后者而言,独立开发投资交易系统、客户管理系统等软件的成本过高,且在效率和安全性上也得不到保障。为满足中小型资产管理机构在金融产品供应、系统服务以及专业支持上的需求,市场上涌现出一批专为上述机构提供 SaaS[①] 服务的第三方服务商。中小型资产管理机构可通过服务商的渠道完成金融产品供给与交易,还能获取投资管理人绩效评价和产品业绩归因等专业化分析工具与理财规划工具。

4. 提高投资管理能力

随着金融市场信息透明度的提高以及市场有效性的增强,获取超额收益的难度上升。此外,资产管理业内部的竞争愈发激烈,主动管理能力成为影响资产管理机构发展前景的决定性因素。因此,资产管理公司存在应用新技术以提高自身投研能力的迫切需求。

智能投研主要在数据采集、数据处理和算法优化等方面来帮助投资管理人提升投资能力。例如,借助自然语言处理技术更高效地处理非结构化数据。此外,通过运行相应的程序,计算机可以代替人力阅读研报、新闻、社交平台信息以及上市公司公告,便于资产管理机构快速形成投资观点。

5. 提高成本控制能力

资产管理业的产品费率长期处于下降通道,这对资产管理公司的利润空间形成挤压。目前,被动型产品的费率竞争十分激烈,国内大多数被动指数型基金在买入时不收取任何费用,仅在赎回时收取 15bp 的管理费。假如投资者持有该被动指数型基金超过 7 天,则在赎回时也不收取手续费。此外,主动型产品的费率也有所下降,主要体现在降低固定费

---

① SaaS:软件即服务,是 software as a service 的缩写,它是一种软件交付模式。在这种交付模式中,软件仅需通过网络,而无须经过传统的安装步骤即可使用,软件及其相关的数据集中托管于云端服务。

率,并将管理费率与投资业绩相挂钩。因此,在收入端增长乏力的背景下,资产管理公司存在运用金融科技提高成本控制能力的需求。

6. 改善客户服务

随着财富的代际转移,年轻一代逐渐成为资产管理业的主要目标客户。年轻一代在投资行为偏好上与其上一代存在着明显差异,主要体现在更习惯使用互联网渠道,对低门槛理财产品的需求也更高。此外,年轻客户对产品透明度与投资自主权存在更高要求。因此,资产管理公司存在加强互联网渠道运营能力、提升对年轻客户群体吸引力的需求。

7. 适应多变的金融监管环境

2008年金融危机后,各国金融监管部门均加大对金融行业的监管力度,对各类监管指标作出更加明确的要求,数据报送的频次和时效性要求提高。与此同时,监管政策也随着市场整体的风险水平处于动态调整之中。对资产管理公司而言,合规是业务开展的底线。因此,资产管理公司需要相应的技术手段以迅速适应监管政策的变动,降低合规成本,减小监管政策变动对业务开展的影响。

8. 应对外来竞争者的挑战

近年来,金融科技公司纷纷入局资产管理业。最为人熟知的当属2015年天弘基金增资扩股,引入蚂蚁金服成为其控股股东。作为后起之秀的京东金融、腾讯理财通,也加入资产管理业的竞争中。这类互联网巨头拥有流量优势,且对年轻客户具有更强的吸引力,在一定程度上对传统资产管理机构的客户群体形成分流。

8.2 融合发展目标

8.1.2小节介绍了金融科技与资产管理业融合的动因,随之而来的问题便是资产管理业希望借助金融科技达成何种目标。对此,本节将从五个方面对融合的目标进行剖析。

8.2.1 实现科技转型

金融科技的革新推动形成资产管理业的数字化浪潮,后者有望借此契机实现全面科技转型,将金融科技作为全新的利润增长点。收购、参股金融科技企业以及孵化自有金融科技部门,已经成为资产管理公司弥补科技实力短板的主要手段。贝莱德(BlackRock)集团是全球最大的资产管理公司,其在2015—2019年采取多项举措布局金融科技,如收购、参股金融科技企业以及自行投资建立金融科技实验室等,涉足智能投顾、现金管理、客户服务、另类投资等多个领域,详见表8-3。

表 8-3 贝莱德集团在金融科技领域的布局

时 间	相 关 举 措
2015 年	以 1.5 亿~2 亿美元估值收购智能投顾公司 Future Advisor，入局智能投顾市场
2016 年	投资金融科技平台 iCaptial Network，以提升自身为高净值投资者提供服务的能力
2017 年	收购现金管理类服务商 Cachematrix，此举旨在吸引机构客户配置其货币市场基金产品，进一步扩大在货币市场的管理规模
2018 年	建立 BlackRock 人工智能实验室，旨在利用机器学习、数据科学以及自然语言处理来改善客户服务
2019 年	以支付 13 亿美元现金的方式，完成对世界领先的端对端另类投资管理软件和解决方案供应商 eFront 的收购，强化了自有的 Aladdin 平台在另类投资市场的服务能力

资料来源：周轶珅.全球资产管理行业现状与趋势——在拐点遇见新机遇，科技重塑竞争格局[J].保险研究，2020,381(1)：4-21.

无独有偶，另一资产管理巨头道富银行(State Street)斥资 26 亿美元收购全球领先的机构投资平台服务商 Charles River Development(CRD)。在全球排名前 100 的资产管理公司中，其中 50 家的投资管理平台都由 CRD 提供。通过该笔收购，道富银行在打造前中后台全流程技术平台的道路上更进一步。

8.2.2 实现投资智能化

资产管理公司在智能投资领域的相关布局主要集中在投资研究和投资决策两大场景，借助自然语言处理、人工智能等技术手段，辅以另类数据的使用，为客户发掘投资机遇，持续获取超额收益。图 8-4 给出了三个利用金融科技实现投资智能化的例子。

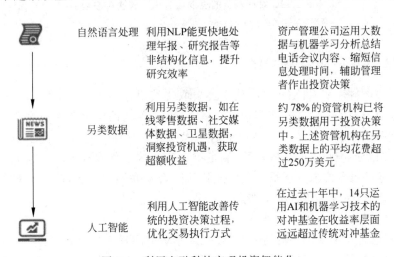

图 8-4 利用金融科技实现投资智能化

资料来源：安永中国，https://www.ey.com/zh_cn。

(1) 另类数据。另类数据是指除市场统计数据和公司财报等传统数据之外，所有可影响投资策略的非结构化数据。与传统数据相比，另类数据在时效性和多样性上具有前者所不具备的优势。另类数据存在多种获取途径，社交媒体、信用卡交易以及卫星图片等均可成为另类数据的来源。其中，社交媒体数据可用于预测突发事件和市场情绪的转变,借此洞察短线交易机会或为止损争取时间;信用卡交易数据可用于预测消费者行为以及零售商的销售收入;卫星图片数据可用于分析不同时间段商场停车场泊车的数量,进而推测大型零售商的运营情况,并以此作为预测股价波动的依据。

(2) 人工智能。根据 Eurekahedge 对冲基金数据库,在投资决策中使用人工智能技术的对冲基金在 2010 年 1 月至 2021 年 1 月期间的表现显著优于普通对冲基金(图 8-5)。2020 年 3 月,全球多国股市暴跌熔断,Eurekahedge 录得传统对冲基金的收益率为 -6.34%。与前者截然相反,构成 Eurekahedge AI 对冲基金指数的 14 只对冲基金的净值在此期间上升 0.25%。此外,AI 对冲基金在英国脱欧和中美贸易争端期间均显示出优于普通对冲基金的收益表现。由此可见,在面对重大风险事件的意外冲击时,AI 对冲基金可展现出更强的风险管理能力。

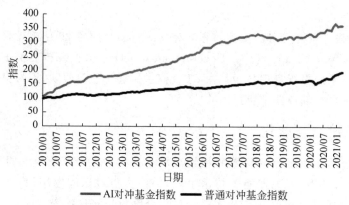

图 8-5　AI 对冲基金的表现显著优于普通对冲基金

资料来源:Eurekahedge,https://www.eurekahedge.com/。

8.2.3　推动客户服务数字化

根据相关资料表明,目前年轻一代正逐步取代其祖辈与父辈成为财富管理市场的主导者。在未来的 30~40 年内,美国预计将有 30 万亿美元的金融和非金融资产从年长一辈传承至千禧一代。预计至 2030 年,千禧一代在美国整体财富规模将达 20 万亿美元。随着人口结构变迁与财富的代际转移,满足年轻客户数字化服务需求成为资产管理公司改善客户服务的当务之急。千禧一代的成长伴随着互联网的兴起,故投资观念与父母一辈存在较大差异,主要表现为如下四点。

第一,更加依赖手机等移动设备。

第二,对管理费率更加敏感,倾向于使用成本更低的资产管理方式。

第三,对品牌的忠诚度较高,更愿意投资自己喜爱以及信任的品牌或公司。

第四,更重视资产管理平台的数字化互动能力。

8.2.4　提升运营效率

近年来,资产管理公司的运营成本迅速增长,叠加行业利润率下降,提升运营效率、降低运营成本成为资产管理公司提升竞争力的关键环节。金融科技可从多方面助力资产管理公司降低运营风险与成本,提高公司的盈利水平。目前,在该领域应用较为广泛的技术包括机器人流程自动化与云服务。

(1) 机器人流程自动化(robotic process automation,RPA)。RPA 是指以软件机器人及人工智能为基础的业务过程自动化科技,其目的在于减少人在机械性工作上花费的时间,提高运营效率。RPA 主要可以帮助资产管理公司处理客户资金对账、费用审计以及税务申报等重复繁杂的工作,也降低了因人为疏忽大意而发生风险事件的概率。

(2) 云服务。2017 年 6 月,中国人民银行印发《中国金融业信息技术"十三五"发展规划》,明确提出稳步推进系统架构和云计算技术应用研究,确立金融信息技术工作未来的发展规划和目标,从监管层面对金融业提出了"上云"的要求。传统的主机托管模式要求资产管理公司建设或租赁主机房与灾备机房,以满足业务持续运营的要求,而系统"云部署"意味着可以省去机房的运营管理费用。此外,当资产管理公司的业务规模或体量发生较大的改变时,云服务供应商可及时响应,对存储空间作出动态调整。同时,灵活的技术模式也为产品创新提供便利,有利于降低创新成本、缩短迭代周期,更好地适应市场环境的变化。

8.2.5 兼顾合规管理效率

自 2008 年金融危机以来,各国均加强对金融行业的监管,趋严的监管环境抬升资产管理公司的合规成本。为此,资产管理公司需要借助监管科技(RegTech)提升合规管理效率。图 8-6 展示了监管科技的主要分类。

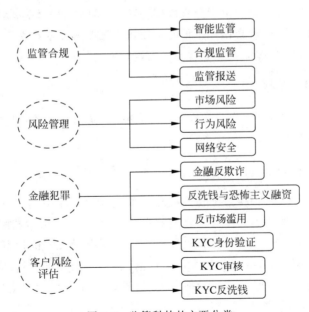

图 8-6 监管科技的主要分类

注:KYC,即 know your customer,是大多数反洗钱法的重要原则之一。

资料来源:周轶珅.全球资产管理行业现状与趋势——在拐点遇见新机遇,科技重塑竞争格局[J].保险研究,2020,381(1):4-21.

金融科技在推动资产管理业发展的同时，也伴随着监管层面的风险。金融科技涉及对资产管理业务的复杂结构化处理和编程运行，无形中提高风险的隐蔽性，这使得传统人工核查在风险识别环节中出现疏漏的可能性提高。因此，资产管理公司需要引入监管科技对日常的经营活动进行管理，此举能够减少合规工作的人力投入，同时提升风险识别的效率和准确度，有助于将金融科技潜在的负面影响降到最低。

8.3 融合发展现状与挑战

自 2018 年"资管新规"颁布以来，资产管理业整体步入专业化转型发展期。一方面，通道业务、刚性兑付产品加速调整，影子银行规模大幅缩减，系统性风险得到有效遏制；另一方面，银行理财子公司、公募基金、券商资管、保险资管等市场主体多元化发展，专业资产管理规模稳步增长，市场有效性得到极大提升。

在金融科技的赋能下，资产管理业呈现全新的发展趋势。首先，资产管理业全产业链迈向深度数字化，区块链等技术的应用有助于打破资产管理业内部的"数据孤岛"，形成数据驱动的一体化交易、投研、风控、运营体系。其次，投资决策的智能化是未来资产管理业的趋势之一。借助大数据、机器学习等金融科技手段，资产管理公司的投资决策能力迎来跨越性提升。最后，改善用户体验也是资产管理业努力的方向。随着财富的代际转移，资产管理业面临客户年轻化的趋势，在互联网时代成长起来的年轻群体极其注重产品的用户体验。因此，在资管产品相对同质化的背景下，极致的用户体验成为资产管理公司吸引年轻客户群体的着力点。此外，由于金融科技固有的两面性，其背后潜藏的风险因素同样不容忽视，盲目使用金融科技会在一定程度上掩盖或是放大金融产品自身蕴含的风险，这对资产管理公司的风险管理能力和监管当局的监管能力均提出更高的要求。

8.3.1 融合发展现状

本节以资产管理子行业作为分类标准，分别介绍金融科技在银行理财子公司、公募基金、券商资管以及保险资管中的发展情况。

1. 银行理财子公司

自 2018 年 12 月 26 日银保监会正式批准中国建设银行和中国银行筹建理财子公司以来，银行理财子公司便成为资产管理领域的重要新生力量，金融科技则是其发展的助推器与核心竞争力。总体而言，金融科技可以提升银行理财子公司的运营效率和风险管理能力，有助于实现规模效应，扩大管理半径。目前，监管当局要求银行理财子公司对每个理财产品"单独管理，单独建账，单独核算"。随着理财产品发行量的增加，未来一家银行理财子公司会同时运作数百只理财产品，账户管理、投资交易以及风险管理等环节的工作量陡增，导致运营风险的大幅上升。银行理财子公司在未来将承载数万亿级别的业务处理量，以区块链、大数据、云计算等为代表的金融科技无疑将对银行理财子公司业务处理能力的提升起到正面作用。金融科技在银行理财子公司业务中的创新与运用主要体现在提升客户服务能力、投资管理能力以及风险管理能力三个方面。

在客户服务方面,银行理财子公司借鉴"场景+金融"模式进行产品销售,将销售行为嵌入客户的交易流程中,借助场景化优势提升吸引客流的能力,扩大产品销售半径。此外,通过分析客户的基本账户信息、信贷信息、历史投资信息以及风险偏好等数据,银行理财子公司可构建客户画像,后者是未来银行理财子公司进行客户细分的基础,为开展个性化的客户服务奠定基础。

在投资管理方面,银行理财子公司借助金融科技大力发展智能投研。通过积累新闻、舆情、研究交易、专业论坛以及电商支付等数据,银行理财子公司利用自然语言处理和机器学习技术对上述数据进行整理归类并提取关键要素,构建投资标的知识图谱,从而帮助投研团队把握市场动态和行业景气度变化,发掘潜在投资机会。

在风险管理方面,银行理财子公司融合大数据、云计算等手段,全面提升风险管理能力,推动风险管理智能化。银行理财子公司借助图计算[①]、人工智能等技术构建企业与重要关系人之间的信用图谱,并通过历史数据构建风险传导预测模型,从而改变原先"单点"风险预测方法,实现基于知识图谱网络的智能化风险控制体系。

2. 公募基金

金融科技对公募基金行业的赋能是多维度的,主要体现在如下四点。

第一,利用大数据和人工智能技术提高投研能力。公募基金投资研究的首要步骤是获取海量数据并发掘数据背后蕴藏的信息。借助大数据和人工智能技术,公募基金能够更加迅速、全面地对结构化数据进行收集与分析。此外,公募基金也可利用上述技术进行另类数据的收集整理,并将其应用到投资决策之中。

第二,应用智能投顾技术提供个性化投资方案。智能投顾的目标是根据客户的风险收益偏好,定制个性化的资产组合,并依据资产配置优化理论,降低收益波动性,提高投资的风险收益比。智能投顾技术拓宽公募基金的服务边界,极大提升对长尾客户的服务能力,有利于公募基金市场份额的提升。

公募基金的智能投顾业务存在三个关键步骤:一是确定客户的风险收益需求特征;二是大类资产配置;三是基金产品选择。在以上三个步骤中,人工智能与大数据技术均可发挥重要作用。例如,运用大数据技术可以更加准确地描绘客户的投资行为画像,便于公募基金针对客户的投资行业偏好、投资期限偏好以及风险承受能力等特征,提供更为匹配的基金产品。人工智能技术则多用于资产配置、交易层面,可帮助客户及时调整基金组合,获取稳健的投资回报。

第三,使用智能客服提高服务效率。智能客服系统在基金行业应用广泛,承担90%以上的客户咨询工作量,极大提升服务效率并减少人力资本开支。招商基金早在多年前便推出7×24小时在线机器人为客户提供服务,将其作为人工客服的补充和辅助。经过多年的迭代更新,招商基金的智能客服"小招"已彻底改变传统"一问一答"的模式,借助大数据处理技术和人工智能,为客户提供千人千面的服务。

第四,利用大数据和人工智能技术提升风控水平。公募基金的业务风险包括市场风

---

① 图计算:以图作为数据模型来表达问题并予以解决的过程。

险、信用风险、流动性风险、合规风险、操作风险。结合大数据与 AI 技术,公募基金的风险控制能力得到显著提升,可对上述业务风险进行针对性防范。

例如,通过建立企业画像,提高对市场风险和信用风险的管理能力,特别是利用大数据及时发现上市公司或发债主体潜在的极端风险,避免"踩雷";通过分析客户的行为特征对赎回行为进行预测,便于基金公司妥善管理流动性。

3. 券商资管

在"资管新规"颁布之前,通道业务一直是券商资管的重要收入来源,也是券商资产管理规模增量的主要贡献者。券商的通道业务指券商向银行提供通道,帮助银行将表内资产搬运到表外,目的在于协助银行调节资产负债表。主要模式为"银证合作",即商业银行将理财资金定向委托给券商管理,券商使用该笔资金购买银行票据,实现银行表内资产向表外的转移。然而,"资管新规"明确要求消除多层嵌套,规定金融机构不得为其他金融机构的资产管理产品提供规避投资范围、杠杆约束等监管要求的通道服务。

随着通道业务告别历史舞台,券商资管经历短暂的阵痛期,整体资产管理规模较高点严重萎缩。由图 8-7 可知,在资管新规颁布后,国内头部券商中信证券、国泰君安证券、招商证券以及华泰证券的资产管理总规模较颁布前下降三成至五成不等。通道业务的萎缩倒逼券商资管回归"代客理财"的本源,发挥主动管理优势。截至 2020 年四季度,券商资管的"主动化"转型初见成效,上述四家券商的主动管理规模均有明显上升(图 8-8)。

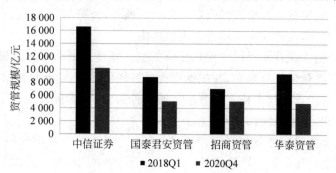

图 8-7 资管新规前后券商资管规模变化

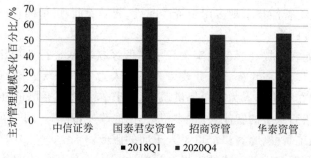

图 8-8 资管新规前后券商主动管理规模变化

资料来源:中国证券投资基金业协会,https://www.amac.org.cn/。

在券商资管的"主动化"转型中,金融科技发挥着举足轻重的作用。与银行理财子公司和保险资管等机构相比,券商资管在客户来源以及资金规模层面并无明显优势,而在产品与服务的专业性和精细化程度上更胜一筹。因此,金融科技与券商资管融合的立足点便是提升产品与服务的专业性并满足客户更加精细化的要求。以智能投顾产品为例,券商的智能投顾产品功能性更强,能够为客户提供各种辅助交易决策的工具,如财商教育、模拟组合、账户分析、理财配置建议、选股择时、持仓跟踪等(表8-4)。

表8-4 部分券商智能投顾产品

产品名称	产品描述
量身定制(东吴证券)	股票池经过严格筛选,覆盖各行业优质标的。投资者可在1万~10万元之间任意调整投资金额,根据自身的风险偏好,享受私人定制的投资服务。系统会生成1~6只股票的投资组合,客户可一键跟买,组合时限可分为三个月、半年、一年,累计收益率即时体现,方便客户查阅
贝塔牛(广发证券)	提供四类策略,对应不同的投资风格,包括短线智能、综合轮动、价值精选、灵活反转。点击任意策略后,都会显示策略简介和累计收益率。"贝塔牛"在每个交易日开盘前推送操作策略,包含具体的买卖品种、价格、数量的建议,设置拟投金额后,即可新建策略组合
AI慧炒股(平安证券)	智能资产配置系统通过脱敏大数据多维度精准了解客户,将改良的金融投资模型与专家策略分析验证相结合,智能计算风险和收益的平衡点,为客户量身定制大类资产配置方案。智能选股板块,包含短线、波段、长线股票推荐,每一种类包括10~30只股票。借助智能资产配置系统,个人投资者可享受高净值客户和机构客户专属的定制化财富管理服务,轻松达到风险分散、收益稳定的长期理财目标
iVatarGo(长江证券)	通过大规模的交易行为数据运算和分析,对投资者进行画像,涵盖投资特征、交易行为特征、投资能力、投资风格、投资策略、当前持仓等方面。此外,对金融产品资产端进行评级和标签化,从而为每位客户提供适当且个性化的投资资讯、理财产品以及投资顾问等服务。持续跟踪分析客户资产状况、投资行为,力求在任何场景、任何时间都能为客户提供最适合的服务和产品,帮助客户实现最大价值

资料来源:中泰证券研究所,http://www.yanjiubaogao.com/agency/z/zhong_tai_zheng_quan。

4. 保险资管

中国保险资产管理业协会数据显示,2020年保险资管业资产管理规模为21万亿元,同比增长19%,为近5年最快增速,规模较2016年增长逾60%,保险资管机构数量从29家增至35家。35家保险资管机构的管理费及其他收入合计321亿元,同比增长27%。

我国保险资管机构结合自身需求在多领域开展金融科技实践,在平台规划、专业团队、需求分析、系统开发、模型搭建、业务创新等方面均取得积极进展。以下从投研业务、销售与客服、风险管理以及日常运营四个环节介绍金融科技与保险资管的融合发展。

金融科技在保险资管投研业务环节的应用包括自动生成报告、金融搜索引擎、智能辅助投资决策。①自动生成报告:智能工具处理异构数据,分析提取关键信息,嵌入报告模板,生成标的、行业以及事件相关的报告;②金融搜索引擎:将信息切片后再聚合,提取可视化元素,帮助实现联想、属性查找和关系发现等功能;③智能辅助投资决策:综合利用人工智能技术，深度挖掘历史数据，实时跟踪市场行情，给出决策支持要素，辅助投资经理进行价值判断和风险判断，捕捉市场机会。

金融科技在保险资管销售和客服环节的应用包括客户分群、客户留存、投资组合拓展、销售提升以及业务优化等。①客户分群：通过内外部信息整合，建立客户画像，定位目标销售客户并实现客户群体细分；②客户留存：通过资产赎回分析、客户行为分析和交易情况分析等功能深入了解客户偏好，采取精准措施留存客户；③投资组合拓展：通过定价分析、偏好分析、价格透明度以及监管分析，精确提出投资策略，科学组合各类资产，拓展投资组合；④销售提升：运用人工智能，为组建销售团队、制订销售目标、划分重点销售区域提供科学依据，提升销售效能与效率；⑤业务优化：通过对服务成本、客户终生价值、投资组合监控以及社交平台情绪的深度分析，实现对资产管理业务的优化。

金融科技在保险资管风险管理环节的应用涵盖信用风险预警、市场风险预警、操作风险预警等功能。①信用风险预警：借助大数据技术，对投资企业及其交易对手的业务信息、负面信息以及财务信息进行收集整理，实现对投资企业及其交易对手的信用风险监控；②市场风险预警：借助机器学习和大数据技术，对社交媒体的文本信息进行提取和分析，实现对市场风险的预测和预警；③操作风险预警：对交易系统和办公系统进行实时监控，对操作风险和合规风险进行实时预警。

金融科技在保险资管日常运营环节的应用包括科技化办公、知识管理以及企业服务支持。①科技化办公：实现移动办公、任务分配与跟踪、业务流程监控等功能；②知识管理：通过智能信息推送、会议纪要上传、线上培训等功能，提高员工专业知识素养以及工作能力；③企业服务支持：运用人工智能完成报销发票拍照上传、线上请假申请、访客自助登记等工作，大幅节约经济成本与时间成本。

8.3.2 融合发展挑战

金融科技与资产管理业的融合激发了后者的内在活力与创造力，也为科技应用提供新的场景与平台，二者在融合互动中相互作用、相互促进。然而，二者的融合过程并不是一帆风顺的，同样会面临诸多挑战。因此，以下将从七个方面阐述二者在融合过程中遇到的挑战。

1. 行业配套机制与规划缺失

《金融科技（FinTech）发展规划（2019—2021年）》以持牌金融机构发展金融科技为主线，提出1个定义、4大意义、4大原则、6大目标、6大任务（27项子任务）、5大保障，对金融科技整体的发展方向作出明确的战略部署。然而，该规划尚未对金融科技在金融业细分领域的发展进行规划设计，由此导致金融科技在资产管理垂直领域中缺少相应的配套机制和行业基础规划。此外，现行制度相对于金融科技的发展也存在明显的滞后性。行业配套机制与规划的缺失容易造成资源配置的无效率，不利于资产管理业的长期发展。

2. 数据存储与信息泄露

在资产管理业数字化转型的背景下，数据规模呈现爆炸性增长的态势。然而，资产管理业目前并无统一的数据治理体系,各资管机构间数据无法互联互通,形成"数据孤岛",造成数据和存储资源的浪费。此外,不同资管机构间数据管理系统的设计标准、数据口径和业务含义也存在差异,不利于未来行业数据的整合。在数据采集、存储以及加工环节均缺乏统一标准的情况下,金融数据的整体质量难以得到保障,分析效果也将大打折扣。

2020年7月,太平洋投资管理(PIMCO)、Angelo Gordon&Co.等基金管理公司披露,其主要客户遭到网络攻击,部分投资者信息因此泄露。目前,各资管机构均存放着大量客户行为数据与交易数据,但其信息系统管理水平以及应对网络攻击的能力尚且存在不足,数据泄露风险始终存在。

3. 数据确权问题的制约

数据确权一般是确定数据的权利人,即谁拥有对数据的所有权、占有权、使用权、收益权,以及对个人隐私权的保护责任等。

资产管理机构借助大数据技术收集客户个人信息、行为数据以及交易数据的行为已经十分普遍。为了提高数据资源管理的效率,减少数据重复收集与存储,数据资产的交易流通成为未来资产管理业数据资源管理的发展方向。明晰的数据所有权是数据资产交易的前提和基础。然而,由于我国现行法律对数据本身权利归属以及数据收集、存储、分析、流通、商用的规范尚不完善,资产管理业内部数据的开放共享以及大数据等相关金融科技的进一步发展受到严重制约。

4. 金融科技人才缺失

根据全球招聘顾问公司Michael Page发布的《中国金融科技招聘趋势》,92%的金融科技行业雇主表示,中国正面临专业金融科技人才短缺的问题。85%的受访雇主表示他们遇到招聘困难,45%的受访雇主表示他们面临的最大招聘困难是难以找到符合特定职位需求的人选。此外,92%的受访从业者预测金融科技行业前景光明,高素质人才是推动这一行业持续发展的关键因素。

金融科技人才不仅需要具备互联网思维和相应的技术水平,更需要了解金融知识和业务,即需要具有迭代思维等思维模式和新型知识技能的复合型人才。但是,目前人才供给与金融科技发展速度明显失衡,资产管理业存在严重的金融科技人才缺口。

5. 技术尚不成熟

2011年,"FinTech"一词在美国硅谷和英国伦敦被正式提出。时至今日,金融科技的发展历程仅有10年左右,仍处于方兴未艾的阶段。图8-9是咨询公司Gartner发布的2020年人工智能技术成熟度曲线,该图主要展示人工智能领域的各项应用的技术成熟度。就图8-9展示的人工智能应用来看,涉及资产管理业的应用包括机器学习、自然语言处理、聊天机器人等。

根据Gartner的测算,以2020年7月为节点,聊天机器人(chatbots)和机器学习距成熟期还有2~5年的时间,而自然语言处理还需5~10年的发展才能具备稳定的生产力。

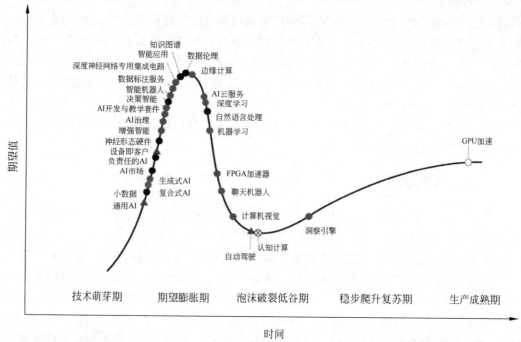

图 8-9　2020 年人工智能技术成熟度曲线

资料来源：Gartner，https://www.gartner.com/en。

因此，就技术层面而言，金融科技的发展并不成熟，尚不具备稳定的生产力。此外，金融科技在资产管理业的技术标准化进程相对滞后，缺乏行业公认的技术标准，这对金融科技在资产管理业的快速推广形成一定阻碍。

6. 系统性风险提升

金融科技的发展和广泛应用将促进跨地区、跨市场、跨行业、跨机构的相互交叉嵌套，导致市场风险、信用风险以及流动性风险等相关风险的外溢效应增强。在金融科技广泛应用的背景下，局部金融风险会更广泛、更迅速、更剧烈地影响整个金融系统的稳定，增加发生系统性风险的可能性。

7. 金融监管难度加大

随着金融科技的发展，现代金融在交易效率、交易量以及交易模式上远胜于传统金融，但是监管者与被监管者间的信息不对称以及监管法律滞后的弊端也逐渐显现。在不使用自动化合法审查和记录追踪手段的前提下，监管当局难以及时发现潜藏的系统性风险。此外，在现行法规不完善的背景下，部分金融科技创新可能游离于监管之外，存在监管套利的空间。

8.4 融合发展展望

金融科技的出现深刻改变资产管理业的竞争格局,行业竞争由此转向科技水平的竞争;同时,金融科技也重新塑造资产管理业的价值链条,推动整个行业的转型升级。在之前的章节中,本书探讨了金融科技与资产管理业融合的背景、目标、发展以及挑战。作为二者融合的产物,资管科技未来的发展方向是什么的问题值得深思。因此,本节将对资管科技未来的发展趋势提出两点展望,希望能给予读者一定的启发。

8.4.1 建设资管数据中台

1. 数据中台的概念

数据中台是目前较为流行的一种数据需求分配、开发和服务模式,即通过数据技术对数据进行采集、计算、存储、加工,同时统一数据标准并形成大数据资产,进而辅助公司开展业务。基于数据中台的数据治理模式是一种全新的尝试,充分体现了数据治理"源于需求,用于需求"的理念,使得数据治理更加高效便捷,也让数据分析结果更加实用可靠。

2. 资管数据中台的优势

与资管行业传统的数据治理模式相比,资管数据中台存在如下优势。

(1) 便于制定数据标准并实现共享。由于数据中台是一种基于数据需求的数据治理模式,资产管理机构可依照开展业务的实际需求制定相应的数据标准。根据数据实际使用方的需求,确定数据的计算口径、时效要求等信息。资产管理机构可利用数据中台对已有的数据加工逻辑进行登记和自动识别,便于指导后续开发人员根据相关数据标准快速完成对数据的查询与提取,提高项目建设和数据应用的效率。

(2) 便于主动监控和保障数据质量。通过建设资管数据中台,资产管理机构可对各类数据实施统一监控,有效解决业务系统繁杂且相互独立而导致数据质量参差不齐的问题。资管数据中台可对数据采集到数据报送的各个环节进行数据质量评估,并根据评估情况对数据质量检查点进行补充完善,从而建立事前、事中、事后的全面管控。

事前:获取数据中台与上下游应用间的数据关联关系,设置相应的钩稽关系和检查规则,建立报送及问题处理标准流程。

事中:在数据中台生成数据的各个环节进行钩稽关系检查,包括基础数据、指标数据、表内钩稽以及表间钩稽等,并根据警告结果,及时处理异常并修正数据,确保数据能够及时准确地提交。

事后:根据下游应用的反馈,定期监测、调整和补充检查规则,确保数据质量问题的闭环解决。同时,建立数据质量规则库以及质量问题案例库,为数据质量管理积累经验。

(3) 便于应用新技术。传统数据治理模式以人力为主,但是随着资产管理机构数据量的急剧增加,人力为主的数据治理模式难以为继。因此,资产管理机构需要引入更加先进的数据处理技术以提高数据治理效率。数据中台对新技术具有较强的兼容性,可有效兼容知识图谱、机器学习等技术手段。依靠结合各类金融科技的资管数据中台,资产管理机构的数据治理效率将会得到显著提高,数据治理成本也将大幅降低。

3. 资管数据中台未来发展趋势

从数据平台的发展趋势来看,随着分布式技术的引入,数据集中、整合以及非结构化数据的处理已经不存在技术上的瓶颈,资管数据中台将进一步转向智能化,AI能力的建设是实现其智能化的关键因素。此外,建设专业化的数据分析引擎、模型计算引擎以及智能分析引擎将成为未来资管数据中台服务模式的拓展方向。

8.4.2 构建资管开放平台

1. 开放平台的业务架构

开放平台的整体架构分为五个部分:数据服务、基础开放能力、开放业务、运营层以及流量层。就资产管理业务而言,上述五部分的具体功能如下。

(1) 数据服务:包括标签服务、数据分析、数据看板以及数据清洗等。

(2) 基础开放能力:包括会员服务、账户服务、计费服务、运营服务、数据服务、风控服务、客户服务以及基础技术服务等。

(3) 开放业务:包括估值定价、智能风控、智能配置、交易设施、智能挖掘以及加密服务等。

(4) 运营层:包括服务商、供应商、平台侧、客户等运管后台或控制台。

(5) 流量层:包括面向B端和C端用户的各平台入口。

2. 开放平台的优势

开放平台通过开放接口,帮助企业内部及第三方开发者快速调用、组装接口、生成新应用,最终实现对内服务开发者、对外赋能生态合作伙伴的目标,以开放创新的模式助力企业数字化转型。开放平台的优势包含如下三点:①整合碎片化信息:开放平台能够打通上下游资源的隔阂,实现对各类碎片化信息的整合。②降低研发交互成本:资产管理机构借助开放平台建立内部开发者生态,从而降低研发交互成本。③降低运营成本:通过开放平台提升曝光率,从而降低推广和运营成本。

资产管理机构可与技术供应商通力协作共同建设开放平台,构建资管生态,以平台化思维打通底层数据。资产管理机构对内应建立"中台能力",深入各类应用场景把握客户真实需求;对外则需借助第三方技术服务商的力量满足客户需求并提高客户黏性,助推平台合作伙伴跨界融合创新,更好地实现技术价值向业务价值的转化。总而言之,建设资管开放平台能够有效打破传统金融信息壁垒,实现开放共享,为广大资产管理机构提供全面、有效、个性化的解决方案,共同构建资管生态圈。

3. 资管开放平台未来发展趋势

资管开放平台将资产管理机构、客户以及供应商等群体串联到一起,构成资管生态圈。一方面，资产管理机构可在系统中进行咨询分享、产品介绍，以此提升用户黏性；另一方面，资产管理机构可通过 API 的形式，帮助平台用户构建实时风控体系，实现统一持仓、统一估值等。资管开放平台未来的发展趋势表现为如下三方面。

（1）更为丰富的使用场景。现有的资管开放平台使用场景较为局限，产品数量相对较少。随着资管开放平台业务模式的推广，更多的资管机构、第三方服务商将参与到资管开放平台的建设中，产品与服务的开放程度会随之提高，应用场景也将更加丰富。

（2）由竞争转为交叉合作。目前，已有部分资产管理机构逐步推出自家的资管开放平台，因此未来资管开放平台的竞争也会愈发激烈。随着资管开放平台业务的交叉融合发展，不同的资管机构或平台在竞争过程中也将伴随着融合与发展。

（3）产品服务差异化。鉴于目前资产管理业的头部效应较为明显且建设资管开放平台的成本相对较高，未来只有少数头部资产管理机构能够提供综合性的资管开放平台服务，其余中小型资产管理机构将在细分领域提供差异化的产品与服务。

8.5 案例分析

案例 8-1 资产管理业金融科技应用现状调查分析报告

案例 8-2 天弘基金深耕智能投研

案例 8-3 太平资产：将 AI 应用于 FOF 的构建与管理

案例 8-4 恒生电子："让金融变简单"

案例 8-5　拓宽科技：助力资管机构数字化转型

案例 8-6　金融科技开放平台——JT^2 智管有方

案例 8-7　美国资产管理业发展现状

案例 8-8　TAMP 平台：AssetMark

案例 8-9　资产管理的系统集成平台：SimCorp

案例 8-10　美国智能投顾标杆：Wealthfront

复习思考题

1. 请简述我国资产管理业的发展背景。
2. 请简述金融科技与资产管理业融合的动因。

3. 请简述金融科技与资产管理业融合的目标。
4. 试论述金融科技与资产管理业融合过程中面临的挑战。

即测即练

第 9 章

金融科技与保险业融合发展

本章知识点：

1. 了解目前保险行业的发展困境。
2. 掌握保险业金融科技的关键技术及其特征。
3. 掌握金融科技给保险业带来的机遇与挑战。
4. 了解金融科技在保险中的应用场景。
5. 了解保险行业未来发展金融科技的方向。

随着中国经济步入新常态，新经济的发展驱动、新需求的兴起扩大以及新技术的产生应用，势必推动保险业态发生相应的变化。新技术革命浪潮中，源于互联网保险的保险科技，在不断吸纳创新技术、拓展强化保险生态的应用过程中，促进构筑了一个更高效、更兼容、更平衡和更人文的"新保险"体系。金融科技也因此成为构建"新保险"的重要基础设施。在这样的背景下，中国不仅将在保险强国之路加速前进，更有望成为全球领先的保险业科技之国。目前，尽管部分新技术在保险业已经进入应用阶段，但仍然有必要对各项新技术与保险行业的融合发展情况进行系统性探讨。

9.1 保险行业面临的变化与挑战

近年来，世界保险业发展迅速，保费收入由 2016 年的 4.7 万亿美元上升到 2020 年的 6.1 万亿美元，保险密度由 1999 年的 387 美元上升到 2020 年约 687 美元。然而，中国保险市场发展与世界相比差距仍然很大，显示出巨大的市场潜在空间。

从图 9-1 中国与全球平均保险深度情况来看，中国保险深度在 2011—2017 年期间与全球平均保费收入差距不断缩小，2017 年之后差距又不断扩大，到 2020 年中国保险深度为 4.45%，世界保险深度预计在 7.3% 左右，中国与世界保险深度依然有 64% 的差距。

从图 9-2 保险深度地区来看，2019 年，中国台湾地区最高，高达 19.97%；其次为中国香港地区，保险深度为 19.74%；南美洲为 13.40%；亚洲地区，日本保险深度为 9.00%，世界平均保险深度为 7.23%，而中国内地仅为 4.30%。

图 9-1 2011—2020 年中国与全球平均保险深度情况

资料来源：前瞻产业研究院，https://bg.qianzhan.com/。

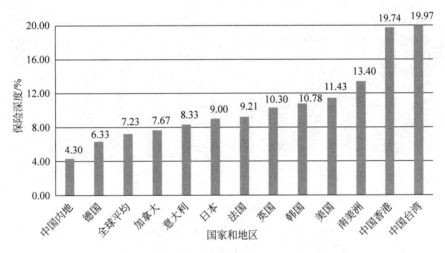

图 9-2 2019 年全球部分国家和地区保险深度

资料来源：前瞻产业研究院，https://bg.qianzhan.com/。

从图 9-3 保险密度来看，2011—2019 年中国人均保费不断增长，保险密度与世界水平差距不断缩小，但差距依然很大。2019 年，中国保险密度 441.01 美元/人，与世界保险密度 819.99 美元/人，差距 378.98 美元/人。中国人均保费与世界人均保费相比差距仍然很大，显示出巨大的市场潜在空间。

从图 9-4 具体保险密度国家和地区来看，2019 年中国香港地区人均保费为 7 915 欧元，排行最高，其次丹麦、瑞士和新加坡分别以 5 239 欧元、4 972 亿欧元和 4 888 欧元的人居保费排行第二至四名，中国内地人均保费与世界发达国家和地区上游较大差距，人均保费仅 317 欧元。

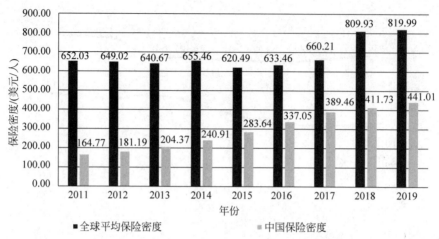

图 9-3 2011—2019 年全球与中国平均保险密度情况

资料来源：前瞻产业研究院，https://bg.qianzhan.com/。

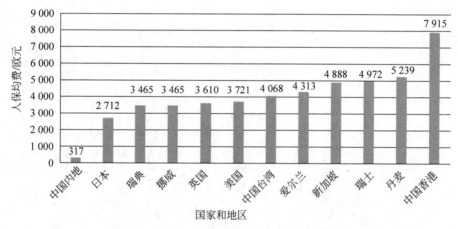

图 9-4 2019 年全球主要国家和地区保险密度

资料来源：前瞻产业研究院，https://bg.qianzhan.com/。

1980 年以来，世界保险市场中美国及欧洲市场占据绝大部分份额，中国市场尚未发展。随着世界保险市场的发展，以中国为代表的亚太市场占比不断提高，瑞士再保险研究中心预计到 2029 年，中国保费世界占比份额将由 2018 年的 11% 提高到 2029 年的 20%。美国市场份额将下降至 25%，中国保费收入增速高于世界平均保费增速，未来前景广阔。

从数据上来看，中国无疑是全球最大的保险市场之一，也可以说是全球最具吸引力的市场，庞大的保险需求仍等待释放。面向未来，保险业的发展也逐渐具备了与过去完全不同的发展基础，在新一轮的技术浪潮的影响下，中国已经在技术应用普及上走在了世界前列，新生代用户的兴起将为保险业带来全新的客户群。机遇同样也意味着担当，求胜于未来，保险业首先要直面挑战。

9.1.1 保险的可获得性

1. 传统渠道规模效应显著,互联网渠道发展迅速

目前在各类保险产品销售渠道中,传统渠道仍占据主要地位,渠道的规模效应显著。尤其在人身险领域,个人代理及银保渠道的保费收入占比一直在90%以上。但近年来,随着互联网经济的发展及网民规模的扩大,保险公司纷纷布局互联网渠道。根据保险业协会统计,6年间,互联网财产保险市场经营主体实现翻倍增长。2014年,共计33家保险公司开展互联网财产保险业务,截至2020年,共计73家保险公司开展互联网财产保险业务,销售险种覆盖寿险、年金、健康险、意外险、车险、责任险、信用保证保险、财产险等多条业务线。相较传统渠道,互联网渠道内的保险产品场景化属性更强,客户的触达和互动频次更高,用户的购买行为主动性更强,但单均价值相对较低。

2. 现有科技发展应用对客户获取保险产品支持需进一步提高

尽管互联网等相关信息技术的发展,极大地拓展了用户获取信息的途径,但互联网渠道对较为复杂的保险产品承载能力仍相对较弱,客户对复杂保险产品的可获得性有待提高。这与复杂产品一般价格较高,当前科技发展应用尚未能显著改善客户对复杂产品的认知和获取方式,客户对渠道认知度及信任度仍有待进一步培养有较大关系。

3. 保险业在普惠金融领域的价值仍有待进一步发挥

在当前金融体系下,保险业在普惠金融领域的价值尚未充分发挥。这主要因为普惠金融领域,客户触达难度较大,客群风险状况复杂,风险控制手段有限,综合管理成本较高等。尤其在当前环境下,保险对小微企业、城镇低收入人群、贫困人口、残疾人和老年人等特殊群体的保险需求满足程度较低。保险作为社会和经济发展的稳定器,在助推经济发展转型升级、增进社会公平性等方面所应发挥的价值仍有较大提升空间。

9.1.2 保险的公众接受度

1. 保险的公众认知教育仍待进一步加强

改革开放40多年以来,中国经济取得了举世瞩目的成就,但公众整体的金融知识素养仍较发达国家差距显著。尤其在保险领域,由于保险产品本身专业性较强,复杂度较高,公众本身认知难度较大,同时宣传教育工作相对不足,多数公众未能获得较为客观、全面的风险教育和保险知识。

2. 保险的销售纠纷处理仍需进一步改善

除了公众保险认知不足的客观因素外,销售误导及理赔难等现象也是影响保险业在民众心目中形象的重要原因。2020年第四季度,中国银保监会及其派出机构共接受并转送涉及保险公司的保险消费投诉26 688件,同比增长22.82%。人身保险公司14 695件,同比增长31.25%;其中销售纠纷6 313件,占人身保险公司投诉总量的42.96%。主要

反映夸大保险责任或收益,隐瞒保险期间、缴费期限和退保损失,虚假宣传等问题。

3. 保险的理赔服务质量有待进一步提升

以占财产险行业保费规模近80%的车险为例,中国银保监会关于2020年第四季度保险消费投诉情况的通报显示,机动车辆保险纠纷6 686件,占财产保险公司投诉总量的55.75%。问题主要集中在理赔金额争议、责任认定纠纷、理赔时效慢等方面。

9.1.3 传统业务模式

1. 产品开发的需求导向不足,同质问题突出

目前,尽管市场上的保险产品种类繁多,但整体来看,各家公司的产品开发未能充分考量市场及客户需要,未能充分满足不同客群之间的差异化产品需求,产品同质化突出。未来,保险业应更紧密地围绕客户需求,提供差异化的产品和服务,扩大保险的覆盖面,进一步丰富保险服务的内涵,充分发挥保险的风险保障功能。

2. 合作渠道的掌控能力偏弱,获客成本较高

当前保险公司的产品销售仍倚重传统渠道。但无论是针对代理人渠道还是针对第三方渠道(银行、经代、第三方网销等),保险公司尤其是中小保险公司的掌控能力相对较弱,导致客户获取成本偏高,合规风险也较大。行业的良性可持续发展,亟待保险公司探索新型渠道的合作模式和客户获取方式。

3. 承保盈利的能力相对薄弱,长期发展受限

除了获客成本较高以外,保险业整体的运营自动化、智能化程度偏低,综合管理成本偏高,部分业务线赔付率较高或波动性大,这些都影响了保险公司的承保盈利能力。以财产险为例,除个别公司外,大中型保险公司的综合成本率基本处于100%左右,而中小保险公司更甚,综合成本率普遍超过100%。行业整体的承保盈利能力薄弱,制约了保险行业长期的快速、稳健发展。

9.1.4 经济环境

1. 国内外复杂经济环境增加不确定性

当前国际经济回暖,整体形势向好,但面临的不确定性问题依然突出,深层次的结构性矛盾仍未得到根本解决,贸易保护主义倾向升温,地缘政治冲突威胁频现,经济增长根基脆弱。与此同时,国内经济由高速增长阶段转向高质量发展阶段,供给侧结构性改革稳步推进,经济转型迈出实质性步伐,但潜在风险仍不容忽视。国内外复杂的经济环境增加了市场整体的不确定性,也给保险业的发展带来相应的风险和挑战。

2. 各类主体不断涌入,超维竞争激烈

中国目前有各类保险公司200余家,其中大部分为中小公司,业内竞争态势已非常激

烈。同时在传统金融领域,保险业与银行、基金等行业也存在着不同程度的竞争关系。近年来,拥有巨大用户流量和先进技术优势的互联网巨头也纷纷涉足保险领域,直接推动了市场竞争的加剧。而包括相互保险以及众筹互助等类保险产品的出现,也对现有保险市场形成一定的冲击。在金融科技的支持下,更多主体涌入保险生态,促进了整个保险生态的繁荣,也促使保险行业竞争格局不断升级。

9.1.5 技术环境

1. 新技术革命席卷全球,带来保险业发展全新契机

继 20 世纪 70 年代以计算机技术驱动的信息技术革命后,以云计算、大数据、人工智能、物联网和区块链等技术所驱动的新技术革命正席卷全球。这场技术革命的核心是网络化、信息化与智能化更深度的融合,生产方式由大规模制造向大规模定制转变,价值创造从制造环节向服务环节迁移,程序化劳动逐渐被智能化设备所代替。科技驱动的全球范围产业升级,推动着世界经济面貌的改变,更不断创造更多商业模式和市场机会,为保险业的发展带来更多市场需求和发展机遇。结合保险业天然的数字属性,数字技术驱动的新技术革命将为保险价值链扩展释放更大的空间。

2. 新技术带来新风险,发展挑战不容忽视

随着各类创新技术在保险业的深度应用,与之相对应的技术风险也传导进入保险领域,并与保险行业特征融合,引发全新的风险隐患。例如,在云计算和大数据的技术环境下,原有的客户信息安全问题会更加突出,一旦发生信息泄露,造成的影响将更加广泛,产生的后果会更难消除。又如,在未来无人驾驶技术普及的环境下,设备劫持和远程控制带来风险也给相关的保险业务本身带来了不小挑战。这些都需要保险业更积极地进行技术投入和准备,提升业务安全运营能力。

9.1.6 消费环境

1. 发展转型叠加消费升级,客户保险需求加速释放

目前中国经济正处于转型阶段,由高速增长向高质增长转变,消费对经济的拉动作用不断增强。消费不断升级过程中,市场对保险的需求也正在由单一保障向健康、养老、财富管理和场景化需求融合的综合需求转变。尤其随着中产阶级人群规模的不断壮大,社会财富进一步积累,市场对风险保障、健康与财富管理的需求将加速释放。此外,随着中国社会老龄化程度的进一步加深,整个社会对商业养老保险的需求也将迅速增长。

2. 技术发展支撑场景应用,创新险种需求更加丰富

伴随技术升级和产业革命,创新的消费场景不断显现,带来了更多场景化保险需求,催生了更加丰富的场景化保险产品体系。例如,肇始于电子商务经济环境的退货运费险,以及 O2O 领域各类丰富的场景化保险产品等。未来,技术支撑的商业模式不断发展升级,必将推动更多创新险种需求的释放,带来保险业发展的新兴增量市场。

3. 消费升级融合技术进步，激发全新消费行为偏好

在各类创新技术的应用支持下，各行业对客户服务的能力都在不断增强，客观上也刺激着客户对更优质服务的需求。特别是在消费升级的大环境下，客户对服务体验的要求也越来越高。在这样的背景下，客户对保险产品的消费，除了关注产品本身之外，也愈加重视服务体验。调查显示，互联网时代的保险客户更注重产品透明度与服务体验，同时呈现出强烈的个性化、定制化、移动化和场景化等倾向。

9.2 金融科技给保险业带来的机遇与挑战

随着各项技术的兴起，保险业也逐步开始应用这些技术对自身现有业务进行改造。但当步入"新保险"时代，业务量级将呈几何级数增长，用户的多元化需求需要得到快速回应，市场不仅需要更高效地运转，还需要确保其稳定性及平等性，这对底层基础设施提出了极高的要求，科技、监管及市场规则缺一不可。其中，科技作为基础设施的硬件，将直接驱动行业变革，成为连接所有市场主体及行为的枢纽，并扮演传递监管及市场规则的新型载体。

目前，对保险行业影响较为广泛的新科技主要包括云计算、大数据、人工智能、区块链、物联网等。在这些技术中，云计算提供的计算资源，是其他各项技术实现的重要基础。伴随云计算技术的发展，大量数据的积累、管理和分析处理的需求催生了大数据技术的诞生和应用。在云计算的计算资源和大数据的数据资源基础之上，人工智能为代表的应用服务进入人们视线。其后，融合诸多创新技术、创新应用和创新理念的区块链和物联网登台亮相，推动着整个社会信息技术发展变革，带动保险行业迈向未来。

在这些新技术之外，诸多领域的发展也对保险行业带来巨大改变。在生命科学和生物医疗领域，基因检测和基因诊疗的锋芒初现，为健康保险在未来的发展带来了新的挑战和课题；而随着远程诊疗等技术的推广普及，也将给保险公司的组织运营产生更大的影响。目前已经步入商用市场的第五代移动通信技术虽然并不与保险行业发生直接作用，但其对前述相关技术的融合共振，尤其是对物联网等技术领域的推动，必将带来整个社会及经济运行模式的变化，进而影响到保险行业的发展。这些新科技的相互融合，锻造了保险行业重要基础设施——保险科技，为保险行业在全新的经济形势、市场形态和行业挑战背景下，迎潮而上，打造新保险，迈向未来注入强大动力。

9.2.1 大数据与保险业

大数据指无法在一定时间范围内用常规软件工具进行捕捉、管理和处理的数据集合，是需要新处理模式才能释放更强的决策力、洞察发现力和流程优化能力的海量、高增长率和多样化的信息资产。大数据本身并非在于拥有多少数据，而是在于如何对这些数据进行专业化处理，从中获得能够支撑决策的关键信息。有别于传统的抽样分析，大数据分析是对全量的数据进行分析和处理。作为金融科技重要的组成部分，大数据技术亦是推动保险行业发展的重要基础设施。通过对全量数据而非抽样数据的分析，大数据技术为保

险公司在流程优化、产品设计、精算定价、客户服务和营销推广等诸多方面不仅仅提供了更加精准的数据分析结果,更是提供了全新的视角和思路。

1. 数据治理

对保险业务大数据创新的前提是对保险业务员、客户、保单、产品等业务基础数据进行融合、治理,打造统一的高质量数据中心。德拓基于数智开发平台 DanaSdudio 开展了数据中心建设工作,总体架构包括数据融合、数据治理和数据交互服务,对历史业务累积的相关数据,从"数据资产"科学管理角度考虑,将数据作为资产纳入标准化、规范化管理,赋予数据"鲜活生命",对数据进行全生命周期管理,从数据产生、数据采集、数据处理、数据质量、数据安全、综合管理应用方面入手来满足大数据融合创新应用的诉求。通过数据治理工作建设了高质量的数据中心,为上层的业务支撑和应用迭代起到了关键作用,IT 部门实现了从成本中心向利润中心的转变。

2. 保险代理人个人画像

对保险代理人和业务顾问来说,个人最核心的竞争力就是不断增强学习能力、提升业务转化率、提高保险业绩。对不同级别的保险人员来说,如顾问、总监、初级合伙人、高级合伙人、经营合伙人及保险团队等,其核心综合能力考核指标也是不同的。以保险代理人和业务顾问为对象,如图 9-5 所示构建个人画像,通过融合与代理人相关的基础数据、业务数据、客户数据等多方面各维度数据,对代理人建立算法模型,利用已有数据从多个角度来进行描述和刻画分析。一方面通过多维分析辅助提高个人业务能力和学习能力,另一方面帮助领导决策层从管理角度对保险业务人员进行能力综合分析,并相应采取如提供定向培训等学习促进手段,帮助最终提高业务转化率。

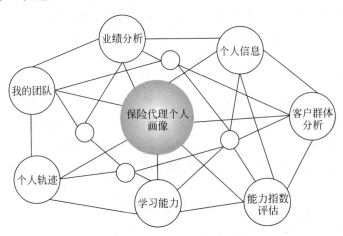

图 9-5　保险代理人个人画像

资料来源:DATATOM,http://www.datatom.com/cn/case/case-governance/insurance/。

3. 客户群体分析

将以往以投保人为对象的客户个体分析范围扩大到以投保人家庭为对象,进行客户家庭关系分析。根据已有客户的相关有效数据构建客户家庭关联关系图谱，可以从身份特质、家庭角色、人脉关系、风险耐受、保障意识、支付能力、理财意识、健康状况等维度进行全面保险意识风险评估，为保险业务顾问制订客户推进方案提供参考，如图 9-6 所示。

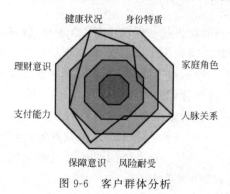

图 9-6　客户群体分析

资料来源：DATATOM, http://www.datatom.com/cn/case/case-governance/insurance/。

对保险代理人来说，以客户家庭为对象对其所有交互行为进行大数据分析，涉及投保人、被保人、当事人、收益人等不同角色，深入家庭收入、家庭财产、家庭地址、家庭旅行等行为分析，建立一套完整的客户家庭关系图谱，跟进潜在客户完成保单托管，挖掘分析客户潜在需求，定向推荐保险方案，提高用户转化率。从管理决策层的角度来说，通过分析客户群体特征，将不同的客户群体细化分类，推出具备市场竞争力、贴合用户需求的保险产品。同时，辅助提升代理人业务聚焦能力，利用公司资源快速完成保单转换，提升业绩。

4. 产品运营分析

产品运营分析是指针对保险产品的运营支撑情况进行数据决策分析，包括产品理赔风险分析、产品推广分析、明星产品分析等。产品理赔风险分析主要是通过融合产品的理赔数据、保单销售数据、客户相关信息，从产品类型、理赔原因等多个方面进行历史数据分析，以及针对同类产品进行轻量级的预测分析；产品推广分析是从产品推广率方面进行的分析，结合保险代理人的画像数据、偏好险种、推广情况、费率占比等进行产品推广情况分析；明星产品分析是定向推荐性价比较高、较易推广销售、理赔保障较为符合客户和保险公司双方的收益，能够被客户广泛接受的保险产品，各险种类型按月或季度评比出不同类别的明星产品，结合代理人的偏好进行推荐学习，储备多类产品知识，提高保险交易成功率。

此外，保险产品运营分析可以根据寿险、财险、车险、短意险等不同险种类别的推广定价、产品的理赔率和不同类型产品的销售业绩等进行关联性综合分析，分析其因果关系，甚至是地域影响关联性分析，通过数据分析的方式将合作成果直观展现，辅助决策层制定战略合作方向。辅助决策管理层进行保险业务运营的综合数据分析，包括客户群体分析、产品运营分析、战略合作分析等。通过对更多丰富场景内数据的分析和挖掘，保险公司得以开发更多更丰富的保险产品，如建立在对气象数据分析结果上的气象保险，基于可穿戴设备记录的运动数据开发的面向健康管理的医疗保险，以及建立在基于海量网络浏览和购物行为数据分析基础上的退货运费险,等等。目前,保险行业已形成了较为完整的大数据产业生态,覆盖了保险公司、第三方保险平台、中介代理、业务合作方、相关数据及技术支持方等。

9.2.2 云计算与保险业

云计算是一种能够通过网络以便捷的、按需付费的方式获取计算资源(包括网络、服务器、存储、应用和服务等)并快速提供的模式,这些资源来自一个共享的、可配置的资源池,并能在较少的管理投入或与服务商交互的情况下供应和释放。经过 10 多年的商业化发展,目前云计算已深入应用到金融领域,有效解决了传统 IT 技术面临的投入成本高、运维工作量大、资源配置不灵活以及数据安全难以保障等问题。在保险业,除了帮助保险公司解决 IT 技术投入问题,云计算还带来更多变化,尤其在保险行业迈向"新保险"的阶段,云计算为保险公司的科技变革提供了重要的基础资源支撑。可以说,金融科技是保险行业重要的基础设施,而云计算则是金融科技中最为重要的基础设施之一。在过去的 10 年里,曾经对于科技不太热衷的保险行业已经发展成为精通科技的行业。采用基于云的解决方案提高企业管理水平,已经成为保险行业的主流趋势。

1. 提供"快速进入市场"的竞争优势

历史上,保险行业一直被认为是技术创新的落后者。在过去的 5 年中,竞争环境是由运营商"拥有"的技术定义的。在早期,企业通过数据分析和预测来了解业务现状,进行风险评估,并能够在评估风险时作出更好的决策。但是,对于大多数保险公司来说,推动公司发展的主要动力是收入和利润,也就是购买保单的保费以及基金投资等。2008 年以前,保险公司一般通过投资组合的优化来实现高利润增长。但是现在,这种模式已经过时。企业要想提高盈利能力,必须采用一些现代化的手段。

如今,大多数行业已经认识到了采用技术来帮助它们适应这种新常态的必要性。人们普遍认为,运营商的发展前景是通过加快上市速度、更明智的承销决策和更好的客户体验驱动的竞争优势来确定的——所有功能都与技术采用息息相关。实现所有这一切的技术难题的核心部分是迁移到云端。借助云计算,金融服务和保险公司将能够快速响应不断变化的市场,满足客户需求和技术需求。与传统的现场环境相比,它还使应用程序的构建、测试和推出时间缩短了。基于云的解决方案,保险公司为员工提供了实时的数据访问能力以及高效协同的办公体验。此外,企业 IT 迁移到云端以后,保险公司可以更专注于自己的业务,让企业获得多元化产品,并能在互联的企业环境中为客户提供服务。

2. 解决大量遗留 IT 问题

大多数被创新技术文化入侵的行业都是从头开始构建 IT 基础设施,购买网络、服务器等 IT 基础设施,并在上面架构自己的企业应用。但随着企业业务的扩展,IT 运维人员就要面临各种 IT 遗留问题,比如:旧有系统不能彻底替换,困在多个平台中的历史投保人员的数据,在迁移过程中容易出现问题。新系统上线需要投入大量的资源,需要再培训,还要克服成本压力。这一现实使得运营商需要大量的 IT 积压,需要大量的资源投入、再培训和资本投入来克服。采用云计算加速了这种数字化转型。因此,越来越多的保险公司希望通过云来取代它们传统的IT系统,以避免解决这一昂贵的IT积压问题。相反,运营商可以让用户只专注于业务扩展,帮助用户以更快的市场速度适应市场需求。

3. 简化系统维护和升级挑战

保险领域也在快速创新,只有能快速实现软件升级迭代的企业,才能在竞争中立于不败之地。采用云计算,保险公司无须自行安装或维护硬件、软件,相反,它们可以专注于产生商业价值的技术举措,专注于业务价值的提升。硬件维护和软件维护通常由合作伙伴来管理,这些合作伙伴更了解保险行业的深度和广度,可以专攻基于云的平台运维和维护。保险是一项复杂的业务,有着复杂的核心系统,包括政策决策支持、索赔、账单、客户沟通和风险选择、承保、精算、合规、安全和投资战略等,需要面对各种纷繁复杂的运维管理问题,如果不进行适当的维护和升级,就会有很多地方出错。采用云,可以简化预测模型的更新过程,能以更快的速度更新核心系统。这种能力和企业是否能提供高效的客户体验息息相关。

4. 简化数据管理和解密过程

随着企业业务发展,保险公司积累了大量新的第三方数据,包括来自物联网、传感器、无人机等的数据。如果不能在保险公司的系统中有效地处理和分析这些数据,那么这些数据就会失去其大部分目的价值。大数据的重要性,显而易见。但对保险公司来说,这些数据的价值还有另外一层意义,那就是对实时决策能力带来的改变,这需要将有用的见解直接集成到工作流程中。保险公司正在遭受大数据的挑战,数据量的增长已经超过了快速分析的速度。此外,昂贵的第三方数据分析公司可能无法提供预期的投资回报率,企业很难鉴定建立最优化的保险产品所需的第三方数据。虽然,云计算还处于内部集成和第三方集成的十字路口,但是SaaS解决方案可以提供必要的第三方数据源,并通过使用应用程序接口将其集成到系统架构中。例如,保险公司可能正在构建一个需要外部数据的产品,SaaS提供商通常会管理这些来自第三方服务的数据,并无缝地将它们集成到企业核心系统中,以便最终用户能更方便地访问和使用。在许多方面,云计算模型有效地实现了诸如实时分析等流程的民主化,并为保险公司提供了公平的竞争环境。

5. 业务可伸缩性

保险行业对于业务环境要求越来越高,保险公司需要提供创新能力更强和更灵活的解决方案,以适应客户多样化和动态化的需求。如果是传统IT架构,保险公司根本不具备快速开发新产品的灵活性,也没有能力像其他以技术为基础的行业那样,提前预测和决策。在交付可能成功或失败的产品之前,它们不得不在前期IT基础设施上承担大量的成本。云在IT基础设施上更具可伸缩性,云平台的最大优势是,为保险公司提供了更大的灵活性,企业可以根据需要对业务进行伸缩。云计算模式不需要保险公司管理服务器、交换机和其他IT基础设施,不用保险公司考虑快速扩展和IT架构调整的成本,从而最大限度地减少该领域的资源,将它们分配到其他领域,如创新和构建新产品。

6. 安全性

安全性是当今保险公司考虑的主要问题,严格且不断变化的监管环境加剧了这种情况。云计算为保险公司提供了全面的安全保障,利用 SaaS 提供商的信息安全解决方案,可满足保险行业全球范围内的安全性需求。尤其对于没有资源或时间来研究和实施广泛的安全性和合规性协议的小型企业来说,云带来了真正的便利。总之,云计算是保险行业的现在和未来。随着保险业务竞争的加剧,越来越多的企业会走向云端,采用各种 SaaS 解决方案,满足企业数字化转型需求。但是,迁移到云端需要大量的思考、计划、时间和资源。保险公司应选择既能理解商业保险领域错综复杂的 SaaS 提供商,又拥有成熟的云计算运营组织和企业级云基础设施,这使得在不需要外部支持的情况下配置其解决方案变得更加简单。

9.2.3 人工智能与保险业

人工智能是研究、开发用于模拟、延伸和扩展人的智能的理论、方法、技术及应用系统的一门新的技术科学。人工智能的研究范畴非常广泛,包括知识获取、感知问题、模式识别、神经网络、复杂系统、遗传算法等诸多内容,其核心涉及四大技术:计算机视觉、机器学习、自然语言处理和人机交互。虽然人工智能仍处于发展早期的弱人工智能阶段,即擅长处理单方面特定问题的人工智能,但已在诸多方面显现出巨大价值并发挥出巨大作用。随着人工智能被纳入"十三五"规划以及近年来 AI 企业融资规模不断扩大,政府、市场以及社会公众对于人工智能发展和应用的热情与重视达到了新的高度。具体到保险行业,人工智能已经被应用到保险服务流程和保险公司经营的各个环节,给多类场景带来许多积极改变,具有巨大的优势和前景。

1. 智能销售

在我国,互联网技术下的保险销售是单方面的,通过使用计算机设备或是其他移动终端销售各种各样的保险产品,客户可以借助网络方式进行投保,然而假使在投保等过程中出现问题,客户不能与相应的保险公司进行面对面的直接交流。也正是由于这一因素的影响,大多数客户都只是在智能终端选择投保意外险以及车险两种类型,因为这两种保险类型的投保方式以及一些注意事项都在浏览页面上有详细介绍,并且容易被客户理解,客户在投保过程中也不会遇到太大的困难。与此同时,在使用人工智能过程中,保险公司能够借助一些网络技术,根据互联网保险具体内涵、特点等,在网络平台中构建操作性较强的人工智能营销系统。客户能够借助这一平台随时与保险公司的工作人员进行深入交流,使自己在投保过程中遇到的一些问题能够得到有效解决。在进行智能销售的时候,工作人员能够通过系统平台对潜在客户的消费心理以及消费需求有一个更深层次的把握,从而可以向他们推销符合其心理需求的产品,顺利完成一系列操作,如投保、回执签收等。在这一过程中,人工智能在保险销售方面的充分使用可以有效解决网络营销方面存在的单向性问题,使得一些在平时不易让客户理解的保险产品也可以顺利销售,最终能够显著扩大保险业务范围。除此之外，人工智能也可以根据当时的实际情况，自主完成一些关键性保险产品营销环节操作任务，如在介绍保险产品责任的时候，可以通过设置提示语的方法将它传递给进行投保的客户，从而有效避免客户在投保时出现销售误导的问题。

2. 智能承保

在进行保险业务过程中，承保环节作为保险销售过程中最重要的一个环节，实际上与网络信息技术并没有太多的联系，只是在退货险、意外险等一部分比较简单的保险产品中才会应用，大多数保险产品都要通过人工客服进行处理。就这一情况而言，保险公司可以借助人工智能技术以及大数据技术承保。比如就人身险而言，保险公司能够通过全面分析这种类型保险产品的特征以及其他情况，创建合适的智能化系统，借助大数据技术对顾客的健康信息数据进行全面收集，从而更深入地了解顾客的真实需求。通过创建模型，在云计算作用下对所收集的数据进行深入研究，对人身险销售过程中所存在的相关风险因素进行客观评价，凭借人工智能技术，并结合顾客的真实需求，顺利实现智能承保，确保顾客的真实需要得到满足。

3. 智能理赔

随着科技技术的发展，我国的一些发展规模比较大的保险公司已经创建了以微信公众号或专门研发 App 为基础的保险理赔系统，然而受环境的影响，理赔效率仍旧没有得到提高，而且保险欺诈问题仍然没有得到有效解决，严重制约了互联网保险行业的进一步成长。针对这一情况，保险公司可从多方面对人工智能多样化优势进行深入研究，通过与其他新科技的共同作用，创建一套以人工智能为核心的理赔系统，从而可以随时对保险行业发展过程中的一些理赔案例进行收集整理，从多方面着手创建一个合适的系统模型。一方面，在出现事故之后，顾客只要将事故现场和投保产品的受损情况上传到平台，人工智能系统就能够立刻对损坏情况进行评价，并且保险公司工作人员会提出合适的解决措施，使得保险事故可以被有效解决。另一方面，针对保险欺诈问题，保险公司也能够借助人工智能技术，科学创建相关的自动化系统，能够随时收集、研究有关数据，以便于为保险公司工作人员在处理具体事故中提供合理化依据，科学处理保险事故。

4. 智能保全

人身险是保险保全业务中最重要的一项，投保人身份确认问题逐渐成为当前急需解决的一个问题。在使用网络信息技术过程中，受多种因素的限制，很难正确识别保险业务活动开展中保险客户的身份，所以在实际生活中很难将互联网技术应用到保险保全过程中。但是在人工智能应用过程中，就不需要受客户信息识别问题的困扰，保险工作人员能够借助一些可实施性比较强的方式，如指纹识别、人脸识别等正确识别客户的身份，保证是客户本人在办理业务，能够有效避免保险欺诈情况的出现。

9.2.4 区块链与保险业

区块链是分布式数据存储、点对点传输、共识机制、加密算法等计算机技术的新型应用模式,具有去中心化、开放性、透明性、匿名性、数据不可篡改性和自治性六大特征,被认为是自互联网以来最具颠覆性的创新之一。区块链技术的核心优势在于基于分布式网络形成的共识机制。区块链的分布式网络特征使其具有明显的开放性和可拓展性,有效降低了其进入的商业门槛;而共识机制的独立存在,使其能够在降低合约执行成本的同时,提升其执行效率。因此,区块链技术应用给众多行业和领域都带来了巨大的想象空间。目前,区块链技术在保险行业的应用主要集中在产品开发、风险防范、流程优化和相互保险等领域,推动着保险行业价值链和全流程的改造。作为重要的基础设施,区块链技术在未来将进一步与大数据、人工智能、物联网等众多技术融合,孵化衍生出更多的创新应用,助力构建未来保险业。

1. 大幅降低运营成本

目前,保险公司获客与展业的主要方式就是派出大量销售人员进行艰难的线下推广,交易生成后通常采用纸质合同进行客户管理,同时还要在后台动用不菲的设备对客户数据进行维护,由此产生了惊人的人力与材料成本。不仅如此,处理用户索赔还要遣调相应人员到现场与客户交涉,像 P&C(财产保险)的赔偿还要借助第三方机构进行标的损失评估,认证过程还容易出现差错并可能发生诉讼成本。但是,运用区块链的去中心化与共识机制,客户可以在平台上自己的入口轻松下单,后期数据都会实现自动更新,不仅智能合约可将纸质合同转变为可编程代码,而且保险理赔在智能合约下自动发生,同时,区块链是天生的"记账专家",赔偿标的价值可以追本溯源,并实现永久性审计跟踪。普华永道估算,保险业采用区块链技术可节省 15%~20%营运费用。

2. 显著提高理赔效率

"接案→立案→初审→调查→复核→审批→结案归档"是目前还在运作的保险理赔流程,其花费的时间少则几周,多则数月。如果保险公司与投保人之间因理赔条件、免责条款等发生分歧,可能要经过更多周折。如此耗时漫长、程序烦琐以及服务质量不稳定的理赔流程无疑在一定程度伤害了用户的体验。而借助区块链的赋能,保险行业的理赔流程可完成全新迭代,并实现理赔效率的飞速提升。一方面,基于区块链技术的电子发票作为理赔凭证,会在生成、传送、储存和使用的全过程中盖上时间戳,既保证了发票真实性,又节省了人工审核环节,理赔流程大大简化;另一方面,区块链智能合约保证了保险合同、条款的公开透明,一旦满足理赔条件便自动触发赔款流程,由此大大提高用户的获得感与体验度。

3. 加强产品开发的广度与深度

长期以来,保险企业更多地关注渠道创新,即便是时下的互联网保险创新业务,也只是将原本线下的保险产品搬到线上,保险产品的形态设计依旧还是停留在卖方层面。但是,区块链技术可将用户信息、保单信息以及理赔信息记录储存起来,并依靠区块链的安全多方计算技术挖掘数据价值,服务于保险产品的开发。与此同时,区块链数据是开放的,行业之间在合规的前提下可以做到数据共享,由此便可帮助保险企业更完整与更清晰地加强 KYC(客户认知)管理,依据买方需求开发出更多有效性产品,实现产品的快速迭代和演进。

4. 增强保险产品的自我弹性

因为区块链上信息记录是准确的,对于保险公司来说,就可以将同样一份保单的合同按时间分段,在某些特定时间段内,根据风险的临时变化提供临时性保障,如轻级险种中的感冒,其在春季和夏季是不一样的,保险据此完全可以提供产品组合去应对在不同时间范围内的风险。同样在空间上,保险公司也可以开发出弹性保障产品,如保险公司的意外伤害险里都有免责条款,若一个人进入战争地区则是免赔的,但又很难证明他是否进入战争区域,通过区块链技术再加上地理位置信息定位之后,就可以实时地观测到这个人,一旦进去之后,信息在区块链里记录下来,就可以让当前的保单进入冻结的状态,同时又可以生成另外一份临时的保单,针对他在战区的风险形成保障,而一旦离开战区,短期的保障又失效了,原来的保障就可以继续。这种柔性赔付机制,可以使保险公司更好地分布存量资金,也能提高赔付的精准度。

5. 有助于识别与防控道德风险

道德风险与逆向选择一直是保险业的固有痛点。一方面,客户利用保险公司与自身的信息不对称进行骗保的欺诈事件不断发生,而且索赔从被保险人转移到保险公司和再保险公司是一个缓慢的、由文件驱动的过程,有许多活动部分,这就为犯罪分子创造了机会,他们可以在不同的保险公司之间就单个损失提出多个索赔。另一方面,欺诈风险不仅仅发生在承保人与保险公司之间,如各个保险公司都有自己的中介,中介组织完全可以利用结算不及时的时间差与客户"合谋"造假,以达到骗保的目的,由此给保险公司造成巨大损失,其中美国的保险欺诈总额年均超过 400 亿美元。但是,搭建了区块链平台之后,保险公司一方面可以利用区块自证明模式,通过区块链的公开信息对个人身份信息、健康医疗记录、资产信息和各项交易记录进行验证,做到核保、核赔之时实现十分准确的判断。另一方面,区块链存储用户数据即客户信息独立于承保人存在,数据能够通过客户的公共密钥让第三方获得,保险公司就可以根据完善的行为记录将传统理赔过程中一票多报、虚报虚抵等欺诈行为挡在门外。

6. 创造出信息资源的普惠性红利

保险是一个覆盖口径宽大、关联性很广的行业,如健康险牵涉医疗机构,财产险涉及城建和房屋主管部门、车险涉及交管等部门。而目前的状况是,相关的数据割裂存在于不同管理组织,出现了明显的"数据孤岛",特别是保险公司本着对客户保密的商业原则,更是不愿意将信息资源透露给相关服务提供商与行政机构,由此就极大限制了数据资源的开发空间。但是,区块链的开放性可以打通保险机构与其他相关组织之间数据共享的"最后一公里",让各个机构实现对数据的共享,并形成共赢互惠效果,最终将更多的普惠功能传递给公众。以保险机构与医疗机构为例,除了前者可以利用患者的信息倾向开发出适合对路的保险产品外,后者也可利用从保险机构那里获得的用户信息对就诊者制订出合理的诊疗方案,包括药品类型的选配、床位等非药服务品的配置等,达到控制患者就医成本与增大实际疗效二者兼具的效果,而且医疗机构还可以根据用户投保的健康险种提供后续咨询供给服务。当然,区块链存在非对称加密机制,即信息获取方要获得对方完整信息必须同时取得对方的"密匙"许可。

9.2.5 物联网与保险业

物联网是通过二维码识读设备、射频识别装置、红外感应器、全球定位系统和激光扫描器等信息传感设备,按约定的协议,将任何物品与互联网相连接,进行信息交换和通信,以实现智能化识别、定位、跟踪、监控和管理的一种网络。借助物联网,人们对数据的收集、整合、处理和分析能力都得到了进一步加强,这为诸多行业带来了巨大的变化。

在保险行业,长久以来困扰保险产品定价的核心就在于无法准确全面地获取风险数据,特别是某一些细分领域或细分客群的风险数据。而物联网的出现,则将极大地改变这一切。它赋予保险公司前所未有的数据获取能力,同时物联网的智能感知、控制功能,可以改变保险风险管理的思维方式,给保险业注入创新活力和服务价值,推进传统保险经营模式转型,其在产品研发、定价、销售、投保、核保、理赔以及防灾防损等环节都有着巨大的融合创新与应用空间。物联网技术的进一步发展普及和应用,必将为保险行业带来更多、更大的市场想象空间。

1. 让风险可计算

风险定价是保险企业的核心能力,保险用于风险分析与定价的数据都是历史的索赔信息与静态的财务数据,无法动态地反映自然灾害以及标的物的风险状况,使得保险公司难以为客户设计个性化产品、制定差异化费率。物联网依托传感技术可解决这一难题,它可以动态监测、采集风险的实时状况,精准地反映和测算风险程度,使风险真正可计算。如物联网通过各种传感器,可以采集气候和环境参数,如温度、湿度、降水量等,形成大数据积累,能更加科学地对灾害风险进行评估,更好地确定巨灾、农险业务的损失可能和科学费率。可以采集和监测汽车、不动产、机器、货物等保险标的物的动态数据,极大丰富风险识别维度,帮助保险公司对客户进行更为个性化、全面、精准的分类和筛选,真正基于标的物的风险程度设计保险产品、计算保险费率、制定核保策略,做到"一人一险""一物一价"。

2. 让风险可控制

对灾害事故风险的管理是保险的基本职能,但传统的精算技术只是一种财务分析和处理方式,无法有效控制和预防标的正在经历的风险事件,这使得保险企业在面对自然灾害、责任事故时只能被动地等待事故损失和处理。而物联网技术恰恰是以事件的处理为目标的,如保险公司将物联网技术集成到保险产品中,借此可以检测标的物的事故风险,启动自主施救和应对功能,使保险索赔成本最小化或者直接避免潜在的风险,从而改变这种被动的局面。利用物联网技术对火灾、爆炸、污染源等风险进行实时监测、预警、预报、应急救助,保险的功能将从风险转移和损失分摊转向事故安全预防与管理,从灾后赔付转向防灾减灾,从而减少损失和赔付支出。

3. 让保险可定制

物联网技术推动了物物之间的社群经济发展,风险单位呈现出微型化、细分化趋势,原有的大而全的保险产品必然要随之变革,从全时型向短时型转变,从突出多功能向突出专一功能转变,从面向多方位朝着面向单一方位转变,个性化定制保险服务将成为趋势,保险产品与用户的匹配性也将不断提高。物联网可以帮助保险企业全方位掌握标的物风险状况、风险偏好以及相关行为特征,如智能可穿戴设备可以支持保险公司对人的生命、健康风险进行检测与个性化分析,清晰刻画客户的风险图谱,为客户量身定制保险与健康管理服务。大量的物联网设备可成为保险公司与客户之间高频互动的桥梁,依托物联网数据实现对客户群体的精准分类、产品责任的细致划分、服务场景的碎片化,这样可以改变保险公司提供同质化产品的原有模式,让风险保障服务按需定制。

9.2.6 移动互联网与保险业

伴随越来越高的普及率和渗透率,移动互联网以更加便捷的互通互联、更加透明的感知、更加深入的智能化、更加高效的平台特征,不断冲击和改变着保险行业的业务形态和商业模式。借助移动互联网的发展,保险业逐渐实现保险服务的智能化和大众化,持续不断地践行普惠金融保险的核心理念。未来随着技术迭代的加快,保险业在移动互联领域一定会有更广泛的应用空间,让保险服务在更多领域、更广的区域惠及普通大众。

1. 降低运营成本

借助移动新技术,保险公司不仅可以将前后台各服务系统功能充分整合,让智能系统代替人工操作,节省中间环节,将以往需要几天时间才能完成的流程缩短至几个小时,整体效率成倍提升,同时,面对当前业务量逐年增长所带来的压力,保险公司还可充分依靠新技术高效加以应对,不必雇用更多的员工进行手工作业。随着新技术的逐步完善和效率提速,以及电子签名技术的应用与新单回访、保单分工、续期缴费等纸质通知书电子化,无纸化作业成为移动技术的一大特征,相关数据都储存在中心服务器中,打印纸质通知书的成本被大量节省,职场面积的利用率大幅度提升,未来保险销售营运环节的人工作业将大量减少,保险公司的整体运营成本将持续降低。

2. 改变营销方式

保险公司借助移动智能系统可对投保客户信息进行收集与分析,更全面地了解掌握投保人的年龄、性别、地域、社会层次、对保险的认知度、兴趣偏好等各维度的信息,从而满足客户的需求。根据成功销售的经验及规律,保险公司将营销模式植入智能移动系统中,结合大数据进行匹配,发现潜在的客户或现有客户进一步开拓的可能性,生成智能化的投保方案,实现针对性的精准营销,改变传统粗放低效的营销方式。此外,通过移动互联网推广保险产品,营销模式可以更加多样化,并与消费者产生密切互动,从而在销售流程中创造投保人快乐投保的营销体验。例如,太平洋保险在官网微信推出的首款社交保险产品"救生圈"的营销方式,通过保险产品的"一捞一扔"充分调动了消费者参与的热情,创造出不同的投保体验,使得消费者更乐于接受保险产品。

3. 极大提高了保险效率

移动互联技术的发展,大大简化了保险业务环节,实现了从承保到理赔手机端一键解决,体现了与客户实时交互,使保险计划书、计算、签单、核保、缴费、查询、客户数据追踪、理赔全流程等业务,只需通过一部手机或平板一键操作即可完成。对保险公司而言,可以充分利用移动互联网的优势,开发出各自的微信公众号、App等,以满足客户随时随地办理业务的服务需求。对保险消费者而言,只需在手机上点一点,就可以随时在线管理自己名下的保单,还能移动办理理赔报案等服务。移动互联技术不仅使保险销售等业务减少了工作程序,也为保险消费者节省了时间。

4. 使场景消费保险的市场规模获得突破

移动互联网的普及以及消费升级带来了全新场景,使场景消费保险的市场规模正在获得突破。首先是细分场景,通过对用户体验的极致追求,让保险产品的体验轻松如电商购物一样,扫码就可以直接购买。其次是借助金融科技的应用,场景消费保险的发展将会更加多元、便利,能够实现"千人千面"动态保费,变"不可保"为"可保",更利于场景消费保险的发展及创新。而移动互联网的巨额流量和多样场景,将会促进保险市场培育和保险消费者教育,场景消费保险的路径也会越走越宽阔。

5. 促进生态系统导向的保险产品创新

随着移动互联网深入保险业,量身定制保险、场景化保险、碎片化保险等大量出现,将促进真正具有保障功能的线上保险产品逐渐增多,增量将极为可观。并且金融技术驱动的升级,正促进实现保险产品的针对性、动态定价、精准用户画像、投保理赔的全线上自动化,将快速创造出更多适合当下和未来消费场景的创新险种,高效催生出更多的新型保险服务模式。凭借移动互联网优势,运用大数据分析能力,可满足诸如电子商务、健康、航旅等多个生态系统的保险需求。以生态系统的保险需求为导向进行创新,通过覆盖以往未曾管理过的风险,以创新方式接触保险消费者,从而扩大保险市场覆盖范围,增强保险消费者信心及改善其体验,推动相关生态系统的进一步发展。

9.2.7 虚拟现实与保险业

虚拟现实是在20世纪80年代初提出来的一种仿真技术,能够生成一种虚拟的情境,这种虚拟的、融合多源信息的三维立体动态情境给人们的感觉就像处在真实的世界中一样,它是一门建立在计算机图形学、计算机仿真技术、传感技术、多媒体技术等基础上的交叉学科。随着VR技术的发展成熟及VR设备价格的下降,其普及应用是大势所趋。虚拟现实的互动方式能带给用户逼真、多重感官的沉浸式体验,让消费者进入虚拟情境中,充分调动消费者的感性基因,从而影响其消费决策,还将成为商业的一种新趋势。"虚拟现实+保险"所起到的技术引领作用及思维模式引领作用将成为保险行业发展的重要引擎,必将重塑保险市场,转变保险行业的商业模式。

1. 模拟出险事故过程,引导应急避险防灾减损

VR 技术也能够虚拟火灾、水灾、交通意外等现场,以第一人的视角来体验危机的发生、发展、控制、避险等,让客户亲身体验应激状态下的心理感受及应急避险,一方面增强体验者的风险意识,另一方面增强体验者的应急求生避险能力。通过 VR 技术进行应急演练不一定能够降低出险率,但一定能够提高人员应急求生的技能,提升人员安全及生存概率,降低财产损失。

2. 让客户感知风险,实现场景化营销

VR 场景化营销是指以特定情景为背景,通过环境、氛围的烘托,提供相应的产品和服务以激发消费者产生情感共鸣来激发消费者的购买欲望,最终产生消费行为。目前,社会公众的参保意识仍然较为薄弱,不愿意购买保险,主要是对保险产品不了解。如果借助 VR 技术,客户足不出户,只需一款 VR 设备,保险公司营业厅会立体地呈现在其面前,虚拟场景中的客户服务经理会带领客户了解每一个保险产品,熟知每个条款的风险保障,还能针对客户的职业、收入和家庭情况作出分析判断,智能配置保险产品,设计出最佳保障和理财方案。

3. 根据应急避险情况调节承保费率

目前,中国保险行业主要还是分类定价,如车险主要还是关联车型的赔付率来制定费率,企财险也是按行业类别来定价,然而风险中最大的因素是"人"。如何从"人"定价一直是保险业讨论的话题,即便目前的大数据画像技术也只能多几个分类标签和维度,无法真正精细到"人"。VR 技术从一定程度上可以测试出"人"的已知部分风险应急处理能力,为从人量化风险承保探索出一条可行性方案。如反映驾驶人不同驾驶习惯将产生不同的风险,不同的应急能力也将通过模型与不同的风险费率挂钩,最终实现从"人"定价。

9.2.8 基因技术与保险业

生物科技是采用先进的科技手段,研究生命活动的规律或直接提供产品为社会服务。21 世纪以来,随着生物科技的迅猛发展,现代医学对生命现象和疾病本质的认识由表征逐渐向分子水平深入,促使保险产品形态和风险管理模式发生改变。

在承保前的风险筛选环节,生物技术的应用有助于保险人对被保险人进行更准确的健康风险筛查及风险选择,对风险状况不同的投保人采用更为精确的费率,控制风险来源。随着人类对基因技术认识的不断深入,基因技术在寿险方面的应用也越来越广泛,甚至可以通过基因技术对投保人本人或家族的犯罪倾向、性格、嗜烟酒等情形进行了解,有力地避免了自保险发源以来的保险人与投保人之间的信息不对称问题。相反,如果投保人由于监管因素或伦理因素不允许掌握投保人的基因情况,信息不对称问题将较当下更为严重。保险业安身立命的数理基础"大数法则"和"最大诚信原则"将受到严重挑战,同类风险的集中程度将显著上升,风险的分布不再随机和平均,投保标的的出险概率将大大

上升,投保人将会根据基因诊断结果更有针对性地购买各类人身保险,如重疾险、长期护理保险等,从而提升保险人赔付风险。但总体上,基因技术的普及,必将给保险行业未来的发展带来深远影响。此外,基因治疗、合成器官等新型治疗方式的推出和完善,结合新兴技术的保险将生物技术和健康管理充分连接,可以更好地降低成本,丰富和拓展未来保险产品类型。

9.3 保险行业新生态

科技作为基础设施的硬件部分,影响保险流程的每个环节,让保险机构具备更强的能力,向市场参与者赋能,促使市场更高效、更兼容、更平衡、更人文。

9.3.1 高效的市场运营

高效的市场离不开有效的监管和规则,同时市场参与的重要主体——保险机构,作为提供产品及服务的参与方,其运行效率同样也是影响市场运转的关键。在"新保险"体系下,保险机构运用科技将获得更强大的运营能力和更高效的运营支持,使其有能力应对未来更富有挑战的业务需求和竞争环境,真正科技驱动、智能运行。

1. 强大的运营能力

随着保险行业与互联网场景融合不断加深,面向互联网生态的保险产品也持续迭代创新,从最初单一的退货运费险逐步发展到更多类型丰富的保险产品,其中场景碎片化、交互频次高、交易时效强、业务峰谷波动大的产品对保险各公司的运营能力提出极高的要求。得益于云计算和大数据等新兴技术的强大赋能,保险公司运营能力在以下五方面得到了更为全面的提升。

1)灵活的资源调配

传统的保险公司核心业务系统计算资源相对固定,计算资源的快速伸缩,尤其是大规模的增加资源部署周期较长,灵活性较差,无法满足互联网业务的快速弹性资源需求。依托云计算近于无限的计算资源支持,保险公司得以在面对互联网高时效、高波动、碎片化的计算资源需求情况下,快速进行资源的调配,实现更顺畅的业务流程。

2)快速的反应时效

互联网场景下的业务运行,时效要求普遍较高。云计算资源的可获得性和便利性,结合大数据技术的应用,能充分保障作业过程中数据处理的高效和及时,帮助保险公司实现各类复杂场景下业务运行的实时计算需求。

3)强大的业务负载

高频、低额、碎片的互联网保险需求,对保险公司的业务支撑能力一直是巨大的挑战。以电商交易为例,2020年"双11"当天,仅天猫商城就生成了超过23.21亿笔物流订单,交易创建峰值达58.3万笔/秒,而其背后的退货运费险服务商,需要强大的业务服务能力进行支持。在云计算、大数据以及人工智能等一系列技术的支撑下,保险公司不仅要做到业务的即时承保出单,还需要有能力面向不同投保主体(卖家/买家)和不同投保个体的个性需求实时逐一定价,详见案例9-1。通过创新技术的应用,保险公司建立起更大容量的业务负载能力,来承载这些互联网创新产品所带来的运营压力。

4) 全面的产品支撑

经过近10年的发展,互联网场景下的保险产品,已经从单一的退货运费险发展出覆盖意外险、健康险、信用保证险、账户安全险、交易安全险等众多险种,切入诸多碎片化的消费场景中。对诸多不同场景特征、不同时效要求、不同资源需求和不同运营模式产品的集中业务运营支撑,也给保险公司业务运营带来巨大挑战。在云计算、大数据、人工智能乃至物联网和区块链等技术的支持下,保险公司才能建立起更加全面的产品运营支撑体系,充分利用各类技术优势,针对不同的运营需求,配适不同的资源投入,实现全面的产品运营支撑。

5) 完善的作业流程

多元化的场景需求、多样化的产品类型、多层次的产品运营、多维度的风险监控,对保险公司的业务运营提出远高于以往的要求。在云计算强大的计算资源和大数据的分析处理能力支持下,保险公司能够收集更加全面的业务流程数据、搭建更加完整的业务监控体系,从而实现业务流程的不断优化和完善,适应互联网环境下强大的业务运营需求。

2. 高效的运营支持

科技的发展使保险市场不断经历深刻变化,互联网高时效、碎片化和小额度的场景需求,已对保险公司的运营效率、运营质量和运营成本等方面提出了远高于传统的要求。未来各项新技术的发展催生的新场景、新媒介,以及随之带来的新商业模式将对保险公司的运营支持能力提出越来越大的挑战,作为强服务属性的行业之一,保险业业务链条的每一个环节对运营支持提升都有着巨大需求。借助科技的应用,保险公司才能在"新保险"的业务模式框架下,构建与之相匹配的高效运营支持。具体来看,科技对保险公司构建更高效的运营支持作用主要体现在以下三方面。

1) 运营效率的提升

在更多计算资源和技术产品的支持下,保险公司极大改善了原有的保险业务流程。人工干预降低,自动化程度提高,服务的时间和空间限制减少,资源投入边际成本递减明显,都为保险公司在相对更少资源增量投入的情况下,实现了业务的规模化增长,显著提升工作时效,如中国平安"智能闪赔"和中华保险无人机定损,详见案例9-2、案例9-3。这在三方面体现显著:其一,流程自动化,借助科技应用,通过云服务、智能保顾、智能客服机器人等技术产品支持,保险公司实现了支持更多产品和服务的全线上承载,尤其对于目前仍需大量线下操作、产品形态复杂的保险,更多环节能实现 7×24 小时的自动化服务,无须人工干预,可以极大地提升全流程作业;其二,运营智能化,如通过应用无人机远程勘测和卫星遥感技术等,结合人工智能图像识别,保险公司可以在较短的时间周期内实现快速精准定损,进行理赔;其三,业务敏捷化,5G和IoT应用带来的海量实时数据,将支持保险公司流程各环节实现实时响应,达到对业务的敏捷支撑的目的。

2) 运营质量的优化

借助大数据和人工智能等技术的投入与应用,业务运行情况的监控、触发、响应和处理能达到更高的时效和准确要求。尤其在海量、高频的业务要求下,运营支撑在充分满足业务量需求的同时,运营质量也将受益于技术的支持,得到有效的提升。这主要包含了三个主要方面:首先是业务操作类风险的降低。通过技术替代大量人工重复劳动,可以有效地降低业务操作类风险。例如借助移动智能设备直接对客户信息进行录入管理,可减少纸质文档在录入过程中容易出现的信息不准确或缺失等问题。其次,业务监控及时性的提高。借助大数据实时数据处理技术等,业务管理可以快速发现并定位运营过程中出现的各类风险事件,从而快速地采取相应的措施进行风险控制干预。最后,新技术能为保险业提供更多目前难以采集和获取的信息,提高服务的精细度。例如在电话客服环节,借助语音情感分析等技术,可以为客服人员实时提供客户情绪状况信息,并为客服提供相应的话术素材及处理指引,提高服务质量,降低客户投诉率等。

3) 运营成本的降低

云计算和大数据等技术的应用,使得计算资源的获取越来越便捷,且成本越来越低廉,保险公司无须维持体量庞大的技术团队,也可以获得领先的信息技术基础资源支持。尤其在互联网高弹性的业务环境下,借助云计算所提供的便捷采购和部署方案,保险公司可以按需动态配置资源,而无须长期维持较高的资源投入,显著节约了技术运营成本。而在人工智能、物联网等一系列技术的加持下,保险公司在客户服务、产品定价、核保承保、理赔勘察、服务和追偿等领域的标准化和自动化水平进一步提高,尤其是目前在定损查勘、客户服务、销售咨询等人力成本投入较高的业务环节,借助无人机、智能手机等设备,文本识别、图像识别、语音情感识别等技术,智能语音机器人、智能保顾机器人等产品的应用,人力投入得到有效置换,人工成本得到有效控制,都使得保险公司的运营更加高效,从而释放更多资源和利润空间。

9.3.2 产品与服务的高兼容性

多样化的市场形成来自市场主体科技能力的不断提升。在"新保险"体系下,保险机构不仅能更有效地回应用户需求进行产品创新,也能对普惠及新兴风险等复杂需求提供更好的保险解决方案,多层次的产品体系将逐渐形成,以满足整体市场多元化的需求。同时,在科技的驱动下,不仅保险机构能提升自身的服务能力,并进一步向上下游相关服务延伸,其他科技机构也能发挥自己的专长,在垂直领域为用户提供不同的保险服务,市场将更为丰富而活跃。

1. 创新产品的开发

创新技术的应用,为保险公司在挖掘全新场景下的市场需求过程中,提供了全新的思路和解决方案,利用有别于传统的产品开发和定价模式,解决传统的方式无法解决的产品开发难题,打造"新保险"多层次的保险产品体系,如久隆财险物联网保险,详见案例9-4。科技赋能的产品开发创新支持主要体现在以下三方面。

1) 数据获取的支持

从互联网时代开始,全球数据资源快速积累。步入移动互联网时代,联网设备的快速增加,更丰富了可应用的数据资源维度和数量。各类创新技术,如5G、物联网、区块链等技术的进一步成熟应用,更将极大地扩充全社会可用数据资源,为保险产品开发提供更多的数据资源支持。例如,对物联网设备如工业设备、智能家居、可穿戴设备和车联网设备等数据的访问,保险公司可以在诸多传统或新型场景下,更精准地进行产品需求开发和精算定价,进而实现保险产品的创新。

2) 数据应用的支持

传统保险产品开发和定价,主要依赖于大数法则,受数据处理能力的限制,往往采用抽样的方式进行数据选取和测算。在数据类型庞杂、数据维度众多、数据样本差异巨大的环境下,往往无法满足保险产品精准定价和快速开发的需求。借助云计算和大数据等技术,产品开发人员实现了对全量数据样本的数据分析,从而根据完整的数据表现,进行更全面的风险评估,开发出更符合市场需要的保险产品。

3) 开发工具的支持

算法是人工智能的核心之一,算法的不断演进,推动着人工智能领域技术的发展,也为大数据领域的保险定价提供了更加便利可靠的工具来进行模型搭建和产品开发。通过大数据的分析和深度学习,基于人工智能的保险精算就可以提供更精准的风控方案和定价模型,为客户定制个性化的保单。尤其是在小额、高频、碎片化的场景化保险产品开发过程中,大幅提高产品开发成效。首先,在新技术的推动下,技术工具进一步迭代优化,促使保险公司拥有更加了解客户、了解风险的能力,并在此基础上实现对既有产品的优化更新,改善整体的产品业务流程,使之更加契合消费者的需求,为消费者提供更具有价值的保险产品,提高产品的市场接受度。其次,保险公司将因此拥有挖掘更多场景、更多生态下保险需求的能力,针对新风险、新需求,开发更加多元化的产品及服务体系,建立新的增量市场。最后,针对存在开发难度的产品,如普惠金融领域,既有的传统定价模式无法支撑相应的产品开发,大量长尾市场的保险需求无法得到充分满足,新技术的应用,更丰富数据维度的使用,更多样风险因子的挖掘,可帮助保险公司提供更加多元化的普惠解决方案。

2. 丰富的市场服务能力

借助金融科技的支撑,保险公司将拥有更多更智能化的客户服务工具,同时其服务范围和能力也将延伸到更多领域。从单纯的保险产品服务提供方,逐渐转向以保险为中心的生态服务提供方,通过自身及合作伙伴,为消费者提供更加多元的选择,创造更多价值。此外,随着保险业的快速发展,更多专注保险服务细分领域的科技公司也将加入,让保险整体服务变得更为丰富。

1) 保险服务能力的提升

金融科技的深度应用,为保险公司更全面的市场能力搭建提供了支撑。借助各类科技产品的应用,保险公司对客户的认知、需求的挖掘和服务能力的支持都有了较大的改善,市场获取能力不断加强,服务精准度也将不断提升。同时,借助更加丰富的技术产品,保险公司与客户的触点也更加多元化,从传统的线下到线上,从 PC 端到移动端,从独立 App 到微信服务号,再到 O2O 场景融合、线上回归线下等,在不同的场景之间,为客户提供随时随地的保险服务体验,通过科技让保险服务无处不在。

2）上下游服务能力的扩展

借助科技的应用，保险公司提供的保险保障不再局限于风险事故后的经济补偿，而是在不断整合行业上下游资源的基础上，获取相关的服务能力，为用户提供更便捷、更贴心的服务。例如，为手机等电子设备提供保障的碎屏险等，在触发理赔后，保险公司合作方可以提供快速的上门维修服务，不仅解决了用户的真实困难，也丰富了保险理赔的给付形式。与此同时，部分保险公司凭借在专业技术领域的积累，不断进入专业化的细分市场，提供更加多元化的非保险产品，反哺保险主业。例如，众安保险成立的众安科技，平安保险成立的平安科技、平安好医生，以及人保集团成立的人保金服等，都是保险公司借助科技应用，在产品服务能力专业化方面的尝试。除此之外，部分保险公司在健康和医疗领域的投入，也是围绕保险主业，探索产品服务能力提升的一种路径，这些都是科技驱动下，保险公司更丰富的服务市场能力的表现。

3）生态服务能力的丰富

随着科技推动行业发展的加快，各类保险机构以及科技公司纷纷推出更多样化、垂直领域的服务，保险行业及上下游整体形成的保险生态的服务能力得到了极大的丰富。保险公司及相关的代理渠道搭建了诸多面向不同群体的服务支撑系统，包括面向消费者的智能保顾平台、保单管理平台和面向代理人的管理服务平台等，推动了整个行业内服务能力的提升。同时，围绕保险公司业务扩展需求，诸多为保险公司提供专业化服务的大数据、反欺诈、风控、征信、人工智能等产品和服务公司的出现，丰富了整个生态的服务能力。机场延误险产品中使用的航班信息数据，理赔环节使用的发票图像识别、文本识别、验真等服务，客服领域使用的智能客服机器人，等等，诸多应用将越来越成熟及普遍。在科技的持续驱动下，保险生态的服务能力将不断累积，形成一个更为完善的体系。

9.3.3 保险体系的稳定与安全运行

金融科技在确保创新的同时，在底层支持保险体系的稳定与安全运行。物联网、人工智能的应用为保险机构带来能力的全面提升，帮助保险机构更好地获取风险信息、了解风险，超越仅基于风险概率进行管理的模式。同样，新技术对交易方式安全的确保，可以降低信息不对称并能更好地保护用户信息，让保险机构、用户、监管都能在一个安全、稳定的体系中实现高效互动。

1. 全面的风险管理

金融科技的应用，为保险公司更全面的风险管理提供了必要的技术支持。通过各类技术的应用，对丰富的数据资源的分析和挖掘，保险公司实现了远超以往的风险控制能力，为保险公司的稳健运营、保险行业的健康发展都提供了坚实的保障。金融科技在风险管理方面为保险公司带来的变化主要集中在三方面。

1）风险管理手段的增加

借助创新的科技应用，保险公司风险管理手段更加多元化，如借助卫星遥感图像的识别，保险公司能够在农业保险甚至是债券市场交易中，获得更多的信息参考，更加全面地评估承保受灾或企业运行的真实情况，进而开展必要的风险控制干预，控制整体的风险情况。又如，通过 OBD（车载自动诊断系统）等设备的应用，详见案例 9-5，保险公司在车险查勘过程中，能够更准确地评估出险情况、防范潜在的欺诈风险等。再如，借助图像识别技术等，对客户提供的发票、单证甚至是身份进行真伪识别，减少欺诈带来的损失。多样化的技术手段，为保险公司整体的风险管理提供了更多元化的工具，在面向不同的业务场景和风控需求时，能够选择更契合需求的工具和措施，实现更全面的风险把控。

2）风险管理难度的降低

借助物联网、区块链、云计算、大数据等技术，保险查勘人员甚至无须亲自前往灾害或事故现场，即可以获得较为全面、真实的现场信息，进而通过人工智能等技术的分析处理，实现对相关安检的核赔处理，如太平洋保险 e 农险，详见案例 9-6。在避免增加查勘人员风险的同时，也有效降低了风险管理的成本和难度。例如，借助卫星遥感技术和无人机设备，在受灾较为严重的区域，理赔查勘人员在图像识别等人工智能技术的支持下，无须前往事故现场即可远程快速地完成定损流程，大幅降低了理赔查勘的管理难度；再如，在客户授权情况下，通过与第三方数据服务和产品的对接，借助图像识别、知识图谱等技术分析，即可实现在线远程的客户身份识别、涉诉信息查询、欺诈信息比对、风险联系人信息匹配等一系列的风险控制操作，整个过程仅需客户提供基本的身份信息、联系信息及银行卡信息等资料，即可进行较为全面的客户风险识别。科技的应用，大幅降低了特定场景内风险管理的操作难度。

3）风险管理水平的提升

借助大数据、人工智能等对各类运营数据的分析、挖掘和处理，极大提升了保险公司内部的风险管理水平。例如通过图像识别，对客户承保各类票据进行识别，在精准度显著提升的情况下，更节省了大量的人工成本，提升了票据验真环节的工作效率；在稽核领域，通过对理赔安检的数据发掘，能够有效发现异常点，帮助识别潜在的保险欺诈行为等。科技的应用，扩展了保险公司风险监控的覆盖面，缩短了风险响应时效，增加了风险应对手段，提高了风险管控效果，推动保险公司整体风险管理水平的提升。

2. 安全的交易方式

各类创新技术的应用，为保险行业提供了更加安全的交易方式，有效地提升了交易效率，降低了交易风险，并助推保险业务本身的创新和发展。这当中尤以区块链技术的应用带来的影响较为广泛。区块链技术具有去中心化、非对称加密、可信赖、时间戳等特征。基于这些技术特性，区块链构建了一套不可篡改、不可伪造的数据库，因此记录在区块链上的数据信息具有高度的安全性和可靠性，并且能够基于网络共识构建一个纯粹的、利益无关性的信任网络的验证机制，确保系统对任何用户都是中立和可靠的。同时分布式的记账方式，确保了数据存储的相对安全，不因某一部分的损毁，导致整个数据的缺失等。这些都为保险领域更安全的交易提供了至关重要的技术保障。科技的应用，为更安全的保险交易带来的价值主要体现在以下四方面。

1）保证交易信息的安全

应用区块链等技术，可以保障保险交易环节信息的安全性。区块链上每一个节点都保存着所有交易信息的副本，可以验证账本的完整程度和真实可靠性，确保所有交易信息是没有被篡改的、真实有效的,当区块链上的数据和参与者数量达到非常庞大的量级时,修改信息的成本也将相应推高,需要掌握全网 51% 以上的运算能力才有可能修改信息,修改成本可能远超潜在收益;即使部分节点的信息被恶意篡改,区块链上其他节点也会在短时间内发现这些未形成"共识"的信息并进行维护和更新。因此基于区块链上的数据真实可靠和不可篡改等特征,在保险交易中,可以确保保单信息的真实性,保证整个交易信息的安全。

2) 降低信息不对称风险

区块链是一种公开记账的技术模式,在记录交易的同时向全网内所有节点公布交易信息,且保证各节点能同步交易信息,并得到相关交易方的共同验证。链上信息均可追溯,确保了信息的完整性,帮助交易各方进行信息的查询和确认,极大降低了交易过程中因信息不对称带来的各类风险。未来,随着越来越多的数据上链,如在健康险领域体检机构和医疗机构数据的上链,车险领域车辆购置、出险和理赔信息等的上链,都将更加显著地降低信息不对称给保险公司带来的潜在欺诈风险,提升保险公司整体的运营效率和运营质量。

3) 强化客户信息的保护

虽然区块链在全网每个节点都保存着每笔交易的信息数据,但通过配置公钥和私钥,每个节点在进行信息查询时只能查询到交易数据,而对参与者个人信息则是保密的,这保证了参与者信息免于泄露,也保障了参与者在完成交易过程中不受到其他不必要的信息干扰。这对当前保险行业的客户信息保护意义重大。在客户信息保护层面,购买保险需要提交客户真实有效的身份信息,以及健康信息或财产信息等,这对保险公司,尤其是开展互联网保险业务的保险公司的信息保护能力提出了较高的要求。但因信息管理和保护方面标准的缺失,诸多保险公司目前都面临着较大的信息泄露风险。基于区块链技术构建的分布式身份认证系统,可以在确保客户身份真实性的基础上,有效防范信息泄露事件的发生。利用区块链共识机制,将客户信息与区块链上相关信息相互认证并形成共识,能够防止个人信息的丢失及篡改等,实现更加安全的个人信息在线数字化管理。结合密钥的使用,更能大大提高客户信息的保护水平。

4) 提升保险消费的体验

区块链技术为保险公司和客户之间搭建一种全新的交互方式提供了技术保障。依托于区块链技术的共识特征,客户在购买完成后,即可在全网所有节点查询购买记录,客户无须担心因保单信息丢失而造成的理赔困难等情况,这将会进一步提升客户对保险的认知和消费体验,推动保险行业形象的改善,促进保险行业的市场推广和发展。

9.3.4 人性化的交互体验

过去,我们花费大量的时间学习如何使用新技术。随着人工智能等新技术的发展,机器开始学习如何适应人类的习惯,满足人性的需求。在一个以前沿科技为驱动的"新保险"体系下,保险机构不仅可以利用技术与用户实现更人性化的交互,更能推动保险从"事后赔付"变为"事前预防、事中参与"模式,帮助用户减少损失,让保险产品人性化的一面得到更充分的体现。

1. 人性化的产品设计

传统的保险产品主要是约定保险事故发生后的经济补偿,但对于用户而言,其更核心的诉求是对风险事故本身的化解。新技术的发展赋予保险公司在设计保险产品时满足用户核心需求的可能,例如众安保险步步保,通过可穿戴设备数据记录,为客户提供基于健康运动管理的保险产品,激发客户自觉的健康维护行为,详见案例9-7;此外,通过在保险服务中增加基因检测等服务,帮助客户了解潜在的健康风险,进而为客户打造专属的健康维护方案等,都是保险公司在应用创新技术过程中,不断地进行人性化产品设计的有益尝试,扩展了保险产品设计的思路,如众安保险童安保——儿童基因身份证,详见案例9-8。这类产品的主要价值主要体现在以下三方面。

1) 利用技术帮助用户降低风险

通过利用物联网及人工智能,保险机构可以为用户提供预防和管理风险的机制。例如通过设计与健康运动管理相结合的保险产品,将事后补偿与事前管理干预相结合,通过鼓励用户积极运动,一方面培养用户的安全风险意识;另一方面激励用户实现主动的自我健康管理,以有效降低并分散用户健康风险。同类的产品还包括与车联网、智能家居相结合的创新产品,通过改变保险的体验模式,从提供保险产品延伸到风险管理服务,进而降低用户风险、保障用户财产和健康的安全。

2) 利用创新定价建立良性循环

在新技术的驱动下,全方位、全天候的数据检测成为可能,数据的可获性和可靠性均大幅提升,这为各类保险产品的精准定价、创新定价机制以及保险服务深度介入风险管理提供有力的技术支撑。例如健康险可以将用户动态大健康数据纳入定价维度,进行个性化的精准定价,优质体能得到更公允的保费,同时定价机制也鼓励用户进行健康管理,促使非优质体能向优质体转化,打破"非优质体投保—费率上升—优质体投保意愿下降"的恶性循环,建立"人人投保—用户管理健康—费率下降"的良性循环。在车险领域,利用UBI(基于使用量而定保费)进行精准化定价,同样也能实现用户、保险机构和社会的共赢。

3) 融入生活场景提供全方位保障

IoT等技术的应用将为保险机构提供更多将保险产品嵌入现实生活场景的契机。重疾险与可穿戴设备结合,家财险与智能家居结合,车险与UBI结合,都能让保险机构直接触达前端用户,实现了与用户的自然、高频的交互,打造真正"零距离"的保险产品。在这种模式下,保险机构应用创新的运营模式在潜移默化中将保险与用户生活融合在一起,并因此成为用户获取服务的重要入口,在风险点出现的时候,及时为用户处理好问题,成为用户的风险管理助手。让保险实现从产品关系导向模式向用户关系导向模式的转化,树立保险在用户心中的正面、积极形象。

2. 人性化的客户服务

人工智能、云计算等技术的应用对保险机构在产品创新、运营管理上带来的优势明显且应用日趋成熟。在一个越来越智能的世界里,保险产品和服务的竞争不仅体现在功能层面,更高的竞争壁垒是在用户体验层面。近年来,互联网巨头利用人工智能技术提升前端服务体验,目的在于使其更符合人的需求,和用户能产生更自然、更人性化的交互。在客户服务方面,人工智能的深入应用为保险业带来的改变主要有三方面。

1) 建立更自然的交互方式

在人工智能的各类应用中,语音是重点投入的领域之一,也是应用于客户服务的主要技术之一。对比文本交互,语音交互是更符合人类自然交互的方式,也是传统自动客服领域的发展瓶颈。人工智能不仅能让机器理解人类的自然语言,实现更便捷的人机交互,更能让机器实现对语音、语调、表述习惯等更为细致的模仿,让客户体验到更加人性的自然交互方式。例如谷歌的智能客服 Google Assistant 通过利用人工智能,不仅能基于用户基本信息作出智能判断,还"学会"了六种不同的声音,其说话的方式也与真人更像,在 2018 年 Google 开发者大会上演示的 Google 智能客服基于用户要求,打电话预订餐厅的 demo 中,Google Assitant 不仅能对信息作出快速正确的判断,并且仅凭声音难以判断出是机器在与人对话。这样更为便捷、自然的交互方式,会更符合用户使用习惯与需求,也是未来保险机构人文化创新服务的重要方向。

2) 建立个性化用户关系

在大规模的数据支持下,机器学习的应用赋予技术学习和理解人类的能力。通过不断改进的算法,技术不仅能识别出共性特征,更能支持识别更多个性化的特征,从而支持与每个用户建立更个性化的关系。例如,结合客户历史的沟通记录及行为特征,针对每个客户建立专属的知识图谱,并在与客户的不断交互过程中不断学习,从而提供更有针对性的服务体验,如在客户关系维护过程中,针对客户喜好特点,提供符合客户情感需求的产品或服务,提升客户的感知,建立更加个性化、人性化的互动关系。

3) 连接用户情感

情绪识别、情感感知、自然语言处理等技术应用可以促进客户服务。目前此类技术在客服领域已经有了部分应用,人工智能通过对用户信息进行实时分析,根据用户通话时的内容、语音、语调等,向人工客服提示用户情绪变化,帮助客服针对客户情况优化服务。此外,保险由于其产品的特殊性,在出险时,用户往往容易经历较大的情绪起伏,在理赔环节利用人工智能支持快速反馈及决策,能帮助达到安抚用户情绪、提升理赔体验的效果。

9.4 保险业金融科技发展前景展望与建议

现阶段,金融科技已成为保险行业转型升级的重要助力。在此前的章节中,已对金融科技与保险业融合的发展与挑战进行了详细的阐述和说明。因此,本节针对保险公司、科技公司、监管机构等相关主体,对保险业金融科技未来的发展进行思考,希望能给予读者一定的启发。

9.4.1 前景展望

1. 金融科技驱动的行业生态重塑

金融科技不断演进与发展,其作为保险行业未来重要基础设施的地位不断加强,与保险生态的融合不断加深,与场景的结合更加紧密,必然推动保险行业不断向新保险演化。在这个演进的过程中,保险行业将通过对既有业态优化、创新业态升级、价值体系重构三个阶段实现对面向未来的新保险生态体系的打造。

1) 金融科技驱动的既有业态优化

这一阶段,金融科技将与保险流程的各个环节产生更为深入的融合,帮助保险机构进一步修炼内功。无论是审核、精算还是风控、客服,新技术的应用都将为保险行业打造一个强大、智能的后台,不仅帮助其应对不断在快速增长的前端用户的多样化需求,更能在效率提升及成本管控上发挥更多作用。在业务承载能力大幅提升、风险控制能力变强的过程中,业务也将实现高度数据化,进一步提升市场整体的透明性,配合监管实现整体稳定性的目标。

2) 金融科技驱动的创新业态升级

强大、高效的后台能力为实现市场的多样化、人性化奠定基础。创新的产品和服务形态也因此才能实现落地,风险保障范围在科技的支持下将不断拓宽,保障模式也得以从事后经济补偿向事前风险预防和防灾减损转变,服务体系更将符合客户的人性化需求,科技将真正带来整体模式的全面升级,进一步促进整个保险行业服务实体经济,回归保障本质。

3) 金融科技驱动的价值体系重构

随着金融科技全方位融入人们日常生活,保险行业在为各类科技提供更广阔应用空间的同时,在此阶段推动保险价值体系的重构,促进新保险生态的构建。一方面,保险价值链将更加完善,生态体系更加丰富多元,保险行业的多样化、专业化、场景化日趋完善和成熟。越来越多的专业保险公司、专业保险服务公司和专业保险科技公司等一系列保险生态主体支撑并推动整个新保险生态体系的构建和完善,促进未来整个保险行业的发展和繁荣,进而建立更全面的风险保障网络,覆盖更广泛的业务场景,更好服务实体经济,助力普惠金融,发挥国民经济稳定器的关键作用。另一方面,科技在推动新保险生态构建的过程中,将监管和行业更紧密地联系在一起,实现合作共赢,进而更好地应对来自行业内外的变化和挑战,打造面向未来的新保险。

2. 保险业金融科技的国际化之路

中国作为全球第二大经济体和全球第二大保险市场,目前的保险深度及密度相较发达经济体,仍有极大的提升空间。可以预见,凭借已有的技术应用基础和人才积累,在本轮的科技全面升级的推动下,中国将成为全球最重要的保险业金融科技应用之国,中国保险业未来的增长亮点将不仅体现在保险业务指标上,更将体现其新的核心竞争力——金融科技上。同时,在新技术的影响下,全球比以往任何时代都更加紧密相连,保险全球化的趋势也必将继续向前迈进。在新一轮的"产业科技"全球化的过程中,中国作为保险业金融科技先试先行的典范,应该积极利用自己的先发优势,从微观到宏观各层面积极推动金融科技在全球保险业中发展。

1) 技术国际化输出

得益于较好的技术基础设施和庞大的市场,中国的金融科技在保险业中拥有较好的应用基础,无论在应用的广度还是在应用的深度上均有深厚的积累。中国的金融科技企业可以积极利用所积累的经验,进行全球化输出,为其他保险市场赋能。

2) 全球保险业金融科技产业布局

在进行技术输出的同时,金融科技企业也应该尽早在保险产业进行全球化布局,通过业务、技术或资本的多种合作方式,与各国优秀的金融科技企业强强联合,共同推动保险业金融科技的全面发展。

3) 全球保险业金融科技标准建立

保险业金融科技的全球化发展必将带来新的全球标准建立的问题。各国保险业监管机构也应该通力合作,为促进新的保险业态发展建立新的全球标准及规则。在新标准建立的过程中,中国作为保险业金融科技先行者,可以扮演更积极的角色,对外输出自身在促进保险业金融科技创新、规范市场方面的经验。

9.4.2 发展建议

1. 保险公司层面

1) 增强科技能力

保险公司应在内部加大科技投入,积极促成科技成果转化和实际应用,提升和改造各个业务流程。业内领军企业如众安保险在 2020 年对科技方面的研发投入高达 9 亿元,公司内的工程师及科技工作人员占公司总数超过 47%,通过云计算、物联网、大数据、人工智能、区块链等关键技术的发展助力价值创造,在营销、渠道、产品设计、定价等领域进行全面的科技赋能。超前的技术投入正在不断转化为可观的市场回报,成为众安在线总体业务规模上升的重要引擎。

除了加大内部科技投入,保险公司还应积极寻求外部合作,掌握核心科技,增强竞争力。保险公司可积极布局大数据、人工智能、物联网、区块链、云计算等技术板块,主动推进与科技公司、高校与科研机构等外部机构的合作,利用外部科技能力助力自身科技能力的提升。保险公司亦可尝试通过投资或收购科技公司等途径,整合科技公司的核心价值,打造完整的服务闭环生态。

2) 调整组织架构

保险公司应结合自身情况,对公司的部门设置及职能规划等进行梳理和调整,给予金融科技创新充分保障。在部门设置方面,保险公司可以通过设立事业部或子公司的形式,减少因内部层级过多、管理臃肿等原因形成的金融科技创新的阻力,给予创新萌芽更广阔、更灵活的发展空间,如平安保险、人保集团、太保集团等公司都成立了专业化的科技主体,通过独立子公司的形式,提高灵活性,巩固其在科技领域的投入效果等,进而在此基础上进行业务和发展的横向扩展,建立更强大的科技能力。如众安保险旗下的全资科技子公司众安科技,专注于区块链、人工智能、大数据、云计算等前沿技术在保险领域的应用研究,不但保证了众安保险在金融科技上的领先地位,还通过向其他金融机构和医疗保健产业部门提供企业级解决方案,推动了整个行业的发展。职能规划方面,需合理设置保险公司科技转型的负责团队并明确其责任归属,根据公司战略需求赋予其充足的行使职能空间,同时加强科技部门与公司内其他部门的内部协作。

3) 重视人才培养

保险业与金融科技是跨界的融合,是由新需求驱动,以新科技和新平台为依托,将现有产业领域和要素资源,经过相互渗透、融合或裂变,实现产业价值链的延伸或突破,构建全新的闭合生态体系,因此需要保险人才和科技人才一起交流、思考、碰撞,共同推动发展。保险公司应高度重视保险和科技方面的复合型人才培养,并为其制定有吸引力的激励方案及薪酬体系,同时减少制度上的限制,给予人才充分的创新空间,推动保险公司科技创新能力的提高。

2. 科技公司层面

1) 尊重保险行业特性

保险有着极高的专业属性,其本质是对风险的管理。保险业金融科技的创新,绝不是简单地将保险服务与科技产品进行叠加,而应该是在理解保险行业运作规律、甄别行业亟待解决的痛点的基础上,进行创新性的融合,以提供更优质的解决方案。科技公司在与保险公司的合作过程中,应在尊重、理解并结合保险行业特性的基础上进行高质量的创新。

2) 遵守监管及市场规则

保险市场稳定高效的运转依赖于合理有效的监管和公平规范的市场规则。因此,科技公司应当积极学习保险业的监管及市场规则,切合实际地进行有序创新,共同推进保险业的稳定与持续发展。

3) 利用科技积极赋能

积极推动监管机构、保险行业及科技行业的知识及经验交流,充分发挥金融科技为建立"新保险"起到的基础设施赋能的作用,真正服务于社会大众与实体经济。

3. 监管层面

1) 鼓励保险业金融科技创新

监管部门可采取多种政策措施积极扶持保险企业对金融科技的创新实践,加强科技在保险业的应用,促进保险业的现代化转型。例如选取某一地域和某条业务线作为试点,为科技创新提供真实测试环境"监管沙房子"。在试点期间,可适当放宽政策要求,在保证消费者利益不受侵害和维持行业稳定等红线的基础上,对金融科技的应用进行可行性分析及充分论证。

2) 建立数字化监管系统

为了实施更高效、精准的行业监管,监管系统需进行数字化改革。监管机构可以通过搭建全国范围的数据集合和挖掘分析系统,将监管政策、规章制度和合规要求数字化、自动化,从而有效减少人为失误的风险,提升监管效率,促进监管要求有效落地,同时也降低保险公司的合规成本。

3) 打通监管机构及其他部门之间的数据隔阂

为实现对监管数据的有效获取与管理,监管机构须打通监管机构、保险公司及其他部门(如其他行业监管机构、第三方金融机构等)之间的数据隔阂。监管机构需要与保险公司之间建立单向和双向的数据交换机制,统一数据标准;并与其他部门积极合作,建立定期和不定期数据分享与披露机制,实现对保险行业的全方位监管,并对跨行业风险进行有效管理。

4)健全监管科技标准及监管科技行业管理政策

监管科技的合理有效运用能够提升监管效率。监管者需要在充分考虑监管要求和现有的技术手段特点的基础上,制定相关技术标准。监管科技标准应做到内容科学、指标合理,与现行的国家法律、法规以及标准一致,具有科学性、先进性和适用性。此外,还需要健全监管科技本身的行业管理政策体系,保证监管科技行业有序发展,从而更好地服务于监管和保险行业。

5)建立监管科技解决方案的沟通协调机制

监管科技解决方案的开发需要基于对整个监管框架和细节的熟知与理解,因此监管者需要营造一个更加开放的氛围,监管机构、保险公司和监管科技开发者三方应保持密切的沟通和协调。建立行之有效的沟通协调机制一方面有利于监管标准的合理设定,另一方面监管机构和保险公司也能及时为监管科技产品的改造与升级提供清晰的指引和建议,从而进一步提升监管效率。

9.5 案 例 分 析

案例 9-1 淘宝退货运费险

案例 9-2 中国平安"智能闪赔"

案例 9-3 中华保险无人机定损——农作物定损理赔

案例 9-4 久隆财险物联网保险

案例 9-5 OBD 车险

案例 9-6 太平洋保险 e 农险

案例 9-7 众安保险步步保

案例 9-8 众安保险童安保——儿童基因身份证

案例 9-9 众安保险：立足科技构建五大业务生态

案例 9-10 从水滴公司看网络互助行业的发展前景

复习思考题

1. 目前保险行业面临哪些挑战？
2. 保险业中关键的金融科技有哪些？
3. 金融科技对保险流程产生什么影响？
4. 保险行业中，金融科技的发展有哪些限制和不足？
5. 保险业未来进一步强化金融科技的方向是什么？

即测即练

第 10 章

金融科技与监管

本章知识点：

1. 了解金融监管理论的相关发展历程。
2. 了解国际金融监管的相关发展历程。
3. 了解我国金融监管的相关发展历程。
4. 掌握金融科技监管的主要方式。
5. 掌握金融科技监管在相关金融子行业中的具体应用。
6. 了解目前我国金融监管所面临的机遇和挑战。
7. 了解国外金融科技监管实施方式，并思考我国金融科技监管的发展方向。

金融监管指的是政府或监管部门对金融机构实施监督和管理的过程。其中，监管部门在企业的市场准入原则、业务范围、组织架构、风险防范及管理等方面对其进行相应的约束，倡导积极引导和规范监管，目的是降低市场信息不对称程度、保护市场运营者利益、减少垄断、为经营者提供改善业绩的激励措施、促进市场交易公平竞争等。而近年来随着金融行业的快速发展，金融科技为金融业带来了许多新变化，在此背景下金融监管应做何应对以促进未来金融业规范发展是需要思考的地方。因此，本章节围绕金融科技及其监管的相关内容，依次阐述了国内外金融监管的发展历程、目前金融科技监管的主要形式及具体应用，以及在金融科技背景下，我国金融监管所面临的机遇与挑战。最后，对我国金融科技监管的发展进行了相应的思考与展望。

10.1 金融监管发展历程

10.1.1 金融监管理论的发展历程

从金融监管理论的发展史来看，金融监管理论的发展包括以下几个阶段：金融监管理论萌芽期、金融监管期和理论发展期。

1. 金融监管理论萌芽期——公共利益论

从时间上来看，金融监管制度的萌芽诞生于 20 世纪 30 年代金融危机爆发之时。正因为当时"市场"这一亚当·斯密笔下的"看不见的手"在金融体系中过度自由发展，出现了调节失灵的问题，因此人们意识到"国家干预经济"有其必要性和重要性。西方发达国家的政府相继出台了各自的金融监管措施,对货币政策、银行利率、外汇以及经营手段等进行约束,各国央行作为金融监管政策的主要执行者。而该时期金融监管的主要特征是以法律作为金融管制的主要手段,以保障金融行业安全为主要目的,政府直接干预。通过加强金融监管,可以减轻市场因自然垄断和信息不对称所造成的调节失灵带来的金融体系崩盘和市场不稳定。例如,由政府或中央银行作为金融监管主体,代表公众利益,合理分配市场资源,避免其他金融机构因私利驱使,威胁金融市场健康安全;又或者,政府负责建立完善的金融信息网络,降低信息不对称程度,促进市场竞争环境的公开与公平。因此,这一阶段的理论又被称为"公共利益论"。但这一阶段的理论同样存在一定的缺陷。不难理解,该理论诞生之初,主要是为了规避因政府监管不足,过分依赖市场本身的调节所导致的金融体系崩盘。特别是,在金融危机发生后,社会经济亟待恢复,因此该理论的重心偏向于对公共利益的维护。可在这一理论阶段,金融监管过分依赖政府干预,金融缺乏自由化。而负责监管的政府部门可以为了实现自身政治利益的最大化,损害其他金融主体的经济利益。例如,为了应对政府财政赤字,掌握国家货币发行权的中央银行可以增发货币,为"通货膨胀"埋下地雷。同时,政府干预经济,也为金融监管中的寻租现象打开了窗口,影响社会经济的公平。

2. 金融监管期——效率优先

"公共利益论"过分依赖政府的金融监管,导致金融机构和金融体系效率大打折扣,同时也抑制了金融市场发展。因此在金融监管理论方面,经济学家们也积极展开新的探索,朝着寻找新的金融监管理论依据方向努力。

自20世纪70年代起,金融监管理论的发展全面进入金融监管期,这一阶段的监管理论,主要是围绕市场安全、经济效率、监管者与被监管者关系而展开的。经济学者各抒己见,伴随着经济发展和市场进步,金融监管理论也不断调整,抛弃了"安全第一"的原则,经历了"效率优先""辩证发展"等阶段。

1973年,被誉为"当代金融发展理论奠基人"的Mckinnon教授出版了题为《经济发展中的货币与资本》一书,首次提出"金融压抑"对社会经济发展构成严重威胁,建议削弱政府的直接经济干预行为。因为伴随着经济发展,它对金融监管形式特别是政府在调节市场经济过程中扮演的角色要求越来越高,政府需要妥协,并将对经济和金融业的控制权过渡到"市场"手中。这个金融监管时期,又好像回到了20世纪30年代以前,遵从新古典经济主义中由市场发挥主导作用的理论。

但其实不然,因为Mckinnon教授的"经济自由化"重点研究的是因监管部门在监管过程中,未能实现原计划的监管目标,导致监管失灵、经济增长受挫,进而对这种监管行为进行批判的反思。其认为金融监管过度会给经济发展带来消极影响,尤其是对于发展中国家而言,抑制金融发展的作用尤为明显。因此,各国政府开始推广实践,效率优先,全面放松金融监管,让金融系统自行完成资源配置,许多国家的国有银行在这一阶段解除了禁制,实现了私有化。

这一阶段,西方发达国家普遍放松监管的法律法规,主张市场自由竞争。例如,1986年,撒切尔夫人领导英国政府,推动了伦敦金融业的"自由化"改革,旨在促进并恢复伦敦的世界金融中心地位。特别是在"分业经营"转向"混业经营"这一阶段,伦敦的商业银行大力发展股票经济业务、保险业务、信托基金、投行业务等,自此诞生了很多大型金融集团。这一切就像蝴蝶效应,迅速蔓延,先是扩展到整个英联邦国家,再到欧洲、北美,接着发散到亚洲各发达国家集团。

3. 理论发展期——辩证发展

20世纪90年代后,"经济自由化"理论在西方发达国家得到了广泛验证。但近30年来,全球各地接二连三爆发的金融危机、银行危机和次贷危机,使得很多新兴市场国家,乃至发达国家都开始陷入深思。金融体系自身的脆弱性还有金融不稳定的相互传染,使得经济学者再度关注起加强监管的必要性。一部分学者将研究重点放在金融行业本身对金融监管提出的要求以及给金融监管措施带来的影响,如何平衡市场发展与市场安全,成为学者们思考的重点问题。可以说,20世纪90年代以来,金融监管理论的发展中充斥着矛盾与挣扎。但无论是公共利益论还是经济自由化,都似乎轻视了监管者和被监管对象之间的关系是不断变化着的事实,因此,金融监管不应是一个静态的判断,而是一个动态的更新。在实践中,政府制定相关监管措施需要参考动态发展的市场经济状况进行更新。金融监管理论除了需要灵活处理金融监管问题,还需要对未来可能存在的一些金融监管失灵现象进行预测,并"打好预防针"。

从发展过程来看,金融监管理论的发展落后于金融监管实践。政府干预经济也好,放任市场自由发展,不加干预也罢,金融监管手段的目的是一致的。金融机构的创新带来的监管真空,更是加大了金融监管的难度。因此,在金融监管的实践中,必须强调金融安全第一,安全与效率辩证发展。同时,需要明确一点,金融监管是政治行为与经济行为的相互作用,在金融监管实践中,市场环境的变化、市场目标都可能影响到监管者监管的方向和实施的具体措施。而被监管对象在金融创新过程中,也会受到金融科技、市场、监管政策等影响,作出应对反应。因此,监管部门的监管手段必须在与被监管对象的"动态博弈"过程中,重点研究金融体系的发展规律,从单纯的预防金融危机的目的转变为维护金融体系安全稳定。此外,金融监管理论需要不断融合金融全球化的发展特点,加强各国金融监管的互动与合作。

10.1.2 国际金融监管的发展历程

从世界各国金融结构变迁的历史来看,其主要经历了早期自然混业经营时期、严格分业经营时期、不断创新时期、混业经营时期。而与之对应的金融监管体系变迁历史也经历了建立日期、发展日期、完善日期和再完善时期,从时间上来看,主要可以分为以下四个阶段。

1. 20世纪30年代——中央银行制度建立

政府金融监管的广泛开展,是与中央银行制度的产生和发展直接相联系的,中央银行制度的普遍确立是现代金融监管的起点,有关的金融监管理论也从此发端。整个19世纪和20世纪初期是经济自由主义盛行并占据统治地位的时代,美国和西欧的实际经济也是在最接近"看不见的手"所需要的完全竞争条件的自由资本主义下运行。这一时期,由于各国金融业处于初创时期,其经营还较为混乱。在这一背景之下,法国、荷兰、比利时、美国、德国、日本等西方发达国家率先通过相关法案,建立起了以中央银行为主的金融监管机构,其主要职能是控制货币发行,通过行使最后贷款人的职能以及建立存款保险制度来防止银行挤兑的发生,进而保持和发展信用制度,以此稳定经济。

中央银行体系的建立和完善,特别是中央银行独揽货币发行权之后,已基本具备监管职能,但这一时期属于各国金融监管体系的初创时期,无论是监管组织架构还是监管法律法都很不成熟,且建立金融监管机构的国家寥寥无几。

2. 20世纪30—60年代——分业金融监管机构设立

1929—1933年资本主义经济危机的爆发对整个发达国家的经济乃至全球经济的影响都非常巨大,各国经济普遍下滑,金融系统开始萎缩,金融机构大量破产。在凯恩斯主义思想的影响下,以美国为首的资本主义国家开始了全面的经济干预措施,并出台了相关金融监管措施,其中较为重要的就是美国于1933年出台的《格拉斯-斯蒂格尔法案》,该法案严格限定商业银行的经营范围,奠定了全球金融业分业经营的格局。随着第二次世界大战后各国经济的恢复和发展,金融业也不断发展。由于金融机构的逐利性和新技术的广泛运用,20世纪60年代之后,金融机构为了规避金融监管,进行了一系列的金融创新活动,在金融创新的引领下,各国金融业蓬勃发展,金融机构资产规模不断扩大,金融工具种类不断增多。

在这种情况下,各国的金融监管组织架构的建立呈现出以下两个特点:一是部分欠发达国家和战后民族独立国家纷纷建立相关金融监管机构来适应本国金融业的发展。1930—1969年,世界共有49个国家建立了56个金融监管机构,其中欠发达国家和战后民族独立国家有44个,占比为90%。二是少数国家建立起了证券和保险监管机构来适应本国证券和保险行业的发展,1930—1969年,世界共有49个国家建立了56个金融监管机构,其中共有9个国家建立了证券和保险监管机构,占比为18%。这一时期属于金融监管制度的初步发展时期,各国建立了一些新的金融监管机构来应对金融业发展所带来的新的风险,且各国基本遵循"安全优先"监管原则,管制较多,但金融业风险较小,并未发生给世界带来较大冲击的金融危机。

3. 20世纪70—90年代——统一金融监管机构设立

进入20世纪70年代以后,在金融自由化浪潮和金融创新的双重推动下,各国金融市场逐渐开放,利率限制被取消,金融控股公司或者全能银行蓬勃发展,进而各国的金融系统规模不断扩大,银行、股票和保险行业全面发展。

这一时期各国金融监管机构的建立有两个特点:一是随着股票市场的发展,越来越多的国家开始建立证券监管机构来监管证券市场的发展,1970—1996年共有118个国家建立了129个监管机构,其中有51个监管机构是单独监管证券市场的,占比为40%。相比之下,单独设立保险监管机构的较少,共有9个监管机构是单独监管保险机构的,占比为7%。二是随着金融业混业经营的趋势不断增强,部分国家开始建立起统一的金融监管机构,或者将金融监管机构进行部分统一,这类国家共有12个,占所有国家的比例为

10%。虽比例尚处于较低水平，但显示出更多国家开始试图通过统一监管组织架构来适应金融结构混业化的趋势，这一时期属于国际金融监管体系的完善时期。

4. 20世纪90年代至今——金融监管体系的再完善

20年代90年代中后期，金融自由化浪潮愈加高涨，一些发展中国家盲目地开放本国金融业，过快地启动金融自由化的进程，导致本国经济受到外国游资的冲击，进而引起了东南亚金融危机。2000年后，以金融衍生品为代表的金融创新层出不穷，金融产品日益复杂多样，金融机构业务互相交叉，从而导致金融业混业经营体制的确立，金融行业逐步融合。混业经营体制在全球发展起来，各国纷纷效仿美国，进而使各国混业经营程度逐步提高。2007年发源于美国的次贷危机影响全球，进而各国开始反思金融业发展策略，并加强监管，限制金融业混业经营，致使金融业混业经营程度有所下降。

这一时期各国金融监管体系的建立有三个特点：一是随着1997年英国金融服务局的建立，各个国家开始模仿英国，走向统一监管，统一监管组织架构已经成为各国金融监管组织架构变迁的潮流，也是各国为应对金融结构变化的一个反映。二是2007年金融危机所暴露出的问题，使未走向统一监管组织架构的国家开始建立金融监管协调机制，促进金融稳定。三是随着股票和保险市场的发展，各国通过建立单独的金融监管机构或者通过统一监管组织架构来应对这种金融结构的变化。总体来说，这一时期属于金融监管体系的再完善时期。

美国次贷危机后，世界各国都在加快推动金融监管体系变革，其中一个重要的方向就是调整金融监管的理念，由原来的主要关注金融市场风险转向更关注风险处置和金融消费者权益保护。此外，随着以"破坏式创新"为特征的金融科技的快速发展，与之相匹配的传统金融监管方式和方法明显落后于现实要求。以大数据、云计算、区块链和人工智能等新技术为基础的创新性监管方法被各方所关注，"沙盒监管""监管科技"和"智能监管"等成为今后发展的重要方向和可选方案。

10.1.3 我国金融监管的发展历程

我国现行的金融监管制度的形成与发展，经历了几十年的演变过程。金融监管制度的变化反映出我国金融运行体制的改革进程，也体现了我国社会经济的发展与进步。自新中国成立以来，我国金融监管制度随着金融业的不断发展，历经了几十年的变革，其发展历程可以分为以下五个阶段。

1. 萌芽阶段——金融监管的缺失

1949年新中国建立前后，中国人民银行、中国农业银行和中国建设银行相继成立。此后，在计划经济体制下，随着职能的调整，几家银行经历了多次的合并与分立。这样的经济体制背景与金融组织结构，构成了中国金融业与金融监管发展的基础，也逐步形成了计划经济体制下特有的监管体系。当时的中国金融市场完全以银行为主，主要经营活动是计划拨款、贷款和存款，基本不涉及证券、保险和外汇等业务。当时的中国人民银行是集货币政策、金融经营和组织管理等多项职能于一身，它对于金融体系的监管也是计划和行政性质的。换言之,在当时的计划经济体制下,尚不存在现代通行的"金融监管"概念,金融体系的运作和管理机制也与市场经济截然不同。因此,准确地说,当时的中国金融市场并不存在金融监管制度,只有金融管理体制。当然,在当时的经济体制与金融发展水平条件下,这样一种以中国人民银行为单一主体的金融集中管理体制,保证了当时一个崭新国家的金融体系的统一与高效,也为其日后以央行监管为主导的金融监管提供了一定的经验、组织机构和人员方面的储备。

2. 过渡阶段——金融监管的确立

中国自1978年底开始实行改革开放政策,逐步确立社会主义市场经济体制。这大大促进了中国金融业的发展,并对金融市场体制和机制提出了更高的要求。当时最突出的变化是政府相继恢复或新设了几大专业银行以及保险、信托、证券等行业的金融机构,并为规范其经营行为出台了一些行政性规章制度。这一阶段,随着专业性金融机构从中国人民银行中独立出来,对于它们经营行为的规范也由内部管理变为外部监管。中国人民银行被正式确立为中央银行,并且成为相对独立、全面、统一的监管机构,中国的金融监管体制和机制正式确立。但是这种监管仍然主要依赖于行政性规章和直接指令式管理。这种监管体系中各主体的地位和权力依托于行政体系,而不是由明确的法律授权形成的。

3. 发展阶段——分业监管的确立

1992年召开的党的十四大明确提出,中国经济体制改革的目标是建立社会主义市场经济体制,从而为中国的金融体制改革奠定了基础,也催生了证监会、保监会及银监会等专业监管机构。证券法、保险法、银行法等基本法律相继诞生,分业监管体制也逐步确立。在这一阶段,证监会、保监会、银监会分业监管的体系逐步形成。中国人民银行完全分离出日常、具体的金融监管权后,主要承担货币政策的制定与实施,也担负支付清算、外汇管理、征信和反洗钱等基本制度和金融基础设施建设,对维持金融市场秩序和市场稳定起主导作用。金融监管步入法治化阶段,基本金融法律体系得以确立和完善。

4. 完善阶段——机构监管的完善

2004年以来,中国金融分业监管的体制得到进一步巩固与完善,监管协调与国际合作也有了新的发展。在全球金融危机之后,加强宏观审慎监管的尝试和其他改革探索也在逐步推进。这一阶段的中国金融监管改革与发展,与迎接金融全球化、金融创新、综合化经营以及金融危机的挑战密切相关。在此阶段,"一行三会"(现为"一行两会")分业监管体制在以下几方面得到进一步的发展和完善:一是法律体系进一步完善,对《中华人民共和国证券法》《中华人民共和国公司法》等多部法律进行了修订;二是加强监管执法和丰富监管内容,对现场检查、行政许可、行政处罚、行政复议等行为进行了规范,并加强了对金融创新和部分跨金融领域经营的监管;三是金融监管机构之间加强了协调配合,监管机构之间建立起联席会议制度;四是审慎性监管和功能型监管已被提到监管当局的监管改革议事日程上。

5. 变革阶段——功能监管的尝试

为有效防范系统性金融风险,进一步加强金融监管协调,2017年召开的第五次全国金融工作会议提出成立"国务院金融稳定发展委员会"(以下简称"金稳会"),作为维护国家金融安全的常设执行机构,统筹协调金融监管政策间、部门间及其与其他相关政策的配合。同时,按照国务院机构改革方案的要求,将银监会与保监会进行合并,这是统筹协调银行和保险领域监管的最有效和直接的方法,也在一定程度上适应了金融业发展的新需要。除此之外,保留证监会的相对独立也有进一步鼓励和支持直接融资市场发展之义。在新的"一行两会"框架下,中国人民银行的"货币政策和宏观审慎政策双支柱调控框架"将更加清晰,更多地担负起宏观审慎管理、金融控股公司和系统重要性机构、金融基础设施建设、基础法律法规体系及全口径统计分析等工作。此外,各地相继成立的地方金融监管局也将承担起对"7+4"类机构以及一些新兴金融业态的监管工作。

10.2 金融科技监管方式及具体应用

随着新技术的发展,金融服务行业正在不断采用大数据、云计算、区块链、人工智能等新兴技术手段进行业务上的快速创新。然而,把金融科技运用到金融业务中也会给金融监管带来一些新的风险和挑战。因此,金融监管机构也致力于探索利用大数据、云计算、区块链、机器学习等技术创新金融监管方式,进行金融科技监管。

10.2.1 金融科技监管的主要方式

目前,金融科技监管的主要方式包括利用大数据、云计算、区块链、人工智能等相关技术手段对金融服务行业进行相应的监管,具体如图10-1所示。

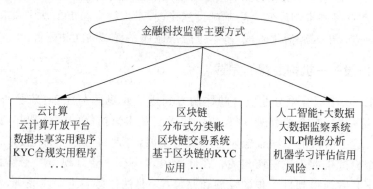

图10-1 金融科技监管主要方式

云计算方式在金融科技监管的运用,主要体现在对风险数据进行加总和管理。巴塞尔委员会的"有效风险数据加总和风险报告原则",针对全球系统重要性银行(G-SIB)的内部基础设施设定了具体要求,以汇总风险数据。然而,在实践过程中,风险数据的汇总是一项劳动密集型工作,由于各个金融机构IT系统不兼容等原因,较难做到风险数据的自动化收集。因此,针对上述问题,利用云计算技术和开放平台可以创建标准化的共享程序功能,实现数据的加总和管理。具体实施步骤是:首先,共享实用程序可以为单个金融机构中的不同子公司提供服务,建立云端的中央数据存储库。其次,当云端共享实用程序为整个行业的多个机构提供服务时,通过云端帮助金融机构优化核心流程,从而金融机构也能从规模经济效应中获得好处。例如KYC合规实用程序,该技术通过运用云计算手段推动了数据标准化和金融监管的简单化,同时也降低了监管机构的监管成本。此外,云分析作为一种集成技术架构,可以以千兆字节的规模传输和融合不同的数据类型,具有先进的预测分析能力,该技术也逐渐运用到金融机构的内部监管框架之中,形成实时分析能力,满足监管的实时合规要求。

区块链方式在金融科技监管的运用,主要体现在收集各种数据具有显著的优势。由于监管机构和金融机构所收集的各种信息涉及私人隐私以及商业机密,所以在实践中应建立严格的数据使用机制、加密机制和脱敏机制,建立全面完善的数据收集系统,交易的参与者则可以在系统上登记其资金信息和账户信息。为了使监管机构能实现监管的透明性,可以把区块链作为监管机构直接、即时和完全透明的信息系统的传送机制。所有的交易数据和信息对接到区块链交易系统,金融机构将所有的交易记录在分布式分类账上,以便于监管机构进行全面、准确的跟踪,同时也保证了所有数据和信息的永久保存。此外,区块链上的数字身份也可以及时、高效地完成KYC(即了解客户规则,金融机构需清晰识别客户身份,再放贷给客户)这项工作。目前,已有若干服务提供商开发了基于区块链技术的KYC应用,将相关的调查信息和数字身份信息存储在单个存储库中,以便随时调用,从而提高金融监管的效率和质量。

自2014年起,英美等国的金融监管机构就陆续运用人工智能和大数据监管技术进行金融风险的防控。而我国也逐渐跟进,2016年,深交所构建了基于人工智能和大数据技术的监察系统,用以进行实时监控、调查分析和风险监测。人工智能和大数据技术形式在金融科技监管的运用,主要体现在数据收集和数据分析两个方面。其中,在数据收集方面通过运用大数据和人工智能技术来实现实时监控并自动化形成报告,同时对数据进行管理和可视化。而在数据分析方面,主要是利用大数据和人工智能技术进行市场监管(操作市场、内幕交易等)、不端行为监测(反欺诈、违规销售等)、宏观审慎监管(风险预测、金融稳定、政策评估、风险识别)、微观审慎监管(信用风险、流动性风险)。目前人工智能和大数据技术形式在金融科技监管中的运用也逐渐丰富,例如,机器学习算法可以用于信用风险评估、神经网络则可用于检测流动性风险,利用来自国际货币基金组织的大量数据(如支付系统)来识别风险信号、使用自然语言处理系统进行情绪分析等。

10.2.2 金融科技监管的具体应用

随着信息技术的发展,大数据、区块链、云计算、人工智能等新一波科技浪潮席卷金融市场。一方面,对于金融服务行业而言,无论是传统的银行、证券、保险等行业还是新兴的互联网金融行业,都凭借这些新兴技术手段进行业务上的不断创新。而另一方面,金融监管机构也根据相关金融服务行业不同的发展特点,通过利用大数据、区块链等新兴技术手段有针对性地创新其金融监管方式,实现对相关金融服务行业更好的管控。以下将以不同金融服务行业中金融科技监管的具体应用来展开阐述。

1. 互联网金融行业中金融科技监管的应用

随着移动互联网等新一代信息技术的迅猛发展,"互联网+金融"也呈现出爆发式增长的态势,P2P借贷平台、小额贷款公司、股权投资机构、交易场所等各种创新的新兴金融业态不断涌现,并已融入经济社会发展的各个领域。借助国家"互联网+"战略,互联网金融高新技术创新层出不穷,不断冲击着互联网金融行业。互联网金融作为互联网与金融结合的产物,是借助互联网和移动通信技术实现资金融通和支付,并具有信息中介功能的新兴金融模式。金融科技的快速发展在带来金融服务和产品不断创新的同时,也由于监管机制和手段的相对滞后,互联网金融游离在金融监管之外,存在的监管漏洞让某些不法分子有机可乘,从而出现了金融诈骗、风险失控、卷款潜逃之类的问题,影响了金融秩序,对社会稳定、公民财产安全等造成极大的安全隐患。现实中很多事件打着互联网金融和金融创新的旗号冲破监管红线,这些事件涉案金额之大、影响范围之广,使其成为前所未有的系列涉众非法集资犯罪事件。

目前,在实践中,相关监管机构运用大数据、区块链等新兴技术手段进行互联网金融风险的监测、防范已具有较大的成效,如地方金融综合监管平台通过利用"冒烟指数"实现了借助大数据来监测互联网金融风险的目的。关于"冒烟指数"在实际互联网金融风险监管的具体应用流程可详见案例10-1。

此外,区块链技术在互联网金融监管领域也得到较为广泛的应用,其在上述所介绍的"冒烟指数"大数据监测预警系统构建过程中也发挥着重要的作用。关于区块链技术在大数据监测预警系统中的具体应用可详见案例10-2。

2. 证券行业中金融科技监管的应用

证券市场和资本市场是一个有着大规模活性非结构化数据和信息的市场。我国证券市场由于发展历史较短,相关法律法规、交易规则正在发展完善之中;加之我国证券市场的"散户市"特征,个人投资者的有限理性和投资者不成熟等因素,我国证券市场中不合规现象、违法违规交易和监管套利仍然存在,如内幕交易、操纵市场、对敲买卖等行为,此外还有虚假信息披露、IPO虚假上市等情况。以往证监会等监管部门对该类现象的监管主要是通过现场检查、文件审计约谈、稽查等方式,往往效率低、人力物力消耗大。此外,新技术也给传统的证券业带来冲击,在人工智能、大数据等技术的冲击下,一些没有持牌的金融机构和个人可能利用漏洞非法获取投资数据,侵犯投资者隐私,造成不良后果。

因此在实践中,相关监管机构为了提高金融监管的效率,也通过运用大数据、区块链等新兴技术手段对证券行业进行相应的监管。关于金融科技监管在证券行业中的具体应用主要包括利用大数据来精准打击证券行业的"老鼠仓"和内幕交易以及通过区块链技术对证券结算监管的应用进行相关探索,此部分具体应用可详见案例10-3、案例10-4。

3. 银行业中金融科技监管的应用

随着经济一体化与互联网技术的发展,资本交易不再受限于地域和时间,这也给银行的反洗钱工作、票据交易监管工作等带来了严峻的挑战。银行等不同金融机构对于机构内部进行的交易活动具有不同形式的定义结构,因此在实践中,为了更好地进行反洗钱工作、票据交易工作等的监管,相关监管机构运用大数据等新兴技术手段简化了监管流程,大大提高了其监管效率和质量。关于金融科技监管在银行业中的具体应用案例包括利用 Hadoop 等大数据技术提升银行的反洗钱能力以及对区块链技术在银行票据监管中的应用进行相关探索,此部分案例的具体内容可详见案例 10-5、案例 10-6。

10.3 金融监管面临的机遇与挑战

高效有力的金融监管是一国金融市场稳定运行发展的必要保证,所以金融监管在金融业发展过程中具有举足轻重的作用。近年来,从 P2P、互联网金融,再到人工智能、大数据、云计算、区块链等新兴科技轮番登场,金融科技的发展速度越来越快,颠覆了传统金融服务行业的业务模式;同时,在 2021 年 3 月国家"十四五"规划中政府强调要健全金融风险预防、预警、处置、问责制度体系,落实监管责任和属地责任,对违法违规行为零容忍,守住不发生系统性风险的底线,并进一步强化监管科技运用和金融创新风险评估,探索建立创新产品纠偏和暂停机制。因此在此大背景下,我国金融监管的发展面临着机遇和挑战并存的局面。

10.3.1 金融监管面临的机遇

随着新一轮科技革命和产业变革孕育发展,金融业态发生了深刻变革,金融科技方兴未艾。在此背景下,金融监管也面临着新的机遇,科技创新可以助力金融监管体系完善、利用监管科技能够提升金融风险防控能力,以下将具体从三个方面阐述金融科技发展背景下我国金融监管所迎来的机遇。

1. 政府大力支持金融监管发展

党的十八大以来,党中央、国务院作出了一系列重大决策部署,习总书记也发表了系列重要讲话,系统阐述网络强国战略和大数据战略是实现国家富强的重要举措,为我国加快实施资本市场大数据战略,大力发展金融科技和监管科技指明了前进方向,提供了重大发展机遇。

2017 年,为响应党中央号召,中国证监会主席提出,要增强紧迫感和使命感,紧紧跟上新一轮科技变革历史机遇,加快人才队伍建设,努力提升中国证监会科技监管水平和监管工作科技含量,推动行业机构提高科技发展水平。同年,中国人民银行也发布了《中国金融业信息技术"十三五"发展规划》,提出要加强金融科技(FinTech)和监管科技(RegTech)的研究与应用。2018 年 8 月,中国证监会进一步发布了中国证监会监管科技总体建设方案,标志着证监会完成监管科技顶层设计,进入全面实施阶段。而在 2019 年,中国人民银行也进一步发布了《金融科技(FinTech)发展规划(2019—2021 年)》,提出要提升穿透式监管能力,加强监管科技应用,建立健全数字化监管规则库,研究制定风险管理模型,并进一步完善监管数据采集机制。

到 2020 年,中国人民银行金融科技委员会相关会议中又再次强调,要强化监管科技应用实践,积极运用大数据、人工智能、云计算、区块链等技术加强数字监管能力建设。因此,在政府大力支持、引导监管科技在金融监管领域的运用及发展背景下,我国金融监管必将迎来巨大的发展机遇期,将不断完善其监管体系、提升监管水平。

2. 国际经验借鉴

在金融科技监管方面,国际上一些发达国家已经对于金融科技的监管权力结构、监管理念以及监管方式等进行了探索,其经验可为我国未来金融科技监管提供一定的借鉴。例如,英国针对金融科技发展采取了以"监管沙盒"为代表的主动合作型监管,监管者除了倾向于对市场进行统一集中监管,消除了多头监管时代司空见惯的交叉监管现象,在监管上也更具主动性。英国所实施的"监管沙盒"可以为企业尤其是初创企业和消费者之间提供一个真实的创新实验环境,在这个模拟环境中,可以测量一项创新是否符合金融业的发展,是否有利于金融消费者的利益需求,是否会危及金融系统的稳定。英国此种监管模式的成功也使得澳大利亚、新加坡、马来西亚、印度等国家和地区接连响应,逐步开始了本土版的沙盒监管计划。

而相比于英国,美国金融领域的限制性监管依然比较强。2008 年,作为美国第四大投资公司的雷曼兄弟公司申请破产保护,引发了全球金融海啸,也影响了此后近 10 年的世界经济。为了避免系统性金融危机的再次发生,美国开始着手实施一系列"严监管、强管控"的监管措施。在"多部门、严监管"的金融监管体系之下,美国并未像英国那样致力于创新监管体系和理念,而是选择了以"功能属性"进行"归口管理"的限制型监管。美国此种监管模式的有序实施主要依托于良好的穿透式监管实践,即透过外在看本质,通过金融产品和服务的外在去了解该金融产品和服务的本质属性,将整个金融环节穿透起来看,减少监管真空和监管重叠的情况,并按照"实质重于形式"的原则确定监管主体和监管规则。美国目前在金融科技监管方面采用的即是该模式,即将金融科技涉及的业务按照"实质重于形式"的原则进行性质确认。以虚拟货币为例,为该服务提供账户开立的存款金融机构应当履行反洗钱义务,这一部分归美国货币监理署(OCC)、联邦存款保险公司(FPIC)、美国联邦储备委员会(FRB)等部门监管;涉及的金融消费者投诉、对消费者进行风险安全教育则归金融消费者保护局(CPFB)监管;涉及的虚拟货币形式的证券交易及投资顾问行为则归美国证监会(SEC)监管。

此外,新加坡的金融科技监管则是一种"实质性和适配性"原则下的动态型监管,此种监管模式在紧跟创新的过程中,能够紧盯金融风险的发生,从而能够有效地预防与治理金融科技带来的系统性风险。另外,这种动态性的监管方式不仅体现在监管与创新的"步速"上,在监管的尺度上,也很好地运用了"适配性"原则,即监管的尺度始终与金融科技的风险相一致。以众筹为例,新加坡金融管理局(MAS)对一般的众筹平台监管要求较低,因为一般情况下众筹平台不允许吸收资金,投资者也仅限于合格投资者,但当众筹平台开始为筹资者向一般投资者筹集资金时,需要获得 MAS 的相关牌照并且遵守最低资本等相关规定。除此之外,德国采用了"相称原则"下的稳健型监管、澳大利亚采用了以监管方式创新为主的主动积极监管以及日本则通过变革法律与监管机构的开放式创新予以应对金融科技发展带来的监管挑战。而我国在金融科技迅速发展的背景下,可以借鉴上述这些国家的成功经验并结合我国金融行业的实际发展情况，大力发展、完善我国的金融科技监管体系。

3. 金融科技推动金融监管创新

随着大数据、区块链、人工智能、云计算等新兴技术的发展，一方面，金融科技拓展了现有金融体系的边界，弥补了现有金融体系的不足，其主要体现在金融科技大大扩展了金融信息采集来源，丰富了传统征信、营销、支付、交易和风控等领域内涵和实现路径。另一方面，监管科技通过构建大数据模型，采用人工智能算法进行数据深度挖掘与智能分析，完善监管手段，提高了监管效率。

在金融科技、监管科技发展大浪潮中，市场各主体公司、金融机构及监管机构纷纷发力，在助力企业与个人征信、反洗钱、反欺诈、了解你的客户、支付清算、电子货币、网络借贷、智能同步、智能合同等细分领域取得一系列重要进展，也涌现一大批企业、机构及解决方案。而在衍生品市场，金融科技与监管科技也已经极大推动各交易所在交易、清算、结算、监控、服务、分析等方面智能化应用。

此外，案例 10-1~10-5 中也阐述了目前不同金融服务行业中金融科技监管的具体应用典例，如通过运用大数据、区块链、云计算、人工智能等技术研发了监测互联网金融风险的"冒烟指数"大数据监测预警平台，还有监测证券业中"老鼠仓"及内幕交易的"老鼠仓智能识别""内幕交易智能识别"和"市场操纵智能筛查"等大数据应用系统，以及在银行业中利用 Hadoop 大数据相关技术来狙击洗钱犯罪等相关应用实例。这些金融科技与金融监管相融合的实践体现了在金融科技快速发展的背景下，我国金融监管手段也与时俱进，不断创新，使监管更加高效、便捷，更加符合实际监管的需求。

10.3.2 金融监管面临的挑战

对于我国金融监管而言，金融科技的兴起虽然大大促进了金融监管方式的创新并提高了金融监管的效率；但同时，金融科技在传统金融体系外迅速发展形成了全新的金融生态，其破坏式创新的属性给金融监管带来了不小的挑战与冲击。例如，除了银联外还有第三方支付与网联；除法定货币外还诞生了数字货币比特币；在 IPO 之外衍生出了 ICO；在交易所场内市场之外新生了股权众筹；除央行征信外新增了信联；传统财富管理外有了互联网理财、各类大资管等。现阶段不少金融科技创新绕开了很多传统金融监管法律法规，在金融监管中暴露出的诸多问题，给现行的金融监管带来诸多挑战。

1. 现行金融监管应对乏力

1）科技创新导致监管信息不对称

金融科技"破坏式创新"引发的监管信息不对称是造成金融体系脆弱性的重要原因，对金融监管提出更严峻的挑战。金融监管是建立在相关 FinTech 大数据基础上的，而这些筛选出的数据是监管者针对不同监管目标选择监管手段的重要参考依据。如今，大量的 FinTech 创新使得基于大数据基础的监管应对乏力。由于时间上的紧迫会增加监管者大数据识别的难度，因此金融监管的局限性在于，与 FinTech 相关的参考数据可能因披露不彻底、监管者信息不对称、人为错误筛选参考数据,并据此监管而引发的问题。因此,政策制定者和监管者在数据信息不对称的前提下,仅对监管指标进行合规性审查,无法全面评估被监管者的风险运行情况,导致其无法作出准确而又及时的有效监管。

2) 缺乏有效的监管主体协同机制

面对金融科技的飞速发展,我国金融监管主要存在中央多元监管主体权力配置不明确及地方实施主体混乱两大问题。当前的多元主体监管存在缺乏有效的协同监管机制,易造成监管真空和监管标准不统一等问题。2017年,国务院金融稳定发展委员会(以下简称"金稳会")成立,2018年3月,银监会和保监会正式并为银保监会。至此,我国金融监管体系由原先的"一行三会"改成"一委一行两会"。然而,金稳会缺乏直接的法律授权,其职权范围、监管权限及内部运作架构都尚未有相应的法律界定,并且金稳会办公室下设在央行,两者职能并不兼容,金稳会职能无法独立有效开展。与此同时,虽然银监会与保监会的合并使金融监管初现混业监管趋势,但一方面证监会仍游离在外,另一方面银保监会的合并设立尚处于过渡期,对目前分业监管框架的改变尚不明显。

从地方层面来看,我国内地虽尚未正式引进监管沙盒模式,但许多地方已悄然开展相关金融改革试点创新工作,这些试点工作中目前存在着不少问题。一方面,各地方监管沙盒的监管主体混乱,有地方政府主导监管的,也有以行业自律组织甚至金融公司自主自律监管为主的,且普遍缺乏金融监管机构的监管指导;另一方面,一些地方政府积极引进推行监管沙盒,却演变成一种招商引资的手段,成为地方政府完成融资任务、拉动经济增长的需要。总体来说,地方金融监管上存在着各地监管主体混乱、实施主体的专业性不强、测评标准不明晰的问题。且实施主体的利益动机存疑,极易引发地方金融风险事件甚至系统性风险,并非真正意义上的监管沙盒。

3) 金融科技立法的滞后

金融科技的飞速发展使监管立法与之"步幅差距"进一步拉大。立法的滞后性表现在,传统金融监管体系都属于事后经验型立法,以假设最优模式为条件、以维护金融稳定原则为前提,目的是避免往日的金融风险重演。我国金融监管以金融业基本法律为核心内容,以行政法规、部门规章与规范性文件为主要组成部分,形成了以政府行政行为为主导的规则监管体系。虽然,近五年,我国颁布了大量的法律法规来强化对金融创新和互联网金融领域的监管,但与快速发展的金融科技创新相比,还是显现了立法相对滞后和缺乏前瞻性的问题。比如,我国目前尚无统一完整的金融监管法典,有关金融监管的规则散见于《中华人民共和国证券法》《中华人民共和国公司法》《中华人民共和国商业银行法》等多部单行法律及众多行政法规、规章中。过于分散的金融监管条款不利于监管者确定明确的监管依据。同时,目前我国缺乏法律层级较高的金融科技法律体系,特别是在互联网股权众筹、第三方支付市场方面缺乏有针对性的监管法律法规。简言之,在日益发展的金融创新面前,金融立法的滞后导致相关制度供给不足,金融科技监管法律体系亟待完善。

4) 传统监管理念的失灵

我国传统的监管为静态监管,往往是在风险敞口暴露后再介入的"事后监管",遵循着"问题出现—解决问题"的监管思维,导致了我国金融领域的"一管就死、一放就乱"的症结。传统金融监管思维完全无法跟上金融科技业态迅猛发展的节奏。同时,因金融科技具有强大的"破坏式创新"效力,在传统的"命令—控制"模式下,金融监管缺乏及时性,可能产生许多因数据侵犯隐私、算法偏差等问题而导致的监管盲点。显然,传统的静态监管和分业监管的理念原则已无法适应具有跨界性和颠覆性的 FinTech 的发展。金融监管理念中的"命令—控制"型监管模式需要调整,FinTech 的发展倒逼金融监管转型。

2. 金融科技创新带来的金融风险

科技的变革正重塑着金融界的业态规则,与此同时,风险亦随之而生。金融科技一个很重要的属性是深度跨界性,其所带来的"长尾效应"可能再造相关金融子行业成本收益结构。FinTech 通过运用大数据、AI、区块链等技术飞速发展,颠覆传统金融业态模式,对现行金融监管造成冲击。

FinTech 带来的技术性风险主要表现在算法建模的波动和信息数据存储的安全性两方面。首先,任何算法模型在运行一段时间之后与现实情况都存在一定的偏差,这可能会导致相关的运行无法收敛。其次,信息数据存储的安全也是一个潜在隐患,大数据一旦泄露,在一个强化循环的系统里就会迅速扩散或产生更为严重的数据篡改问题。最后,AI 的自我学习能力会引发系统变成"坏小子",引发潜在的技术性风险。

FinTech 的业务发展依靠先进的科技和平台系统,其跨界属性深刻影响着金融市场,加快风险的传递速率且风险波及领域更广。FinTech 给监管带来的挑战既有原金融风险,具有隐蔽性、突发性和负外部性等特性,亦包含了科技、操作和信息安全各方的叠加风险。FinTech 科技驱动创新的进程加快,可能会加剧技术和网络安全等风险,在特定的情境下会由量变累积成质变,甚至衍生导致系统性风险。

3. 逆向选择与道德风险问题

金融科技的发展模式及业务方式具有虚拟性、开放性和互联互通性。其领域外延不断扩张、边界逐渐模糊的同时,加剧了传统金融风险的外溢效应。中小微企业、个体工商户是目前我国普惠金融发展的重点方向,但此类群体专业金融知识缺乏、法律维权意识不强,属于金融消费者中的弱势群体,难以承受较大的金融风险。而 FinTech 存在的逆向选择和道德风险问题,威胁着金融消费者的信息安全,也向我国金融消费者权益的保护工作提出了更大的挑战。

大数据的应用驱动 FinTech 发展,掌握数据与资源是企业具有竞争力的关键。不少互联网平台和技术公司对消费者的信息安全保护意识不足,行业自律性不强,更有甚者裹挟了用户隐私和大数据信息,以此进行资源的置换和交易。还有企业依照数据的分析对用户进行消费分级的价格歧视策略,比如我们常听到的大数据"杀熟",使消费者合法权益受损。如此种种都属于因信息不对称而引发逆向选择的问题。同样地,也存在融资者进行资本套利行为而引发的道德风险问题。同时,为了能够吸引更多的用户,金融机构不断进行各种金融科技创新,其速度超出了金融监管制度调整的速度,产生了金融监管难以覆盖的新风险。当前,我国对金融创新主体的信息披露程度要求不强,缺乏消费者补偿机制。加之法律法规的滞后与不完善,违法成本较低,因此损害金融消费者合法权益的事件屡见不鲜,其中最典型的是消费者的知情权、自主选择权、信息安全权等权益受侵犯。

10.4 我国金融科技监管展望

在10.3节,对于我国金融监管目前所面临的机遇和挑战进行了详细的阐述与说明。综上所述,金融科技对金融市场和监管的冲击不容小觑。我国现行金融监管体系由于信息不对称、监管技术手段匮乏、金融监管法律滞后及监管理念失灵,将难以适应FinTech对监管提出的新要求。此外,科技创新和信息集聚引发的叠加风险问题以及因逆向选择和道德风险导致的金融消费者合法权益受损等共同构成当前我国金融科技监管亟待解决的问题,亟须金融监管予以回应。因此,针对目前我国金融监管所面临的困境,对金融科技监管进行思考、展望并致力于建立一种兼顾创新与风险的有效监管机制成为金融科技背景下新监管的必然选择。

10.4.1 协调监管权力配置

1. 统合横向监管权力

目前,我国的金融监管主要有以下两个特征,其一是分业监管,证券与银行保险的监管分离;其二是机构监管,监管者主要根据被监管者的机构牌照确定监管范围。而金融科技作为一种自下而上的金融创新,其属性要求必须弱化传统的金融行政权。

2017年,全国金融会议上宣布中国人民银行下设国务院金融稳定发展委员会。同时为加强金融科技工作的统筹协调与研究规划,中国人民银行成立金融科技委员会。2018年,银监会与保监会合并成立银保监会,运行数十年的"一行三会"监管格局被打破,以"一委一行两会"的新格局呈现出一种准"双峰"模式。此次监管机构改革中,最大的特点是成立金稳会,以协调中央各部门之间的监管关系。然而,在实际中金稳会缺乏法律赋权,机构的设立、运行机制及职权范围均缺乏相关法律的界定,并且人民银行作为金融稳定委员会办公室,不可避免地形成以央行牵制各机构人事调整为主的监管竞争治理传统。作为隶属于央行的金融科技委员会也难以形成能够统合金融科技监管的局面。

因此,相关学者认为金融科技淡化了金融界限,故应当增强统合协调机构权力,发挥金稳会作用,以实现更为宏观的金融监管。首先,要确定金稳会的法定地位。金稳会作为议事协调机构没有稳定的预算与人员,出现新任务时往往是通过开会的形式来沟通,从而导致金融科技发展带来跨领域的风险,仅仅靠各部门一起开会,效果甚微。因此,金稳会的设立应当有固定的组织机构,有独立的预算和编制。其次,明确金稳会的法定职权。议事协调机构无预算无编制的情况下,工作难以开展,无法有效地协调各机构之间的监管关系。所以应当赋予其以下职权:一是规章制定权。有确定的监管规章,各机构方可有效执行,同时也能确定金稳会的监管地位。二是要赋予其指定监管权,我国的分业监管现状仍未改变,央行、银保监会、证监会、外汇管理局各司其职,如何确定新的金融科技产品与服务的监管职权需要更高一层的监管者进行分配。

2. 明确央地监管职责与界限

长期以来,我国金融监管表现为中央与地方的二元监管模式,其运作形式是,地方监管机构将风险问题进行汇总,上报给中央监管机构,再由中央统一出台文件解决这些问题,但是各地情况各异,中央统一进行规制会导致地方的适应性降低。此外,根据《中华人民共和国立法法》的规定,国家的基本制度属于中央事权,金融领域的基本制度同样如此,但对于何种属于"基本制度"尚未有明确规定,从而导致了中央与地方在监管权限上出现了真空。因此解决重叠的、有时是相互矛盾的管辖权问题则显得尤为重要。

目前,根据中央统一部署,地方金融监督管理局的监管范围是"7+4"模式。虽然这种地方金融监管的改革举措是值得肯定的,但是这种改革仍然是靠政策和行政力量来推动,尚未在法律层面形成依据。此外,地方金融监管机构的监管权力尚未得到充分保障,在责任大于权力之下,地方金融治理仍然存在不足。

因此,相关学者认为明确央地权力配置应该做到:首先,要明确中央与地方金融监管的界限。属于全国性的、跨区域的正规金融机构,都应当由中央层面的金融监管机构进行管理,包括这些正规金融机构在全国范围内经营的子公司。地方金融监管机构应当负责监管规模较小、主要在当地开展金融产品与服务的小微型金融机构。其次,强化地方金融监管机构的独立性。无论是金融办还是地方金融监管局,都不可避免地受到当地政府的干预而成为地方政府治理的附属物,因此,应当通过立法赋予地方金融监管局的独立地位。最后,同样重要的是,正如上文所提及的,未能赋予地方金融监管权力导致其监管乏力,故而应当赋予其地方金融监管主体地位和地方金融监督权。目前只有山西、黑龙江、贵州、广东、安徽等地可以"起草地方性法规和政府规章草案",故而应当进一步考虑在起草地方金融监管条例的过程中明确地方金融监管事权,并明确中央与地方在处置金融风险中的责任,同时要明确地方金融监管职权,尤其是对金融机构从事金融业务时的风险状况和金融风险收集的权力。

3. 鼓励自律先行的自我监管

无论是中央层面加强统合还是厘清监管中的央地矛盾,都无法一劳永逸地解决金融科技监管中的权力配置问题。首先,监管者对于金融科技中的技术性难以充分理解;其次,金融科技创新的理解需要一个过程。而金融科技公司拥有外部人士难以理解的特殊信息,能够对自己的技术性问题以及风险核心有很清晰的认识,因此应该鼓励并规范金融科技企业的自我监管。

2015年12月,我国成立了中国互联网金融协会,该协会以"行业自律"以及必要时的"自律惩戒"和"风险预警"为职责。值得注意的是,我国的金融自律监管往往有着很强的行政权属性,自律组织的形成与实施以行政权为核心。自律组织本身应当是自由结社的结果,而我国却一度成为政府机构推动下的半官方组织,这将会极大地削弱自律组织的作用,难以对金融科技形成有效的自律规范,也难以承担以"金融风险"为核心目标的监管重任。

而作为自律监管的代表,英国网络借贷自律协会的形成值得借鉴。该协会最初是由英国排名靠前的3家网络借贷公司牵头形成,并主动与政府沟通,最终获得政府认可。而我国的自律监管则不同,政府往往是自律监管的推动者,行政性质太强的自律难以真正发挥自律作用。因此,在金融科技监管中,应当鼓励金融科技企业自发形成自律组织,开展行业自律,政府对自律组织应该以宏观性的引导为主,尽量减少对自律组织的干涉。

10.4.2 转变金融科技监管理念

正确处理金融创新与金融监管之间的平衡是促进金融科技发展同时防范金融风险的重中之重。传统的监管理念下,往往侧重于防止金融风险的发生,对金融创新持抑制性态度,是一种"被动式监管"。所以,监管部门应该改变以往"静态""被动""命令式"的监管,代之以"动态""主动""合作式"的监管才是解决冲突的合理途径。

1. 从"静态监管"到"动态监管"

金融科技放大了市场中的信息不对称和道德风险,加剧了市场失灵。金融监管领域的监管俘获、目标冲突和资源不足都会导致监管无效。而我国当前的监管模式是一种命令控制式的静态监管,这种模式下,金融科技领域的高度易变性和创新性使得事先制定监管规则难以适应新的发展,正如法学中的谚语所说"法律一旦制定便落后于时代",监管规则同样会落后于新的金融业态。

为了解决这一难题,英国金融行为监管局(FCA)实施了"监管沙盒"为代表的"动态监管",为相关金融科技创新提供空间;此外,日本在监管中也开始提倡由"静态监管"到"动态监管"的转变;新加坡在金融监管中持"适配性"原则,监管不早于创新,但也不脱节。这种动态的监管过程中,监管者更加了解金融科技公司运作的模式,也更加了解金融活动中的风险,从而才能在过程中学习、在过程中监管。

如今,我国的金融科技公司的创新性、差异性让我国监管机构也需要考虑更加动态的监管手段。不仅如此,我国金融监管的重点还应放在监管规则的动态制定上;监管规则作为监管的框架和指导,不是一劳永逸的,无法永远地适应金融科技的创新发展;因此,动态监管不仅要求监管者实时地监管金融科技公司从事金融业务的过程,更要求制定的监管规范能够动态反映监管需求。

2. 从"被动监管"到"主动监管"

传统的金融监管源于对监管经验的总结,对于金融发展与稳定起到了坚实的作用。目前,我国的金融科技监管是一种被动式监管,为了创新先放任金融科技的发展,出现问题后再开展监管,给整个行业进行"体检"。这种被动式监管看上去在金融科技发展之初起到了很好的促进作用,实则阻碍了金融科技的发展,其原因在于发展之初不仅是金融科技模式、产品的创新,更是金融风险的累积,一旦爆发,后果不堪设想。为避免在金融监管中过于被动,英国FCA开创了监管沙盒模式,金融科技企业可以向FCA申请进行金融沙盒测试,在测试的过程中,积极与被测试者沟通,对存在的金融风险进行修正与规制,从而避免了监管被动。而新加坡监管中也采用了积极引导的方式,以风险为导向,以监管护驾创新。通过对比可发现,英国和新加坡的金融科技监管相比于中国的被动式监管取得了很好的监管效果,因此我国也应当探索中国的主动监管模式,抓住金融科技发展的监管主动权。

3. 从"命令式监管"到"合作式监管"

培育良好的金融市场秩序,维护金融安全与稳定是金融监管的长期目标,这一目标的实现不仅是金融监管者的责任,也是每一个金融市场参与者的应尽努力。目前在我国命令控制式监管下,呈现的是一种单向度的管控关系。其缺点是政府往往站在监管者的角度审视创新的金融科技,被监管者也同样站在自己的角度想方设法规避监管以实现利益最大化,因此需要探索与"命令式"监管相对的"合作式"监管,以弥补"市场失灵"和"监管失灵"。在海外实践中,英国的监管沙盒、美国的"创新指导窗口"、澳大利亚的"创新中心"都是"合作式监管"的有效探索:政府加强与金融科技企业合作,并对这些企业"有限度地信任",通过试错机制对测试产品进行监管,不仅能够激发被监管者主动适应监管规则的意愿,还能使被监管者更加清晰地了解监管需要。

因此,我国进行金融科技监管时也应当转变过去单向度的命令控制式监管,寻求与被监管者合作,以实现真正的金融科技风险防范。所谓合作式监管,侧重的是政府、市场与被监管者之间的相互促进、相互合作关系。其核心是合作治理,即作为监管者的政府与市场以及被监管者共同采用各种方法共同治理。需要界明的是,合作式监管并非避免相互冲突的利益关系,而是对制度进行整合,对其实施有序的监管。在这种新的理念下,监管者能够了解市场中的实际情况,被监管者也能根据自身情况向监管者反映,从而实现良性互动,最终使监管更加适应市场需要。

10.4.3 以监管科技助力金融科技监管

技术化的金融科技还需利用技术化的监管科技来解决,所以,引入监管科技来防范和化解金融风险,可能是解决当前金融监管难题的有效突破口。目前,部分监管部门已经开始着手监管科技的布局,2020年5月13日,央行金融科技委员会召开了本年度第一次会议,在该会议上,着重强调了监管科技在应用实践上的作用,强调要积极运用大数据、人工智能、云计算、区块链等技术加强数字监管能力建设,以提升监管的专业性、统一性和穿透性。

具体而言,首先,要加快中国监管科技的顶层设计与总体构架。证监会已经开始制定了《监管科技总体建设方案》,在"一委一行两会"中起到了很好的带头作用。但是正如金融监管中,各监管主体进行分业监管容易产生弊端一样,监管科技的顶层设计与总体框架也应当注意各机构之间的关系,最好应当发挥国务院金融稳定委员会的作用,积极协调各部门,共同制定中国监管科技的总体框架。

其次,要加强监管科技的法治化建设与技术性建设。监管科技在国内外均发展迅速,但是制度层面与理论研究不足,更多的是停留于实践操作层面。即使如此,操作层面的监管科技也存在着许多问题,如使用大数据技术进行科技监管时,存在着收集到的监管数据和信息质量参差不齐、监管需求与技术的不匹配、不同平台中的数据整合困难等问题,亟待技术上的完善和解决。因此,在构建监管科技的过程中,应当积极发挥法律法规的指导作用,应当以原则性的规范积极引导监管科技的发展与实践;同时大力探索大数据、区块链等新兴技术在实际监管中的运用,监管部门要充分利用好金融科技的技术力量,将金融科技充当为新的金融监管工具,以实现金融科技高效监管。例如,在 10.2 节介绍的相关金融科技在监管中的应用实例:金融监管部门引入大数据、区块链、人工智能等技术,建设大数据监管体系,对金融科技实行动态实时监管等。

最后,要用好监管科技中的技术作用。金融科技创新中的技术性让监管者难以抓到产生金融风险的核心要点,而监管科技正好可以发挥其"以科技治科技"的作用,要发挥这一作用,必须加强对技术的投入,要做到全方位铺开新兴技术,使监管技术运用到金融科技监管的各个方面。同时要确立基础性的科技监管定位,降低监管科技的实施层面,深入微观金融科技实体,在宏观审慎监管的同时,要加强对微观审慎监管。

10.4.4 发展我国监管沙盒模式

英国作为已经实施沙盒监管的首个代表性国家,目前取得了较好的进展。因此,本节将通过介绍英国的监管沙盒模式,从中总结、思考其对我国监管科技发展的借鉴意义,结合我国实践,因地制宜地发展我国的监管沙盒模式。

1. 英国沙盒监管实施路径

英国的沙盒监管机构是英国金融行为监管局,其职责在于对英国金融机构的行为进行监管,以确保英国国内金融体系安全与不同金融领域市场顺利运行。英国 FCA 于 2015 年 11 月发布《沙盒监管》文件,文件从创设沙盒监管的背景与缘由出发,对金融行业的指导建议等方面进行"沙盒监管"的介绍,同时该文件还对沙盒监管的种类进行了介绍。以下将从三个方面对英国沙盒监管实施路径进行梳理,如图 10-2 所示。

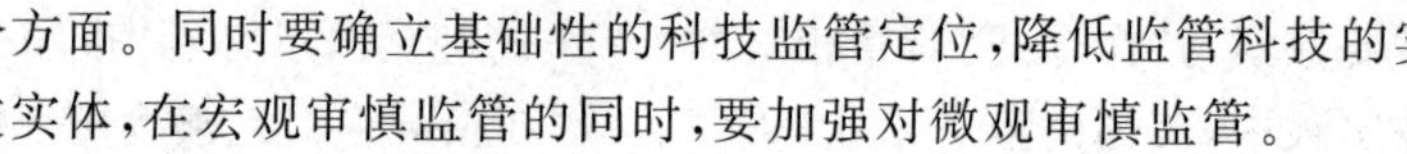

沙盒监管测试申请 ⟹ 沙盒监管测试运行 ⟹ 沙盒监管测试退出

图 10-2 英国沙盒监管实施路径

1)沙盒监管测试申请阶段

想参与沙盒监管测试的金融企业以及产品服务,即沙盒监管测试的申请主体与客体。申请主体须向 FCA 提交相关测试说明自行申请监督测试。

英国沙盒监管从五方面对申请进行审核,测试申请主体的申请材料只有在得到 FCA 充分审查并通过后,才有机会进行沙盒测试。一是经营范围审查。FCA 对申请主体以及客体进行审查,根据产品的性质以及成熟程度判断其是否属于 FCA 规定的沙盒监管范围。二是原创性审查。即对申请客体的特性进行审查,判断申请测试客体是否具有突破性创新或者与金融市场现有金融服务有本质区别。如果申请客体即参与测试产品服务在金融市场已有较多,或者不够创新,就很有可能无法通过审查。三是金融消费者受益性审查。即申请客体是否有利于金融消费者,金融消费者能否通过该项产品服务得到更好的交易体验,如该产品服务可以提供更高质量的服务,或者由于提高效率和市场竞争而降低价格。同时还要审查申请测试主体是否针对可能会出现的风险提出了解决方案。四是进行沙盒监管必要性审查。即申请测试主体客体申请进行沙盒测试的理由是否充分,是否有不需要进行沙盒测试或者无法进行沙盒测试的情况存在。五是准备测试充分性审查。沙盒监管主要依靠的是测试主体的申请,测试主体需要对欲申请测试的产品或服务进行充分的准备,才能保证测试的顺利进行。

2) 沙盒监管测试运行阶段

通过沙盒监管测试审查,FCA会根据企业的性质对现行的金融监管规则作出相应的调整,保证顺利进入沙盒监管测试的金融企业在参与测试期间以及测试结束的一定时期内,在遵守沙盒监管测试的相关规定的前提下,不用因为创新违反现行监管规则而受到处罚。FCA建立了金融沙盒监管测试中的定期报告制度,保持监管者与被监管者良性互动的动态监管,即每个测试过程中的关键阶段,测试主体必须向英国金融创新中心(Innovation Hub)定期作出报告,报告内容包括测试过程中的关键发现以及风险控制措施。根据FCA的规定,参与沙盒监管测试的主体应当在退出沙盒测试后的四周内提交最终版的测试总结报告,而不论是自行申请退出,还是测试期限届满未申请续期自然退出,或是因违反相关规则被强制退出,FCA继而对该总结报告作出初步的评估并给予书面反馈。测试通过不一定代表参与沙盒监管测试的金融企业以及服务能够获得最终进入完整金融市场的批准。FCA在为测试主体的创新进行保密的情况下,对沙盒监管测试的经验进行总结并进行案例汇总,以便作为宣传教育材料。

除了报告制度以外,FCA还规定了一系列的措施保证参与测试主体能够顺利进行沙盒监管测试。一是限制性授权许可制度。即测试申请主体尚无法满足条件获得金融业务许可,但其在满足一定的条件时可以得到限制性授权许可,在一定范围内参与测试。二是无异议许可制度。申请测试主体按照规定提交申请材料后,FCA对材料内容进行谨慎的审核,在确定申请主体符合沙盒监管规则要求后,测试申请主体可以在沙盒测试过程中,在豁免范围内免于FCA监管执法,但FCA保留最终可以在测试主体违反规则时的强制退测试的权力。三是个别指导制度。FCA可以根据沙盒监管的具体规则与测试方案对申请主体提供个别的指导意见,申请主体只需按照该意见进行测试,而不用承担违反相关规则的风险。四是法律适用豁免制度。如果测试主体在进行测试过程中的行为不符合FCA的监管规则,但是符合英国《2000年金融服务和市场法》138A(4)规定的豁免标准,FCA可在其职权范围内对测试活动设定豁免或者临时修改特定规定。

此外,在金融消费者权益保护方面,根据《沙盒监管》3.15款,FCA在沙盒监管中采取了以下措施:首先,组织沙盒测试消费者时只能面向已经充分知晓测试风险并且自愿加入测试的客户,必须保证充分告知消费者沙盒测试的潜在风险以及在遭受损失时能够得到的赔偿;其次,FCA将根据申请主体提交的申请材料以及测试的产品与服务的特性要求申请主体对有关必要信息进行披露,同时要求在测试方案中列明当消费者因测试主体故意或过失造成的利益损失可得到赔偿的条款。沙盒测试中的消费者合法权益受到侵害时,除了依据赔偿条款进行索赔以外,仍然可以向金融监察服务机构进行投诉并受到金融服务赔偿计划的保护;最后,测试主体必须保证其财力足够赔偿客户所有损失,包括投资损失。在测试主体违反沙盒监管的规则而被强制退出沙盒测试,测试消费者依然享有对测试主体的民事追诉权利。

3) 沙盒监管测试退出阶段

英国沙盒监管制度未对退出作出特别的规定,而是相对概括性地进行了规定,主要以监管原则为核心具有较大的自由裁量空间。在申请准入阶段,FCA要求申请主体自行制订退出方案,对在测试失败的情况下的退出测试的具体流程进行规划。在设计测试方案时,测试主体还要注明通过测试后,将如何进一步完善测试客体进入真实的完整市场的进一步规划,这是FCA在审核测试方案时的一项指标。

2. 发展我国监管沙盒模式的思考

1)"梯队式"准入:规范沙盒申请测试主体

根据我国目前的金融科技监管能力和发展状况,应当做好有步骤的沙盒测试主体的梯队准入工作。

第一梯队是监管沙盒设立初期的准入主体,可以包括传统型金融机构和"准金融机构",如融资担保公司、小额贷款公司等。由于传统金融机构的合规内控成熟和资本实力雄厚,其投向市场的金融产品或服务属于最主流的金融产品,被广大消费者所接受。故将此类机构的创新产品放置于沙盒测试更有利于试验沙盒的普遍性,便于日后更好落地金融市场,同时也有益于维护金融消费者利益。而"准金融机构"则能助力中小企业,改善其融资成本和渠道方面的问题,推动金融的普惠发展,但监管部门与其互动沟通不足,对其合规风险状况难以掌握评估。把"准金融机构"纳入监管沙盒测试主体的第一梯队中,也有助于推动监管主体与被监管者之间的双向互动。

第二梯队是待监管沙盒运作模式较为成熟时考虑放宽到非持牌金融科技公司及科技创业企业等。在金融严监管背景下,金融科技的创新主要集中于以下几个主体类型:传统金融机构自身推出的FinTech产品;传统金融机构与科技公司战略合作,共同研发FinTech产品;通过股权方式收购科技创业企业或技术、人才、资源,成为金融机构的伙伴科技公司。在此趋势下,未来金融科技公司在中国金融科技创新主体的比例将大幅增长。

简而言之,规范监管沙盒申请测试主体,做好申请测试主体的准入梯队建设,设立主体边界,规范FinTech市场,做到风险可控。沙盒试验初期,因试验阻力与成本相对较小,且能有效减小金融创新的跨界传递风险,第一梯队以持牌的正规金融机构和"准金融机构"为主。沙盒试验后期,陆续将金融科技创新企业纳入第二梯队沙盒测试主体中,作为附加的准入主体设计,并可视测试情况逐步扩大其样本比重。

2)"穿透式"甄别:界定沙盒测试产品边界

监管沙盒本土化的一项重要任务是要明确金融科技创新的应用范围和产品边界,区分实质创新与"伪创新"。监管沙盒的监管主体在对创新主体准入限制的基础上,应当坚持"实质大于形式"的原则,秉承"技术中立"的理念,对于金融科技产品采用"穿透式"监管甄别。界定沙盒测试产品的边界,不仅要对表象进行识别,还要深度分析其业务本质与行为模式,综合各方指标对其的创新性进行评判,以此来判断是否具有进入监管沙盒测试的必要与价值。

结合我国金融科技创新的现状来看,当前的金融创新主体和金融科技产品、服务仍是以银行业为主,而且银行业在风险防控、合规内控、信息资源等方面较其他类型金融机构更具优势。因此,我们可考虑借鉴我国香港地区的做法,在监管沙盒开展的早期,将沙盒测试产品的范围限定在银行业。在风控能力、实质性创新程度较高的银行业进行沙盒试验的先试先行,通过限缩申请入盒产品或服务的范围严格确定沙盒测试产品边界,进一步降低可能的金融风险。而后随着监管沙盒协调机制的不断完善,再将测试产品边界适时拓展到证券、保险领域及其他金融服务行业。

3) 建立有限度的法律授权与责任豁免

法律法规的授权是监管沙盒具有正当权源的基础。监管沙盒需要相应的法律授权,为监管权力的正当性和豁免范围提供依据。监管沙盒可结合我国本土经验,依照"硬法为主、软法为辅"的指导原则进行监管授权。行政规章具有灵活性、便捷性且授权成本较低,比较适合监管沙盒本土化的初期阶段。具体而言,中央层面,由"一委一行两会"出台部门规章,对相应领域进行监管授权。而地方监管可在本辖区内进行规则的授权细化。实行中央—地方的"双授权"模式,既能实现中央监管的政策引导,又可推动地方实施监管沙盒的积极性。

对于进入沙盒测试的创新主体来讲,测试期间法律责任的豁免是一项重要诉求。同区域金融改革试点的文书免责一样,监管沙盒的责任豁免也是有限度的。监管沙盒不会删除创新主体及相关行为在盒内测试中的负面法律评价,只是会有条件地对相应法律责任进行豁免。在沙盒测试中,主体涉及的法律责任承担有行政、民事、刑事三种。监管沙盒的责任豁免范围只有部分行政法律责任,对民事、刑事法律责任则不能免除。这是由于监管沙盒的权力来源——金融监管,属于行政权力,因此监管主体只能在行政法范围内,豁免由其创设或执行而产生的行政法律行为,对于创新主体与消费者间一般的民事纠纷,或创新主体涉嫌违法犯罪而产生的刑事责任则因不属于其权力范围,无法予以豁免。同时,要明确对于创新主体行为和测试项目的法律豁免范围限于其自身设立的规章、制度内,不得同上位法相抵触。

4) 完善金融消费者的权益保护

"消费者权益"保护理念应贯穿监管沙盒的全过程。在监管沙盒本土化路径下,要充分重视对金融消费者权益的保护,同时结合我国金融消费者的立法及实践。

首先,在制定沙盒消费者保护方案方面,监管机构要将使消费者受益作为进入沙盒测试的准入条件之一。在入盒测试前,应当由创新主体向沙盒监管部门提交切实可行的保护方案,具体内容可包含信息披露制度、潜在风险告知、用户隐私保护、消费者损益补偿安排等方面。同时,监管者在沙盒测试期要及时跟踪项目的运行状况,对创新主体的消费者保护方案执行情况进行实时监督。一旦发现测试项目无法达到方案的要求,监管者可采取进一步的监管限制或者暂停测试等措施,及时控制对沙盒消费者的损害。

其次,在沙盒消费者甄选方面,应按照以机构投资者为主、满足测试条件、风险负担能力较好并自愿参与的标准进行。同时要进行沙盒潜在风险的告知,让沙盒消费者签署书面同意书。为了提高沙盒试验的准确度,中央及地方的监管主体可建立监管沙盒的"金融消费者数据库",通过政策引导、经济鼓励等方式使符合标准的消费者参与测试,让创新主体在保证数据合规前提下使用。

最后,在沙盒消费者的福利及补偿这方面,要结合具体情况及时对消费者披露、福利和补偿这方面作出相应调整。同时对于测试过程中发生的问题要及时告知沙盒消费者,实现测试信息的公开、透明。应注意的是,由于在测试中沙盒消费者的损益可能会发生变动,监管沙盒还需秉持"风险自担"的原则。此外,为应对可能发生的纠纷,监管沙盒要设立内部争议解决和外部风险化解机制。还要建立最大救济赔偿机制,并做好沙盒消费者退出安排机制的完善工作,真正实现金融科技创新为消费者增添福利的目的。

5) 我国监管沙盒模式试点及展望

2019年起,中央加快推进金融科技发展规划和监管体系建设等方面的部署。继8月份央行发布《金融科技(FinTech)发展规划(2019—2021年)》之后,12月5日,央行支持在北京市率先开展金融科技创新监管试点。2020年1月14日,中国人民银行营业管理部(北京)向社会公示了首批6个金融科技创新监管试点应用,但目前中国版监管沙盒也存在诸如范围过小等问题。对此,在接下来我国监管沙盒模式的运行中,应进一步加以优化和改进。

首先,扩展监管沙盒的"入盒"范围。不同于澳大利亚监管沙盒以许可证豁免为中心,中国版的沙盒则要求"只有持牌申请机构可以入盒",而且金融科技企业只能"搭伴入盒",不能够独立申请。此举不但在金融科技发展初期起到很好的风险防范作用,而且在初期把好风险防范第一关,还可以避免风险较大的项目和产品盲目入盒占据资源。然而,这种紧缩的沙盒测试窗口会将一大批非持牌机构的金融科技产品拒于门外。中国的市场是巨大的,金融科技发展速度也非常快,如今,5G等技术中国已经领先于世界前列,金融科技发展方面,监管者也应当为其创造更加良好的环境。因此,中国版"监管沙盒"应当放松对申请者的要求,让符合一定资质、具备优秀技术产品的非持牌机构能够被允许单独申请"入盒"。

其次,进一步扩展监管沙盒试点地区。2019年7月,人民银行科技司司长在第四届全球金融科技(北京)峰会上首次透露,中国版"监管沙盒"即将出台,将会在北京、上海、广州等10个省市开展试点。但直到2019年底,央行仅允许北京一个地区开展金融科技监管试点,其他各省市尚未开启。直至2020年4月27日,央行才继续公布了在上海等6市(区)扩大金融科技创新监管试点。因此,我国在监管沙盒的推广上也要加快布局其他各省市的金融科技监管创新试点。

最后,完善监管沙盒的顶层设计。目前,我国监管沙盒主要由央行授权,地方负责实施。这种模式下,地方可根据自身情况开展适合本地区的创新项目测试,但也存在着各地方尺度和规则不一等情况。因此,在监管沙盒项目推行过程中应适当考虑中央监管机构在监管沙盒项目实施过程中的统一领导,并完善监管沙盒在中央层面的顶层框架与标准。

综上所述,优化我国监管沙盒模式的步骤主要包括五个方面,其流程图详见图10-3。

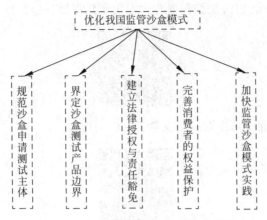

图 10-3　优化我国监管沙盒模式的步骤

10.5　案例分析

案例 10-1　"冒烟指数"：大数据监测互联网金融风险

案例 10-2　区块链技术助力互联网金融监管

案例 10-3　大数据精准打击证券行业"老鼠仓"和内幕交易

案例 10-4　区块链技术在证券结算监管的应用探索

案例 10-5　Hadoop 狙击洗钱犯罪——应用大数据提升银行反洗钱能力

案例 10-6　区块链技术在银行票据监管的应用探索

复习思考题

1. 近年来大数据、区块链、云计算、AI 等新兴技术的快速发展是否会加快推动金融监管的发展进程？具体体现在哪些方面？

2. 目前，在保险行业中哪些业务的开展可通过运用大数据、区块链、云计算、人工智能等技术手段对其实施更高效的金融监管？

3. 目前，在资产管理行业中哪些业务的开展可通过运用大数据、区块链、云计算、人工智能等技术手段对其实施更高效的金融监管？

4. 金融科技的发展对金融监管而言是一把双刃剑吗？

5. 面对金融科技的迅速发展，监管机构该如何把握机遇并迎接挑战，更好地进行金融监管？

6. 我国未来金融科技监管的趋势是什么？

7. 我国在引入和借鉴国外监管沙盒模式时，应该注意哪些方面的问题？

即测即练

参 考 文 献

教师服务

感谢您选用清华大学出版社的教材！为了更好地服务教学，我们为授课教师提供本书的教学辅助资源，以及本学科重点教材信息。请您扫码获取。

》 教辅获取

本书教辅资源（课件、大纲），授课教师扫码获取

》 样书赠送

财政与金融类重点教材，教师扫码获取样书

 清华大学出版社

E-mail: tupfuwu@163.com
电话：010-83470332 / 83470142
地址：北京市海淀区双清路学研大厦 B 座 509

网址：https://www.tup.com.cn/
传真：8610-83470107
邮编：100084